民國文化與文學研究文叢

三 編

李 怡 主編

第 7 冊

國風激蕩
——中國近代音樂文化與社會轉型

李 靜 著

國家圖書館出版品預行編目資料

國風激蕩——中國近代音樂文化與社會轉型／李靜 著 — 初版
— 新北市：花木蘭文化出版社，2014〔民 103〕
序 4+ 目 2+288 面；19×26 公分
（民國文化與文學研究文叢 三編：第 7 冊）
ISBN 978-986-322-779-3（精裝）
1.音樂 2.樂評 3.中國
541.26208   103012745

ISBN-978-986-322-779-3

民國文化與文學研究文叢
三　編　第七　冊   ISBN：978-986-322-779-3

國風激蕩
——中國近代音樂文化與社會轉型

作　　者　李　靜
主　　編　李　怡
企　　劃　四川大學現代中國文化與文學研究中心
　　　　　民國文學與海外漢學研究中心（籌）
　　　　　北京師範大學民國歷史文化與文學研究中心
總 編 輯　杜潔祥
副總編輯　楊嘉樂
編　　輯　許郁翎
出　　版　花木蘭文化出版社
社　　長　高小娟
聯絡地址　235 新北市中和區中安街七二號十三樓
　　　　　電話：02-2923-1455／傳眞：02-2923-1452
網　　址　http://www.huamulan.tw 信箱 hml810518@gmail.com
印　　刷　普羅文化出版廣告事業
初　　版　2014 年 9 月
定　　價　三編 20 冊（精裝）新台幣 35,000 元
　　　　　　　　　　　　　　　　　　版權所有·請勿翻印

國風激蕩
——中國近代音樂文化與社會轉型

李　靜　著

作者簡介

李靜，北京大學中文系本科、碩士、博士。現任教於北京航空航天大學人文與社會科學高等研究院。主要從事中國詩樂文化、明清小說等方面的研究。現主持中華人民共和國教育部「近代音樂文化編年」課題。發表論文十餘篇。曾參與編寫《中國小說鑒賞》（教育部指定高中語文選修課程教材）、《從梅花說到美》（四川天地出版社，2012 年）、《禮樂無錫》（江蘇文藝出版社，2009 年）以及《近代散文史》（北京師範大學出版社，2013）等工作。

提　　要

　　中西文明在近代的對撞加速了中國從傳統文明形態向現代文明形態的轉變。在此過程中，西方的音樂東傳到中國，逐漸受到士林的重視。由於西洋音樂被視爲西方文明重要的組成部分，因此近代中國開始了新音樂建設的歷史過程，音樂文化被「重新」整合到現代國家的知識體系及建構之中，並開始與近代以來的「救亡」、「社會啓蒙」、「教育」、「政治」、「軍事」、「文化」、「女性」、「社會生活」等多方面問題產生深入互動，逐漸成爲參與建設現代中國的重要角色。

　　與以往的研究不同，本書從一個全方位的「文化」視角來研究中國近代的「音樂」問題，並以此來考察並反思，晚清到民國初年這一代人如何，以及他們思考應該如何面對、理解、繼承我們的文明傳統，如何面對、理解、吸收域外文明，並在此基礎上如何建構我們自身的新文明。這一對中國現代社會與現代生活萌芽期的研究，將有助於理解並處理現實問題。

　　在更深的意義上，本書希望可以考察傳統的「樂教」理念在現代社會的意義 —— 思考在對「安頓人心」缺乏關注與理解的現代社會中，「音樂」可能扮演的角色。

「民國熱」與民國文學研究
——第三輯引言

李　怡

　　經過多學界多年的倡導和努力，「民國文學」的概念在越來越大的範圍內獲得了人們的理解和接受，從民國歷史文化的角度闡述文學現象也正在成為重新定位「現代文學」的重要思路，從某種意義上看，這可以說是近年來中國文學研究的一大動向。當然，面對我們業已熟悉的一套概念、思路和批評方式，「民國文學」的價值、意義和研究方式也依然需要更多的學者共同參與，並貢獻自己的創造性思想，在更獨特更具規模的「民國文學史」問世之前，種種的疑問是不可避免的。其中之一，就是困惑於社會上越來越強烈的「民國熱」：在不無喧鬧、魚龍混雜的「民國消費」的浪潮中，所謂的「民國文學研究」又意味著什麼？它根源於何方？試圖通往何處？如何才能將流俗的迷亂與學術的理性劃分開來？

　　在這個意義上，釐清當前中國社會的「民國熱」與學術研究的「民國文學」思潮之相互關係，也就成了一件極有必要的事情。

作為當代大衆文化的民國熱

　　民國熱，這個概念的所指本身並不明確：一種思想潮流？一種社會時尚？一種消費傾向？我們只能先這樣描述，就目前一般報章雜誌的議論而言，主要還是指由媒體與出版界渲染之後，又部分轉入社會時尚追求與大眾想像的「趣味的熱潮」。

　　在一個相當長的時期內，「民國」這一概念通常被另外一個色彩鮮明的詞語代替：舊中國，它指涉的就是那一段早已經葬身歷史墳墓的「軍閥當道，

萬馬齊喑，民不聊生」的時代，因早已結束而記憶發黃，因過於黑暗而不願詳述。而所謂的「民國熱」就是對這些固化概念的反動，重新生發出瞭解、談論這段歷史的欲望，並且還不是一般的興趣，簡直引發了全社會範圍內的廣泛而強烈的熱潮。據說，當代中國的「民國熱」要追溯到 2005 年。餘世存的《非常道》、美籍華人學者唐德剛的《袁氏當國》、張鳴的《歷史的壞脾氣》相繼出版，一反過去人們對「民國」的刻板印象，種種新鮮的歷史細節和「同情之理解」，喚起了中國人對原本早已塵封的這段「舊中國」歷史的新的興味。接下來的幾年中，陶菊隱、傅國湧、何兆武，楊天石、智效民、邵建、李輝、孫郁等「民國見證人」與「民國史學者」不斷推出各種鮮活的「民國話題」，使得我們在不斷「驚豔」的發現中似乎觸摸到了「真實」的歷史脈搏，而且，這些關於民國往事、民國人物的敘述又不時刺激到了我們當今生活的某些負面，今昔對比，但不再是過去那種模式化的「憶苦思甜」，在不少的時候，效果可能恰恰相反，民國的細節令人欣羨，反襯出今天的某種不足，這裡顯然不無記憶者的美化性刪選，也難免闡釋者的想像與完善，但對於廣大的社會讀者而言，嚴謹考辨並不是他們的任務，只要這些講述能夠填補我們的某種欠缺，滿足他們的某些精神需要，一切就已經夠了。「民國熱」在「辛亥百年」的紀念中達到高峰，如今，在大陸中國的稍具規模的書店裡，我們都能夠看到成套、成架、成壁的民國專題圖書，圖書之外的則是更多的報刊文章、電視節目，甚至服飾的民國懷舊潮流，大陸中國的民國熱還在一定程度上波及到了海峽對岸，在臺灣的圖書與電視中，也不時晃動著「民國記憶」的身影，只是，對於一個自稱「民國進行時」所在，也會同我們一起講述「過去的民國」，多少令人覺得詫異，它本身似乎也生動地提醒我們：民國熱，主要還真是一種大眾趣味的流變，而非知識精英的文化主題，儘管我們的知識界在其中推波助瀾。〔註1〕

作為當代大眾文化體現的「民國熱」是由知識分子津津樂道的「民國掌故」喚起興味的，正是借助於這些「恍如隔世」的故事，人們逐漸看到了一個與我們熟悉的生活格局迥然有別的時代和社會，以及生活於其中的個性色彩鮮明的歷史人物，出於某種可以理解的現實補償心理，人們不免在這一歷史意象中寄予了大量的想像，又逐漸將重塑的歷史意象召喚進現實，成為某

〔註 1〕 參看周為筠：《「民國熱」之下的微言大義》，載《南方都市報》，2008 年 1 月 20 日。

種時尚趣味的符號，如在一些婚紗藝術照與大學畢業紀念照中流行「民國服飾」。應當說，作爲這一社會趣味的推動力量，一些知識分子的「關於民國」的寫作發揮了明顯的作用，但是，作爲流行的社會趣味本身的「民國熱」卻還不能是一種自覺的時代思潮，而只是知識分子的個人的某種精神訴求與社會情緒的並不嚴密的合流，一方面，知識界對這些「民國文化」的提取和發掘尚未進入系統的有序的理性層面，本身就帶有明顯的趣味化和情緒性色彩，包括目前流行甚廣的所謂「民國范兒」，這個本來是一個值得深入探討的精神現象，但是到目前爲止，依然主要流於種種極不嚴格的感性描述與文學比喻，而且據說提出者本人也還試圖放棄其概念發明權。〔註2〕

大眾文化，不管我們今天對它的評價究竟如何，都應該看到，這是一種與通常所說的由知識分子自覺建構的並努力納入到精英文化傳統的追求所不一樣的「文化」，它更多地與人們的日常生活方式及生活趣味緊密聯繫，是指普通大眾基於日常生活的需要而生成的種種精神性追求和傾向，它與精英知識分子出於國家民族意識、歷史使命或文化獨創性目標而刻意生產的成果有所不同。當然，作爲個體的知識分子既致力於精英文化的建構，又同時置身於大眾生活的氛圍之中，所以嚴格地講，他同樣也擁有大眾文化的趣味和邏輯，受到日常生活文化的影響，也自覺不自覺地影響著以日常生活爲基礎的大眾文化。

從精英知識分子的邏輯出發，我們不難發現大眾文化的若干消極面，諸如與媒體炒作對眞正的個性的誤導甚至覆蓋，工業化生產的趣味同質化，五彩繽紛背後隱含的商業利益，對世俗時尚缺乏眞正的批判和反思，甚至對國家意識形態的某種粉飾和媾和等等，當年的法蘭克福學派就因此對資本主義的大眾文化大加鞭撻。的確，源於日常生活需要的物質性、享受性與變異性等特點使得大眾文化往往呈現出許多自我矛盾的形態，這裡就有法蘭克福學派所痛心疾首的「商品性」、「同質化」、「工業生產式的批量化」、「傀儡化」、解構主體意識等消極面，如霍克海默和阿多洛在《啓蒙辯證法》中指出的那樣：「文化工業的產品到處都被使用，甚至在娛樂消遣的狀況下，也會被靈活地消費。」〔註3〕「文化工業反映了商品拜物教的強化、交換價值的統治和國

〔註2〕 舒非：《「民國熱」》，見 2012 年 8 月 10 口「大公網」，http://www.takungpao.com/fk/content/2012-08/10/content_913084.htm。

〔註3〕 霍克海默、阿多諾：《啓蒙辯證法》，洪佩郁、藺月峰譯，重慶：重慶出版社，1990 年版，第 118 頁。

家壟斷資本主義的優勢。它塑造了大眾的鑒賞力和偏好，由此通過反覆灌輸對於各種虛假需求的欲望而塑造了他們的幻覺。因此，它所起的作用是：排斥現實需求或真實需求，排斥可選擇的和激進的概念或理論，排斥政治上對立的思維方式和行動方式。」〔註4〕

所以，我們今天也不難發現大眾「民國熱」中的一些為消費主義牽引的例證。例如今天的「民國熱」也開始透露出不少獵奇和窺隱的俗套，諸如《民國公子》、《民國黑社會》、《民國八大胡同》一類黑幕消費、狹邪消費同樣開始流行一時，走上被法蘭克福學派抨擊的文化解構、文化異化的萎靡之路。

作為學術史演進的「民國文學研究」

上述大眾之熱，在最近一些年給人留下了深刻的印象（有人稱之為「愈演愈烈」），所以當「民國文學研究」的呼聲出現，便自然引起了不少的聯想：這是不是「民國熱」的組成部分呢？又會不會落入獵奇窺隱的窠臼呢？

在我看來，「民國熱」與「民國文學研究」的出現，其最大的相關性可能就在時間上。拋開臺灣學界基於意識形態原因而書寫「中華民國文藝史」不算，中國大陸最早的「民國文學」設想出現在 1990 年代末（陳福康），最早的理論倡導出現在 2000 年代早期（張福貴），但形成有聲有勢的多方位研究則還是在 2000 年代後期（張中良、丁帆、湯溢澤、李怡及「西川論壇」研究群體），這一逐漸成熟的時間剛好與所謂的「民國熱」相重疊，所以難免會給令人從中尋覓關聯。不過，值得我們注意的是，在前述大眾趣味的民國熱之外，其實還有另外一條線索被我們忽略了，這就是學術界對中國近現代歷史的考察和追問方式。

20 世紀初，劍橋史書已經成為英語世界的多卷本叢書典範，《劍橋中國史》從 1966 年開始規劃，迄今已經完成 16 卷，它對歷史的劃分很自然地採用了朝代與政治形態的變化加以命名，至我們所謂的現代與當代分別編寫了《中華民國史》與《中華人民共和國史》各兩大卷，在這裡，「民國」歷史的梳理和描述已經成為國際學界的正常工作，絲毫不涉及流行趣味的興起問題。

在大陸中國，雖然因為政治原因，「民國」一詞一度包含了某種政治禁

〔註 4〕斯道雷：《文化理論與通俗文化理論導讀》，楊竹山譯，南京：南京大學出版社，2001 年版，第 71 頁。

忌，需要謹慎使用，但總體來看，除了「文化大革命」這樣的極端的文化專制時期之外，對「民國史」的關注和研究一直獲得了國家層面的包容甚至支持。《中華民國史》的編修工作可以追溯到半個世紀以前，早於《劍橋中國史》的編寫計劃。1956 年，在「向科學進軍」及「百花齊放、百家爭鳴」的熱潮中，國家科學發展十二年規劃中就已經列入了「民國史」的研究計劃。1961 年是辛亥革命 50 週年紀念，作為辛亥革命親歷者的董必武、吳玉章等人又提議開展民國史研究。1971 年全國出版工作會議期間，周恩來總理親自指示，將編纂民國史列入國家出版規劃，具體交由中國科學院哲學社會科學學部（今中國社會科學院）近代史研究所負責組織實施，由著名史學家李新先生負責統籌。由於「文革」的環境所限，編寫工作真正開始於 1977 年，但作為項目卻始終存在。作為民國史研究系列之一，《民國人物傳》第一卷於 1978 年出版，1981 年，《中華民國史》第一卷上下兩冊亦由中華書局正式出版，至 2011 辛亥革命一百週年前夕，全套《中華民國史》共 36 卷全部出齊，被稱為是中國出版界在近年來的一件大事。有趣的是，《中華民國史》第一卷在當年問世之後，遭到了臺灣學界的激烈批評，被認為是政治色彩濃厚、評價偏頗的「官史」，當時大陸方面特意回應，辯解說我們的民國史研究不是政治行為，是完全的學術行為。雖然這辯解未必完全道出了我們學術制度的現實，但是從那時起，「民國史」的研究至少在形式上已經成為學術而不是政治的一部分，卻是值得肯定的事實。到今天，史學界內部的民國史研究已經成為中國學術重要的方向，中華民國史研究被確立為中國社會科學院重點學科也已經十多年了；致力於「民國史」研究的自然也不只中國社會科學院一家，如南京大學、復旦大學、北京師範大學、中國人民大學等諸多學術機構都在這方面投入甚多，且頗有成就，就是一部《中華民國史》今天也不僅有中國社會科學院牽頭版，也另有南京大學版（南京大學出版社，2005 年，張憲文主編）、中國現代史學會版（四川人民出版社，2006 年）等，2000 年 9 月，南京大學中華民國史研究中心被批准為教育部普通高等學校人文社會科學重點研究基地，多年來，他們通過編輯出版《民國研究》、承擔國家重點科研項目、連續舉辦中華民國史國際學術研討會、不斷推出大型研究叢書等方式穩健地推動著民國史的研究。

這一「民國史」的學術努力試圖突破當代「以論代史」之弊，還原歷史真實，承襲的是實事求是的中國學術傳統，與當下社會文化的時尚毫無關

係。

　　民國文學研究的出現和發展同樣是歷史學界實事求是追求的一種有力回應。

　　同整個歷史學界一樣，中國文學史研究也一度成為「以論代史」的重災區，甚至作為學科核心概念的「現代」一詞也首先來自於政治思想領域，與中國文學發生發展的事實本身沒有關係，以致到了 1980 年代，我們的文學博士還滿懷疑惑地向學科泰斗請教「何謂現代」。1990 年代的「現代性」知識話語讓中國文學研究在概念上「與國際接軌」了，但同樣沒有解決「以中國術語表述中國問題」的困惑，凡此種種，好像都在一再證實「論」的重要性，於是，「以論帶史」的痕迹依舊存在。

　　如何回到中國歷史自己的現實，如何在充分把握這些歷史細節的基礎上梳理和說明我們文學的發展，我們需要走的路還很長很長。

　　「民國文學」概念的重新提出，其實就是創造了一種可能：我們能不能通過回到自己的國家歷史情態之中，就以這些歷史情態為基礎、為名詞來梳理文學現象——不是什麼爭議不休的「現代」，也不是過於感性的「新文學」，就是發生在「民國」這一特定歷史語境中的精神現象和藝術追求，一切與我們自己相關，一切與生存於「民國」社會的我們相關。

　　就是這樣，本著實事求是的治史傳統，我們可以盡可能樸素地返回歷史的現場，勘探和發掘豐富而複雜的文學現象。實事求是，這本來是當年「民國史」負責人李新先生的願望，他試圖倡導人們從最基礎的原始材料做起，清理和發現「民國」到底有哪些值得注意的史實，這樣的願望雖然在「文革」的當時並不能實現，但卻昭示了一代民國史學人的寶貴的學術理想。今天，文學史研究也正在經歷一場重要的轉型，這就是從空洞的理論焦慮中自我解放，重新返回歷史，在學術的「歷史化」進程中鳳凰涅槃，迎來自己新的生命。

　　只有在這樣的學術脈絡中，我們才有可能洞悉「民國文學」研究的真諦，也才可能將真正學術的自覺與大眾文化的潮流區分開來，為將來的文學史研究開闢嶄新的道路。

　　社會的時尚是短暫的，而文學史研究的發展卻有它深遠的思想淵源。

　　大眾的文化是躁動的，而我們需要的學術卻是冷靜的、理性的。

　　當下的潮流總是變動不居的，除了「民國」之熱，照樣還有「啟蒙」的

熱，「黨史」的熱，「國學」的熱……不是每一樁的「時髦」都可以牽動學術思想的重大演變，儘管它們可以在某種程度上相遇，也可以發生某種的對話。

一切都是如此的不同，一切本來也就是根本不同。

熱中之冷與冷中之熱

我如此強調文學史學術的冷靜與理性，與鼓譟一時的社會潮流區別開來，這當然並不意味著我們的工作是封閉於社會，不食人間煙火的學院活動，當代學術向著「歷史化」的方向轉型，這並不意味著學術從此與主體感受無關，與社會關懷無關，從根本上看，這是一種對於研究主體與歷史客體雙向關係的全新的調適，我們必須最充分地尊重未經干擾的事實本身，同時也要善於從歷史事實的豐富中把握我們感受的真實性，在過去的歷史敘述中，我們對此經驗欠缺，希望「民國文學史」研究能夠讓我們重新開始。

這也就是說，雖然我在根本上強調了學術邏輯與時尚邏輯的不同，但是，我也無意拒絕從社會的普遍感受中獲得關於「歷史價值」的追問和思考，包括對大眾文化內在意義的尊重和關注。法蘭克福學派曾經激烈地抨擊了大眾文化的諸多弊端，不過，這不能掩蓋另外一些學者如英國的文化研究（如費斯克的學說）從相反的角度所展開的正面的發掘與肯定，這指的是對大眾文化追求中積極的建構性意義的褒揚。如費斯克所欣賞的反抗性、自由選擇性，正所謂「身體的快感所進行的抵抗是一種拒絕式的抵抗，是對社會控制的拒絕。它的政治效果在於維持著一種社會認同。它也是能量和強有力的場所：即這種拒絕提供強烈的快感，並因而提供一種全面的逃避，這種逃避使身體快感的出現令上層覺得驚慌，卻使下層人民感到了解放。」〔註5〕中國的大眾文化是在結束文革專制、社會改革開放的過程中發展壯大的，這樣的過程本身就與法蘭克福學派所警惕的成熟的資本主義文化不盡相同，它在問題重重的同時依然帶有抵抗現實秩序的某些功能，因此值得我們認真對待。即以我們目前看到的「民國熱」為例，一方面其中肯定充斥了消費主義的萎靡之態與嘩眾取寵的不負責任，但是，在另外一方面，我們卻也應該承認，帶動了「民國熱」的許多講述者本身也是民國史的研究者和關注人，他們兼具知識

〔註5〕 費斯克：《理解大眾文化》，王曉珏、宋偉強譯，北京：中央編譯出版社，2001
年版，第64頁。

基礎與人文關懷，即使是對「民國」的浪漫化的想像也部分地指向了某種對理想信念的緬懷——教育理念、文化氛圍、人格風骨等等——顯然不都是歷史的事實，但是提出問題本身卻無不鑒古知今，繼續變革中國、造福民族的意味，這卻不是無的放矢的。這樣的大眾文化包含了某些值得深思的精神訴求，在信仰沉淪、物質至上、唯利是圖的時代，尤其不可為「治民國史」者所蔑視，在某些時候，其本質上胸懷民族未來的激情恰恰應該成為學術的內在動力。

當然，社會情懷的擁有並不就是學術本身。學術自有自己的理念和法則，作為學者，我們思考的不是改變這些法則去遷就大眾的情趣，相反，是更好地尊重和完善法則，讓法則成為社會情懷的合理的延伸和提煉。民國文學的研究首先是學術，不是轉瞬即逝的社會潮流，與那些似是而非的「民國熱」比較，我們起碼還應該在下面幾個方面意識清晰：

第一，作為學者而不是媒體人，思想是學者的第一生命，而思想的提煉必須來自於對現實生活的有距離的觀察和判斷。我們要特別強調一種理性的認知，以代替某些煽情式文字書寫。之所以這樣強調，乃是在「學術通俗化、市場化」的今天，學術著作有時混同於媒介時代大量的「抒情讀物」中，如果單純依從大眾閱讀的快感，難免會模糊掉學者的本位，使思想讓位於抒情。

其次，作為歷史敘述的工作者，我們應該盡力還原歷史的複雜性，以區別於對歷史的想像。作為大眾文化的精神需求，其實不可能「較真」，有時候似是而非的故事更能夠調動人們的情緒，但是對於歷史工作者就不同了，它必須對每一個細節展開盡可能的考察、追問，即使充滿矛盾之處，也必須接受仔細的勘探和分析，當然，這樣的刨根問底可能會打破不少的幻夢，瓦解曾經的想像，就是「歷史見證人」的「口述實錄」也必須接受專業的質疑，未經質疑和考證的材料不能成為我們完全信賴的根據，這樣的「工作」常常枯燥而繁瑣，並不如一般大眾想像的那麼自由和愜意，但是學術的真相必須在直面這樣的事實之中，只有洞察了所有這一切的矛盾困惑，我們方能獲得更高的事實的頓悟，也只有不間斷的疑問，才能推動我們對「問題」的不斷髮現。正如有學人指出的那樣：「民國自有許多值得我們繼承、借鑒的遺產，如自由之精神，如兼容並包的大學氣度等等，但我們不應不加辨析，只選取光鮮處，一味稱歎；更無意於要在民國諸賢中分個高低上下，使孔子大戰耶

穌，魯迅 PK 胡適，只是覺得我們在關注歷史人物時，首先要研究其思想、事功，而非僅僅作為飯後談資的八卦、段子。」〔註6〕

第三，民國文學的研究最終是為了解釋說明文學本身的問題而不是其他。這裡的「其他」常常就是大眾豐富的需求，或者為了各自的政治道德目標，或者為了心理的釋放，或者就是獵奇與八卦，一切事物都可以成為談資，一切談論的方式都無不可，超越「專業」的任性而談往往更具某種「自由」的魅力。但是，一旦真正進入專業研究，這都是學術的大敵。民國文學研究最終是為了深刻地解釋和說明民國時期的文學何以如此，所有「文學之外」的信息都必須納入到對「文學之內」的認定才有其必要的價值，而且這些信息的真正性也須得我們反覆校勘、多方考辨。在「文學解釋」的方向上，關於「民國」的種種逸聞趣事本身未必都有價值，未必都值得我們津津樂道，只有能夠幫助我們重新進入文學文本的「故事」才具有學術史料的意義。

最後，也是我們必須格外重視的一點，那就是學術研究所包含的社會情懷主要是通過對社會文化環境的緩慢的影響來實現的，它並不等於就是目標單純的政治抨擊，也不同於居高臨下的道德訓誡。就民國文學研究而言，如何我們能夠在學術研究中發掘某些民國文學的發展規律，揭示某些民國作家的精神選擇，闡述某些文學文本的藝術奧妙，本身就對當前的文學生態發生默默的轉移，又經過文學的啟迪通達我們更大的當代精神，誠如斯，學術的價值也就實現了。學術研究有必要與傳統所謂的「現實隱射」嚴格區別開來，雖然我們能夠理解傳統中國的專制主義壓抑下「隱射」思維出現的理由，但是在總體上看，精神活動對社會現實的影響應當是正大光明的，而「隱射」思維卻是偏狹的和陰暗的，文學研究是排除「預設」的對歷史現象的豐富呈現，「影射」卻將思想牽引到一個特定的主觀偏執的方向之上，不僅不能真正抵達真相，而且還可能形成對歷史事實的扭曲和遮蔽，學術擁有更為開闊的目標和境界，而「影射」則常常被個人的私欲所利用。和一切嚴肅的學術研究一樣，民國文學研究是在健康和積極的方向上為中國的當代文化貢獻自己的智慧和力量。

恰恰是「民國熱」之中，我們需要一種「冷」的研究，當然，這「冷」並非冷漠，而是學術的冷靜和理性的清涼。

〔註6〕 王晴飛：《冷眼「民國熱」》，《文學報》，2012 年 7 月 5 日。

序

夏曉虹

　　2004 年 9 月以前，李靜雖然已在北大度過了七年時光，不過我對她的瞭解，卻是從成為她的博士生導師開始。

　　2009 年 6 月，李靜完成了博士論文答辯，同門聚會為畢業同學送行時，李靜送給我一冊她自己編印的《夏晨問學錄》，裏面收集的多半是我和她五年來的通信。題名中的「晨」者，「陳」也，即陳平原。我和平原所屬的教研室雖有古代與現代之別，但學生們常在一起活動，我們的指導也彼此交錯。

　　應該說，得到這份特別的禮物，我感覺異常欣喜。我明白，李靜是想用輯錄往復郵件的方式，表達她的謝意；而我溫習這些信件，則看到了李靜的迅速成長。這些文字的確如實呈現了李靜讀博五年的學思之旅。

　　我眼中的李靜是一位做事認真、計劃性很強的學生。還在面試之際，李靜對未來的學習與研究已有所設想。她當場交給我一份博士論文選題，包括了兩個構思：一是關於近代言情小說的研究，此乃延續其碩士論文《〈封神演義〉中的倫理困境》的大方向而來，對她而言，多少有點基礎；而我更看好的卻是另一關於中國近代音樂的論題，儘管那時李靜對此還心中無數。我們之間的討論即從這裡開始。

　　2004 年 9 月 4 日的信中，李靜發給我一份她自稱為「有關音樂的極其膚淺的研究計劃」，並表示：「關於近代西方音樂東傳的問題，我只看過有限的幾本書，對這個問題心裏一點底都沒有，也不知道這個題目適不適合作一個博士論文的題目，並為畢業後的研究打下基礎。」而我很慚愧，直到 9 月 20 日才寫了回信：

　　　　眞的十分抱歉，很多事情擠在一起，總是應付了這件，丟了那件。經過你剛才的電話提醒，先放下別人託看的書稿校樣，匆忙看了一遍你討論近代音樂的論文構想。我個人認爲，這個題目還是很有發展潛力。不過，限於我們目前所閱讀的資料以及眼光，有些更好的話題或進入角度此時未必能想到。這也沒關係。

　　　　我覺得，作這個題目，一是需要對近代日本音樂史有所瞭解，一是應該以教育爲中心，再有就是要區別於純粹的音樂史研究，更凸顯其文化內涵。這樣，考察宗教讚美詩的流變、學堂樂歌的創作與教授、音樂會的組織與欣賞、音樂團體的組建與功能等等，都會與其時的「文學改良」、「群治改良」發生關聯。晚清很多雜誌上的「學校唱歌」或「音樂」等欄目也值得關注。

接下來，我補充開列了包括錢仁康著《學堂樂歌考源》、汪毓和編《中國近現代音樂史教學參考資料》等三種書目，然後說：

　　　　我希望你做這一塊，主要還是考慮到單純研究音樂史的人，在資料的發掘與闡釋上都有很大的局限性。他們更關心的可能是音樂本身的問題，而你的著眼點是文化。其實，即使剛剛進入時可以借助汪等人的音樂史和資料選編，但眞正進入課題後，被已有選編所過濾掉的東西，也許對你的研究更有意義。而選擇什麼樣的資料，很能見出研究者的手眼高低。

　　　　在我看來，目前近代音樂文化研究的薄弱，可以使你發揮的空間更大，對將來的發展也有利。特別是，我自己覺得，選擇題目，最好是能把個人興趣與研究對象合一，這樣，論文寫作會成爲一種很愉快的經歷。

後面那幾句話是因爲我已經瞭解到，李靜曾經參加北大學生合唱團，並因此隨團出訪過西班牙；而且，她對學習古琴也很有興致。

　　題目大致確定後，李靜在選修其他課程之外，開始全力投入資料的搜集與閱讀。她先順序翻閱了六冊《中國近代期刊篇目彙錄》，抄下了所有與近代音樂文化有關的目錄，按年整理編排。在這打印出來有幾十頁的篇目基礎上，再參考《中國近代音樂書目》所開列的唱歌集等，盡力搜求研讀。憑藉如此豐富的第一手史料，李靜眞正觸摸到了時代的脈動與音樂主題的演化，問題意識與論述思路也變得逐漸清晰起來。

　　而在資格考試之後，發生了一個對李靜的人生來說十分重要的插曲，就是她的懷孕與女兒的出生。我曾經擔心因此影響她的學業，建議她也可以考慮休學一年。不過，李靜還是希望「盡可能地努力，盡可能地讓這件事少耽誤我的學習」。她也果然做到了。產後不到兩個月，李靜已列出一個詳細的工作進度計劃表發給我，其中有各章的寫作先後，甚至還包含了每天準備完成的字數。

　　基本按照這個時間表，李靜按部就班、從容穩健地不斷推進她的論文。我也建議她把其中比較成熟的兩章及時投稿，並終能在《文藝研究》和《中國現代文學研究叢刊》這兩份頗具水準的雜誌上發表。一切正如她在博士論文、也即是本書《後記》中所述：「可以說，我的女兒與我的論文是一起成長的。」而爲女兒取名「聞韶」，在我看來，不只蘊涵了李靜已然揭出的「寫作這篇論文的最終追求」──「如果韶樂可以再次流佈人間，那麼躬逢盛世將不再遙遠！」──並且，她的女兒與這篇博士學位論文之間，實已存在一種血肉關聯，互爲生命誕育的紀念。

　　古語所謂「教學相長」，確有此理。指導李靜寫作「近代音樂文化與社會轉型」的博士論文，也促使我提前進入這一論域。2007 年 4 月，借參加在德國海德堡大學舉辦的「婦女期刊、新女性與文類重構」國際研討會之機，我完成了一篇長文《晚清女報中的樂歌》（感謝《中山大學學報》在一期的篇幅內，完整刊出了這六萬字）。此文又反轉來成爲李靜博士論文的參考文獻。

　　實際上，至 2008 年 4 月，李靜已大體寫完了她的博士論文。只是因爲工作單位一時未能落實，故延後一年才舉行畢業答辯。

　　作爲導師，2009 年 5 月論文答辯前，我爲李靜寫了如下評語：

　　　　李靜同學以一名中文系的博士生，出於個人濃烈的音樂興趣，而以「國風激蕩」爲題，對近代中國的音樂文化展開研究。選題兼顧了學術性與趣味性，非常值得肯定。

　　　　從中文系學術訓練的背景出發，其進入論題的角度也有別於音樂界已有的研究思路。在李靜同學的論文中，近代中國音樂不再是以「學堂樂歌」爲觀照主體，也不再限於「純音樂」考索，其視野已擴及整個社會文化的轉型，因而具有豐厚的學術含量。而這一路向的設定，則是建基於近代中國音樂具有強烈的「致用」目的的特殊性之上，顯然有利於更準確與更大限度地逼近現象的本眞。

在「音樂文化」觀念的引導下，李靜同學將近代中國的樂歌視爲一座蘊藏豐富的歷史寶藏。爲對其進行充分挖掘，她一方面盡力搜求流傳甚少、收藏分散的各種清末民初樂歌集，並根據其掌握的文獻，製作了「1901～1918 年樂歌集存目」作爲論文附錄；另一方面，對散處在近代雜誌上的音樂資料，她也做了廣泛的搜集，而其閱讀還往往需要延伸到對社會文化問題的關注，故所翻閱的雜誌已多達 96 種。這不僅爲論文的寫作提供了堅實的基礎，也體現出作者認眞嚴謹的良好學風。

論文整體緊緊圍繞近代音樂對近代中國轉型期文化建設的深度介入與參與這條主線展開，從第二章到第七章，依次論述了尚武思潮、社會啓蒙、文白語體、國家政治、生活方式、人格塑造等社會文化的各個面相與近代樂歌的互動關係，成功地展現了樂歌對社會生活各層面所發生的積極影響。而救亡與啓蒙作爲回蕩在各章節的主旋律，也得到了恰如其分的顯示。其中特別是關於俗樂改良的研究，以之作爲傳統音樂進入現代語境的典型範式，認定其具有「近代音樂改良的第二條路線」的意義，彌補了近代中國音樂史研究的缺失，意義重大。而對於民初國歌《卿雲歌》的研究，則能以小見大，從當時各家的爭論中，抽繹出政治想像、國家品格、歌詞文白、曲譜中西等重要話題，足以彰顯其論題的歷史分量。

最後，我把李靜的論文認定爲「是目前所見第一部系統論述中國近代音樂文化的專著，有很高的學術價值」。而所有參加評議與答辯的老師，也都給予了此文高度評價。

在學術研究的漫漫長途中，李靜已經有了一個良好的開端。我知道她還有許多新的設想，這其中便包括了一個大型的「近代樂歌文獻整理集成」的規劃。而所有這些，都值得我們跂望。

2012 年 9 月 23 日於京西圓明園花園

目次

緒論　過渡時代的歌聲

第一節　選題旨趣

　　本書以「國風激蕩 —— 中國近代音樂文化與社會轉型」爲題。

　　「近代」，在本書中基本上是一個時間概念。按照學術研究的分期習慣，「近代」指的是從 1840 年鴉片戰爭到五四新文化運動之前的這段時間。但是在本研究中，這只是一個大致的時間劃分，因爲以一些歷史事件割裂對一種動態的歷史聯繫的論述，似乎不是一個明智之舉。爲了區分，當本書試圖討論這一時段中，中國逐漸成爲一個「民族-國家」的「文化-歷史」過程，則使用諸如「現代」、「現代化」和「現代性」等學界通用的研究範疇。這樣的區分意在指出，「近代」這一時間段從屬於中國從一個古代文明形態向現代文明形態轉變的歷史過程。

　　在「近代」這將近八十年的時間裏，從中英鴉片戰爭到甲午中日戰爭之前的這段時間，可以說只是整個中國「現代化」進程的醞釀階段。其時，大多數中國的知識分子仍然在傳統的思想框架中理解中西方問題。而中國眞正向現代文明轉化的歷史過程則開始於甲午戰爭之後。梁啓超說：「吾國四千年大夢之喚醒，實自甲午戰敗割臺灣、償二百兆始。」〔註1〕黃興濤也曾撰文指出，由甲午中日戰爭失敗引起的戊戌維新運動是「中國現代學術文化轉型整體萌發的眞正起點和現代化事業整體啓動的自覺開端」〔註2〕。所以，本書的

〔註 1〕《戊戌政變記》，見《飲冰室合集》專集 1，北京：中華書局，1989 年。
〔註 2〕黃興濤：《晚清民初現代「文明」和「文化」概念的形成及其歷史實踐》，載

論述偏重於從甲午戰爭到五四新文化運動前後的這段時間。

這個時段有一個非常著名的稱謂 ——「過渡時代」。所謂「過渡」，即是指中西古今各種文化、各種力量、各種思潮彙聚於此，卻思考並實踐著同一個問題，即「救亡圖存」之方略（這裡的「救亡圖存」不僅僅是政治意義上的，更有文化意義上的求索）。所以，近代的魅力也正來源於此，這是個醞釀著轉型與變革的時代，這是一個古老的文明向現代轉型的啓動期，一切還未定型，一切還未有答案，一切還在探索。

那麼，我們要從哪裏入手才能深入理解這個時代的肌理呢？

爲「救亡圖存」，近代的有識之士大力推動了一系列的文化改革舉措，近代的「音樂改良」亦廁身其中。所謂「聲音之道，與政通矣」（《禮記·樂記》）！在任何一段風雲際會的歷史中，都有一些詩與歌留存下來，這些作品既可以作爲那個時代的縮影，也可以作爲我們還原、理解那個時代的入手點。近代，亦不例外。

這個時期的「音樂文化」以「學堂樂歌」的大量創作與傳唱爲其主要標誌。以筆者目力所及，這一時期曾先後出版了一百多冊樂歌集，收錄樂歌 4000餘首，並傳唱於大江南北。曾刊載過樂歌、音樂文章、音樂評論、音樂活動報導的期刊報紙遍及中華大地，達 100 多種。曾參與創作與傳唱的國人，上至宮廷顯貴、政府高官，下至販夫走卒，包括文人、政客、學生、婦女、兒童各色人等，正如一首樂歌所唱到的：

唱　歌

甲歌

（一）唱歌唱歌月兒明，琴聲歌聲字字清。先生唱與學生聽。

（二）唱歌唱歌踏步行，一拍一步不亂停。大家唱與先生聽。

（三）唱歌唱歌空氣新，如同小鳥相和鳴，哥哥唱與弟弟聽。

（四）唱歌唱歌眞好音，山歌小調不足矜，回家唱與阿娘聽。

乙歌

（一）唱歌唱歌聖誕辰，大家行禮歌迎神，歌聲唱與先師聽。

（二）唱歌唱歌萬壽燈，黃龍小旗沿街擎，歌聲唱與國民聽。

（三）唱歌唱歌送征兵，太陽照我童子軍，歌聲唱與軍人聽。

《近代史研究》2006 年第 6 期。

（四）唱歌唱歌迎嘉賓，歡迎大會今舉行，歌聲唱與來賓聽。

〔註3〕

這首歌其實清楚地表達了，近代音樂對近代社會生活與政治生活的深入參與。因此，本書選擇以貫穿古今且在中西方文化中都極為重要的「音樂文化」作為切入點，試圖考察其對近代中國社會轉型的參與及推動。因此，這本書所要完成的基本任務是：梳理近代西方音樂東傳到中國，以及受此激發，中國進行新音樂建設的歷史過程，同時考察在此過程中「音樂」——無論是西方音樂還是中國的新音樂，以及重新被關注的中國傳統音樂和民間音樂——與救亡、社會啓蒙、教育、政治、軍事、文化、社會生活等多方面的互動關係。

本書所要處理的基本問題是：在中國從傳統社會到現代國家的轉變過程中，在「救亡」的語境下，「文化」（包括傳統的中國文化與外來的西方文化）與「文化人」在面臨種種挑戰之時，作出了怎樣的選擇與調整。晚清到民國初期，中國被入侵的西方文明推動，開始了從傳統社會向現代國家的轉變。因此，這一轉變一直處於「救亡」的歷史語境之下。在此過程中，如何面對伴隨著「船堅炮利」而來的西方文明，以及如何對待中國自身的文明傳統，是一個非常值得討論的問題。本研究希望以「近代音樂」作為研究個案，展現並反思在此過程中，晚清到民國初年這一代人如何，以及他們思考應該如何面對、理解、繼承我們的文明傳統，如何面對、理解、吸收域外文明，並在此基礎上如何建構我們自身的新文明。這一對中國現代社會與現代生活萌芽期的研究，將有助於理解並處理現實問題。

在更深的意義上，本研究希望可以考察「音樂」在「德育」和「人生」層面的「現代」處境。通過對近代「音樂」的研究，思考傳統的「樂教」理念在近（現）代的意義。考察在近（現）代語境中，社會各種力量對「德育」，對「安頓人心」等問題的關注、理解與解決，並思考在其中「音樂」可能扮演的角色。

第二節　研究史概述，以及存在的問題

就目前所知，對近代音樂的研究，大部分出自以音樂為專業的研究者之手。這些研究有一些共同的特點。為了針對目前的研究現狀提出自己的研究

〔註3〕見葉中泠編：《小學唱歌》第三集，1907年，上海：商務印書館。

思路，下面將一一分述。

首先，目前還未見將「近代音樂」作爲一個獨立課題進行研究的著作。音樂界對近代音樂的研究，大部分是作爲現代音樂研究的附屬部分而存在。如長期作爲音樂史專業教科書的汪毓和的《中國近現代音樂史》〔註4〕就是如此。全書分兩篇：第一篇《舊民主主義革命時期的音樂文化（1840～1919）》和第二篇《新民主主義革命時期的音樂文化（1919～1949）》。第一篇除了《概述》之外，分爲兩章，分別介紹了「傳統音樂的新發展」和「清末民初的學堂樂歌」，共25頁。而第二篇卻下分七章，有近200頁的篇幅。近幾年來，新出版的音樂史研究著作也大多沿襲此例。如夏灩洲的《中國近現代音樂史簡編》〔註5〕中，全文五章，只有第二章《學堂樂歌時代》討論的是近代音樂的內容〔註6〕。而以「中國近代音樂史」爲題的余甲方的研究，是對1840到1949這一時段音樂文化的研究〔註7〕。其中對1840～1919這一時段的論述所佔比例仍然很少。明言的《20世紀中國音樂批評導論》〔註8〕研究了整個20世紀中國的音樂理論，因而近代只是佔據了第一章的位置。日本學者榎本泰子的《樂人之都 —— 上海》，以「西洋音樂在近代中國的發軔」爲副標題，然而論述的重點卻是「圍繞著1927年創立於上海的中國最早的音樂學校 —— 國立音樂院以及與之有關的音樂家們而展開的」〔註9〕。尤其是陳聆群在《中國新音樂的前三代音樂家》中乾脆以「五四」前後至大革命時期的音樂家爲中國新音樂的第一代〔註10〕。由此可見，中國近代音樂史很少作爲獨立的個體而成爲研究的對象。

其次，對近代音樂的研究主要集中在對「學堂樂歌」的研究，兼及軍樂隊和教會音樂。思路過於狹窄。對學堂樂歌的研究，以張靜蔚的《論學堂樂

〔註4〕 汪毓和：《中國近現代音樂史》，人民音樂出版社，1984年。

〔註5〕 夏灩洲：《中國近現代音樂史簡編》，上海音樂出版社，2004年。

〔註6〕 該書第一章《近世音樂的開端》介紹的是明清時期的音樂文化。

〔註7〕 余甲方：《中國近代音樂史》，上海人民出版社，2006年。音樂界有時將1840～1949這一時間段稱爲「近代」，而將新中國成立後的部分稱爲「現代」，如孫繼南的《中國近現代（1840～2000）音樂教育史紀年》即是如此。

〔註8〕 明言：《20世紀中國音樂批評導論》，人民音樂出版社，2002年。

〔註9〕 〔日〕榎本泰子：《樂人之都 —— 上海》，上海音樂出版社，2003年，《前言》2頁。

〔註10〕 陳聆群：《中國近現代音樂史研究在20世紀 —— 陳聆群音樂文集》，上海音樂學院出版社，2004年，340～341頁。

歌》〔註 11〕和錢仁康的《學堂樂歌考源》〔註 12〕爲代表。張靜蔚的文章是對學堂樂歌的整體研究，是一部開山之作。錢仁康的研究側重於對學堂樂歌樂譜流傳源頭的考辨。此外，作者還根據自身的經歷與見聞，在書中多處記錄了近代樂人的資料，殊屬珍貴。另外，近代音樂研究的另一條思路是考辨中外音樂交流的歷史。如陶亞兵的《中西音樂交流史稿》〔註 13〕和《明清間的中西音樂交流》〔註 14〕，張前的《中日音樂交流史》〔註 15〕，以及馮文慈的《中外音樂交流史》〔註 16〕。這些書中對近代音樂都有所涉及，但主要的思路仍然是從教會音樂、軍樂隊和學堂樂歌三方面入手。張前的研究集中考察了日本近代音樂對學堂樂歌的影響。作者運用了大量的日文資料，對這一問題闡述得比較全面，值得稱道。對近代軍樂隊的研究很早就已經開始。《東方雜誌》第 14 卷（1917）第 10 號上刊載的一篇署名「冰臺」的文章《中國軍樂隊談》，應該是目前所見最早的論述文字。當代學者中，於此問題用力最多的是韓國鐄〔註 17〕。對近代音樂的其他方面還有一些零散的研究，如對教會音樂的研究，有韓小燕的論文《早期中西音樂教會中的西方傳教士與教會——近代中國音樂關係探源之一》〔註 18〕，對近代樂人，如李叔同音樂活動的研究有西槇偉的《中國新文化運動的源流——李叔同的〈音樂小雜誌〉與明治日本》〔註 19〕和陳淨野的專著《李叔同學堂樂歌研究》〔註 20〕等。不過這些研究大多就事論事，沒有形成對整個近代音樂發展的整體把握。

再次，對近代音樂史料的搜集與整理，目前所見各書均以張靜蔚的《中國近代音樂史料彙編》〔註 21〕爲基礎，略有增刪。不過，仍有大量的未收錄

〔註 11〕張靜蔚：《論學堂樂歌》，《（中國藝術研究院）碩士學位論文集》音樂卷，文化藝術出版社，1987 年。

〔註 12〕錢仁康：《學堂樂歌考源》，上海音樂出版社，2001 年。

〔註 13〕陶亞兵：《中西音樂交流史稿》，中國大百科全書出版社，1994 年。

〔註 14〕陶亞兵：《明清間的中西音樂交流》，東方出版社，2001 年。

〔註 15〕張前：《中日音樂交流史》，人民音樂出版社，1999 年。

〔註 16〕馮文慈：《中外音樂交流史》，湖南教育出版社，1998 年。

〔註 17〕韓國鐄：《中國的第一個西洋管絃樂隊——北京赫德樂隊》，載《音樂研究》1990 年第 2 期。

〔註 18〕上海音樂學院論文，未刊。

〔註 19〕載《比較文學》第三十八卷，1995 年。

〔註 20〕陳淨野：《李叔同學堂樂歌研究》，中華書局，2007 年。

〔註 21〕張靜蔚編選校點，《中國近代音樂史料彙編（1840～1919）》，人民音樂出版社，1998 年。

資料保存在晚清到民國初期的報刊、雜誌上。這些第一手資料非常重要，它們對於研究者還原近代音樂的歷史狀況，把握近代音樂的時代特徵具有不可替代的作用。

最後，從目前來講，對近代音樂的研究大多是從「純音樂」的角度進行的。雖然近年來逐漸有研究者注意到了對近代音樂文化背景的考察，如明言的《20世紀中國音樂批評導論》，但是，對近代音樂的文化意義與社會意義的研究仍有待深入。

第三節　研究思路與方法

針對目前在近代音樂研究中存在的問題，筆者提出了自己的研究思路與方法：本書將以「近代音樂」作為一個獨立的課題進行研究，而且為了避免將問題簡單化，「近代音樂」將被當做一個「文化」問題來對待。

首先，本研究是一個「史」的研究，「近代音樂」將作為一個自足的研究對象出現。作為中國現代音樂形成過程的初始階段，對「近代音樂」的研究將有助於加深我們對整個現代音樂的理解。現代音樂發展的大部分軌跡、思潮都可以在「近代音樂」階段找到源頭。理順了「近代音樂」的方方面面，對整個現代音樂歷程的理解就可以順勢而下。但是，如果對「近代音樂」的研究一直處於附屬地位，則會影響對近代音樂的深入探討，並進而影響到對整個現代音樂的理解。所以，本書將以近代文化研究的成果作為背景，試圖勾勒出晚清到民國初年，西方音樂東傳的歷史軌跡，以及中國音樂受其影響產生新變的文化「歷史」過程。雖然論文表面上是選取了近代音樂史中幾個重要的「點」作為討論的對象。但是其中暗含了一條時間的線索：從第一章的「幸有歐西新歌來 ── 音樂重新進入政教體系」，到後面章節中的「軍歌」、「民歌小調」、「學堂樂歌」和「國歌」，基本上還是按照時間的先後順序來結構的（雖然這些「點」在時間上多少有些交集）。筆者希望這篇論文可以通過對這幾個突出的「點」的梳理與分析，描述出「近代音樂」的「史」的脈絡，以及其中的傳承與流變。另外，在論述中，本書會盡量使用當時人的言論，或從近代報刊雜誌上獲取的第一手資料，以求言之有據，並滿足歷史研究「返回現場」的需要。

其次，在梳理這段歷史的過程中，這篇論文會一直以比較審慎的態度，

盡可能忠實地「描述」在近代音樂領域裏出現的各種音樂活動和思潮，而不是以近代頗爲流行的「改良」思路作爲敘述的原則。這是因爲在「改良」的思路裏，其實暗含著一個價值判斷，「改良」是以近代的「進化論」爲理論基礎的。而筆者認爲，「進化論」恰恰是需要反思的。以之寫「史」，在價值判斷上會比較容易出現問題。所以，這份研究並不以「改良」作爲敘述思路，而是只把它作爲一個「歷史事件」或一個「音樂思潮」來表述，並考察它在整個近代音樂文化體系中的影響。

再次，本書以考察近代音樂與近代啓蒙（教育）的關係爲中心，對晚清到民國初期整個的社會構成都有所觀照，這就突破了以「學堂樂歌」爲中心的研究思路。「民歌小調」關注的是對「下層民衆」的啓蒙問題；「樂歌中的新女性」則討論了近代音樂文化對近代女性的影響；對音樂教育的探討則涉及了中小學教育的全部受衆；同時對樂歌歌詞創作和國歌誕生的考察，則主要針對高級知識分子階層。這樣，本研究通過對近代音樂的考察，涉及到了近代中國幾個主要階層民衆的音樂生活和文化生活問題，同時也考察了近代音樂在面對不同受衆時所呈現出的不同側重點與發展脈絡。而「尚武的歌曲」、「國歌」以及「少年中國」幾章以音樂與軍事、政治、社會文化的合作爲中心，涉及了對全體國民的教育問題。

最後，研究近代音樂與近代思想文化之間的關係是本書的重點，這是基於筆者對近代樂歌作爲一個容量極爲豐富的「博物館」的信心。本書對近代樂歌的分析以「歌詞」爲主。童斐曾在文章中指出：「吾國學校，自有樂歌一科，歌譜悉採諸日本，鮮有用本國者。」〔註22〕沈心工在《小學唱歌教授法》中也強調：「然其眞正目的，不在樂譜而在歌詞。」〔註23〕雖然，這種注重歌詞的傾向，造成了許多近代樂歌「曲詞不合」的情況，但是這正可以見出大部分的近代音樂工作者的關注點、用力點是在「歌詞」。而且，對近代樂歌曲譜來源的考證，錢仁康先生已經作了深入的研究。相比之下，目前學界對「詞」的研究則較欠深入。所以筆者願意另闢蹊徑，從研究者還沒有深入開掘的「歌

〔註22〕童斐：《音樂教材之商榷》，載《東方雜誌》第 14 卷第 8 號，1917 年 8 月 15 日。本書所引資料，如已被張靜蔚《中國近代音樂史料彙編（1840～1919）》收錄者，均曾以張書所錄爲底本，據原文校對。爲省筆墨，特於此處對張靜蔚老師的工作一併致謝！
〔註23〕沈心工輯譯：《小學唱歌教授法》，上海文明書局，光緒三十二年（1906）四月再版。

詞」入手，考索其背後的文化意義。

　　「樂歌」是近代音樂文化的主要表現形式。它的集中出現與文化意義是以「西樂東漸」，甚至更爲廣大的「西學東漸」爲依託和主題的，而其對近代中國社會轉型的影響也是不容忽視的。因此，本研究以「國風激蕩 —— 中國近代音樂文化與社會轉型」爲標題，是希望這份研究不但可以爲近代音樂研究開闢出一條新的道路，而且也可以爲理解近代中國從傳統文明向現代文明轉化的過程提供新的資料與通道。

第四節　　本書各章說明

　　第一章《幸有歐西新歌來 —— 音樂重新進入政教體系》，是全文的總綱。其中心內容是對「音樂」在近代重新進入知識分子的話語，重新進入「政」、「教」體系的歷史過程的梳理。該章試圖說明「音樂」被納入到現代國家的知識體系及建構中的歷史過程，是在整個近代社會文化的背景下發生的。在「救亡」的迫切要求下，近代的有識之士幾乎動員了所有可能利用的力量，而「音樂」正是在這樣的背景下被知識分子重新「發現」、重新認識、重新利用的。然而，在「三千年未有之大變局」的歷史過程中，爲適應新的社會形態，新的歷史任務，傳統音樂必須經過「改良」才能被現代文明的建設所用。所以本章的第二節將集中討論近代音樂的改良。在理論的建設上，近代的音樂改良完全受近代以來崇尚「科學」與「天演」（進化）理論的影響，在目的上也是受到了「新民」理論的影響。因此，近代音樂改良的最初訴求是求「俗」、「尚武」與「合群」。在此基礎上，近代音樂改良對中國傳統音樂的判斷是：中國舊樂不但技術落後（VS 科學）—— 樂器簡單、單音曲調，而且中國古樂的品性也不適合近代的要求。傳統音樂的精髓「雅樂」不能被普通人所接受（VS「俗」）；「朝樂」也不是近代所需要的「國樂」；雅樂的品性「中正平和」、「溫柔敦厚」也不適合近代競爭存亡的歷史現實。而傳統的俗樂則被定義爲「誨淫誨盜」、「鄭衛之音」，是導致民德不昌的根源。所以，中國的傳統音樂需要全面的「改良」。「改良」的途徑有三條：1，學習西樂；2，改造「俗樂」；3，以「科學」、「進化」改造、研究舊樂，以產生「新國樂」。總之，「音樂」在近代所面臨的問題具有代表意義。我們從中可以管窺中國傳統文化在近代所面臨的問題。

關鍵詞：西樂東傳、音樂改良

　　第二章《尚武之聲奮頹風》，將集中討論近代音樂非常重要的一條發展方向——近代「尚武」精神的提倡與音樂創作。近代的歷史是從 1840 年的鴉片戰爭開始的。這以後，西方以及日本軍隊的船堅炮利與一個個屈辱的條約相聯，給長期處於閉關鎖國狀態下的國人留下了最初的深刻印象。而清政府的無能與國人的文弱，在這種映襯下也顯得更加突出。因此，在整個近代的「救亡」氛圍中，有一種對「力量」的極度畏懼與推崇。甲午戰爭之後，改良派人士對洋務運動徒以增強軍備爲強國之策進行反思，提出要在立國精神層面提倡「尚武」精神，從而徹底改變中國的文弱習性。「尚武」遂成爲舉國風從的維新理念。受此影響，近代的音樂創作也因此產生出許多以「尚武」精神來命題立意的歌曲。當新式教育體系確立後，「尚武」精神被落實到教育中，成爲提倡「軍國民主義」的基礎。「尚武」精神被制度化，「身體」也因此通過教育中的「軍國民主義」被整合到國家的建構中來。這又爲體育課的開展，爲兵操、體操歌曲的創作提供了新的機會。因此，該章不只要討論近代音樂與軍事的關係，更要討論音樂對一種重要的社會思潮的參與。

關鍵詞：尚武、軍國民、體操、軍歌

　　第三章《民歌小調的新生》，集中討論的是近代音樂發展的另一條指向：從「俗」。即，近代音樂與近代下層民眾教育的關係。近代的「俗樂改良」與近代文學改良中「雜歌謠」的創作關係密切。「雜歌謠」來源於傳統的民間文學。它在近代之所以成爲一種比較重要的文學形式，是因爲被黃遵憲、梁啓超等人利用爲「詩界革命」的一部分。「雜歌謠」的廣泛影響，使近代精英階層開始留意用民間俗調填以新詞，作爲改良民智的工具。這與梁啓超等人從「新民」理論出發提倡音樂教育，提出「故移風易俗莫善於樂」〔註24〕的觀點相和。而近代「俗樂改良」所體現出的重要作用正在於它利用「俗」樂，易於被民眾接受。而歌詞內容則已經被用來表述近代嶄新的文化、社會觀念，如放足、女子受教育等。

關鍵詞：雜歌謠、詩界革命、白話報刊

〔註24〕 鍾卓榮：《中小學唱歌教科書·序》，1914 年，見李雁行、李英倬編：《中小學唱歌教科書》上卷，版權頁缺。張靜蔚《搜索歷史·附錄》（上海音樂出版社，2004 年）中記載爲 1913 年。

第四章《近代歌詞的「文」、「白」》將從樂歌「語體」的角度討論近代樂歌的創作。語體變遷是近現代中國重要的文化現象。該章將從「近代音樂」的角度進入這一問題。第一節將集中考察近代新式教育理念的興起對近代樂歌語言「淺白化」的影響。第二節則從「古義微言」的樂歌語言入手，試圖考察其中的「私人表述」以及對「傳統」的承繼問題。第三節則從「藝術」的角度入手，考察音樂的「藝術性」對語言「文」、「白」的選擇。總之，近代的教育體系，以及近代的文人生活、文人情趣對樂歌歌詞創作時的「文」、「白」選擇產生了不同的影響。

關鍵詞：學堂樂歌、音樂科、歌詞、尚美

第五章《國歌的誕生》，集中討論近代音樂與近代政治、文化的關係。該章將集中考察「國家主義」在近代音樂領域的表達與影響。這一章是對前面各章中近代音樂所涉及問題的一個總結與反思。

1840 年以後，中國傳統的「一統垂裳」觀念已經被「列國並立」的現實打破。與外邦交往的頻繁發生，以及國家觀念的深入人心，使得對國家標誌的認識與需求在不斷增長。人們漸漸認識到，現代國家除了各種相應的政治制度之外，還需要國旗、國徽、國歌這些代表國家的符號。民國建立後，政府部門一直比較重視國歌的制定，但是由於民國初年政治的動蕩以及文化的多元，直到 1921 年，民國政府才正式頒定《卿雲歌》為國歌。所謂「聲音之道，與政通矣」，國歌更是如此。國歌作為音樂與政治共同作用下的產品，充分反映著當時社會的政治、文化狀況。因此，該章選擇民國初期的國歌《卿雲歌》作為主要的考察對象，希望可以藉此瞭解中國從傳統社會向現代國家轉變過程中，「音樂」所扮演的角色，以及「音樂」與當時的政治、文化的互動過程。

關鍵詞：卿雲歌、國家主義

第六章《樂歌中的「新女性」》主要討論了近代音樂對占國民總數一半的女性的教育與啟蒙。近代是中國女性身份地位大解放、大變革的時代。近代音樂文化對重塑女性形象、促進女性解放起到了重要作用。該章從身心健康、家國意識，以及生活態度三個層面分析並展現了，在社會、歷史轉型的時代背景下，近代音樂文化對女性形象的重新塑造，這包括「身心的活潑」、「人格的勇毅」，以及「氣質的嫻雅」。在此基礎上，該章還試圖思考女性與音樂

藝術的結盟所可能產生的，對以男性視角爲主要出發點的近代女性解放思路的修正與反思。

關鍵詞：女性解放、身體、國家、藝術

第七章《音樂中的「文明生活」》分爲兩部分：第一節　音樂作爲一種「健康的」生活方式；第二節　近代音樂帶來的禮儀變化。此章著眼於分析近代音樂對近代國人生活層面的參與和改造。以第一節爲例，筆者通過「健康的身體」、「健康的心靈」和「健康的娛樂方式」三個方面分析了近代音樂對一種新的生活態度的塑造。這種改造指向一種對「文明的」生活方式的表揚與追慕。筆者從「健康」與「禮儀」兩個層面對此進行分析，試圖揭示近代音樂對建設一種現代生活方式的參與。

關鍵詞：生活方式、審美、禮儀

第八章《樂歌中的「少年中國」》具有總結全文的性質。近代音樂文化在救亡、啓蒙、文學、藝術、教育、語體、政治、軍事、生活等各個層面的努力，最終都指向一個「少年中國」的理想。這個理想的實現是建立在知識的更新、思想的轉變與人的轉化之上的。所以此章第一節集中討論了近代樂歌對新知識、新思想、新道德的傳播。只有在這些層面對近代中國進行重塑，一個「新中國」的理想才可能眞正實現。在此基礎上，第二節側重於揭示近代樂歌對「氣魄雄健」、「生動活潑」的新人格的想像與塑造。第三節則展示出新人格對新世界的嚮往與體認。改造「舊人」，塑造「少年中國之少年」，並以新眼光觀察世界、想像中國，這是近代音樂文化對中國社會轉型所作的巨大貢獻。

關鍵詞：少年中國、新、活潑、男兒、女傑

需要特別說明的一點是，對論文中所涉及的諸多問題，除了在某一章節進行集中討論外，筆者還力圖使用「互文」的形式來進行多角度的思考。例如討論「尙武的歌曲」，筆者盡可能在第二章展現「尙武的歌曲」出現的文化邏輯與自身意義。但對此類歌曲所呈現出的文化理路的反思卻放在第五章第四節《國歌品性之爭：「右文」還是「尙武」》中。再如在《樂歌中的新女性》一章的第三節，筆者就試圖通過論述女性對音樂藝術的渴求，探索其對以男性視角爲主要出發點的，以「救亡」爲核心的近代文化所可能產生的反思等。之所以選擇這樣的表述策略，一方面是因爲不希望將「反思」簡單化。如果

將對一個問題的反思放在一個以論述該問題的發生、發展為主線的章節中，這樣的反思會難於逃脫主線論述的思路與視角。而且，筆者一直試圖避免用一些概念式的語言對一個複雜的文化現象作出主觀評述。所以，在可能的情況下，筆者希望將對同一個問題的思考落實到不同的事件中。這樣作有幾方面的好處：一、可以使視角的轉換比較自然，而不會是同一章節中的硬轉；二、可以將「反思」充分展開，可以借助具體的問題，使反思落到實處，成為言之有據的論述，而不是簡單的「套話」或「尾巴」；三、這種「反思」可以豐富另一個事件的意涵。選擇這樣的表述策略，另一方面是由於文化問題本身的豐富性與複雜性所決定。一種文化思潮不可能只在一個事件中展現其意義與影響。正所謂「牽一髮而動全身」，只有將「全身」的反映表述出來，「牽一髮」的意義才可能真正得到評判。而且，近代歷史中各種主張的衝突與調和最能體現我們所面對的文化問題的複雜。將這種「複雜」表述出來，並在「複雜」中進行思考，正是筆者力圖適應研究對象所選擇的敘述策略。不過，由於歷史遠比我們瞭解的更為複雜，更由於本人學養的淺薄，這份研究必然距離筆者的理想較為遙遠。但是「拋磚引玉」，筆者仍然希望可以在這種學術與思想的脈絡中作出自己的一份努力。

第一章　幸有歐西新歌來 [註1]

「大地文明運，推移到遠東。」[註2] 中西文明在近代的對撞加速了中國從傳統文明形態走向現代文明形態的過程。面對隨著堅船利炮入侵的西方文明，國人逐漸失去了上國大邦的安閒心態。而這一次外來文明的傳入也已經不再是對中國傳統的補充或可有可無的點綴，而是對中國傳統文明的巨大衝擊，甚至是削弱。中國對西方的學習，從「技」與「政」的探求，逐漸深入，最終發展成為對西方文明的整體學習。在大量吸收外來文明營養的同時，中國也在逐步反省著、改變著自身的文明形態。

正是在這樣的背景下，西方的音樂與教育體系東傳到中國，逐漸受到士林的重視。西洋音樂因此被當作現代文明的一部分，被用來改造中國舊有的音樂和發展中國新音樂。這引發了中國近代的音樂改良。向西方音樂學習，逐漸成為社會性的新文化思潮的重要組成部分，「音樂」因而成為參與建設現代中國的重要角色。

第一節　音樂重新進入政教體系

音樂，作為文明的一種載體，一直在隨著文明整體的發展不斷進行著改變與調整。

〔註 1〕　本章部分內容曾以「幸有歐西新歌來，學界改良增榮光——中國近代音樂教育的『發生』」為題發表於《文史知識》2011 年第 11 期。
〔註 2〕　因明子：《送人之日本遊學》，見《清議報全編》第 4 集《文苑下・詩文辭隨錄》，橫濱新民社輯印，第 16 冊，90 頁。

中國有著非常深厚的音樂文化傳統。孔子所開創的「樂教」理論，幾千年來一直是中國的主流音樂理念。然而中國樂界在鴉片戰爭前後卻呈現出「伶官去魯，雅樂久亡，靡音豔曲，貽害風俗」〔註3〕的狀況。再加上對「富」與「強」的訴求，佔據著首先覺醒的國人的主要思路，「夫中國今日所汲汲未遑者，政治也，法律也，經濟也，海陸軍也」〔註4〕，因此，無論是雅樂還是俗樂，在中國近代歷史的最初階段，都基本處於自生自滅的狀態。而此時，西方音樂隨著西方文明的入侵已經再次悄然傳入中國。隨著向西方文明學習的逐漸深入，隨著「救亡」、「啓蒙」的需求越來越急迫，近代的仁人志士突然「發現」了音樂，「而所以作教育之精神者，非音樂不爲功。東西文明諸國，莫不皆然」〔註5〕。他們認爲西洋音樂對西方現代文明的成就有巨大的推動作用。因此，對西洋音樂的主動學習逐漸被當作推動中國向現代方向邁進的重要手段之一。

一、「西樂東來」與「西風東漸」

西方音樂在近代初期出現在國人眼中，主要是通過「文」—— 西方的傳教活動、「武」—— 西方的軍事活動（軍樂隊）、「商」—— 西方的樂器銷售，以及在華西方人的「娛樂生活」這四個途徑。

在晚清政府簽訂的一系列條約中，西方人逐漸獲得了在中國傳教的權力〔註6〕。隨著傳教力量與活動的加強，隨著讚美詩的大量使用，西方的樂理

〔註3〕 李寶巽：《新編唱歌集・敘言》，1906年，見張靜蔚編選、校點：《中國近代音樂史料彙編（1840～1919）》，人民音樂出版社，1998年，154頁。

〔註4〕 李寶巽：《教育唱歌・序》，見黃子繩、權國垣、蘇鍾正、汪翔編：《教育唱歌》上編，湖北學務處，光緒三十一年（1905年）七月。

〔註5〕 李寶巽：《教育唱歌・序》。

〔註6〕 在1842年簽訂的《中英南京條約》以及善後章程裏，英人正式獲得在五個開放口岸自由進出、居留，以及領事裁判等權利。傳教士因此可以合法地居留中國，並不受中國司法制度的管轄。1843年，中英再簽《虎門條約》，中國給與英國最惠國待遇。此後，簽約各國均享受最惠國待遇，它們得以共享法國爲拓展天主教在華的傳教事業，而對中國作出的各種開放傳教的要求。1844年，中國分別與美國和法國簽訂《望廈條約》及《黃埔條約》。外國人因此獲得在五個通商口岸內興建房屋、學校、醫院和教堂的權力。1845～1846年間，在法國的壓力下，中國正式弛禁天主教及各洋教，並歸還曾沒收的教堂。在1858年簽訂的《天津條約》和1860年的《北京條約》中，中國全面開放領土，允許洋人在各地遊歷；中國政府有責任保護傳教士及中國信徒；傳教士可以在各省租買田地，建造教堂等設施。至此，中國對外國的傳教活動全面開放。

知識和西方音樂本身在中國逐漸傳播開來〔註7〕。不過，根據宮宏宇的研究，早在 1842 年以前，來自葡萄牙的天主教神父江沙維（Joaquim A. Goncalves, 1780～1844）〔註8〕就已經開始在澳門的聖若瑟修道院教授音樂。早期傳教士對使用音樂使人皈依基督的方式比較認同，「唱聖詩被普遍認爲是一個有效的宣教手段。聖詩的歌詞可以直接傳播基督教義，旋律的使用則可把枯燥的說教變的（得？）活躍，和聲的使用也可烘托宗教氣氛」〔註9〕。因此，在近代早期，傳教士爲推動西方音樂在中國的傳播作出了突出的、不可替代的貢獻。入教的人多了，西洋音樂逐漸在中國生根發芽，「從那時以來，教中會唱的人，越住越多，而且歌唱的武藝，也是越演越精，所以現在新印的聖詩調，大概都印成了四品，使人可以諧聲合唱，以盡歌詠之佳趣」〔註10〕。與此同時，教會學校的創辦，尤其是學校中開設的「琴科」、「樂理」等課程，也推動了西洋音樂的傳播，並培養了不少喜愛西方音樂的中國青年。最近剛剛發現的山東登州《文會館志》中輯錄的 10 首樂歌就是很好的證明〔註11〕。1877 年，在山東登州傳教的狄考文在「基督教育在華傳教士第一次大會」上發表了《基督教會與教育關係》一文，文中認爲「教會一經建立，就會產生開辦學校的願望」，而西方教育必將會對中國的文明進程產生不可估量的意義。他說：

> 教育在培養把西方文明的科學、藝術引進中國的人才方面十分重要，中國與世隔絕的日子已屈指可數，不管她願意與否，西方文明與進步的潮流正朝她湧來，這種不可抗拒的潮流，必將遍及全中國。〔註12〕

〔註7〕參見王神茵：《中國讚美詩發展概述》（上、下），載《基督教叢刊》第 26、27 期。另據錢仁康先生的研究，學堂樂歌和基督教讚美詩有密切的關係，兩者你來我往，相互影響，互相借用曲調，添以己詞（參見氏著：《學堂樂歌考源》，上海音樂出版社，2001 年）。

〔註8〕1814 年 6 月 28 日抵達澳門。

〔註9〕宮宏宇：《基督教傳教士與中國學校音樂教育之開創》（上），載《音樂研究》（季刊），2007 年第 1 期。

〔註10〕狄就烈：《聖詩譜・補序》，1892 年，見張靜蔚：《中國近代音樂史料彙編》，第 96 頁。

〔註11〕孫繼南：《我國近代早期「樂歌」的重要發現——山東登州《文會館志》「文會館唱歌選抄」的發現經過》，載《音樂研究》（季刊），2006 年第 2 期。

〔註12〕孫繼南：《中國近現代（1840～2000）音樂教育史紀年》（增訂本），山東教育出版社，2004 年，6～7 頁。

後來的歷史證明了狄考文預見的正確性。

教會活動之外，西洋音樂也藉由第二條途徑 —— 西洋的軍樂隊 —— 在中國傳播著。在西洋軍隊中，軍樂隊是一個非常重要的建制。在與中國的戰爭中，西方軍隊常常在軍樂的伴奏下進入城市與鄉村。雄壯的音樂、整齊的軍姿，與潰不成軍的清朝軍隊形成了鮮明對照。再加上國人對西洋音樂的好奇，就促使教外的國人通過軍樂隊對西方音樂有了最初的印象與興趣。如，1860 年英法代表與清政府簽訂《北京條約》時，就是由軍樂隊引導進入北京的〔註 13〕。另據史式徽《江南傳教史》記載，1860 年，法國軍隊從北京撤離後曾在上海徐家匯暫住，法軍中的軍樂隊吸引了徐家匯公學的青年們，這後來促成了著名的徐家匯樂隊的創辦。

而西方的樂器商人為謀求在中國的發展，也加入到培養西方音樂受眾的活動中來。1896 年，上海英國樂器公司謀得利，聘意大利簡拿等人，教授了一班軍樂隊。十年之中，成績頗著。其畢業生散佈全國，成為後來南北各師團、海軍各艦隊以及各學校之教練官。由其發展而來的軍樂隊有：全國陸軍軍樂隊、蘇州東吳大學軍樂隊等〔註 14〕。

隨著中國門戶的逐漸開放，在華留居的西方人越來越多。他們「自娛」性質的音樂活動也逐漸增多起來。雖然這些音樂活動零零散散，但是其起到的範式作用，也推動了西洋音樂在中國的傳播（參見第七章）。最著名的即為赫德爵士（Sir Robert Hart 1835～1911）組織的樂隊〔註 15〕，其次還有上海工部局樂隊〔註 16〕，土山灣聖若瑟軍樂隊等。外國駐滬各艦軍樂隊，在閒暇之餘，「亦常登岸，受各界之歡迎，是為中國南方軍樂隊大盛之基」〔註 17〕。

〔註 13〕《英法聯軍史料》，見沈雲龍主編《近代中國史料叢刊續輯》，臺灣文海出版社影印。

〔註 14〕 參見冰臺：《中國軍樂隊談》，載《東方雜誌》第 14 卷第 10 號，1917 年 10 月 15 日。

〔註 15〕 參見〔美〕韓國鍠：《中國的第一個西洋管絃樂隊 —— 北京赫德樂隊》，載《音樂研究》1990 年第 2 期。

〔註 16〕 參見〔日〕榎本泰子：《樂人之都 —— 上海》，第三章，上海音樂出版社，2003 年。

〔註 17〕 參見冰臺：《中國軍樂隊談》。

赫德樂隊（站在最右邊的是赫德）

　　正是通過上述這些途徑，西方音樂在中國逐步傳播開來，並培養了中國近代第一批西方音樂的欣賞者與學習者。國人對西方音樂的態度也從最初的「獵奇」，逐漸變爲「求知」與「認同」〔註18〕。

二、傳統「樂教」與近代「新民」

　　西洋音樂的東傳也同時促進了對中國傳統音樂的發掘與整理。例如，1861年出版的《聖事歌經簡要》一書，使用的就是一種混合了中國工尺譜與西方四線譜的記譜方法。又如，1883年李提摩太夫婦編寫的《小詩譜》，是一部工尺譜體系的樂理和視唱教材。更爲重要的是，西洋音樂的傳入促進了對中國傳統「樂教」理念的重新重視。傳教士基於對中國傳統文明的瞭解，常常借用中國的「樂教」理論來傳播西洋音樂知識。李提摩泰就曾在《小詩譜·序》中解釋「詩譜何爲而作」時說：「致禮以治躬，致樂以治心。古聖土所以感天神而和人鬼者，莫不需此樂也。則樂之爲用，安可忽而弗講哉？」〔註19〕雖然此「教」非彼「教」，但西方傳教士仍巧妙地將中國傳統的「樂教」理念運

〔註18〕　「獵奇」、「求知」與「認同」的表述借用的是陶亞兵的觀點，參見氏著《明清間的中西音樂交流》，2001年。
〔註19〕　李提摩泰：《小詩譜·序》，1883年，見張靜蔚：《中國近代音樂史料彙編》，97頁。

用到對西洋文明與西洋音樂的介紹上。隨著對西方文明瞭解的深入，國人也逐漸認識到西洋音樂對教化人心、鼓舞士氣所具有的特殊力量與意義：

> 故樂也者，所以匯合不齊，而使倚託於一途也。昔者東西大宗教家，莫不由之。……耶氏足迹所至，必建會堂，小或僅如田舍，縱橫不十步，然戶內樂座雜列，每說教時，歌彈間作。聽者其心如宵，向所懷慮，至是盡釋，皈依頂禮，莫敢或叛。何哉？其聲有消化萬有之力，又以起參會者之感情也。〔註20〕

> 夫《底伊窪赫德昂母萊因》之曲，喚起普魯士國民之敵愾心；《赫爾哥倫波》之曲，鼓動美國之獨立；《馬爾生哀只》之曲，聲援佛國之革命。〔註21〕

因此，近代的有識之士不但開始把一個國家的興盛與否歸因於音樂教育的好壞，而且就連西方整個文明所取得的成績，也被歸功於音樂的巨大作用：

> 希臘之創造文明，實出雅典之審美教育。而審美教育之要點，又以音樂兩字為中心。讀史者未嘗不神往於數千年上也。今日東西列強，必斤斤於音樂專門學校之設立，而一切普通教育，亦皆有音樂唱歌一科，其在小學尤為至要，謂與修身有密切之關係，用意蓋可知矣。〔註22〕

> 讀希臘文明史，音樂實為教育界、學術界之要點……今日歐西文明，多淵源於希臘羅馬，所謂精神教育莫不兢兢於音樂一科。

〔註23〕

所以，當中國對西方文明的學習全面展開的時候，對西洋音樂的重視，以及仿傚西方人的音樂教育模式就成為題中應有之義：「西人教會中，刺取其經語，編為詩歌，每於禮拜日，則合其教徒詠歌之。其歌數十百章，反覆循環，務使諷詠純熟，藉以深印於心，起其信仰，殊有效力。吾國學校亦宜傚之，取先聖經訓名言，譜為詩歌，令學生日常歌詠，於心性當有裨也。」〔註24〕

〔註20〕 匪石：《中國音樂改良說》，載《浙江潮》第 6 期，1903 年 8 月 12 日。
〔註21〕 劍虹：《音樂於教育界之功用》，載《雲南》第 2 號，1906 年 11 月 30 日。
〔註22〕 鍾正：《德育唱歌·序》，載《雲南教育雜誌》第 2 卷第 3 號，1913 年。
〔註23〕 黃子繩、權國垣、蘇鍾正、汪翔：《教育唱歌·敘言》，見氏編：《教育唱歌》上編，湖北學務處，光緒三十一年（1905 年）七月。
〔註24〕 劉天華語，見童斐：《音樂教材之商榷》，載《東方雜誌》第 14 卷第 8 號，1917 年 8 月 15 日。

同時，對西方音樂教化力量的肯定也推動了對傳統「樂教」理念的重新關注：
「余惟音樂之在今日，其關乎教育也，稍具新知識者，皆知其爲切要之務矣。
即好言舊學之士，亦能援引古籍，以證三代學制六藝並重之義。」〔註 25〕因
此，傳統的「樂教」理念，也因爲近代對國民素質的關注，逐漸和「新民」
思想契合在一起：

金一著《國民唱歌》第二集，1905 年

　　有一事而可以養道德、善風俗、助學藝、調性情、完人格，具
種種不可思議之支配力者乎？曰：有之，厥惟音樂。音樂之爲體，
其入人也易，故吾人之習他科，不如習音樂之善。音樂之感人也深，
故吾人之嗜他學，不如嗜音樂之甚。此殆心理學自然之作用，非人
力所得以易。……故以之養國民之道德，則道德修；以之革社會之
風俗，則風俗易；以之助一般之學藝，則學藝進；以之調人類之性

〔註25〕陳懋治：《小學唱歌教授法・序》，見沈心工譯輯：《小學唱歌教授法》，上海
　　　文明書局，光緒三十二年（1907）四月再版。

情、全人類之品格，則性情淑、品格尚。此種能力，惟音樂足以當之。〔註26〕

「音樂」具種種不可思議之力，且又有「科學的」「心理學」爲其依據，難怪「音樂」逐漸成爲近代啓蒙人士的新寵。

三、音樂被「整合」到現代國家的知識體系及建構中

曾志忞曾說：「漢以來，雅樂淪亡，俗樂淫陋。降至近世，幾以音樂爲非學者所當聞問。」〔註27〕曾志忞此言的確道出了鴉片戰爭前後中國音樂的狀況。然而，隨著西方音樂的傳入，以及國人對西方文明瞭解的深入，近代的仁人志士開始留意西方音樂：「時至今日，世界交通，我國學子遊歷各邦，耳食於東、西音樂之美，漸知音樂之非小道，乃稍稍致心焉。」〔註28〕隨著近代社會啓蒙運動的開展，以及新式教育體系的建立，音樂逐漸進入近代知識分子的視野。

如果說康有爲在萬木草堂的教學中設置音樂內容還是依據傳統的「樂教」〔註29〕，那麼，中日甲午戰爭之後，對西方教育模式的移植，則使國人開始關注西方音樂在西方文明以及日本崛起中發揮的作用。1897年，梁啓超在《變法通議·論幼學》中介紹西方國家教育幼童「必習音樂，使無厭苦，且和其血氣也」〔註30〕。到1898年，康有爲在寫給光緒皇帝的《請開學校折》中，即以「遠法德國，近採日本」爲原則，將「歌樂」課列入學校教育中〔註31〕。戊戌變法失敗後，教育改革爲之停頓。不過幾年之後，在遙遠的日本卻開創了中國近代音樂的新局面。

旅日國人對音樂的關注是從軍事與教育兩個方面入手的。作爲戰敗一方的國民，留居日本的國人對日本舉國「尙武」、「崇拜軍人」的風氣既「驚」且「羨」。梁啓超在《祈戰死》（1899年），秋瑾在《警告我同胞》（1904年）

〔註26〕 黃子繩、權國垣、蘇鍾正、汪翔：《教育唱歌·敘言》。

〔註27〕 曾志忞：《樂理大意》，載《江蘇》第6期，1903年9月21日。

〔註28〕 萬繩武：《樂辨（節錄）》，1911年，見張靜蔚：《中國近代音樂史料彙編》，233頁。

〔註29〕 梁啓超：《南海康先生傳》，1901年，見《飲冰室合集》第1冊，文集6，北京：中華書局，1989年，65頁。

〔註30〕 梁啓超：《變法通議·論幼學》，見《飲冰室合集》第1冊，文集1，45頁。

〔註31〕 康有爲：《請開學校折（摘錄）》，1898年，見張靜蔚：《中國近代音樂史料彙編》，98頁。

等文章中，對此都有過記述。他們認爲，日本能立國維新，戰勝我國及俄國，「果以是也」〔註32〕。與「尚武」精神相配合，日本軍歌的創作與使用蔚爲大觀，並在戰爭期間——尤其是中日甲午和日俄乙未戰爭期間——起到了非常大的作用。奮翮生（蔡鍔）因而在《軍國民篇》（1902年）中憤然指責我國音樂「自秦漢以至今日，皆鄭聲也，靡靡之音，哀怨之氣，彌滿國內，烏得有剛毅沉雄之國民也哉」〔註33〕。音樂淫靡被認爲是導致國人文弱，缺乏「尚武」精神的主要原因之一。這種觀點一經蔡鍔提出，就得到梁啓超的大聲附和：「中國人無尚武精神，其原因甚多，而音樂靡曼亦其一端，此近世識者所同道也。」〔註34〕因此，改良中國舊音樂，以「尚武」的曲風，尤其是軍歌，培養國民「尚武」精神的觀點，在近代大行其道。

雖然，這種對音樂的關注局限於「尚武」不免狹隘。但是，「尚武」精神后來成爲「新民」思想的一部分〔註35〕。藉由「尚武」，近代要求「改良音樂」的呼聲第一次與「新民」思想聯繫在一起。「音樂」改造人心的巨大影響力被一再強調、述說——「故欲握人情之中樞，使歸教育之範圍，捨音樂不爲功。音樂之爲道，其感應力甚捷，其同化力甚強，其支配力亦無所不至。諸教育大家之言曰：音樂者，所以發揮審美之情操，涵養國民之德性，洵確論也」〔註36〕。「音樂」由此成爲近代有識之士改良社會以適應現代世界的重要手段，「故今日欲增進群治，必自改良社會始；欲陶融社會，必自振興音樂始」〔註37〕。這對中國近代音樂的發展產生了深遠影響。

與此同時，留日學生開始關注並仿傚日本學校的音樂教育。首先是留日學生會館裏請鈴木米次郎教唱歌。受到啓發的沈心工等人，於光緒二十八年（1902年）十一月，集合同道，於江戶留學生會館發起組織了音樂講習會〔註38〕。1903年，匪石（名世宜，號倦鶴）在浙江籍留日學生創辦的《浙江潮》上發表《中國音樂改良說》，首揭「音樂改良」之義〔註39〕。同年，曾志忞在

〔註32〕　梁啓超：《中國魂安在乎》，載《清議報》第33冊，1899年12月23日。
〔註33〕　奮翮生（蔡鍔）：《軍國民篇・七　原因在於鄭聲者》，載《新民叢報》第3號，1902年3月10日。
〔註34〕　梁啓超：《飲冰室詩話》（54條），載《新民叢報》第26號，1903年2月26日。
〔註35〕　梁啓超撰《新民說》第十七節即爲《論尚武》。
〔註36〕　李寶巽：《新編唱歌集・敍言》。
〔註37〕　黃子繩、權國垣、蘇鍾正、汪翔：《教育唱歌・敍言》。
〔註38〕　《亞雅音樂會之歷史》，載《新民叢報》第3年第3號，1904年8月25日。
〔註39〕　匪石：《中國音樂改良說》。

江蘇籍留日學生創辦的《江蘇》上發表《樂理大意》〔註40〕，向國人介紹西方樂理知識，並發表了六首學堂樂歌──《練兵》、《遊春》、《揚子江》、《海戰》、《新》、《秋蟲》〔註41〕。這六首樂歌分別表達了「尙武」（《練兵》、《海戰》）、「愛國」（《揚子江》）、「崇新」（《新》）以及用新眼光觀察新世界（《遊春》、《秋蟲》）等主旨。1904年5月，曾志忞在東京發起成立了亞雅音樂會，得同志五十餘人。該會設聲樂與軍樂兩科，其宗旨爲「發達學校、社會音樂，鼓舞國民精神」〔註42〕。同年，他發表《音樂教育論》。文中提出的音樂功用分爲「教育上之功用」、「政治上之功用」、「軍事上之功用」以及「家族上之功用」四方面〔註43〕。到1905年，他又發起成立了「國民音樂會」，以「修養高尚技術，探本求源，擴張國民音樂思想，鼓吹國民音樂精神爲宗旨」〔註44〕。沈心工、匪石、曾志忞等人的音樂活動極大地推動了留日國人對音樂的關注。據張靜蔚先生的統計，到1907年，僅四年時間，主要由中國留學生編纂的唱歌集就達23冊，收錄近500首樂歌〔註45〕。

　　這些旅日國人最初的音樂思想與活動，基於以下認識：

　　　　自希臘開文明之幕，以音樂列教育之科，復經諸大家之發明，
　　踵步後塵，遍及歐美。扶桑島國，吸星宿之流而揚其波，音樂專科，
　　永定學制。三尺童子，束髮入塾，授之以律譜，教之以歌詞，導活
　　潑之神，而牖忠愛之義。浸淫輸灌，養成能獨立、能合群之國民，
　　黑子彈丸，一躍而震全球之目。

正是因爲肯定西方音樂推動了西方文明的發展，促進了日本的崛起，旅日國人才亟亟於借途日本，輸入文明。他們認爲「以此提教能導活潑之神，牖忠愛之義，於振興中國之前途，其裨益必甚巨也」〔註46〕。正是這種認識從一開始就爲近代音樂奠定了以「輸入文明」爲目標，深入參與中國現代化進程的基調。

〔註40〕曾志忞：《樂理大意》。

〔註41〕曾志忞：《唱歌之教授法及說明》，載《江蘇》第7期，1903年10月20日。

〔註42〕《亞雅音樂會之歷史》。

〔註43〕曾志忞：《音樂教育論》，載《新民叢報》第62號（第3年第14號），1905年2月4日、第68號（第3年第20號），1905年5月4日。

〔註44〕《國民音樂會發起（廣告）》，載《醒獅》第2期，1905年10月28日。

〔註45〕張靜蔚：《論學堂樂歌》（碩士論文），中國藝術研究院研究生部，油印本，1981年12月。

〔註46〕湯化龍：《教育唱歌集‧敘言》，1906年，見張靜蔚：《中國近代音樂史料彙編》，152頁。

當旅日國人如火如荼地從事音樂工作的時候，國內的音樂教育也發生了很大的變化。雖然光緒二十八年（1902）張百熙訂立的《欽定學堂章程》（史稱「壬寅學制」）中並沒有提及音樂教育。但是在緊接著的一年裏，張之洞在主持重訂《學堂章程》（史稱「癸卯學制」，）時，彌補了這一闕失：

> 移風易俗，莫善於樂；秦漢以前，庠序之中，人無不習。今外國中小學堂，師範學堂，均設有唱歌音樂一門，並另設專門音樂學堂，深合古意。惟中國古樂雅音，失傳已久。此時學堂音樂一門，只可暫從緩設，俟將來設法考求，再行增補。〔註47〕

雖然最後的結果還是「俟將來設法考求，再行增補」。不過，這種「提及」也已經可以證明，「音樂」的重要性在近代的凸顯連總是「慢半拍」的晚清官吏也已經開始留意了。而且，官方的「暫從緩設」也為民間音樂力量的興起留出了空間。

借著這股「東風」，1903 年回國的沈心工，以其「在日本種的根」，先後在上海南洋公學附屬小學、上海務本女塾、龍門師範、南洋中學，以及商部高等實業學校附屬小學〔註48〕等處開設「唱歌」課。沈心工在上海的音樂工作獲得了良好效果，國內許多關注音樂教育的人士多來上海向其取經，沈氏因此於 1904 年 4 月面向公眾舉辦了「速成樂歌講習會」。「講習會」借務本女塾講堂為會所，以「養成小學唱歌教員」為目的，當時到滬聽講的人士達五十人。滬上風氣亦為之一變。據陳懋治的記述，在沈心工回國前後，一般國人對音樂的態度還是非常不屑的，「然是時風氣未開，當局不謂然，且笑之以為兒戲。校中購尋常風琴一具，亦頗費心力云」。不過，等到他開設講習會後，情況則有了很大的改變，「既而滬城設講習會，既而私立諸學，相繼設唱歌科」，「今滬上一隅黌舍林立，琴歌之聲洋溢盈耳，實惟君樂歌講習會有以布護而發揚之」〔註49〕。沈心工於 1904 年和 1906 年出版的《學校唱歌初集》

〔註47〕《奏定學務章程・學務綱要》，見舒新城編：《中國近代教育史資料》中冊，人民教育出版社，1961 年，209 頁。

〔註48〕沈心工曾在商部高等實業學校附屬小學從事音樂教育活動，學界鮮有論及。筆者此處依據的是 1906 年出版的《學校唱歌二集》中的《編者識》：「集中曲調均經龍門師範學校、商部高等實業學校附屬小學，及務本女塾諸生一再試唱。凡調之高下，及拍子之緩急，均視諸生心理上及生理上之現象，隨時酌改，故與原曲原調間有出入。」

〔註49〕陳懋治：《小學唱歌教授法・序》，見沈心工譯輯：《小學唱歌教授法》，上海文明書局，光緒三十一年（1907）六月初版。另，張靜蔚之《中國近代音樂

和《學校唱歌二集》均由沈氏個人擁有著作版權，也可證明其在晚清音樂地位的重要，以及當時樂歌的流行程度〔註 50〕。其實，不光是滬上一隅，此後的大江南北，唱歌課逐漸成爲新式學堂中最受學生歡迎的課程之一，年青學子唱出的歌聲逐漸成爲一道昭示新式教育與現代文明的亮麗風景。

江寧辛漢著《唱歌教科書》，1906 年

史料彙編》亦收此文（第 123～125 頁），但遺漏了「既而滬城設講習會」一句重要的內容。

〔註50〕 學界常以「上海文明書局」爲二書的出版者。但是筆者參閱了原書的版權頁後發現，上海文明書局只是二書的「寄售處」。同時列名「寄售處」的還有「上海開明書店」以及「各大書坊」。在「發行者」處署名的是「上海沈慶鴻」。根據近代出版的常規，這樣的標注一般說明版權屬於「上海沈慶鴻」所有。他只是託書局印刷和發行而已。這種情況一般說明，沈氏不願書局分其利潤。（關於近代出版的情況，曾請教北京大學中文系的潘建國老師，特此致謝！）另，沈心工曾於 1907 年出版《學校唱歌三集》，但目前學界未見此書，故未知其版權情況。不過，聯繫到近代的出版習慣，必是前兩冊售賣情況較好（如《學校唱歌二集》丙午四月初版，七月再版，十月三版），才會出第三集。所以推測第三集的版權也應爲沈氏擁有。

近代音樂教育在國內外音樂工作者的努力下日益發展壯大。尤其是樂歌作者並沒有將自身局限在學校的圍牆裏，「凡所謂愛國心、愛群心、尚武之精神，無不以樂歌陶冶之」〔註51〕。與近代社會文化中的各種理念配合，樂歌成爲近代知識分子宣揚愛國（《十八省地理歷史歌》、《愛國》等）、保種（《何日醒》等）、競爭進取（《競爭》）、維新革命（《尊俠》）、自立（《賣花》等）、合群（《螞蟻》等）、反抗侵略（《黃帝歌》等）、提倡尚武（《兵隊》等）、提倡公德（《燕》等）、崇尚科學（《格致》等）、反對迷信（《闢占驗》、《諷迎儺》等）、解放女權（《勉女權》等）、提倡現代生活方式（《文明結婚》等）等各種思想、主張的重要武器。樂歌逐漸成爲近代音樂的主要成績，同時也成爲反映近代文化、思想、生活的 一面鏡了。

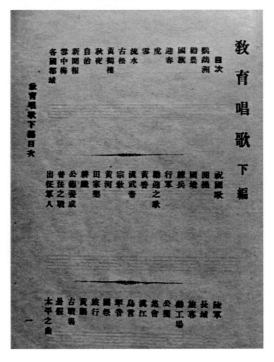

黃子繩、權國垣、蘇鍾正、汪翔編：《教育唱歌》下編目次，1905 年

隨著主流音樂活動在教育系統的展開，近代的社會啓蒙工作者獨闢蹊徑，開始利用中國民間的音樂曲調、音樂形式，塡以新詞，爲近代的各種主張、理念吶喊助威。傳統的民間曲調煥發出新的活力，並形成了一條平行於

〔註51〕竹莊：《論音樂之關係》，載《女子世界》第 8 期，1904 年 8 月 11 日。

近代新音樂運動的，針對中下層民眾的，以「俗樂改良」爲主要形式的發展路線。而近代新音樂的工作者也開始吸收民間曲調的營養成份，豐富了近代樂歌的音樂語言。

雖然這是兩條不同的路線，套用曾志忞的話：一條是「學校的」，屬於近代的教育領域，近代的音樂工作者吸收近代的思想文化入樂歌；另一條是「社會的」〔註52〕，屬於社會文化領域，近代的社會工作者（包括文化、政治、軍事等各個領域）利用音樂作爲宣傳、啓蒙的工具。但是這兩條路線可以統合在近代「改良社會」、「輸入文明」、「挽救危亡」的大主題之下。曾志忞說：「然則音樂之有利於國也，何如？曰：音樂之於學校，改良兒童性質尚小；音樂之於社會，改良一般人民性質更大。」〔註53〕陳懋治對沈心工的評價也是「君之志在改良社會」〔註54〕。劍虹（李燮義，字開一，1875～1926）撰寫的《音樂於教育界之功用》（1906年）也指出：

> 然則救中國者，捨教育何由乎！特是教育者，貴察國民之心理，按其缺點，施以方針，乃能收善良之結果。否則夏裘冬葛，南轅北轍，亦惟是徒勞無功也。夫我國民心理之大缺點，莫感情若矣，內之見同胞之痛苦不知恤，外之受強鄰之欺侮不知恥。以若是之國民，勢必舉亞東大陸，沉埋於太平洋海底，永無復見天日之一日。
> 然則感情教育安在乎？音樂是也。〔註55〕

爲了「救亡」，近代的有識之士逐漸認識到，適應世界的現代格局，將中國從一個古老的文明演進爲一個現代的文明國家才是唯一的出路。而「音樂」恰恰是可以爲之服務的重要工具。正是基於這種認識，梁啓超在《飲冰室詩話》中才指出：「蓋欲改造國民之品質，則詩歌音樂爲精神教育之一要件。」〔註56〕連居

〔註52〕曾志忞：《音樂教育論》。

〔註53〕曾志忞：《樂典教科書·自序》，甲辰（1904年）八月。

〔註54〕陳懋治：《學校唱歌二集·序》，見沈心工編：《學校唱歌二集》，1906年。

〔註55〕劍虹：《音樂於教育界之功用》。

〔註56〕梁啓超：《飲冰室詩話》，（77條），載《新民叢報》第40/41號合本（該期標出的出版時間爲光緒二十九年九月十四日，即1903年11月2日。但是，梁啓超從美國回來抵達日本橫濱的時間應該是1903年12月11日（光緒二十九年十月二十三日，據《梁啓超年譜長編》，丁文江、趙豐田編，上海人民出版社，1983年，333頁）。此時，《新民叢報》已嚴重脫期。所以，梁氏回來後，從第38號起，開始發《新民叢報》的合刊本（另《飲冰室詩話》於第29號停刊後，重現於第38/39合本，也可以證明）。因此，第40/41合本真正出版的時間應該在1904年上半年，故以後此處不再標出日期）。

留中國的日本人也意識到：「嗚呼中國之爲國，⋯⋯今也乃百廢維新，新學興隆，將欲圖進而與列強駢馳焉。想音樂一科，文明諸國，所特注重，乃研究斯學，豈可忽諸。」〔註57〕「音樂」正是這樣重新走入了近代知識分子的視野與話語，並最終被「整合」到現代國家的知識體系及其建構中。

第二節　近代的「音樂改良」

　　雖然，近代的有識之士已經認識到「音樂」對於建設現代中國的巨大意義，但這並不意味著，這是對「中國傳統音樂」的認識。章太炎在《訄書·辨樂》（1899 年）中說，中國傳統音樂使中國國民「民氣滯著，筋骨瑟縮」〔註58〕。如果想知道這個判斷是否正確，就需要先對當時中國的音樂狀況有所瞭解。其時，中國社會上使用的傳統音樂形式，主要可以分爲以下幾種：宮廷音樂，用於朝廷的祭祀活動和宴享；以琴爲主的雅樂，注重的是個體修養；在宗教場所演奏的音樂，目的是爲了安頓心靈；民間的戲曲音樂，以娛情爲主；民歌，主要用於表達個人情感。從上列五種音樂形式來看，「民氣滯著，筋骨瑟縮」的結論雖然有些過激，但是，它們都缺乏對國家、民族整體情懷的關照卻是事實。難怪當時先覺的知識分子以近代以來「合群」、「國家」、「進取」、「科學」、「進化」等「現代」理念爲標準，認爲傳統雅樂與俗樂已經不能滿足建設「現代」中國的需要，中國的傳統音樂需要改良，需要創造出一種新的音樂以適應新的國情。

　　如果說，從鴉片戰爭到中日甲午戰爭之前這段時間基本屬於文化的「被迫殖入」階段，那麼，甲午之後則屬於「主動學習」的階段。「被迫殖入」與「主動學習」的心態轉換，決定了西方音樂在兩個階段中傳播方式與傳播內容上的不同。倘若將前一階段比作爲中國近代音樂的文化土壤施肥，那麼在這後一階段中，近代「音樂改良」的提出，則是播下了種子。這粒種子在以後的時間裏生根、發芽、開花、結果。

一、「音樂改良」的提出

　　中國近代的「音樂改良」思想可以說誕生於日本，是在留日學生中間發

〔註57〕近森出來治：《〈清國俗樂集〉第一集序》，1908 年，見張靜蔚：《中國近代音樂史料彙編》，132 頁。
〔註58〕章太炎：《訄書·辨樂》，見張靜蔚：《中國近代音樂史料彙編》，178 頁。

起的。

1902年2月，《新民叢報》第3號繼續連載奮翮生（蔡鍔）的《軍國民篇》〔註59〕。在文章的第七節「原因在於鄭聲者」中，奮翮生表達了對中國音樂缺少「尚武」精神的不滿，這在前文已有所提及。他認爲，中國缺乏「尚武」的風氣，缺乏軍國民主義，「音樂」應該爲此負擔一定的責任。該文已經隱隱透露出改良音樂的意思。不過，其所指引的改良方向還嫌狹窄。

1903年，匪石在《浙江潮》第6期上發表《中國音樂改良說》〔註60〕。文中簡略地梳理了中國音樂的歷史，認爲「孔子者，音樂改良之大家也」。不過，經過幾千年的流傳，「古樂今樂二者，皆無所取焉」，所以：

> 故吾對於音樂改良問題，而不得不出一改弦更張之辭，則曰：
> 西樂哉！西樂哉！西樂之爲用也，常能鼓吹國民進取之思想，而又
> 造國民合同一致之志意。

匪石首倡「音樂改良」之說，並且指明了近代音樂改良的方向，那就是向西方音樂學習。匪石此文多受學界關注。但其實早在他發表《浙風篇》（1903年）時，就已經表達了學習西方「國風」，「以造良吾國風」的意思〔註61〕。

稍晚於此，曾志忞發表了一系列關於「音樂」的文章〔註62〕。在分析了當時音樂界的狀況後，他首先肯定了向西方音樂學習的主張：「是非假用歐洲通用樂譜，而和以本國歌詞權以應用，勢不能也。」然後，他從大處著眼，以近代以來的「文明」觀念立意，指出，「研究教育者，殆已公認音樂爲學科之一目，於是亟相輸入，以助文明」。但是，「際此新舊交代時期，患不能輸入文明，而尤患輸入而不能用」，尤其是「輸入文明，而不製造文明，此文明仍非我家物」。因此，他提出要在學習西方音樂的基礎上，「爲中國造一新音樂」的理想，並闡述了他認爲發展近代音樂教育所必須的具體舉措。

總結曾志忞的觀點，他認爲中國近代的音樂改良應該分三步走：首先是「輸入文明」，即學習西方音樂；其次是「使用文明」，即運用西方音樂；最

〔註59〕奮翮生（蔡鍔）：《軍國民篇·七 原因在於鄭聲者》。

〔註60〕匪石：《中國音樂改良說》。

〔註61〕匪石：《浙風篇》，載《浙江潮》第4期，1903年5月16日。

〔註62〕分見曾志忞：《教授音樂之初步·音樂》，載《江蘇》第11、12號合刊，1904年5月15日；《樂典教科書·自序》，甲辰（1904年）八月；《音樂教育論》，載《新民叢報》第62號（第3年第14號）、68號（第3年第20號），1905年2月4日、5月4日；《音樂四哭》，載《醒獅》第4期，1906年4月24日。

後是「製造文明」，即「爲中國造一新音樂」。曾志忞對「文明」一詞的使用，帶有很強的近代色彩〔註63〕，表現出他對西方音樂的理解是建立在對西方作爲一個文明整體的肯定上的。並且，他也意識到，「輸入文明」已經是刻不容緩的事情，但是最終的目的是要「製造文明」。從「輸入文明」到「使用文明」，再到「製造文明」，身在其中的曾志忞清楚地勾勒了中國在近現代的文化建設中所走過的歷程。

隨著匪石和曾志忞文章的問世，「音樂改良」的主張一時在旅日國人中間非常流行。保三（侯鴻鑒）、竹莊（蔣維喬）、劍虹等人的文章，以及眾多樂歌集作者的序言都同聲附和。「音樂改良」遂成爲中國近代音樂發展的中心主題，正如一首近代歌曲《樂歌》所言：

> 擊壤而歌起自唐，命夔典樂虞舜王。陰陽合成十二律，五音疊和奏廟廊。曾點歸詠仲尼與，季札觀樂知興亡。消融渣滓滌邪穢，淑性陶情氣自壯。詎料鄭衛淫聲雜，古樂失傳到今荒；幸有歐西新歌來，學界改良增榮光。〔註64〕

二、新觀念與舊音樂

近代的音樂改良理念，從一開始就受到梁啓超「新民」思想的影響〔註65〕。

「新民說」的形成有其歷史過程。早期先覺之士對「民」的關注是基於對洋務派徒以改良軍備爲強國之策的反思。薛福成在《出使日記續刻》（1893年）中就記載過一位出使隨員曾寫文章論西國制治之要約有五端：一曰通民氣、二曰保民生、三曰牖民衷、四曰養民恥、五曰阜民財。薛福成對這位隨員的看法非常認同，他說：「有此五端，知西國所以坐致富強者，全在養民、教民上用功；而世之侈談西法者，僅曰精製造、利軍火、廣船械，抑末矣！」〔註66〕當然，在甲午戰爭之前，這種反思還是非常零星的。國人對此問題眞正開始關注是在甲午失利之後。中國敗於日本，極大地推動了國人對此前改良思路的反省。嚴復於是在《原強》一文中根據達爾文以及斯賓塞的學說指

〔註63〕參見黃興濤：《晚清民初現代「文明」和「文化」概念的形成及其歷史實踐》，載《近代史研究》，2006年第6期。

〔註64〕見無錫城南公學堂編：《學校唱歌集》，上海文明書局，1906年。

〔註65〕參見明言：《20世紀中國音樂批評導論》第一章，人民音樂出版社，2002年。

〔註66〕見《郭嵩燾等使西記六種》，北京：三聯書店，1998年，332～333頁。

出，一個國家的強弱存亡，決定於那個國家國民的「血氣體力之強」、「聰明智慮之強」以及「德行仁義之強」——即國民「力」、「智」、「德」三素質的高下。嚴復因此認爲，救國的根本辦法在於「一曰鼓民力，二曰開民智，三曰新民德」〔註67〕。嚴復此論在近代影響巨大，梁啓超對「新民」的討論就是以此爲基礎的。

1897 年，梁啓超在《變法通議》中討論「學校」問題時提出，「亡而存之，廢而舉之，愚而智之，弱而強之，條理萬端，皆歸本於學校」〔註68〕。此時，他受到嚴復的影響，但是對「民」的關注，這裡還僅限於「民智」的部分。而且，其開通民智的手段，還是傳統的精英式的學校教育。後來的「新民」理論所涉及的全部國民，所用手段的多樣化，在這裡還沒有體現出來。1898年，梁啓超爲《經世文新編》寫序，文中時見「新民」二字。但仔細考量文中之意，則梁氏此時用力所在，應該還是努力提倡一種「崇新」的風氣，以之爲他們當時努力推行的「變法」開通道路。所以，此時梁啓超言論的重點在「新」，他認爲一切都應該「新」，也就是一切都應該「變」。所謂「一切」，在麥孟華的《經世文新編》中表現爲「君德、官制、法律、學校、國用、農政、礦政、工藝、商政、幣制、稅則、郵運、兵政、交涉、外史、會黨、民政、教宗、學術」等項，於「新民」並未特別致意。此時梁啓超主要還是繼承了經世文派注重「人才」的傳統。

等到出亡日本後，他一方面接觸了大量的西方文明、西方理論，另一方面反思戊戌變法失敗的原因，才在「國民性」的基礎上，提出了眞正的「新民」理論。梁啓超指出：「國也者，積民而成。」民衆對於國家，如同四肢、五臟、筋脈之於身體。四肢、五臟、筋脈傷，則身體不能存活。以此類推，「亦未有其民愚陋、怯弱、渙散、混濁，而國有能立者」。所以，「欲其國之安富尊榮，則新民之道不可不講」〔註69〕。這時的「新民」已經不再是一兩個人才的問題，而是整體的「國民性」的問題。原來的「新民」不過是寄希望於「老大帝國」中稀疏的星辰的光輝，而現在的「新民」勾勒的卻是一個「少年中國」的理想。

〔註67〕 盧雲昆編選：《社會劇變與規範重建 嚴覆文選》，上海遠東出版社，1996 年，
　　　　7～35 頁。
〔註68〕 見《飲冰室合集》第 1 冊，文集 1，30 頁。
〔註69〕 梁啓超：《新民說》，載《新民叢報》第 1 號，1902 年 2 月 8 日。

為了達到「新民」的目的，梁啓超等人提倡使用幾乎所有可能的工具。為此，他們大力推動了「詩界革命」、「文界革命」、「小說界革命」、「戲曲改良」等一系列文化改革措施，而近代的「音樂改良」也廁身其中。梁啓超說：「蓋欲改造國民之品質，則詩歌音樂為精神教育之一要件。」匪石也在文章中指出：「音樂與國民之性質有直接之關係。」〔註70〕竹莊則乾脆認為：「欲改良今日中國之人心風俗，捨樂歌末由。」〔註71〕為改良音樂以服務於「新民」，近代的啓蒙思想家推崇的一系列帶有「現代」色彩的理念都成為近代的音樂工作者、理論家衡量、評判中國舊樂的標尺。同時，「新音樂」的輪廓也在這種批評中逐漸清晰起來。

1. 批判中國傳統雅樂的性質是「寡人的」而非「眾人的」

最先作出這種判斷的是匪石。他在《中國音樂改良說》中對中國舊樂的批判以此為首。他認為世界益進文明，「故樂學界說，當以合眾為第一義」〔註72〕。

「合群」是近代非常重要的理念。早在寫作《變法通議·論學會》（1896年）時期，梁啓超就已經認識到「道莫善於群，莫不善於獨。獨故塞，塞故愚，愚故弱；群故通，通故智，智故強」〔註73〕。「群」與「強」相連，可以看出近代「合群」理念的真正指向。以「群術」治國是晚清以來仁人志士總結出來的血的經驗：「當此群與彼群之角力而競爭也，其勝敗於何判乎？則其群之結合力大而強者必贏，其群之結合力薄而弱者必絀。此千古得失之林矣。結合力何以能大？何以能強？必其一群之人，常肯絀身而就群，捐小我而為大我。」〔註74〕而中國在近代屢敗於外族的事實，才使國人認識到「一人之愛國心，其力甚微；合眾人之愛國心，則其力甚大。此聯合之所以為要也」〔註75〕。並且，「以物競天擇之公理衡之，則其合群之力愈堅而大者，

〔註70〕匪石：《中國音樂改良說》
〔註71〕竹莊：《論音樂之關係》。
〔註72〕匪石：《中國音樂改良說》。
〔註73〕梁啓超：《變法通議·論學會》，1896年，見《飲冰室合集》第1冊，文集1，31頁。
〔註74〕梁啓超：《中國積弱溯源論》，1901年，見《飲冰室合集》第1冊，文集5，12～42頁。
〔註75〕梁啓超：《愛國論》，1899年，見《飲冰室合集》第1冊，文集3，65～77頁。

愈能占優勝權於世界上」，不然「終不免一盤散沙之誚者，則以無合群之德故也」〔註76〕。近現代國家之間的競爭愈演愈烈，一個國家惟有將全體國民的力量集合在一起，才能在「優勝劣敗」的世界格局中勝出，所謂「以群術治群，群乃成；以獨術治群，群乃敗。己群之敗，它群之利也。」〔註77〕

「合群」理念在近代的流行影響到音樂工作者對中國傳統音樂的判斷。他們首先表現出對中國樂器的不滿。匪石批評中國樂器「皆足以悅少數人之耳」。竹莊則認為中國樂器的代表──「琴」，「適於獨樂，而不適於共同唱歌。蓋其音幽靜，⋯⋯而萬不適於共同歌唱。此亦不能普通之一證也」〔註78〕。竹莊此論雖然沒有十分明確的褒貶意味，但是「不能普通」的特性於近代音樂需承擔之「啟蒙」角色不能相合則甚為明顯。

除了對樂器的批評外，匪石還不滿於國人喜歡以「曲高和寡」來標榜。而近代其他的音樂工作者也認為近代新音樂教育的優勢正在於「同班生徒，同唱一歌，調其律，和其聲，互相聯合，聲氣一致，可引起兒童之共同心」〔註79〕。劍虹也肯定「以音樂化其各個性而成一共通性」〔註80〕。

西方音樂在培養民眾「合群」方面確有所長，且深有傳統，連西方人自己也承認這一點。如西方古代大哲學家柏拉圖就曾評論斯巴達人的音樂，說他們以「戰爭」為著眼來制定法律，這個國家不是城邦而是兵營，因此斯巴達人只知道如何「合唱」〔註81〕。雖然，柏拉圖是以批評的口吻來評論的，但是在「救亡」的文化氛圍中，斯巴達的立國理念卻受到近代有識之士的推崇。梁啟超在《論教育當定宗旨》（1902年）中介紹斯巴達的教育理念是「在使斯巴達為全希臘最強之國，故先使全國人為軍國民」，其結果則是「使其國狃主夏盟，雄長諸侯」〔註82〕。在迫切的「救亡」形勢下，「雄長諸侯」對國人的誘惑不可謂不大。

〔註76〕 梁啟超：《十種德性相反相成義》，1900年，見《飲冰室合集》第1冊，文集5，44頁。
〔註77〕 梁啟超：《說群序》，1897年，見《飲冰室合集》第1冊，文集2，4頁。
〔註78〕 竹莊：《論音樂之關係》。
〔註79〕 保三：《樂歌一斑》，載《江蘇》第11、12號合刊，1904年5月15日。
〔註80〕 劍虹：《音樂於教育界之功用》。
〔註81〕 〔美〕列奧‧施特勞斯、約瑟夫‧克羅波西主編，李天然等譯：《政治哲學史》，河北人民出版社，1998年，78頁。
〔註82〕 梁啟超：《論教育當定宗旨》，載《新民叢報》第1號、2號，1902年2月8日、2月22日。

　　以「合群」理念來衡量中國傳統音樂，引申一步，則有匪石以「國家主義」理念，批評中國傳統廟堂所用音樂是「朝廷」的，而非「國家」的。他說：「古樂者，其性質爲朝樂的而非國樂的者也。其取精不弘，其致用不廣，凡民與之無感情。」〔註83〕雖然匪石於此點並沒有展開論述，但是這種批評隱約透露出近代頗爲流行的「國家主義」理念對音樂改良的影響。

　　在「救亡」的大主題之下，「國家主義」是近代非常重要的概念（參見第五章）。爲了推廣此種理論，梁啓超曾力圖辨析「國家」與「朝廷」的區別。例如，他在批評中國舊史學「知有朝廷而不知有國家」時說：「吾黨常言，二十四史非史也，二十四姓之家譜而已。」〔註84〕受其影響，近代眾多學人都曾對此命題反覆申說。如，《女子世界》第2期上曾有一篇署名「十三齡女子彭維點」的文章《論朝廷與國家之異》：「世人知有朝廷而不知有國家，蓋以爲國家者，皆君主之產業也。豈知朝廷者，人君出治之所，而國家者，實吾民之公共產業。……朝廷者，爲國家而設者也。故一國之民，當有國家思想，當盡國民之責任。」〔註85〕雖然此文不免有鸚鵡學舌之嫌，但是從中也可看出，破除以「朝廷」爲中心的傳統思維模式，對傳播「國家主義」具有重要意義。落實到音樂上來，中國歷朝歷代在開國之初制禮作樂的傳統，則很容易讓近代的音樂工作者將朝廷所用音樂歸爲「一姓之音樂」，所謂「王者功成作樂，治定制禮。……五帝殊時，不相沿樂；三王異世，不相襲禮」〔註86〕。但是，近代國家主義的傳播卻要求近代的教育要以「國家」爲旨歸：「國家主義之教育，以教育當爲國家之事業。凡教育必要之準備，皆在國家事業之中。蓋謂教育所以爲國家養成有用之人物，而其事業，乃國家宜自當其任者，此國家主義教育之本領也。」〔註87〕所以，近代提出音樂改良，要求用音樂來「新民」，其所新之「民」，已經不再是傳統意義上的「臣民」，而是「國民」了。因此，以「國家主義」理論來批評古代「廟堂」音樂自在情理之中。

　　這種批評應該說是與「合群」理念聯繫在一起的。「合群」的意義不過是

〔註83〕匪石：《中國音樂改良說》。

〔註84〕梁啓超：《新史學》，1902年，見《飲冰室合集》第1冊，文集9，3頁。

〔註85〕載《女子世界》第2期，1904年2月16日。

〔註86〕《禮記·樂記·樂禮篇》，見修海林編著《中國古代音樂史料集》，世界圖書出版公司，2000年，160頁

〔註87〕光益：《國家主義教育》，載《新民叢報》第94號（第4年第22號），1906年12月30日。

要民眾以「國家」的形態從事於「外競」。因而,「合群」必然指向「國家主義」,這是二而一的問題。不過,二者的批評目標還是有所區別的。「合群」理念主要針對的是中國傳統雅樂中傾向個人品性修養的音樂形式,而用「國家主義」批評的主要是傳統雅樂中的「廟堂音樂」。當然,在清朝還沒有覆滅之前,有識之士用「國家主義」來批評「朝樂」還是有所顧忌。

近代音樂提倡的「合群」理念與中國古代「樂合同」的觀點有其相似之處。《荀子・樂論》說:「樂合同,禮別異。」〔註88〕《禮記・樂記》也說:「樂者為同,禮者為異。同則相親,異則相敬。」〔註89〕禮的作用在於嚴肅等級,樂則能使不同等級的人之間關係和諧融洽。廉士在《樂者古以平心論》中化用《樂記》的說法:「故聽之朝廟者和敬,聽之鄉族者和恭,聽之閨門者和親。蓋惟合不和者使之和,故能合不平者歸於平也。」〔註90〕近代一些音樂理論家也常常將兩種「合」的理念放在一起談:「音樂不特興美勸善與高潔之快樂,又可養成協同之心。蓋音樂自身,本為調和的,為以音之協和發揮宇宙調和原則之藝術也。故由音樂可興調和共同之念,其結果脫離個人主義,涵養共同一致之精神,與同情相憐、爾我相親之溫情也。」〔註91〕

不過,仔細分析之下,卻仍可以發現古今樂論中兩種「合」還是有很大的不同。古代樂論「樂合同」,「合」指向的是「和」;而近代樂論「合群」,「合」指向的是「群」和「齊」。也就是說,古代樂論強調的是樂的「和諧」作用,調和「不平」的作用;而近代樂論強調的則是樂的「團結」作用,「結成一團體」的作用,具體到近代的歷史文化氛圍中,則是「結成一國家」的作用。匪石說:「故樂也者,所以匯合不齊,而使倚託於一途也。」〔註92〕「匯合不齊」與「倚託一途」在實質上是非常不同的。不過,古代樂論於「合群」之意也並不是沒有表達,《樂論》中就說「樂中平,則民和而不流;樂肅莊,則民齊而不亂。民和齊則兵勁城固,敵國不敢嬰也」〔註93〕。《樂記》裏也提到:「禮樂刑政,其極一也,所以同民心而出治道也。」〔註94〕只不過,在不同

〔註88〕 見修海林:《中國古代音樂史料集》,117～120 頁。
〔註89〕 見修海林:《中國古代音樂史料集》,159 頁
〔註90〕 廉士:《樂者古以平心論》,1883 年,見張靜蔚:《中國近代音樂史料彙編》,178 頁。
〔註91〕 我生:《樂歌之價值》,載《雲南教育雜誌》第 6 卷第 7 號,1917 年。
〔註92〕 匪石:《中國音樂改良說》。
〔註93〕 見修海林:《中國古代音樂史料集》,118 頁。
〔註94〕 見修海林:《中國古代音樂史料集》,158 頁。

的歷史語境中，古代樂論更強調「和諧」，而近代樂歌則更著眼於「禦侮」的「合群」罷了。

近代的音樂工作者對音樂「合群」的功能一直都比較重視，直到 1918 年，天民在文章中還在強調：「合唱愛國的國歌之際，作歌者忠懇肫摯之精神，一一傳達於歌者，又相互而感情移入，則全國民感情之統合，庶可得而期矣。」〔註95〕可見，「合群」理念在近代音樂文化中的重要意義。而近代的音樂文化也的確對近代的社會生活起到了巨大的「統合」作用。

2. 批評中國民間俗樂之「誨淫誨盜」

雖然近代的音樂工作者批評中國傳統雅樂「不能普通」，但是對其時中國流行的俗樂，他們也並不認同。當時比較一致的評價是「俗樂淫陋」，如竹莊就曾非常決絕地認定：「總之無論其爲崑曲，爲二簧、梆子，爲小曲、盲詞，其中所包合者，均不出科名、男女、強盜三大類。」〔註96〕他們把當時中國萎靡不振、世風日下的狀況歸因於「俗樂」。如匪石就說：

> 昔嘗品騭時樂，評崑曲之辭曰：崑曲如野花，如山人，人因之以弱，國因之以衰，然猶不失爲潔也。評北曲之辭曰：北曲如泥醉，如夢囈，頑人之寫照也。評秦聲之辭曰：凡樂有七音，秦得其一，非正也。其爲哀也傷，其爲樂也淫，心如促，耳如窄，則純乎亡國之音矣。評諸雜曲之辭曰：此婢妾之聲也，胡爲乎來？嗟乎國民，其口其聲，而乃若此，其學爲奴隸也歟！〔註97〕

湯化龍尤其認爲我國此前的學校教育成績低劣與俗樂有關：

> 村夫里婦之謳歌，蕪穢支離，率不出於淫妖之外。後生小子，童而習之，彼唱此和，先入爲主，雖淘（陶？）之學海，終有不可拔之根荄。故國家學校之設，垂數十年，人格之完全，鱗（麟？）角鳳毛，乃不多覯。推抉謬種，其胚胎於此者，蓋不淺也。〔註98〕

梁啓超認爲造成這種情況主要是因爲，「蓋自明以前，文學家多通音律，而無論雅樂、劇曲，大率皆由士大夫主持之，雖或衰靡，而俚俗猶不至太甚。

〔註95〕天民：《唱歌教授之新潮流》，載《教育雜誌（商務）》，第 10 卷第 4 號，1918 年 4 月 20 日。
〔註96〕竹莊：《論音樂之關係》。
〔註97〕匪石：《中國音樂改良說》。
〔註98〕湯化龍：《教育唱歌集・敘言》。

本朝以來，則音律之學，士夫無復過問，而先王樂教，乃全委諸教坊優伎之手矣」〔註99〕。近代的音樂工作者多化用此言，對俗樂的缺點進行批評，「即有一二學問之士，稍通音樂，其聰明才智，亦足以深造於其際，乃鄙此而不爲」〔註100〕，「音樂陶俗之任，乃付諸無知識之優伶」〔註101〕，因此「倡優鬻藝者流，因得逞其淫巧，創爲新聲，以博人歡，舉世不察，復靡然從而傚之」〔註102〕。俗樂淫陋，必然造成國民品格低下，社會風氣淫靡，所謂「此種卑劣的調子，陶育出來的國民，所以都是醉生夢死的」〔註103〕。這樣的國民怎能適應這個「弱肉強食」的世界呢？因此，惟有改良音樂，以傳達「進取」精神爲主旨，才能有助於中國在近代的生存與進步。而改革之法即是重新重視音樂教化人心的作用，將音樂一科歸入學校教授，而社會音樂也應該重新歸入「學問之士」的掌握之中。

那麼，什麼樣的音樂才符合「新」的時代訴求呢？

劍虹認爲：「蓋音樂者，含有美的方面及道德的方面之二方面。自美的方面觀之，即養成純美高潔之感情也；自道德的方面觀之，即高尚兒童之品性，純潔其思想，並養成愛國的感情也。」又說應該「多編國歌，叫醒國民，發揚其愛國之心，鼓舞其勇敢之氣」〔註104〕。辛漢所編《中學唱歌集》也是「多以精神教育爲主，其喚起倫理之觀念，政治之思想，振武之精神諸作，皆能令歌者奮然興起」〔註105〕。

由於新的時代訴求是多方面的，如本書後面幾個章節會涉及到的「尚武」、「新德性」、「新風俗」、「愛國」、「進取」等，且涉及到的時代問題也是頗爲複雜的，所以本書在這裡就不再進行具體論述，讀者可參看下面各章。不過這裡需要強調兩點：一，「新」的時代訴求是以「進取」爲統一目標的。而「進取」的取向是從中國近代非常流行的「天演論」裏推演出來的，強調

〔註99〕 梁啓超：《飲冰室詩話》，（77條），載《新民叢報》第40/41號合本。
〔註100〕萬繩武：《樂辨（節錄）》。
〔註101〕童斐：《音樂教材之商榷》。
〔註102〕萬繩武：《樂辨（節錄）》。
〔註103〕孫時講述，鄭崇賢筆記：《音樂與教育》，1919年，見張靜蔚：《中國近代音樂史料彙編》，297頁。
〔註104〕劍虹：《音樂於教育界之功用》。
〔註105〕〔日〕鈴木米次郎：《中學唱歌集·敘》，見辛漢編：《中學唱歌集》，上海普及書局，1906年。

的是一種「趨新」、「向前」的新風尚，改變了中國「崇古」的傳統。二，用「進取」批評中國俗樂，雖然與「新民」思想有關，但是研究者不可忽視其中傳統「樂教」的思想成分。對「鄭聲」的批評在《論語》中就已經開始了，這一直構成與讚頌「雅樂」相對的一個傳統。只不過，原來的標準是「雅樂」，現在的標準是一些現代的概念罷了。

3. 批評中國傳統音樂「落後」、「無學理」

1898 年，嚴復將赫胥黎（Huxley, Thomas Henry 1825～1895）的《進化論與倫理學》譯成《天演論》出版，在中國掀起了席卷全國的進化論熱潮。胡適對此的描述是：「《天演論》出版之後，不上幾年，便風行到全國⋯⋯在中國屢次戰敗之後，在庚子辛丑大恥辱之後，這個『優勝劣敗，適者生存』的公式確是一種當頭棒喝，給了無數人一種絕大的刺激。幾年之中，這種思想像野火一樣，燃燒著許多少年人的心和血。『天演』、『物競』、『淘汰』、『天擇』等等術語都漸漸成了報紙文章的熟語。」〔註 106〕

在嚴復提出「天演論」之前，中國大部分的先覺之士對西方先進性的認識仍然只停留在「器物」層面。然而，中國在甲午戰爭中的失敗，尤其是敗給歷來的「學生」、「蕞爾三島」的日本，則讓國人難以接受。他們對中國傳統文明的信念開始發生動搖。中國的問題出在哪裏呢？正在此時，嚴復的《天演論》給出了「優勝劣敗」、「適者生存」的解釋，讓國人以為找到了問題的答案。中國從原來自認為「優」的地位，降落到「劣」。中國傳統的「崇古」被現代的「趨新」所取代，「天演進化」也逐漸取代了舊的價值判斷，成為衡量一切、解釋一切的原則。

其實，「適者生存」的原則早在古希臘就曾被多位哲學家提出，如恩培多克勒就指出：在時間進展過程中，只有適合生存的東西才能維持生命；阿那克西曼德也教導說：有機物是為適應改變了的生活條件而改變〔註 107〕。然而，從現代生物學誕生出來的「進化論」原則，之所以會在社會生活的各個層面發生巨大影響，是因為這是一種基於「科學」的研究。而「科學」在當時是一種具有絕對權威的思考與研究的方法。這樣，「天演」與「科學」就連在了一起。

〔註 106〕 胡適：《四十自述》，臺北：遠流出版事業公司，1986 年，99～100 頁。
〔註 107〕 參見〔德〕文德爾班：《哲學史教程》，羅達仁譯，商務印書館 1987 年，76 頁。

　　「科學」也是近代非常流行的概念，而且是一個具有「標準性」的概念。郭穎頤曾對晚清國人崇拜「科學」的傾向有過分析，「與日本從 19 世紀 70 年代到 80 年代對科學的完全制度化和觀念化相比，這種對科學進行部分吸取的不足（指中國的的「洋務運動」——筆者注）在 1894～1895 年的甲午戰爭中充分表現出來。日本的機械化力量勝過了中國的數量優勢，這使許多中國人意識到必須在思想上進行更深刻的變革。對許多知識分子來說，他們第一次感到中國的精神參照框架與現代趨向似乎有些不合適、不和諧。與對過去精神權威信仰的減弱相隨而來的是對掌握使西方物質強大的科學精神的渴望」。因此，「科學精神取代了儒學精神，科學被認爲是提供了一種新的生活哲學」〔註 108〕。對「科學」的流行，胡適同樣有過記述：「這三十年來，有一個名詞在國內幾乎做到了無上尊嚴的地位；無論懂與不懂的人，無論守舊和維新的人，都不敢公然對他表示輕視或戲侮的態度。那個名詞就是『科學』。這樣幾乎全國一致的崇信，究竟有無價值，那是另一問題。我們至少可以說，自從中國講變法維新以來，沒有一個自命爲新人物的人敢公然譭謗『科學』的。」〔註 109〕「科學」在近現代的「橫行不可一世」，不但爲國人提供了一種新的生活哲學，對中國近代文化的發展來說，它更是一個有力的批評武器和統攝一切的衡量標準。任何傳統的理念、習俗都要在它面前過過秤。如果有人想對中國傳統進行批評，也可以很容易地以之作爲批評的武器。

　　「天演」、「科學」的觀念在近代的流行席卷了整個文化界。對西方音樂與科學之間的關係，1920 年《音樂雜誌》的《發刊詞》有過詳細的解釋：「目（自？）歐化東漸，彼方音樂學校之組織，與各種研求樂理之著述，接觸於吾人之耳目。於是知技術之精進，因賴天才，而學理之研求，仍資科學。求聲音之性質及秩序與夫樂器之比較，則關乎物理學者也。求吾人對於音樂之感情，則關乎生理學、心理學、美學者也。求音樂所及於人群之影響，則關乎社會學與文化史者也。合此種種之關係，而組成有系統之理論，以資音樂家之參考，此歐洲音樂之所以進化也。」以之來考察中國傳統音樂，則自然得出「吾國言樂理者，以《樂記》爲最古，亦最精。自是以後，音樂家輩出，曲詞音譜，遞演遞進，並不爲古代單簡之格調所制限。而辨音原理之論，轉

〔註 108〕〔美〕郭穎頤著，雷頤譯：《中國現代思想中的唯科學主義（1900～1950）》，江蘇人民出版社，1995 年，3 頁。
〔註 109〕胡適：《科學與人生觀·序》，上海亞東圖書館，1923 年，2～3 頁。

涉膚淺。學者知其然而不知其所以然，進步之遲，良有由也」〔註110〕。

　　近代的音樂工作者以「科學」爲理論依據，對中國舊樂的批評主要集中在樂理方面。首先是認爲中國舊樂器太過簡單，因而使用起來非常繁難，影響了音樂的普及。如匪石說：「吾國絲竹之節，蓋甚單簡，非技術熟習者不能用也。反之，西樂樂器，皆學理上倍徵其利用，操縱離合無不如志。」〔註111〕竹莊也認爲，我國古代音樂非常盛行，後世卻失傳，主要是因爲古代樂器，如琴，指法繁難，非練習數月不能演奏；但是「萬事萬物，無有不日趨簡便之理」，所以琵琶、胡琴才能以其簡便悅耳奪高雅之琴瑟。他認爲，這正是因爲「有天演淘汰、適宜者存之理」〔註112〕。而沈心工更是將這種理論運用到對中國傳統舊樂的整體批判：「世間萬物，皆有新陳代謝之機，否則立致腐敗。嗟呼，處此二十世紀開明之時代，猶以古來之音樂爲優美，而採用各種古曲以教兒童，其不足以感發心志，又何待言乎。欲感動一時之人情者，必製一時適宜之音樂，此自然之勢也。」〔註113〕

　　其次，近代樂人對中國傳統音樂記譜法的不完備也大加批評。他們認爲中國舊樂，「發達雖在數千年前，然記曲法向無一定，且所用符號不能統一。以故雖有名曲，亦隨得隨失，不能保存永遠也」〔註114〕。相對於西方音樂完備的記譜法，中國記譜法的粗陋，尤其是中國曲譜對節拍的記錄不重視，有時甚至沒有，就成爲近代中外音樂工作者批評中國樂理不科學的眾矢之的。早期在中國傳教的西方人士已經意識到這一點：「中國樂法的短處，正在他的寫法不全備，又不準成，不能使得歌唱的人，憑此唱得恰合適。」〔註115〕雖然狄就烈此言並沒有說明「中國樂法的短處」到底指什麼，但是就其針對「歌唱」而言，應該就是指中國樂譜沒有節拍這個問題。因爲沒有節拍，合唱起來就難於統一，這的確是個問題。再以古琴演奏爲例。傳統的古琴譜只標注出每個音的彈奏指法與彈奏位置（位置間接表明了音高），一般沒有音符的時

〔註110〕蔡元培：《音樂雜誌・發刊詞》，載《音樂雜誌》第 1 卷第 1 期，民國 9 年 3 月。

〔註111〕匪石：《中國音樂改良說》。

〔註112〕竹莊：《論音樂之關係》。

〔註113〕沈心工輯譯：《小學唱歌教授法》，上海文明書局，光緒三十二年（1906）四月再版。

〔註114〕樂天（蕭友梅）：《音樂概說》，載《學報》第 1 年第 1 號，1907 年 2 月 13 日。

〔註115〕狄就烈：《聖詩譜・原序》，1872 年，見張靜蔚：《中國近代音樂史料彙編》，94 頁。

值以及整首曲子的節奏要求。這種記譜法造成同一首樂曲可能被演奏成非常不同的版本。現在將傳統的古琴琴譜變爲五線譜的工作，在琴界被稱爲「打譜」。「打譜」的主要工作就是根據個人對曲子的理解並參照傳承下來的演奏，爲每個音符確定音長，爲整首曲子確定節奏等。可見，「節拍」問題的確是中國傳統音樂中最具有不確定因素的地方。中國後來提倡民族音樂的交響化，解決「節拍」問題更是關鍵。

對中國舊樂的批評還有很多，上面僅列出近代早期比較重要的幾點。近現代頗爲流行的「天演」、「進化」理念是一種直線的歷史時間觀。它對過去有一種內在的批判。再加上，這是來自西方的一種非常有力量的文化觀念，所以以之作爲衡量的標準，尤其是在晚清這個中國歷史上的特殊階段，自然就會導致對中國傳統文化「落後」的批評。而「落後」與「被動挨打」連在一起，又加劇了國人對「天演」、「進化」的崇拜。但是，如果有一天，我們可以跳出「救亡」的語境，那麼對傳統音樂的認識也許會大不相同。

「音樂」作爲特殊的文化載體，在近代的傳播具有如下特徵：

首先，近代「音樂改良」在提出的最初階段，帶有很強的功利色彩。雖然近代的音樂工作者並沒有完全拋開音樂的審美功能，但是他們關注的重點是將「音樂」作爲一種可以「新民」的工具，要求改良中國音樂，爲「救亡」服務。正如劍虹所述：「蓋音樂者，使人有合群之美德，有進取之勇氣，有愛國之熱誠者也。我四百兆同胞，人人能合群，能進取，能愛國，則內之足以謀社會之公益，外之足以杜列強之窺伺，國未有不勃然而興者。」〔註116〕

由於「亡國」已成燃眉之勢，所以當時國人在心理上是非常急迫的，因此對一切可以挽救危亡的手段的學習，都有一種急功近利的架勢。項文瑞去日本學習，竟然問「我欲學造敝國歌，如學琴三月，能造之乎」〔註117〕。難怪曾志忞曾在文中多次批評當時因陋就簡、急於求成的改良心理。他說：「今日之言改良音樂，猶五十年前之練洋操、購兵輪耳，口令未改，駕駛無人也。」〔註118〕「音樂者，術也，亦學也。不論爲術、爲學，安有旬日、旬月而可成就者乎。乃吾同胞之視音樂不然，有以爲習音樂者，不必用腦；有以爲習音樂者，不必用力；甚有以爲音樂者，爲娛樂計，而隨意油腔滑調者。嗚呼！

〔註116〕劍虹：《音樂於教育界之功用》。
〔註117〕項文瑞：《東遊日記（摘錄）》，1902 年，見張靜蔚：《中國近代音樂史料彙編》，86 頁。
〔註118〕曾志忞：《樂典教科書·自序》。

音樂何不幸而遇吾同胞也，吾同胞何不幸而賤薄音樂至此也。」〔註119〕李叔同在文章《昨非錄》中也表達了對初學音樂時急於求成心理的悔過之情。正是國人這種急躁的和不負責任的心理，導致中國近代的音樂改良在最初階段的幼稚與偏狹。

其次，與近代的其他改良相同，近代的樂歌創作雖然在實際上促進了中國書面用語從文言到白話的轉變（參見第四章）。不過，應該可以說，西洋音樂傳入與近代音樂改良的實際效果是一種更為精英化的趨勢，或者說加強了文化精英化的趨勢。不過，中國近代的音樂改良在整個中國近代的文化改良運動中到底處於怎樣的位置，與其他改良運動，如「文學改良」的關係到底是怎樣的，仍然是一個有待深入發掘的問題。

最後，「新民」理論雖然是近代音樂文化的主要思想基礎，但研究者也不可忽視傳統「樂教」理念在其中所起的作用。雖然，近代的精英階層經常為他們力主的西方思想與制度從中國的歷史與傳統中尋求合法化的支持，但是正如王爾敏先生所言，這種「勾連」並不是牽強的，「任何一創新觀念，無不與固有傳統息息相關」〔註120〕。在將「音樂」作為一種教化的工具與手段這一點上，近代的「新音樂」〔註121〕理念與傳統的「樂教」理念非常近似，甚至可以說，雖然近代以來的社會文化促成了近代「新音樂」的發生，但是在心理上，也許是傳統「樂教」理念的復活。「新民」思想之所以能對近代音樂改良思潮產生如此大的影響，近代國人非常容易地就接受了以「音樂」為教化「新民」的手段，應該是以中國傳統以「樂」為「教」的文化觀念為心理基礎的。當然，在這種心理基礎之上，究竟「教」向何方，則是充滿現代意味的問題了。傳統「樂教」所要培養的是「中正平和」、符合「禮樂之邦」的儒者。但是，近代的「新音樂」卻與「救亡圖存」聯繫在一起。近代的「新音樂」要培養的是一種新型的現代人格，是符合「科學」、「進化」要求的「新民」，是能在世界競爭的大環境下，作為國家支柱的現代型人才。

正是在這種新舊觀念雜糅的過程中，中國近代音樂開始了其學習西方音樂、改造中國舊音樂，和發展中國新音樂的歷史進程。

〔註119〕曾志忞：《音樂四哭》，載《醒獅》第 4 期，1906 年 4 月 24 日。

〔註120〕王爾敏：《中國近代思想史論續集》，社會科學文獻出版社，2005 年，1 頁。

〔註121〕此處的「新音樂」內涵與 30 年代由呂驥首先提出的「新音樂」概念非常不同。此處的「新音樂」以「科學」、「進化」為指導，30 年代的「新音樂」則充滿了左翼色彩。

第二章　尚武之聲起頹風[註1]
——近代音樂中的身體政治

　　晚晴的歷史貫穿著一個個屈辱的條約。清政府的無能與國人的文弱，與東西洋的堅船利炮形成了鮮明對比，給長期自認爲「天朝上邦」的國人留下了深刻印象。因此，在整個近代的「救亡」氛圍中，有一種對「力」與「強」的極度畏懼與推崇[註2]。中日甲午戰爭之後，維新派對洋務運動徒以增強軍備爲強國之策進行反思。戊戌變法失敗後，逃亡以及留學日本的國人受日本舉國「尚武」風氣的刺激，提出要在立國精神層面提倡「尚武」精神，從而徹底改變國人的文弱習性。「尚武」於是成爲舉國風從的維新理念。由此，近代的有識之士要求改良中國音樂，以振起民族的「尚武」精神。這就推動了許多以「尚武」精神命題立意的近代樂歌的出現。同時，「尚武」精神與「國家主義」結合，落實到近代的社會改造中，就成爲推行「軍國民主義」的理論基礎。「尚武」精神被制度化，「身體」因此被整合到國家的建構中來。這又爲近代新式教育中體育課的開展，爲兵操、體操、運動歌曲的創作提供了新的機會。

〔註1〕　本章第一節曾以「晚清的三部軍歌——從『朝廷鷹犬』到『國家柱石』」爲題發表在《文史知識》2007 年第 10 期。第二、三節曾以「『從軍樂』與『祈戰死』——中國近代『尚武』精神的提出與樂歌創作」爲題發表在《文史知識》2011 年第 8 期。第四節曾以「近代樂歌與體育」爲題發表在《讀書》2009 年第 2 期。

〔註2〕　參考羅志田：《國家與學術：清季民初關於「國學」的思想論爭》，北京三聯書店，2003 年，26～27 頁。

第一節　晚清的三部軍歌

中國的軍隊傳統上「惟有喇叭金鼓，以爲號令之具，而無所謂軍樂。兵卒之所歌唱，不過俚曲淫詞，而無所謂軍歌」〔註3〕。不過，由於近代以來軍事戰爭的頻繁發生，以及以西方軍制爲模型的新式軍隊的建立，軍歌、軍樂、軍樂隊的使用與設立也漸漸從無到有增多起來。曾國藩、張之洞和袁世凱這三位清末大吏就曾創作（或下令創作）過軍歌。

曾國藩的軍歌創作於他奉旨組建湘軍，鎮壓太平天國起義的時期，共四首，分別是《水師得勝歌》、《陸軍得勝歌》、《愛民歌》和《解散歌》〔註4〕。

《解散歌》創作於咸豐十一年（1861 年），屬於特殊時代的產物。當時，太平天國起義已經接近尾聲，曾國藩特別創作了《解散歌》，告訴官兵應該如何對待那些屈從於起義隊伍的百姓。《愛民歌》創作於咸豐八年（1858 年），針對的則是歷來官軍擾民、侵民，甚至殺害民眾的惡習：

> 三軍個個仔細聽，行軍先要愛百姓。
>
> 賊匪害了百姓們，全靠官兵來救人。
>
> 百姓被賊吃了苦，全靠官兵來作主。
>
> 第一紮營不要懶，莫走人家取門板，
>
> 莫拆民房搬磚石，莫踹禾苗壞田產，
>
> 莫打民間鴨和雞，莫借民間鍋和碗，
>
> ……

官兵侵害民眾在中國歷史上是非常常見的現象。爲了改變這種情況，曾國藩特別創作了《愛民歌》，要求部下愛民如子，改變「兵匪一家」的傳統形象：「在家皆是做良民，出來當兵也是人。官兵賊匪本不同，官兵是人賊是禽。官兵不搶賊匪搶，官兵不淫賊匪淫。若是官兵也淫搶，便同賊匪一條心。官兵與賊不分明，到處傳出醜聲名。」

《水師得勝歌》和《陸軍得勝歌》分別創作於咸豐五年（1855 年）和咸豐六年（1856 年）。歌詞由一些教導兵卒如何從事軍旅生活的「秘訣」組成。以《陸軍得勝歌》爲例：

〔註 3〕 奮翮生（蔡鍔）：《軍國民篇·七 原因在於鄭聲者》，載《新民叢報》第 3 號，1902 年 3 月 10 日。

〔註 4〕 本部分内容見劉錦藻：《清朝續文獻通考》卷一百九十九，《樂十二》，浙江古籍出版社，2000 年，9480～9482 頁。

三軍聽我苦口説，教你陸戰眞秘訣：
第一紮營要端詳，營盤選個好山岡。
不要低窪潮濕地，不要一坦大平洋。
後有退步前有進，一半見面一半藏。
看定地方插標記，插起竹竿牽繩牆。
繩子圍出三道圈，内圈略窄外圈寬。
六尺牆角八尺壕，壕要築緊牆要牢。
正牆高要七尺滿，子牆只有一半高。
爛泥碎石不堅固，雨後倒塌一缸糟。
一營只開兩道門，門外驅逐閒雜人。
周圍挖些好茅廁，免得熱天臭氣薰。
三里以外把個卡，日日守卡夜夜巡。
第二打仗要細思，出隊要分三大支。
……

歌中將紮營、打仗、行軍、軍紀、軍器以及操練中兵卒應該注意的事項一一
說明，非常實用。

　　曾國藩創作的這四首軍歌，都比較實用，是曾國藩屬下官兵的「軍旅生
活指南」。這些軍歌所展現的軍隊生活還比較傳統，軍器的主角還是「梨花槍」
和「大刀」，對軍人的激勵還是傳統的「陞官發財」，如《水師得勝歌》的結
尾：「仔細聽我得勝歌，陞官發財笑呵呵」。可以說，這些軍歌體現了傳統的
軍人形象。梁啓超曾在《致伍致庸星使書》中提到：「昔王文成在軍中，自編
俗語歌訣，口授軍士，以作其敵愾之氣。近曾文正亦用其法，以授前敵及圍
城中人。此教鄉曲粗人莫善之良法也。」〔註5〕直到 1901 年，江督劉峴帥還
用同樣的方法，爲蘇省水陸各營頒發了《練槍歌訣》，「洋洋數千言，凡手法、
托法、眼法、收藏法、開放法，總綱八目。明白曉暢，一目了然。果能宣力
誦習，無不各有專門也」〔註6〕。

　　1895 年以後，受中日甲午戰爭慘敗的刺激，清政府開始編練新軍。新軍
以西方軍隊建制爲模型，因此以往清軍中的舊式鼓吹樂很快消失，取而代之

〔註 5〕　梁啓超：《致伍致庸星使書》，見《飲冰室文集》第 1 冊，文集 3，北京：中華
　　　　書局，1989 年，5 頁。
〔註 6〕　《練槍歌訣》，載《集成報》第 7 期，1901 年 6 月。

的是作爲新軍編制一部分的軍樂隊。同時，軍歌的創作也因爲面臨不同的時代氛圍具有了全新的特色。張之洞是晚清軍事改革中的重要角色〔註7〕。清末新政開始以後，他奉旨在湖北訓練常備軍，「朝廷欲將大局保，大帥統領遵旨練新操」。他爲新軍頒發了自己創作的《軍歌》〔註8〕：

> 大清深仁厚澤十餘朝，列聖相承無異舜和堯。
> 刑罰最輕錢糧又最少，漢唐元明誰比本朝高。
> 愛民禮士善政説不了，我祖我父世世受恩膏。
> 況我兵丁重餉蒙溫飽，養之千日用之在一朝。
> 我等天性忠勇思報效，作歌奉勸軍中我同胞。
> 我朝龍興長白非荒渺，醫巫閭山古名經書標。
> 近距直隸不過三千里，不比廣西雲南萬里遙。
> 天下一家建設東三省，內外蒙古新疆一齊包。
> 滿蒙漢人皆是同黃種，同種固結外人難動搖。

—— 以上第一段

軍歌的結尾，以時事相激勵：

> 方今五洲萬國如虎豹，倚恃強兵利械將人驕。
> 我國文弱外人多恥笑，若不自強瓜分豈能逃。
> 請看印度國土並非小，爲奴爲馬不得脫籠牢。
> 請看猶太國名本古老，只因無君踐踏如草茅。
> 請看日本區區三海島，威我強國全球敬且褒。
> 不羨日本善用船與炮，只羨全國人心如漆膠。
> 我有同種國民四百兆，何難發憤爲雄展龍韜。
> 欲保國家須要精兵保，欲保種族須聯我同胞。
> 保國保種必須保孔教，聖門學生佩劍兼用矛。
> 楚軍楚將從古聲名好，封侯拜相平地登雲霄。
> 聖人在上萬年長有道，忠孝爲本方是眞英豪。

—— 以上第四段完

〔註7〕 參見李細珠：《張之洞與清末新政研究》第五章，上海書店出版社，2003 年，216～258 頁。

〔註8〕 本部分內容見劉錦藻：《清朝續文獻通考》卷一百九十九，《樂十二》，9484～9485 頁。

與曾國藩的舊軍歌相比，時代的變遷，國際、國內形勢的惡化，使張之洞編寫的這首新軍歌呈現出非常不同的時代特色。

首先，這首軍歌於「忠」字上做足了文章，而這是曾國藩的軍歌中所沒有的。曾國藩組建的軍隊是一支為鎮壓國內起義隊伍而誕生的軍隊，因此對「朝廷」的忠誠是不需要提及的。尤其是當時，雖然西方列強對中國的侵略已經開始，但是清政府的統治遠沒有到達崩潰的邊緣，甚至還出現了所謂的「中興」。而張之洞的軍歌卻發佈於光緒三十年（1904 年），此時的晚清政府已經經歷了太平天國、義和團運動兩次內亂，經歷了中英、中法，特別是中日甲午以及八國聯軍侵華等戰爭的失敗，簽訂了一系列喪權辱國的條約，面臨被瓜分的危險，而戊戌維新以失敗告終，新政又差強人意。因此「群乃知政府不足與圖治，頓有掊擊之意矣」〔註9〕。也就是說，此時清政府政權的崩潰已經表面化，統治基礎已然發生了動搖。因此，深受中國傳統忠君思想教育的張之洞在創作軍歌時，對「忠」的提倡就成為歌詞的重心。

「教忠」在張之洞的教育理念中一直佔有重要地位。在《勸學篇》中，「教忠」是《內篇》第二。文章以「自漢唐以來，國家愛民之厚，未有過於我聖清者也」開頭。然後列舉出「薄賦」、「寬民」、「救災」、「惠工」、「恤商」、「減貢」、「戒侈」、「恤軍」、「行權」、「慎刑」、「覆遠」、「戢兵」、「重士」、「修法」、「勸忠」等仁政十五條〔註10〕。這首軍歌的開頭可以說是其「忠君」思想的濃縮版。不過，如同《勸學篇》一樣，這種對清政府歷來善政的述說，同樣隱約地傳達出當時國人對清政府統治的不滿。尤其是 1903 年，鄒容的《革命軍》與章太炎的《駁康有為論革命書》同時出版。一時之間，「排滿」、「革命」的主張甚囂塵上。為了化解對滿清政府「貪暴」、「夷狄」的指責，張之洞在歌詞中除了言及清政府的「善政」外，還特別強調，清朝的龍興之地在中國古代經書中早有記載，而且離中原本土並不遙遠。這些言辭暗含著勸導國人不能將滿人以「夷狄」來對待的意思。張之洞借用梁啟超等人大力提倡的「合群」理念（參見第一章、第五章），以「滿蒙漢人皆是同黃種」相號召，呼籲國人在外敵當前的情況下，放下民族內部爭端，將滿人作為同種來對待（而不是傳統的呼籲滿人要平等地對待漢人），這樣才可以「同種固結外人難動搖」。

〔註 9〕魯迅：《中國小說史略》，上海古籍出版社，1998 年，205 頁。
〔註10〕張之洞：《勸學篇》，李忠興評注，中州古籍出版社，1998 年，58～63 頁。

　　軍歌的結尾雖然保留了傳統以「封侯拜相」激勵軍人的話語，卻也用大量篇幅述說了當前的嚴峻形勢，並以印度、猶太的亡國，日本的崛起號召軍人保家衛國，「欲保國家須要精兵保」。軍歌中要求軍隊「效忠」的對象是朝廷，現在卻以「國家」的存亡來激勵軍隊。這一方面體現了近代政治由以「朝廷」為中心轉向以「國家」為中心的歷史現實，另一方面也暗中揭示了「清政府」號召力的衰落。「忠君」與「愛國」，在晚清的社會文化中是兩個既有聯繫又相衝突的概念。湖南巡撫趙爾巽曾對參加拒俄運動的學生說：「彼知忠君愛國之本，何以我們學生動將上二字拋去，專講愛國？甚至有排政府、排滿之談？」〔註11〕在這些力圖維護晚清政府統治的官吏看來，「忠君」與「愛國」應該是一體的兩面。而對進步的仁人志士來說，「政府」（或「朝廷」）如果與「愛國」、「救國」的目標不符，甚至相衝突，「愛國」就完全可能成為反抗現存政府（或「朝廷」）的動力來源。福州高等小學堂的進步教師曾以「朝廷與國家之界說」命題作文〔註12〕，反映出進步人士對這個問題的清晰認識。「國家」的提倡是建立在以「國民」為國家主體、國家主人的認識基礎上的。而「朝廷」仍反映的是以「君」為主人。「朝廷」與「國家」在晚清的對抗完全反映出「君主」與「民主」政體理念在晚清對中國的爭奪。正是在這樣的背景下，這首軍歌的最後再次訴諸近代的「合群」理念，要求軍隊以「救亡」為己任，放下成見，「欲保種族須聯我同胞」。然後將這種顧全大局的義氣，偷梁換柱，變為對清政府的效忠，「忠孝為本方是真英豪」，從而完成了對軍隊要「忠於朝廷」的勸說。整首軍歌以一種「勸誘」而非「命令」的口吻，在「忠」字上反反覆覆地言說，反映出清政府強勢地位的喪失。同時，「忠誠」對象的暗中偷換，反過來也揭示出近代軍人由服務於「朝廷」防「家賊」到服務於「國家」求「外競」的轉變。近代的軍人已經不再是「朝廷鷹犬」，而是肩負著民族興亡的「國家柱石」。

　　其次，這首軍歌為新軍而創作，展現出與曾國藩指揮的舊式軍隊非常不同的精神風貌。該軍歌的中間兩段是具體的軍人「注意事項」。內容雖然與曾國藩的軍歌近似，卻傳達出不同的時代氣息。如第二段：

　　　　各營之中槍隊為最要，望牌瞄準莫低亦莫高。

〔註11〕　張篁溪：《沈祖燕、趙爾巽書信中所述清末湘籍留東學生的革命活動》，見《湖南歷史資料》，1959 年第 1 期。

〔註12〕　《福州蒙學堂小歷史》，見《國民日日報彙編》（一）。

炮隊放時須要看炮表，安放藥引須按度數標。

輕炮分扛不愁路窄小，重炮車載馬拉不覺勞。

馬隊自己須將馬養好，檢點蹄鐵切勿傷分毫。

臨敵偵探先佔地險要，我軍酣戰從旁速包抄。

工程一隊技藝須靈巧，陸地築壘遇水便搭橋。

輜重隊裏事事算計到，衣糧軍火缺乏不須焦。

軍醫一隊用意眞個好，無傷無病奏凱同還朝。

作者分別針對「槍隊」（步兵）、「炮隊」、「馬隊」、「工程隊」、「輜重隊」和「軍醫隊」等軍隊組成部門一一指點，從中可以看出張之洞組建的新軍的構成，並隱約可以看到常以多兵種混編成軍的德國軍制的影子。

　　另外，就軍隊素質而言，曾國藩的軍歌還帶有一些迷信色彩，如「三軍聽我苦口說，教爾水戰眞秘訣：第一船上要潔淨，全仗神靈保性命，早晚燒香掃灰塵，敬奉江神與炮神」（《水師得勝歌》）。而張之洞的軍歌卻將「學理」的重要性放在了首位，「炮隊放時須要看炮表，安放藥引須按度數標」，「槍炮線路須知算學妙，應敵安營先將地圖描。物理化學亦須略知道，鋼鐵漲縮拉力細推敲」（第三段）。這反映出張之洞作為一名「儒臣」治軍的特色。他曾抱怨晚清的新軍訓練，「不過學其口號步伐，於一切陣法變化、應敵攻擊之方、繪圖測量之學全無考究，是買櫝而還珠也」﹝註 13﹞。他認爲：「整軍禦侮，將材爲先。德國陸軍之所以甲於泰西者，……其要在將領營哨各官無一不由學堂出身，故得人稱盛。今欲傚照德制練勁旅，非廣設學堂，實力教練，不足以造就將材。」﹝註 14﹞因此，除了主張廢除落後的武科舉外，張之洞還創辦了廣東水陸師學堂、江寧陸軍學堂、湖北武備學堂等近代軍事學校，爲近代中國軍事教育的體系化，爲軍事人才的近代化做出了貢獻。這在他的軍歌中也有所體現「方今湖北文武學堂造，不比市井蠢漢逞粗豪」。傳統上以「粗人」著稱的軍人，而今已經是需要很多專業知識的職業：「莫說武夫學問難通曉，外國武官學比文官高。」所以，如果說曾國藩創作的軍歌還是爲了教育傳統的武夫，那麼張之洞的軍歌教育的則是具有近代特色的軍人了。

﹝註 13﹞ 張之洞：《籌辦江南善後事宜折》，見《張之洞全集》第 2 冊，河北人民出版社，1998 年，1005 頁。

﹝註 14﹞ 張之洞：《創設陸軍學堂及鐵路學堂折》，見《張之洞全集》第 2 冊，1089 頁。

袁世凱也是非常喜歡音樂的一位晚清大員,「袁氏於謀略之外,兼嗜音樂,聘赫德之徒,集軍樂一隊,資以私囊,二十餘年,未嘗或輟」〔註 15〕。他所組建的軍樂隊在晚清赫赫有名。不過這一次在軍歌創作上他卻讓張之洞佔了先機。也許是出於與張之洞的暗中較量,光緒三十一年(1905 年),他命令直隸省正定知府李映庚編寫軍隊用歌曲。李映庚在 1908 年完成《軍樂稿》四卷〔註 16〕,

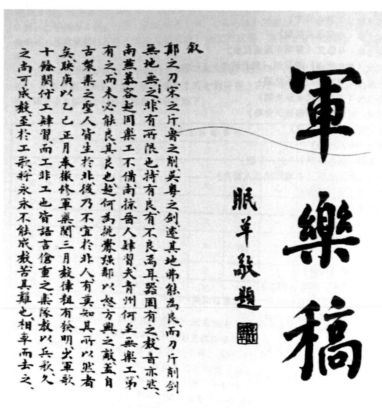

袁世凱委託李映庚作《軍樂稿》四卷,1909 年

由文、表、歌、樂四部分組成,又可分為「弁兵歌」、「將歌」、「工歌」三大類。依據使用場合的不同,還可分為「神武頌」、「升旗頌」、「望闕吟」、「饗賓歌」、「後饗賓歌」、「軍宴歌」、「饗士歌」、「軍禱歌」、「軍中散曲」、「從軍

〔註 15〕 冰臺:《中國軍樂隊談》,載《東方雜誌》第 14 卷第 10 號,1917 年 10 月 15 日。

〔註 16〕 本部分內容見《〈軍樂稿〉譯注》,中央音樂學院出版社,2005 年。

行」、「行軍歌」、「出隊歌」、「得勝歌」和「軍輓歌」十四種。相比於前面兩位朝廷大員的軍歌，李映庚的《軍樂稿》已經非常完備。從曲譜上說，曾國藩的軍歌是否可以演唱，現在已經不得而知。但是從字數上判斷——少則數百字，多則上千字，它們應該是一些歌謠性質的軍歌。張之洞的軍歌沒有留下曲譜，但是據記載，張之洞軍歌的曲調應該是套用了日本軍歌的曲譜〔註17〕。而李映庚《軍樂稿》中的曲調可以分爲中樂、西樂和無伴奏三種情況。尤其是中樂，他取材於傳統的崑曲，雖然在實際上不太適於軍隊的使用，而且演唱困難，但是相比於前面兩位大員的軍歌，卻稍具創造性，也照顧到了民族特色。

　　李映庚的軍歌在時間上與張之洞的軍歌距離較近，所以展現出的時代特點也比較相似。如軍歌中常用國勢危亡號召軍隊保家衛國，「時事太艱難，說也心酸，遠方土地日凋殘，好像鋼刀從外割，疼到中間。不恨彼凶頑，愧我無顏。軍人那個沒心肝，他有鋼刀咱也有，劈面交還」（《達情歌（弁兵歌）》），對軍隊忠誠於「朝」與「國」也大力提倡，「頭頂皇家恩澤，腳登大清山河，吾君吾國近如何，同種同遭遠禍。只有國兵能制，人人盡執干戈，先將忠義自磋磨，千萬團成一個」（《練音南調·西江月（工字吹調）》）。

　　不過，整套軍歌在思想上還是有些發展的。如《鐵血歌·石榴花（將歌）》就描述了仗機械之力，開文明之智，強權侵略的現代世界，並暗中傳達出國人面對現代文明的種種困惑與無奈：

　　　　噗，人心剴剴，日出巧機關，則道是開文治，化愚蠻，那知他文明越竟越凶頑。有人皆可到，無險不能探，說甚麼火藏冰天，說甚麼火藏冰天，隔著有一萬重坑坎，都則要填平地陷，仗的是械利船堅，仗的是械利船堅，到處來活把生人啖，自前朝已鑽破了澳門山。

然而，作者似乎已經意識到這是不可逆轉的歷史潮流，要想反抗侵略，唯有依靠軍隊，「萬里錦江山，隨處有強人窺覽。仗碩輔壯猷深眞，體天心，運國力，挽狂瀾」（《饗賓歌·錦纏道（工歌）》）。因此，李映庚在軍歌創作中，對「負責任」、「樂從軍」、「振國威」、「不畏死」的「軍人精神」極力讚揚，如《男兒漢歌》：

〔註17〕參見石磊：《中國近代軍歌初探》，北京：解放軍文藝出版社，1986 年，52頁。

　　男兒漢戴君王，一人有道萬人康，軍民團結一體，處處關痛癢，我是擎天柱、架海梁，有事來出頭擋，唉咳咳咳，唉咳咳咳出頭擋。

　　男兒漢生大邦，全球無比我封疆，須將億萬人民，看做同胞養，都要輕生命、重天良，莫將咱國名喪，唉咳咳咳，唉咳咳咳國名喪。

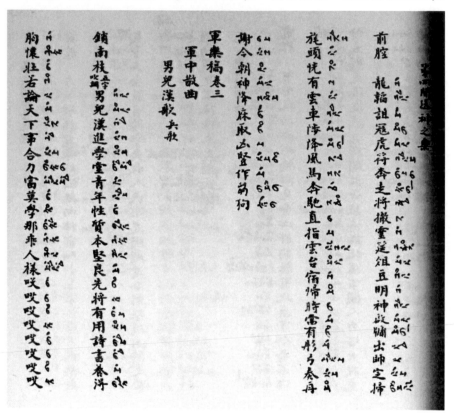

《男兒漢歌》

歌中極力呼籲「男兒漢」應該為國「出頭」，成為挽救國家危亡的「擎天柱」、「架海梁」。又如《行軍歌》：

　　上了平川路，兒郎莫念家，家中告了爹娘假。營中支起英雄架，手中提著鋼刀把，說甚艱難苦話，提起精神，掙得個軍人聲價。

　　上了平川路，軍中有步法，眼觀行列無閒暇。身經風雪無冬夏，足踏途路無高下，說甚艱難苦話，守著軍規，掙得個軍人聲價。

　　上了平川路，道旁莫亂踏，田邊處處皆禾稼。農人苦苦耕田野，窄路讓讓休輕跨，說甚艱難苦話，存些良心，掙得個軍人聲價。

　　上了平川路，軍心愛國家，君恩待我天般大。寇來要我齊心
打，閒時練我腰和胯，說甚艱難苦話，拿出忠心，掙得個軍人聲價。

這首軍歌最顯著的特徵就是每一段歌詞都以「掙得個軍人聲價」結尾。這不
禁讓人聯想到曾國藩的《愛民歌》。從防止「官兵與賊不分明，到處傳出醜聲
名」，到「掙得個軍人聲價」，可見「軍人」已經從一個擁有「醜聲名」的名
詞，變成了一個關係到國家命運的正面詞彙。對軍人身份的珍視與愛惜，在
這句歌詞中表露無遺。再如《出隊歌》：

　　龍吟虎嘯，熱騰騰殺氣高，誓今番除了鴟鴞，誓今番除了鴟鴞。
他不義不仁天不饒。看他向何處潛逃，看他向何處潛逃！我若饒他
將來我更糟。

　　轟雷裂炮，與凶徒願共焦，想生還不算英豪，想生還不算英豪。
問大限來時誰可逃？大丈夫身臥荒郊，大丈夫身臥荒郊，落得千秋
英名世上標。

　　千錘萬搗，把中華骨髓敲，是國家好漢一條，是國家好漢一條。
來與我和他場上鏖，倒將他吸血揉毛，倒將他吸血揉毛！保得吾皇
萬年明聖朝。

　　四百大兆，付人民浪裏漂，還不能急流撐篙，還不能急流撐篙。
問此後沉淪何處撈？臨陣時敬告同胞，臨陣時敬告同胞，不毀他家
大家恨不消。

這是為士兵臨敵時創作的歌曲。歌詞的第二段尤其令人熱血沸騰。其中一句
「想生還不算英豪」，何等豪邁！與曾國藩的軍歌以「保你福多又壽多」結尾
相比，其境界之高下如有天淵。

　　張之洞和袁世凱的軍歌為新軍而創作。但是它們與曾國藩軍歌最大的不
同並不在於演唱者是新軍還是舊軍，而在於軍歌所體現的軍隊精神面貌的全
然改觀。曾國藩的軍歌以實用為主，而張、袁的軍歌卻充滿了英雄主義的激
情與浪漫。曾國藩的軍歌教育的是傳統的「武夫」，張、袁的軍歌針對的卻
是具有現代知識的「軍人」。曾國藩的軍歌以傳統「陞官發財」的應許來激
勵士氣，而張、袁的軍歌卻訴諸於軍人「愛國保種」的責任。「軍人」由一
個充滿了世俗欲望的粗鄙形象，蛻變為敢於承擔責任，敢於為國犧牲的大無
畏英雄形象 ——「大丈夫身臥荒郊，大丈夫身臥荒郊，落得千秋英名世上

標」。那麼，到底是什麼促成了這種轉變呢？這還要從旅日國人提倡的「尚武」精神說起。

第二節　近代「尚武」精神的提出

中國近代的歷史以一場失敗的戰爭爲開端。魏源有感於此，作《聖武記》14 卷，記述了清朝各個時期的主要軍事戰役三十多個，意圖以清初的武功來激勵民眾保衛家國，恢復中國的強武精神。這以後，中國在軍事上的一再失利給國人帶來了無盡的屈辱。洋務派遂大力推行軍事裝備的現代化。

當中國開始了以洋務派爲主導的近代改良之時，毗鄰中國的日本也被西方列強用堅船利炮打開了門戶並開始了他們的維新運動。而發生於 1894～1895 年的中日甲午戰爭，可以說是兩個國家改良效果的考校。中國戰敗的事實，尤其是敗於歷來在文化上師法中國，在政治上常被目爲「屬國」，在疆域上被諷刺爲「蕞爾三島」（相對於中國的地大物博）的日本，戰敗的屈辱感被無限放大。晚清的有識之士不得不反思中國近幾十年的改良思路，重新認識西方文明，重新思考中國的根本問題所在。日本迅速崛起的原因遂成爲國人集中考察與借鑒的對象。

1895 年 4 月，張之洞撰寫了《勸學篇》。在《兵學第十》中，他認爲教導將士以「忠愛」、「廉恥」爲本務，就需要以「尚武功」爲基礎〔註18〕。不過，他對「武功」的提倡仍局限在軍事層面。

戊戌變法失敗後，國人或逃亡或留學來到日本。日本舉國「崇軍」、「尚武」的風氣，給了他們很大的衝擊：

> 冬臘之間，日本兵營士卒，休憩瓜代之時，余偶信步遊上野，滿街紅白之標幟相接。……蓋兵卒入營出營之時，親友宗族相與迎送之以爲光寵者也。……其爲榮耀則雖我中國入學中舉簪花時不是過也。其標上僅書歡迎某君送某君等字樣，無甚讚頌祝禱之語。余於就中見二三標，乃送入營者，題曰「祈戰死」三字。余見之矍然蕭然，流連而不能去。〔註19〕

> 我昨天到橫濱去看朋友，在路上聽見好熱鬧的軍樂，又看見男

〔註18〕張之洞：《勸學篇》。
〔註19〕任公（梁啓超）：《祈戰死》，載《清議報》第 33 冊，1899 年 12 月 23 日。

男女女、老老少少都手執小國旗，像發狂的一樣，喊萬歲，幾千聲，幾萬聲，合成一聲，嘈嘈雜雜，煙霧衝天。我不知做甚麼事，有這等熱鬧。後來一打聽，那曉得送出征的軍人，就同俄國爭我們的東三省地方，到那裡打仗去的。……所以日本人都以爲榮耀，成群結隊的來送他。……只見那送軍人的人越聚越多，萬歲、萬歲、帝國萬歲、陸海軍萬歲，鬧個不清爽。到了停車場，擁擠得了不得。那軍人因爲送他的人太多，卻高站在長凳上，辭謝眾人。送的人團團繞住，一層層的圍了一個大圈子。……直等到火車開了，眾人才散。每到一個停車場，都有男女老幼、奏軍樂的、舉國旗的迎送。最可羨是那班小孩子，大的大，小的小，都站在路旁，舉手的舉手，喊萬歲的喊萬歲，你說看了可愛不可愛？眞正令人羨慕死了。不曉得我中國何日才有這一日呢？〔註20〕

如果翻看晚清國人旅日時期創辦的雜誌，這樣的記述比比皆是。其實，早在1897年，梁啟超就對日人「爲國輕死」的精神大爲敬佩，特別寫下《記東俠》爲其大力宣揚。現在，留居日本的國人作爲戰敗一方的國民，親眼目睹了日人對軍人的崇敬，憤母國之不能自強，一定深有感觸。梁啟超於是在1899年連續寫下《祈戰死》、《中國魂安在乎》兩篇文章，指出「日本國俗與中國國俗有大相異者一端，日尚武與右文是也」，欲振興中國，唯有用「尚武」精神重塑兵魂，才能挽救中國之危亡。

1901年，梁啟超寫作《中國積弱溯源論》。他在該文中進一步指出，「右文」的傳統導致了中國國民怯懦、無勇的品性，而這正是中國在生存競爭最劇最烈的時代一敗再敗的根源〔註21〕。此時，梁啟超對「尚武」的提倡，已經從塑造「兵魂」擴展到對「國民」的整體要求。

1902年，《新民叢報》開始發行。在創刊號上，梁啟超大力宣傳「新民」之意，開始連載其影響深遠的論說文《新民說》。同期上，還有兩篇重要的文章，一篇是奮翮生（蔡鍔）的《軍國民篇》，另一篇是梁啟超的《論教育當定宗旨》。奮翮生（蔡鍔）的《軍國民篇》〔註22〕對近代提倡「尚武」，提倡「軍國民主義」影響甚大。他說：

〔註20〕 秋瑾：《警告我同胞》，見《秋瑾集》，上海古籍出版社，1991年，7～8頁。
〔註21〕 梁啟超：《中國積弱溯源論》，見《飲冰室合集》第1冊，文集5，25頁。
〔註22〕 奮翮生：《軍國民篇》，載《新民叢報》第1號、3號、7號、11號，1902年2月8日、3月10日、5月8日、7月5日。

軍國民主義，昔濫觴於希臘之斯巴達，汪洋於近世諸大強國。歐西人士，即婦孺之腦質中，亦莫不深受此義。蓋其國家以此爲全國國民之普通教育，國民以奉斯主義爲終身莫大之義務。帝國主義，實由軍國民主義胎化而出者也，蓋內力既充，自不得不盈溢而外奔耳。

接著他以日本爲例：

日人有言曰：軍者，國民之負債也。軍人之智識，軍人之精神，軍人之本領，不獨限之從戎者，凡全國國民皆宜具有之。嗚呼！此日本之所以獨獲爲亞洲之獨立國也歟？

然後他引用了日人尾崎行雄對中國的看法，「支那人係尚文之民，而非尚武之民，……今日支那之連戰連敗者，其近因雖多，而其遠因實在支那人之性情也」，而且「以尚文好利之民，雖積節制訓練之功，亦不能匹敵尚武民族」。所以尾崎行雄斷言中國永無雄飛之希望，且欲保全獨立而不能。蔡鍔因此憤而指出：「居今日而不以軍國民主義普及四萬萬，則中國其眞亡矣。」同時，梁啓超在《論教育當定宗旨》〔註23〕中也提到了「尚武」的問題。梁氏在文中指出教育爲「製造國民之具」，應宗旨明確。但是中國的教育改革究竟應該以何爲宗旨呢？梁啓超主要列舉了東西方古今六種──雅典、斯巴達、耶穌教、英吉利、德意志、日本──教育理念以資參考。梁啓超認爲斯巴達之教育宗旨「在使斯巴達爲全希臘最強之國，故先使全國人爲軍國民」，其結果則是「使其國狎主夏盟，雄長諸侯」。而這種教育宗旨的缺點主要是「侵個人之自由權」。雖然在這篇文章中，因爲目標宏遠，梁啓超最後並沒有說明究竟應該師法何種教育理念。但是，在迫在眉睫的「救亡」形勢下，「雄長諸侯」的誘惑仍然很大。這兩篇文章從一武一文兩個角度討論了「尚武」問題。它們被安排在《新民叢報》的創刊號上發表，與《新民說》並列刊行，可以說具有深意。作爲創刊號，《新民叢報》第 1 期相較於《清議報》所增加的「兵事」欄目，也悄悄透露著個中信息。

同年，梁啓超作《斯巴達小志》。他說自己寫作此文的目的是因爲「斯巴達實今日中國之第一良藥也」。他認爲「斯巴達爲尚武之祖國」，「爲二十世紀

〔註23〕梁啓超：《論教育當定宗旨》，載《新民叢報》第 1 號、2 號，1902 年 2 月 8 日，2 月 22 日。

之模範」。因爲「二十世紀，民族帝國主義時代也。其所爭者在本國與他國、本族與他族之間，故當法斯巴達」。所以，「尚武精神爲立國第一基礎，識者所同認矣。」〔註24〕這一次，他對斯巴達的推崇，以及對「尚武」精神的認可表露無疑。

到了 1903 年，受拒俄運動影響，「尚武」思想在留日學生中間風起雲湧〔註25〕。梁啓超也在《新民叢報》上發表《新民說》之《論尚武》，明確地將「尚武」精神納入到「新民」的理念中來。他在文章中指出，日本人民剽疾輕死，好武雄風，舉國一致，「日取其所謂武士道、大和魂者，發揮而光大之」，日人能立國維新，以區區三島，以我十分之一的人數戰勝我國，「惟尚武故」〔註26〕。所以，他希望中國可以仿傚日本，拋棄從前只講求武事的形式主義，在立國精神層面培養「尚武」的風氣。

梁啓超等人對「尚武」精神的提倡，得到了許多人的認同與響應。對他們來說，提倡「尚武」具有多重意義。

首先，提倡「尚武」可以改變中國「右文」的傳統，從而適應目前這個弱肉強食的世界。

梁啓超等人認爲「右文」的傳統，使中國的習俗「以文弱爲美稱，以贏怯爲嬌貴，翩翩少年，弱不禁風，名曰丈夫，弱於少女」。舉國之人爲病夫，「其國安得不爲病國也」？所以，我國民族雖然「以神明華胄，開化最先，卻每與他族相遇，則挫折敗北，此實中國歷史之一大污點。」〔註26〕其實，早在 1896 年前後，嚴復在其《天演論》的「譯者按語」中就曾指出，「變質尚文、化深俗易」的中國在歷史上常被「治教初開」但「武健俠烈」之民族打敗。但是，他認爲這幾乎是世界「國種盛衰強弱」之通例，並未因此得出中國文明落後的結論〔註27〕。不過，到 1898 年，康有爲在《日本變政考》一書的「按語」中，已經對如今是一個被進化論所影響的「競爭之世」有所認

〔註24〕梁啓超：《斯巴達小志》，見《飲冰室合集》第6冊，專集15，1～2頁。
〔註25〕參見姜萌：《試析1903～1911年間中國的尚武思潮》，載《東嶽論叢》，2004年第2期。
〔註26〕梁啓超：《新民說·論尚武》，載《新民叢報》第28號、29號，1903年3月27日，4月11日。
〔註26〕梁啓超：《新民說·論尚武》。梁啓超後來曾否定過這種說法，他創作《班定遠平西域》就是爲了說明我國曾經戰勝過異族。
〔註27〕嚴復：《天演論·論十四》，見王慶成等編：《嚴復合集》，第7冊，《天演論彙刻三種》，辜公亮文教基金會1998年，68～69頁。

識。他說：「進步者，天下之公理也。小之則一身一家，推而極之，全球萬國。」然後列舉「文學」、「兵力」、「物產」、「商務」、「工藝」等現代國家競爭之大端，說明「故進步者，將尺寸比較，並驅爭先」〔註29〕。等到梁啓超逃亡到日本，深入接觸到西方的進化論以及國家主義思想後，對如今以「競爭」爲基礎的「強權之世」的體認更加深刻，這讓他不得不對中國「右文」的傳統有所反思：

> 前代學者，大率倡天賦人權之說。以爲人也者，生而有平等之權利，此天之所以與我，非他人所能奪者也。及達爾文出，發明物競天擇、優勝劣敗之理，謂天下惟有強權（謂強者有權利謂之強權），更無平權。權也者，由人自求之，自得之，非天賦也。於是全球之議論爲一變。……前者視爲蠻暴之舉動，今則以爲文明之常規。……此近世帝國主義成立之原因也。〔註30〕

梁啓超在這裡特別指出，「強」是人類「進化」的必然結果，是人類「文明」程度的體現。愈進化則愈文明，愈文明則愈強。「強」體現著社會進化與文明的程度。因此，在這個競爭愈演愈烈的世界形勢下，「己不侵人，人將侵我」。兄弟相鬩，還有父母可以作爲裁度；國人相爭，也有國法可以審判之。但是，「若國與國爭，則世界中無一最高權足以裁正之，則強權而已矣」〔註31〕。新的社會規則已經形成，「右文」的傳統已經不再適應這個弱肉強食的世界，不能再使「遠人來服」。因此，國家興亡與民質是否尚武大有關係，「民質能尚武，則其國強，強則存；民質不尚武，則其國弱，弱則亡」〔註32〕；「立國者，苟無尚武之國民，鐵血之主義，則雖有文明，雖有智識，雖有眾民，雖有廣土，必無以自立於競爭劇烈之舞臺」〔註33〕。因此，在立國精神層面提倡「尚武」之風，以「尚武」爲國魂，具有很高的現實意義。

而且，如果中國真想保存自己的文明傳統，也必須以「尚武」爲基礎。張之洞早在甲申馬江之敗後就已經意識到「非效西法圖富強無以保中國，無

〔註29〕康有爲：《日本變政考》卷6，見黃彰健：《康有爲戊戌眞奏議》附錄，臺北：中研院歷史語言研究所史料叢編1974年，243～244頁。

〔註30〕梁啓超：《論民族競爭之大勢》，載《新民叢報》第2號，1902年2月22日。

〔註31〕百里：《軍國民之教育》，載《新民叢報》第22號，1902年11月15日。

〔註32〕《論尚武主義》（節錄乙巳四月初三日《時敏報》），載《東方雜誌》第2年第5期，1905年6月27日。

〔註33〕梁啓超：《新民說·論尚武》。

以保中國即無以保名教」〔註 34〕。在寫作《勸學篇》時，他更是簡明地談到
「教何以行？有力則行。力者，兵之謂也。」〔註 35〕只有一個國家存在，它
所擁有的文明才能傳續下去。而只有「尚武」，才能在弱肉強食的世界保存一
個國家。西方歷史上「羅馬文化，燦燦大地，車轍馬迹，蹂躪全歐，乃一遇
日爾曼森林中之蠻族，遂踣蹶而不能自立」。因此，「尚武」精神是「國民之
元氣，國家所恃以成立，而文明所賴以維持者也」〔註 36〕。

　　其次，對「尚武」的提倡，還有反抗專制制度的意義在。

　　梁啓超在《論尚武》中指出，中國失其強悍之本性的一個主要原因是
由於「霸者之摧蕩」。他認為「霸者之有天下也，定鼎之初，即莫不以偃武
修文為第一要義」，這其實是因為害怕有強武有力之人在其臥榻之側〔註
37〕。梁啓超不禁感歎：「嗚呼！我民族武德之斫喪，則自統一專制政體之
行始矣。統一專制政體，務在使天下皆弱，惟一人獨強，然後志乃得逞。」
連日本學者福澤諭吉也說：「支那舊教，莫重於禮樂。禮也者，使人柔順曲
從者也。所以調和民間勃鬱不平之氣，使之恭順於民賊之下者也」。梁啓超
對福澤「以此科罪於禮樂」雖不贊同，卻又肯定，「要之中國數千年來，所
以教民者，其宗旨不外乎此，則斷斷然矣」〔註 38〕。那麼，如何才能對抗
「強者」呢？梁啓超在《新民說‧論強權》一文中指出，要想減殺強者的權
力，就需要縮小「強弱之懸隔」。而要縮小「強弱之懸隔」是不能指望強者
變弱的，只能依靠弱者「自強」。也就是說要弱者自變為強者，然後弱者才
能「不復安於前此弱者之地位」，從而分前此強者之權〔註 39〕。而弱者欲自
強，擺脫被奴役的地位，「尚武」精神就應該大力提倡。梁啓超提倡「尚武」
精神以反抗專制政府，與他這一時期計劃「興兵勤王」，甚至傾向「革命」
的思想脈絡有關〔註 40〕。革命黨也確實利用了這一點宣傳革命。如趙聲創

〔註 34〕《張文襄幕府紀聞‧清流黨》，見黃興濤等編譯：《辜鴻銘文集》上卷，海南
　　　　出版社，1996 年，419 頁。
〔註 35〕張之洞：《勸學篇》。
〔註 36〕梁啓超：《新民說‧論尚武》。
〔註 37〕梁啓超：《新民說‧論尚武》。
〔註 38〕梁啓超：《中國積弱溯源論》。
〔註 39〕梁啓超：《新民說‧論強權》，見《飲冰室合集》第 6 冊，專集 2，29～30
　　　　頁。
〔註 40〕《論尚武》一節發表於《新民叢報》第 28 號、29 號，1903 年 3 月 27 日，4
　　　　月 11 日。此時梁啓超已經啓程赴美。不過，根據張聖剛的推斷，這一節應該

作的《歌保國》中就有這樣的詩句:「不爲奴隸爲國民,此是尚武眞精神。野蠻政府共推倒,大陸有主歸華人。」〔註41〕

再次,梁啓超等人還利用近代的「尚武」精神對中國傳統的「俠義」精神進行了開掘與修訂,試圖將之轉變爲培養國人成爲現代公民、塑造「國家主人翁」意識的思想武器。

近代「尚武」精神的提出,源於梁啓超等人受到日本「武士道」精神的刺激。但是,「今日而慕人之有武士道也,亦猶之仰給五金石炭之材料於外國,而不知吾國固所至皆礦藏也,特不知開鑿而取用之耳」〔註42〕。所以,梁啓超特別寫作了《張博望班定遠合傳》、《中國之武士道》以及《班定遠平西域》新戲,力圖發掘中國自身的「尚武」傳統。尤其是,梁啓超 1904 年出版的《中國之武士道》一書,對傳統的「俠義」精神作了整理、開掘與發揮,並試圖用「武士道」勾連傳統的「俠義」與現代的「尚武」。兩個時代的概念因此得以互相補充,互相修訂,共同塑造了嶄新的時代精神。

歷史上對「俠」這一概念最早的、最有代表性的表述,以韓非子之《五蠹》和司馬遷之《史記‧游俠列傳》爲代表。所謂「俠以武犯禁」和「不愛其軀,赴士之厄困」,應該是傳統「俠」者的基本特徵〔註43〕。傳統的「武俠」精神爲近代的「尚武」提供了一種「堅強」、「雄毅」的精神內涵,提供了一種「慷慨任天下事」並隨時準備「捨生取義」的英雄主義氣概。然而,對傳統觀念的使用,畢竟是爲了解決現代的問題。因此,近代對「尚武」精神的提倡,也在悄然修訂著傳統的「俠」的觀念。

1898 年,梁啓超爲《意大利興國俠士傳》作序。在文中,梁啓超說:「夫天下之達道,曰智,曰仁,曰勇,俠者合乎勇,而實統智、仁而一之也。是故雪大恥,復大仇,起毀家,興亡國,非俠者莫屬。」不過,我國目前「強鄰眈眈,億兆瞑瞑,竟無有不愛其軀,赴國之厄困」者,梁啓超因此不禁感歎「俠學」之久絕也〔註44〕。從「赴士之厄困」到「赴國之厄困」,其中的改

作於赴美之前,反映的應該還是梁啓超赴美前的思想狀態。參見張聖剛:《〈梁啓超研究〉課堂發言稿綱要》,未刊稿。

〔註41〕 趙聲:《歌保國》,見揚州師範學院歷史系編《辛亥革命江蘇地區史料》,江蘇人民出版社,1961 年,94~96 頁。

〔註42〕 蔣智由:《中國之武士道‧蔣序》,見《飲冰室合集》第 7 冊,專集 24,1 頁。

〔註43〕 參考陳平原:《千古文人俠客夢》第一章,新世界出版社,2002 年,3 頁。

〔註44〕 見夏曉虹輯:《〈飲冰室合集〉集外文》上冊,北京大學出版社,2005 年,14

變不可謂不大。將「國家主義」注入到「俠義」精神裏面，是以「救亡」爲主旋律的時代要求。雖然個人的不平與厄困哪個時代都有，但是近代以來，「國」之厄困才是仁人志士心中最大、最急迫的厄困。梁啓超等人有感於日本舉國的「尚武」風氣促成了日本的崛起，所以希望可以借助「尚武」精神的提倡重振國威。到 1904 年，梁啓超作《中國之武士道》。《蔣序》、《楊序》和《自序》三篇序言都對「國家之大俠」極力推崇。其中，尤以《蔣序》對此意一再闡述：

> 觀於墨子，重繭救宋，其急國家之難若此。大抵其道在重於赴公義，而關係於一身一家私恩私怨之報復者蓋鮮焉。此眞俠之至大，純而無私，公而不偏，而可爲千古任俠者之模範焉。

蔣智由雖也肯定傳統報私恩私怨爲「任俠中道德之一種」，但是卻認爲其「次於」赴公義，所謂「要之所重乎武俠者，爲大俠毋爲小俠，爲公武毋爲私武」。而新時代的英雄，也是「爲國家爲社會而動者也」〔註45〕。同樣深受日本武士道精神激刺的楊度也認爲：「夫武士道之所以可貴者，貴其能輕死尚俠，以謀國家社會之福利也」〔註46〕。正如一首晚清樂歌《尊俠》所唱：

> 君不見東方，游俠義憤主尊攘。犧牲爲國殤，同是黃種黃。橫刀向天血滿腔，國仇何日忘。〔註47〕

「游俠」精神與「國仇」相連，古老的文化傳統爲解決現代問題作出了相應的調試。

而且，正是將「國家主義」加入到「俠」的觀念裏，「俠」的應用範圍在近代空前擴大：專制帝國的皇帝彼得大帝可以爲俠，共和國的總統華盛頓也可以爲俠；改革宗教的馬丁·路德可以爲俠，鐵血宰相也可以爲俠。即使沒有什麼驚天動地之武功，而是感於時事多艱，所謂「激於國恥，倡大義以號召天下」者都可以被稱爲「俠」〔註48〕。「俠」者跳出了傳統的「在野」狀態，君主可以爲「俠君」，宰相可以爲「俠相」，只要他們可以興一族，雄一國，他們就有了成爲「俠」者的資格。也正是由於「國家主義」的加入，「俠」不再是「特立獨行」的代名詞，就連那些默默無聞的普通民眾，「即隱於世界中

〔註45〕　見《飲冰室合集》第 7 冊，專集 24，1～4 頁。
〔註46〕　見《飲冰室合集》第 7 冊，專集 24，9 頁。
〔註47〕　葉中泠編：《小學唱歌》二集，上海：商務印書館，1907 年。
〔註48〕　參見梁啓超：《記東俠》、《意大利興國俠士傳序》和《新民説·論尚武》。

之農夫、職工、役人、商賈、兵卒、小學教師、老翁、寡婦、孤兒等」，只要他們可以爲安邦興國出一份力，盡一份責，他們就都可以成爲「俠」，成爲如「恒河沙數之無名英雄也」〔註49〕。

在用傳統的「俠義」精神塑造近代「尙武」精神的過程中，梁啓超等人對「俠義」之士常常「報私恩而違公義」也是有所警醒的。而且，因爲「國家主義」的加入，這一點也是必須被戒除的。在日本刊行的《直說》雜誌，深受梁啓超等人提倡「尙武」精神的影響，在其第 2 期上有一篇文章《壯哉軍人，快哉軍人》特別區分了「武人精神」和「軍人精神」。作者認爲「武人精神」是「由血氣凝聚而成，無共同之心，無持久之力」；而「軍人精神」則「勇而不露，武而不顯……以德學涵養其性情，以忠義鎔鑄其肝膽。畏國法而怯私鬥，守軍律而勇公戰。捨軍令不事服從，捨進取不事趨向」〔註50〕。「畏國法而怯私鬥，守軍律而勇公戰」正是對傳統俠義精神可能的「誨盜」傾向的修正。所謂「淬礪其所本有」的新民方針正可以落實到此處。

最後，提倡「尙武」，還與梁啓超等人意圖重建對儒教的正確理解相合。他和深受他影響的蔡鍔都認爲儒教的流失（或對儒家教義的錯誤理解）是導致中國文弱的一個主要原因。儒教雖然「以至仁博愛爲宗旨」，希望可以「文致太平」，但是也不是「專以懦緩爲教」，所謂「見義不爲謂之無勇，戰陣無勇斥爲非孝」。只不過後世賤儒便於藏身，「不法其剛而法其柔，不法其陽而法其陰。陰取老氏雌柔無動之旨，奪孔學之正統而篡之」。這才造成「以強勇爲喜事，以冒險爲輕躁，以任俠爲大戒，以柔弱爲善人。惟以『忍』爲無上法門」的風氣〔註51〕。梁啓超對儒教的這種理解來源於其師康有爲。在梁啓超的記述中，康氏曾發明孔子之道爲六大主義，其中之一便是「孔教者，強立主義，非異儒主義」也〔註52〕。1904 年，梁啓超作《中國之武士道》即以「孔子」開篇，認爲「孔門尙武之風，必甚盛矣」，而其首列孔子，其目的也在於「示一國以嚮往云爾」〔註53〕。

〔註49〕 參見梁啓超：《飲冰室自由書·無名之英雄》，《飲冰室合集》第 6 冊，專集 2，48～49 頁。

〔註50〕 載《直說》第 2 期，1903 年 3 月 13 日。

〔註51〕 梁啓超：《新民說·論尙武》。相同觀點，還可參見奮翮生（蔡鍔）的《軍國民篇》。

〔註52〕 梁啓超：《南海康先生傳》，見《飲冰室合集》第 1 冊，文集 6，67 頁。

〔註53〕 梁啓超：《中國之武士道》，見《飲冰室合集》第 7 冊，專集 24，1～2 頁。

　　「尚武」精神，是近代中國重塑「軍魂」與新「民」思想的重要組成部分，也與其時梁啓超等人力圖興兵勤王的實際目的相和。提倡「尚武」精神，無論對處理國內問題，還是解決國際爭端都具有實際意義。說到底，這是由「救亡」這個近代中國社會思想的基本語境決定的。所以，近代許多仁人志士都認為中國要想自立富強，擺脫被奴役、被消滅的命運，就要以日本為榜樣，直面「物競天擇」、「優勝劣敗」的世界形勢，在重塑「國民精神」的過程中，提倡「尚武」之風，提倡「軍國民主義」，提倡「中國之武士道」，甚至是走「民族帝國主義」的道路，所謂「居今日而不以軍國民主義普及四萬萬，則中國其真亡矣」。

　　雖然在中日甲午戰爭之前，洋務派也曾提出要加強軍備以抵禦外族的侵略。但是這種對「強」、「武」的認同，一方面局限於軍事層面，另一方面除了抵禦的實際目的外，「強」、「武」本身並不具有價值和更高的意義。而這之後，梁啓超等人對「尚武」精神的提倡，卻逐漸擺脫了「軍事」層面的限制，成為塑造現代中國的「國魂」，轉型為現代「國家」，以及建設現代「文明」的整體過程中的一個重要步驟。黃興濤指出：「這種與傳統『文化』概念中「輕武鄙力」價值取向的公然離異，一開始雖得力於甲午戰敗的強烈刺激，但不久實因為獲得了新的『文明』或廣義『文化』概念作為理念基礎，才變得更加堅實：它表明，『強』和『富』之所以有價值，……並非僅因為恃之便能打敗對手，而是因為它們本身就是社會『文明』綜合進步的結果和體現。這種建立在相對理性之上的價值落實，才是更加可靠的。」〔註54〕

第三節　「尚武」的樂歌創作

　　為配合宣傳「尚武」精神，近代的許多仁人志士都曾提出要改良中國傳統的「詩歌」與「音樂」。在這裡，筆者有必要梳理一下這一改良思路的出爐過程，以澄清研究界的一些盲點。

　　根據筆者目前所見，是梁啓超最先由「尚武」問題，聯繫到中國的「詩歌」創作的。他在《祈戰死》（1899 年）中說：「日本國俗與中國國俗有大相異者一端，曰尚武與右文是也。中國歷代詩歌皆言從軍苦，日本之詩歌無不

〔註54〕黃興濤：《晚清民初現代「文明」和「文化」概念的形成及其歷史實踐》，載《近代史研究》2006 年第 6 期。

言從軍樂。」〔註55〕到 1901 年，他在寫作《中國積弱溯源論》中重複了上述觀點。

到 1902 年，在《新民叢報》的創刊號上，奮翮生（蔡鍔）發表了《軍國民篇》。在其中的第三節「原因於文學者」中，他重複了梁啓超批評中國詩歌的觀點，並將之擴充爲對中國傳統「文學」的整體批評。《新民叢報》第 3 號繼續連載奮翮生（蔡鍔）的《軍國民篇》〔註56〕。在文章的第七節「原因在於鄭聲者」中，奮翮生更進一步，表達了對中國音樂缺少「尚武」精神的不滿。他首先大力宣傳音樂對於鼓舞士氣、改良風俗、影響國家政治的巨大影響力：

> 昔隋開皇中製樂，用何妥之說，而擯萬寶常之議。及樂成，寶常聽之，泣然曰：「樂聲淫屬而哀，天下其將盡矣。」時國勢全盛，聞者皆訝而妄，未幾乃驗。陳後主能自度曲，親執兵器，倚弦而歌，音韻窈窕，極於哀思，使胡兒、閹官和之。曲終樂闋，莫不隕涕，而卒以亡。

斯巴達敗於麥斯坨，求援於雅典，雅典遣一善笛者應之，斯人軍氣，爲之大振，卒獲勝而歸。軍人之於音樂，尤爲關切深巨。〔註57〕

奮翮生（蔡鍔）因此指出：「音樂之感人大矣，故孔子所以深疾鄭聲之淫，而懼其轉移齊民之心志也。」但是我國「自秦漢以至今日，皆鄭聲也，靡靡之音，哀怨之氣，彌滿國內，烏得有剛毅沉雄之國民也哉？」中國缺乏「尚武」的風氣，缺乏軍國民主義，他認爲「音樂」應該爲此負擔一定的責任。其實，在第一節「原因於教育者」中，蔡鍔就曾提到「美國者，世界所稱爲太平共和固守『門羅』主義之國也。然其小學學童所歌之詞，皆激烈雄大之軍歌也」。可見，他當時對音樂問題已經開始注意，到第 3 號上，他更是以日本爲例，指出「日本自維新以來，一切音樂，皆摸（模？）法泰西，而唱歌則爲學校功課之一。然即非軍歌軍樂，亦莫不含有愛國尚武之意。聽聞之餘，自可奮發精神於不知不覺之中」。

到《新民叢報》第 26 至 29 號，梁啓超才在《飲冰室詩話》〔註58〕和《新

〔註55〕梁啓超：《祈戰死》。

〔註56〕奮翮生（蔡鍔）：《軍國民篇・七 原因在於鄭聲者》。

〔註57〕梁啓超曾在《飲冰室詩話》（54 條，載《新民叢報》第 26 號，1903 年 2 月 26 日）中化用這條材料：「昔斯巴達人被圍，乞援於雅典，雅典人以一眇目跛足之學校教師應之，斯巴達人惑焉。及臨陣，此教師爲作軍歌，斯巴達人誦之，勇氣百倍，遂以獲勝。」

〔註58〕梁啓超：《飲冰室詩話》，（54 條）。

民說・論尚武》〔註59〕中附和蔡鍔的說法，指出「中國人無尚武精神，其原因甚多，而音樂靡曼亦其一端，此近世識者所同道也。」可見，梁啓超最初注意到的是「詩歌」的「尚武」問題，雖然他後來曾提出「詩樂合一」的主張〔註60〕，但是明確提出要創作「尚武」的「音樂」，尤其是「軍歌」，是以奮翮生（蔡鍔）為先，然後才影響到梁啓超的，尤其是「此近世識者所同道也」一句，更是說明梁啓超是受別人影響的。黃遵憲寫給梁啓超的信，也可以證明《軍國民篇》的影響力：「鼓勇同行之歌，公以為妙。今將廿四篇概以抄呈。如上篇之敢戰，中篇之死戰，下篇之旋張我權，吾亦自謂絕妙也。此新體，擇韻難，選聲難，著色難。雖然，願公等之拓充之、光大之也。詩由《軍國民篇》來，轉以示奮翮生。」〔註61〕此後的數月之中，匪石發表了《中國音樂改良說》〔註62〕一文，其中提到了西方以及日本的軍樂。曾志忞也在《江蘇》雜誌上發表了《練兵》、《海戰》等傳達「尚武」精神的樂歌〔註63〕。他們的行為究竟是受到《軍國民篇》的影響，還是由於居住於日本，直接受到軍國主義的刺激，則不得而知。不過，不論怎樣，付諸文字，並發表出來，以現代的知識產權意識來說，首倡之功還是應該歸於蔡鍔。

經過蔡鍔、梁啓超等人的大力提倡，用「尚武」的音樂培養國民「尚武」風氣的觀點，在晚清大行其道。近代的音樂工作者也努力學習這些思想，用音樂的形式宣傳「尚武」的意義。如，有的樂歌直接以「尚武」名篇：

尚　武

手持干戈願從戎，決勝衝前鋒，從軍之樂樂無窮，朝廷重戰功。海禁宏開萬國通，禍機深重重，存吾家國保吾種，端在軍隊中。

〔註64〕

尚武之精神

黑黑黑鐵耶，赤赤赤血耶，強強我民族的價值耶。我輩好男兒，我輩好男兒，活活氣萬丈衝霄漢。喇叭聲宏宏，戰鼓聲蓬蓬，嘎直

〔註59〕梁啓超：《新民說・論尚武》。
〔註60〕參見梁啓超：《飲冰室詩話》，第77條，載《新民叢報》第40/41合本。
〔註61〕黃遵憲：《致梁啓超函》（光緒二十八年十一月一日，1902年11月30日），陳錚編：《黃遵憲全集》上，北京：中華書局，2005年，438頁。
〔註62〕匪石：《中國音樂改良說》，載《浙江潮》第6期，1903年8月12日。
〔註63〕曾志忞：《唱歌之教授法及說明》，載《江蘇》第7期，1903年10月20日。
〔註64〕《尚武》，見馮梁（小舟）編《新編唱歌教科書》，廣州樹德堂刻版印刷，1912年。

探虎穴，奏奇功。

　　硝煙兮如雲，炮彈兮如雨，挺挺身直人慷復慨兮。生則得榮名，死不失雄鬼，巍巍鑄銅像留記念。我民族萬歲，我國家萬歲，嘎萬歲萬歲，萬萬歲。〔註65〕

爲了向更爲廣泛的國民宣揚「尙武」思想，針對婦女與兒童的樂歌作品也大量出現，如發表在倪覺民《女學唱歌集》中的《女軍人》：

　　莫說男尊女子輕，且看中國女軍人。女軍人，花木蘭，不幸忽逢征兵詔來，吏胥催何狡。可憐親老弟兄又少，雄心頓起鬚眉驚。自願易服從軍行。功成日，凱歌還，家國增光輝，到而今。〔註66〕

倪覺民編《（改良再版）女學唱歌集》，上海科學書局，1906 年

向兒童宣揚「尙武」、「從軍」的樂歌有《童子軍》等：

　　二十世紀地行星，煌煌童子軍。小鑼小鼓號，黃龍飛舞小旗旌。哥哥華盛頓，弟弟拿破侖。心肝雖小血自熱，頭顱雖小膽不驚，進

〔註65〕見馮梁編：《軍國民教育唱歌初集》，廣州音樂教育社發行，1913 年 6 月。
〔註66〕《女軍人》，載倪覺民《女學唱歌集》1906 年，上海文明書局發行。

行進行，小人小馬武裝神。二十世紀天演界，不競爭，安能存？腳
踢五大洲，氣吞東西球。將軍飛將軍，誰云孺子不知兵。愛吾國兮
如親，愛吾民兮如身，萬歲萬萬歲，偉哉我軍人。〔註67〕

這樣，幾乎所有的社會成員都成為被近代「尚武」的樂歌宣傳、動員的對象。

　　在用樂歌提倡「尚武」精神的同時，創作軍歌就成為更加直接的方式。
在日本近代的樂歌創作中，軍歌受到大力提倡。特別是在甲午戰爭和日俄戰
爭期間，軍歌成為一種「軍需品」，為日本軍國主義的侵略和擴張服務。國人
對此感慨良多：「甚矣！聲音之道，感人深矣！吾中國向無軍歌，其有一二，
若杜工部之前後《出塞》，蓋不多見，然於發揚蹈厲之氣尤缺。此非徒祖國文
學之缺點，抑亦國運升沉所關也。」〔註68〕因此，除了前面第一節提到的晚
清的三部軍歌外，近代許多有識之士與音樂工作者都參與到軍歌創作的行列
中，寫出了大量的作品。

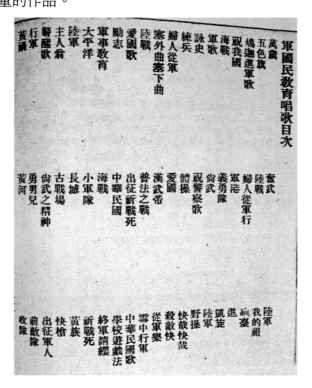

鶴山馮梁編《軍國民教育唱歌集》，廣州音樂教育社發行，1913 年

〔註67〕見葉中泠編：《小學唱歌》第三集，商務印書館，1907 年。
〔註68〕梁啟超：《飲冰室詩話》，（54 條）。

　　首先響應的是詩人黃遵憲。他受《軍國民篇》的刺激，創作出《軍歌》二十四首，分爲《出軍歌》、《軍中歌》和《旋軍歌》三章，每章各八首。該軍歌每首末尾一字連接起來便是「鼓勇同行，敢戰必勝，死戰向前，縱橫莫抗，旋師定約，張我國權」這二十四個字。由於受到梁啓超的大力讚揚 ——「讀此詩而不起舞者必非男子」〔註69〕，所以該軍歌在晚清非常有名。據錢仁康先生的統計，該作品曾被李叔同（《國學唱歌集》）、葉中泠（《小學唱歌初集》）、趙銘傳（《東亞唱歌》）、華航琛（《共和國民唱歌集》）、馮梁（《軍國民教育唱歌》）用爲歌詞〔註70〕。如李叔同選曲的《出軍歌》：

出軍歌

1=C　　4/4

〔註71〕

另據筆者所知，梁啓超在其《班定遠平西域》新戲中也曾配合劇情，截取使用過黃遵憲的《出軍歌》和《旋軍歌》並配有樂譜〔註72〕：

G調 2/4　　出軍歌及旋軍歌

〔註69〕 梁啓超：《飲冰室詩話》，（54 條）。
〔註70〕 見錢仁康：《學堂樂歌考源》，上海音樂出版社，2001 年，12 頁。
〔註71〕 見李叔同編：《國學唱歌集》，上海中新書局國學會發行，1905 年 5 月初版。
〔註72〕 梁啓超：《（通俗精神教育新劇本）班定遠平西域》，載《新小說》第 19～21 號，1905 年 8 月～10 月。

可惜的是，梁啓超並未標明曲調的來源或作者。不過，演出的效果還是非常不錯的。陳鴻年在其《東遊日記》中寫下了觀後感：「最後演《班定遠平西域》新戲，尤足激發吾國尚武精神。演至末齣，歡迎凱旋，以軍歌軍樂和之，其聲悲壯，令人慷慨激昂，泣數行下，華人莫不拍掌，呼中國萬歲，不愧精神教育。內地劇場如能一律改良，有功世道匪淺。」〔註73〕除此之外，黃遵憲的《軍歌》還曾見於金松岑編輯的《新中國唱歌初集》（選《出軍歌》）、《表情體操法》、《最新婦孺唱歌書》和《小學新唱歌》中。尤其是後三部樂歌集收錄了全部24首詩作。《表情體操法》的編者且為二十四首樂歌都配上了曲譜，並在樂歌後面的說明中指出：「此為黃公度先生之大著，其精神之雄壯活潑，其思想之沉渾遠深，姑不論。即以文藻觀，亦二千餘年所未有也。」〔註74〕可見當時黃作極受推崇。

其次是曾志忞。除了在《音樂教育論》中特別指出：音樂於軍事上具大功用，「一足以慰軍士之疲勞，二足以忠軍士之規律，三足以鼓軍士之勇敢」〔註75〕外，他在《江蘇》雜誌上發表的六首樂歌中，有兩首就是響應「尚武」思想的軍歌：

練　兵

操場十里鬧盈盈，銅鼓喇叭一片聲。龍旗飛動，當中一座演武廳。小炮連聲乓乓乓乓乓，大炮連聲轟轟轟轟轟。

橫刀躍馬繞場行，戰盔戰甲色鮮明。騎兵炮兵工兵步兵輜重兵。齊齊整整來聽將軍令，軍令嚴明預備臨大陣。

海　戰

白浪排空滾滾來，遠遠裏幾隻兵船。開足快輪就要戰，全軍勇氣如雷。煌煌軍令令旗升，排作長蛇陣。望敵船衝先鋒，如入無人境。

轟轟大炮一片聲，空中煙焰飛騰。一霎間風平浪靜，四海慶昇

〔註73〕陳鴻年：《東遊日記（摘錄）》，見張靜蔚：《中國近代音樂史料彙編》，人民音樂出版社，1998 年，90～91 頁。

〔註74〕上海徐紹曾、陽湖孫淡編：《表情體操法》，又名《表情體操教科書》、《唱歌遊戲》，上海科學書局，光緒三十三年（1907）五月廿五日發行。

〔註75〕曾志忞：《音樂教育論》，載《新民叢報》第 62 號（第 3 年第 14 號），1905 年 2 月 4 日、第 68 號（第 3 年第 20 號），1905 年 5 月 4 日。

平。敵船沉沒敵將逃，萬歲呼聲高。將士歸來人欽敬，腰掛九龍刀。
〔註76〕

在提倡創作軍歌的同時，奮翮生（蔡鍔）、梁啓超等人還要求改變傳統軍人的粗鄙形象，提高軍人在國人心目中的地位。

正如美國學者鮑威爾指出的，中國在進行軍事近代化的過程中遇到的最大困難就是軍人的社會地位低下，軍人職業缺乏吸引力，因而難以吸收優秀人才加入〔註77〕。身在其中的晚清諸人也意識到這一情況，並亟思解決之道。張之洞主張「厚餉」，而梁啓超等人卻以重塑軍魂，恢復軍人名譽爲要義。

梁啓超曾在《中國魂安在乎》中說：「中國之有兵也，所以鈐制其民也。奪民之性命財產，私爲己有。懼民之知之而復之也，於是乎有兵。故政府之視民也如盜賊，民之視政府亦如盜賊。兵之待民也如草芥，民之待兵也亦如草芥。」所以，以之求國人崇敬軍人，以從軍爲樂事，不啻於緣木求魚，而希望以如是之軍隊求「外競」更是癡人說夢。梁啓超因此認爲，「今日所最要者，則製造中國魂是也。中國魂者何？兵魂是也。有有魂之兵，斯爲有魂之國」。何爲「兵之魂」呢？「夫所謂愛國心與自愛心者，則兵之魂也」〔註78〕。也就是說，爲求外競，必須以「愛國心」與「自愛心」重新塑造中國之「兵魂」。因此，中國近代軍人的角色應該從「朝廷鷹犬」轉變爲肩負著民族興亡的「國家柱石」。

爲恢復軍人聲譽，梁啓超等人認爲應該改變我國小說戲劇「則惟描寫才子佳人旖旎冶澯之柔情」，管絃音樂「則惟譜柔蕩靡曼亡國哀思之鄭聲」的傳統，利用文學、詩歌、劇戲、小說、音樂、論說等一切最易影響國民品性的手段，以「激揚蹈厲」爲風格，「務激發國民之勇氣，以養爲國魂」〔註79〕。這種提議得到許多人的響應，近代許多有識之士都開始宣傳「尚武」精神，努力塑造軍人「敢負責」、「敢犧牲」的大無畏英雄形象：

長江大河一瀉千里者，軍人之胸臆也；泰嶽嚴嚴雄奇峭拔者，
軍人之思想也；孤松寒月清傲皎潔者，軍人之節操也。是故軍人者，
知有國不知有家；知有國不知有身；知有死不知有生；知有進取不

〔註76〕 曾志忞：《唱歌之教授法及說明》，載《江蘇》第 7 期，1903 年 10 月 20 日。
〔註77〕 〔美〕鮑威爾：《中國軍事力量的興起 1895～1912 年》，中國社會科學出版社，1979 年，171 頁。
〔註78〕 梁啓超：《中國魂安在乎》。
〔註79〕 梁啓超：《新民說·論尚武》。

知有退守；知有精神不知有意氣；知有服從不知有抵抗；知有命令
知有軍紀，不知有妻孥，不知有敵國。其膽大，其心細，其氣魄沉
雄，其品行高尚，其眼光銳敏，其手段辛辣，其動作壯快，其言語
眞摯。練其身於冰天雪窖之中，納其心於微塵芥子之內；葡萄美酒，
戰友之腥血也；御廚珍羞（饈），強敵之彈丸也。生爲國家萬里之長
城，死作國民億兆之護法。雷霆震耳而不驚；鼎鑊鍛骨而不懼。忍
人所不能忍；斷人所不能斷。其笑也，婦孺可親；其怒也，獅龍可
懾。一舉足而河山異色；一發令而全球屏息。其能力之偉大如是，
其性質之堅忍若是，其身份之高潔若是，其頭腦之純粹若是。〔註80〕

同時，他們認爲還應該改變中國歷史上以從軍爲苦的傳統，提倡「從軍樂」，
「中國歷代詩歌皆言從軍苦，日本之詩歌無不言從軍樂」〔註81〕。他們認爲，
這也是造成中國缺少「尚武」風氣的原因之一。這種觀點立刻得到許多人的
響應。例如，留日學生雜誌《直說》的第 1 期即以「從軍樂」爲題，指出「支
那苦從軍者，二千數百年於茲矣」，然而，那不過是二三文人墨客的說法，但
是卻使得中國「英武強毅之國民，沉淪於文弱，積漸成習，不可救藥」。於是
作者重新定義了軍事生活，以爲征兵、新兵入營、新兵教育、器械體操、行
軍、偵探、布哨、奮鬥、先登、被創、戰死、解隊等，無不爲賞心樂事。如：

　　　「征兵」：征兵令下，檢查體格，身合定式，名列甲等。一介
匹夫，從此遂膺帝國萬里長城之任，樂乎不樂？

　　　「行軍」：一拳打碎黃鶴樓，一腳踢翻鸚鵡洲。非軍人無此健
足。壯夫長途跋涉，百里則蹶，獨怪夫荊天棘地、臨河險關，覺軍
人足趾所向，不惟不敢難阻，專爭相歡迎爭相獻媚於軍人之足下，
樂乎不樂？

就連軍人受傷、戰死，在作者的描寫中也充滿了英雄的浪漫主義色彩：

　　　「被創」：健鬥不已，身被大創，血流泉湧，甲鎧皆赤。軍醫
療以千金之藥，舁以擔荷之架，移置於赤十字會。白冠白衣之娟好
美女子，調護而保衛之。軍人之一膚一髮，無不爲人所敬愛。如此
者，樂乎不樂？

　　　「戰死」：男子之好墳墓，在大陸平原。故馬革裹屍，是人生

〔註80〕　《軍人之尊貴》，載《直說》第 2 期，1903 年 3 月 13 日。
〔註81〕　梁啓超：《祈戰死》。

最得意事，最榮耀事。故一旦不幸爲敵所僕，曝骨沙礫，死爲國殤。
其鬼則雄，其魂則忠。人孰不死，死未有名譽過於此者，樂乎不樂？
〔註82〕

爲了配合宣傳「從軍樂」，詩人也不落後：

露營之樂樂無央，星斗刀光兩樣芒。
照澈大千新世界，天人團體一沙場。

露營之樂樂無央，露宿星餐戰鬥床。
壯士渾忘衾簞薄，滿天風鶴逐人忙。

露營之樂樂無央，彈雨槍林鐵血場。
十萬健兒齊砥礪，絲絲紅汗染沙黃。〔註83〕

音樂創作也參與進來。

首先是耐不住寂寞的梁啓超。1905 年，他應橫濱大同學校師生的邀請創
作了「主意在提倡尚武精神」的《班定遠平西域》新戲。他雖然自承不通樂
律，但還是忍不住以其傑出的創新精神將多首軍歌運用到戲劇之中。尤其是
第五幕《軍談》，簡直成了軍歌演唱大會。雖然這一幕於情節發展上並非必要，
但卻集中傳達了「尚武」的意見。其中最爲突出的是梁啓超用民間的「梳粧
檯」調配以自己創作歌詞的《從軍樂》十二章：

從軍樂，告國民：世界上，國並立，競生存。獻身護國誰無分？
好男兒，莫退讓，發願做軍人。

從軍樂，初進營，排樂隊，唱萬歲，送我行。爺娘慷慨申嚴命。
弧矢懸，四方志，今日慰生平。

從軍樂，樂且和。在營裏，如一家，鬢廝磨。同生共死你和我。
有前進，無後退，行得也哥哥。

從軍樂，樂野營。平沙白，竈煙細，月華明。令嚴夜寂人初靜。
劃然嘯，天地肅，奇氣與雲平。

從軍樂，前敵時，槍林立，硝雲湧，彈星馳。我軍一鼓進行矣。
望敵營，白一色，片片是降旗。

從軍樂，樂如何。乘雪夜，追敵騎，渡交河。名王繫頸帳前坐。

〔註82〕《從軍樂》，載《直說》第 1 號，1903 年 2 月 13 日。
〔註83〕《露營之樂》，載《武德》第 2、3 期，1913 年。

下征鞍，了無事，呼酒唱軍歌。

　　從軍樂，樂且奇。決死隊，摩敵壘，樹國旗。黃龍光影蟠空際。
十萬軍，齊拍手，嘖嘖好男兒。

　　從軍樂，樂無窮。人一世，死一遍，難再逢。男兒死有泰山重。
爲國民，捨性命，含笑爲鬼雄。

　　從軍樂，樂功成。追逐北，橫絕漠，掃王庭。敵人城下盟初定。
守載書，遵約束，羅拜漢威靈。

　　從軍樂，報國仇。瓜分論，保全說，何紛呶。睡獅一吼全球定。
六七強，走相告，黃禍正橫流。

　　從軍樂，樂太平。弱之肉，強之食，歲靡寧。堂堂一戰全球定。
主齊盟，洗兵甲，世界永文明。

　　從軍樂，樂凱旋。華燈張，綵勝結，國旗懸。國門十里歡迎宴。
天自長，地自久，中國萬斯年。〔註84〕

近代以「從軍樂」爲題的樂歌作品還有很多，如：

從軍樂

　　春風十里杏花香，同胞將士何昂藏，雄冠劍佩耀雲日，父老拭
目瞻清光。勸君請纓宜及早，人生唯有從軍好，從軍之樂樂如何，
細柳營中傳捷報。

　　兵衛森嚴明朝曦，炎暉照耀如軍威，今朝大內頒瓜果，昨夜將
軍漢馬歸。泰西各國皆尚武，只因素稔從軍趣，從軍之樂樂無窮，
歡然游泳江海中。

　　昨日階前葉有聲，今朝遠望秋氣平，對此馬肥人亦健，男兒自
古誓長征。寶刀寶馬千金買，豪情足稱從軍者，從軍之樂樂陶陶，
聞雞起舞霜天高。〔註85〕

從軍樂

　　樂莫樂兮從軍，貴莫貴兮軍人，金刀大馬是平生，快哉此行。

〔註84〕載《新小說》第19～21號，1905年8～10月，引自夏曉虹輯：《〈飲冰室合集〉
　　　　集外文》，北京大學出版社，2005年，1289頁。
〔註85〕見李雁行、李英倬合編：《中小學唱歌教科書》下卷，1913年。

好男兒頭顱整，好男兒性命輕，大好男兒死到沙場受令名。聞敵人

壓境，當前鋒臨陣，慷慨登程，慷慨登程，莫負從軍萬里身。〔註86〕

經過這些努力，軍人、軍旅生活在國人的心目中已經有了非常不同的意義。這也就是前面第一節，張、袁的軍歌會發生如此改變的文化背景。

國人在讚頌軍人精神，頌揚從軍之樂的同時，受日本軍歌與軍國主義的影響，在文學作品與樂歌作品中更增添了以「祈戰死」為主題的作品。

梁啓超在上野見到「祈戰死」三字時的「豐然肅然」〔註87〕經由他傳誦一時的文章遍佈海內（參見第二節）。「祈戰死」三字就如針刺一樣射入國人的眼中、腦中，最先將之反映在作品中的是黃遵憲：

堂堂堂堂好男子，最好沙場死。艾炙眉頭瓜噴鼻，誰實能逃死？

死只一回勿浪死。死死死！

阿娘牽裙密縫線，語我勿戀戀。我妻擁髻代盤辮，瀕行手指面：

敗歸何顏再相見？戰戰戰！〔註88〕

這兩首作品實踐了梁啓超試圖以「尚武」精神改造中國詩歌的想法。尤其是後一首，妻子以「手指面」，教訓丈夫，似乎與古禮不合。但是，正如安德森在《想像的共同體》中指出的：「『民族』在人們心中誘發的感情，主要是一種無私而尊貴的自我犧牲。」〔註89〕詩中的妻子正是站在現代「民族-國家主義」的立場上，才具有了超越一切的權威。這種權威可以超越親情，甚至是理性，而「祈戰死」正是其極端化的表達。

經過梁氏的大力推薦後，這兩首作品中的詞句被後來許多以「祈戰死」為題的樂歌作品反覆使用。例如，出版於 1907 年的《表情體操教科書》上就有一首與此類似的樂歌《祈戰死》：

戰鼓咚，軍號響，黃龍旗飄揚。軍歌慷慨，樂軍（軍樂？）洋洋，個個精神壯。老母臨送，舉手指面，敗歸休想。嬌妻語我，堂堂男子，死沙場上。看士氣壯如斯，必勝仗！

〔註86〕見馮梁編：《軍國民教育唱歌初集》。

〔註87〕任公（梁啓超）：《祈戰死》，載《清議報》第 33 冊，1899 年 12 月 23 日。

〔註88〕黃遵憲：《軍歌·軍中歌》，見梁啓超《飲冰室詩話》第 54 條，載《新民叢報》第 26 號，1903 年 2 月 26 日。

〔註89〕〔美〕安德森：《想像的共同體》，上海人民出版社，2005 年，《導讀》12 頁。

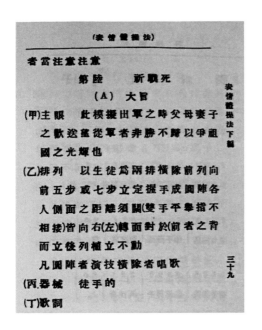

樂歌《祈戰死》及其釋義，見上海徐
紹曾、陽湖孫揆編《表情體操教科書》
（又名《唱歌遊戲》），上海科學書局，
1907 年

　　在教授「大旨」中，編者指出這首樂歌的「主眼」為：「此模擬出軍之時，
父母妻子之歡送。望從軍者非勝不歸，以爭祖國之光輝也。」〔註 90〕歌詞只
是將「舉手指面」的人換成了母親，以更符合中國的禮儀，除此之外，與黃
作並無大的不同。

　　同樣是在這部樂歌集中，還有三首以「決死赴戰」為題的樂歌。編者在
「主眼」中指出：「冒險兮圖存，愛國不愛身，男兒當如是。」其歌詞也是對
黃遵憲作品的模仿：

〔註90〕　徐紹曾、孫揆編：《表情體操教科書（又名〈唱歌遊戲〉、〈表情體操法〉）》，
　　　　　上海：科學書局，1907 年 5 月，39～40 頁。

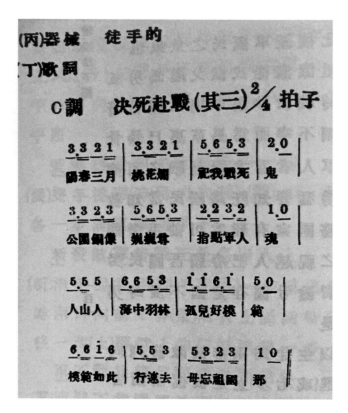

樂歌《決死赴戰》，見上海徐紹曾、陽湖孫掞編《表情體操教科書》
（又名《唱歌遊戲》），上海科學書局，1907 年

　　（其一）我有寶刀真利市，快活沙場死。短衣匹馬出都門，喇叭銅鼓聲。戰地臨大敵，戰袍滴滴胡兒血。自問生平博容名，頭顱乙（一？）擲輕？

　　（其二）阿娘牽衣向兒語，吾今不戀汝。愛妻結髮勸夫行，慷慨送一程。斬殺敵軍將，戰死容名出人上。軍不凱旋歸何顏，偷生要幾年？

　　（其三）陽春三月桃花爛，祀我戰死鬼。公園銅像巍巍尊，指點軍人魂。人山人海中，羽林孤兒好模範。模範如此行速去，毋忘祖國那。

這幾首頌揚「祈戰死」的樂歌作品一直非常流行，先後被《軍國民教育唱歌集》、《共和國民唱歌集》等樂歌書徵引，成為教育一代國民的有力武器。

　　對「慷慨赴死」的讚頌古已有之，駱賓王的《易水送別》正是此中翹楚。

雖然古往今來的「慷慨赴死」都有一種「壯士髮衝冠」的豪邁，但是古代壯士身後「水猶寒」的蒼莽，卻已經被近代的巍巍銅像與眾人景仰的熱烈取代。從個人行爲到國家模範，其中所蘊含的社會文化變遷與社會心理轉型不可謂不大。

第四節　近代的體育歌曲

1895 年 3 月，嚴復在天津《直報》上發表《原強》一文。他根據達爾文以及斯賓塞的學說，提出一個國家的強弱存亡，決定於那個國家國民的「血氣體力之強」、「聰明智慮之強」以及「德行仁義之強」——即國民「力」、「智」、「德」三素質的高下。嚴復因此認爲救國的根本辦法在於「一曰鼓民力，二曰開民智，三曰新民德」〔註 91〕。他以一種嶄新的社會有機論，將個人與國家的生存、富強聯繫在一起。

隨著國家主義的傳播，每一個人都被定義爲國家的公民，對國家既享受權利又承擔義務，「今日之戰爭，國民全體之戰爭，而非一人一姓之戰爭也。其勝也，國民享其利；其敗也，國民受其禍，非於國民以外別有物焉」〔註 92〕。因此，爲了能在這個弱肉強食的世界格局中生存下來，每個公民都需要以「尚武」精神武裝自己。沈心工作詞的《小學生》即表達了此意：「小學生小學生，須有好精神。體操也，運動也，處處要勤奮，須曉得我與他幫必有大戰爭。身體強壯可爭勝。勉哉，小學生。」〔註 93〕因此，每個公民的身體已經不再只屬於個人，而是承擔著保家衛國的義務：

> 且夫組成今日之國家而爲對外競爭之單位者何，個人是也。個人之業務無論其爲文爲武，於自己國家社會之地位，並自己國家社會立於世界上之地位，不可不爲適當之覺知。苟有此覺知，則雖不爲軍人者，亦不可不與軍人有同樣之覺悟。此軍國民之說所由起也。
> 〔註 94〕

「軍國民主義」的提法源自近代的日本，指的是在國民教育中加入有關

〔註91〕盧雲昆編選：《社會劇變與規範重建　嚴復文選》，上海遠東出版社，1996 年，7～35 頁。

〔註92〕百里譯稿：《軍國民之教育》，載《新民叢報》第 22 號，1902 年 11 月 15 日。

〔註93〕見沈心工編：《重編學校唱歌集》第五集，1912 年 10 月。

〔註94〕日人建部氏著，定生譯：《尚武論》，載《牖報》第 1 號，1907 年 4 月 13 日。

愛國主義和軍國主義的內容。蔡鍔在文章中對此有過描述：

> 吾嘗檢譯日本小學讀本，全籍多蓄愛國尊皇之義，而於中日海陸戰爭之事迹尤加詳焉。其用意所在，蓋欲養成其軍人性質於不知不覺之中耳。夫圖畫一課末藝也，而有戰艦、炮彈、槍炮等幅，其用心之微，固非野蠻諸邦國所得而知之矣。〔註95〕

這樣一種教育理念深刻地影響了當時留日的中國學生。因此，有人極力主張「自精神上言之，則凡社會上一切之組織，皆當以軍事的法律布置之」。而「學校者，國民之製造所也」，因此，應該「擴充軍人教育於學校也」〔註96〕。

其實，早在 1897 年，梁啓超就曾在《變法通議·論幼學》中介紹西方國家教育幼童「必習體操，強其筋骨，且使人人可爲兵也」〔註97〕。不過，此後他並未就此展開論述。所以直到國人大量留學日本的時候，以「軍國民主義」指導學校教育才逐漸成爲晚清有識之士的共識：「中小學校教師，宜授生徒以軍事教育，喚起其尚武精神，而養成國民皆兵之資格。若能採斯巴達遺義，以軍隊紀律，部勒學校團體，其法尤妙。」〔註98〕有人甚至認爲，因爲教育與練兵爲中國當時最急需的兩件事情，所以可以合二爲一：「凡屬普通學堂，都應該兼設測算、繪圖、體操、軍歌等課程。」〔註99〕受此風氣的影響，1906 年，清政府頒佈《學部奏請宣示教育宗旨折》。其中提出的五點教育宗旨中就有「尚武」一條。1911 年，清政府學部還特別頒佈了《軍國民教育案》。該教育案共有六條：第一條是對中小學教科書的要求：「修身、經學、國文、歷史、地理各科，皆宜注重軍國民主義教育，特別闡明，引之注意，以養成忠勇雄毅之氣。至於兩級師範及中等各項學堂，則皆宜講軍事大意一科，其教科書則請學部會同陸海軍部編訂之。」第二條要求整飭學堂規律，因爲「能爲遵守規律之學生，始能爲服從命令之軍人」。第三、四、五條則涉及了學生的各種體育活動（詳下文）。第六條則針對師範學生「爲直接施行軍國民教育之人。質言之，即育成軍國民之母也」，所以要求他們入軍隊鍛鍊三個月〔註100〕。民國成立後，教育部頒佈

〔註95〕 奮翮生：《軍國民篇·一　原因於教育者》。

〔註96〕 百里譯稿：《軍國民之教育》。

〔註97〕 梁啓超：《變法通議·論幼學》，見《飲冰室合集》第 1 冊，文集 1，45 頁。

〔註98〕 《軍事思想普及於國民之方法手段》，載《大陸》第 2 年第 1 號，1904 年 3 月 6 日。

〔註99〕 《普通學校宜兼課兵學說》，載《東方雜誌》第 2 年第 9 期，1905 年 10 月 23 日。

〔註100〕 《議決答覆學部咨詢軍國民教育案（唐會員文治提議案合併決議）》，載《直

的教育宗旨也以「注重道德教育，以實利教育、軍國民教育輔之」相號召。可見，「軍國民主義」的提倡已經被官方接受，成爲近代學校教育的重要指導思想。

近代國人對「身體」的關注，以及「軍國民教育」的提倡，深刻地影響了近代學校的音樂教育。旅日國人對日本學校音樂教育中的「尚武」風格印象深刻。如項文瑞就在《東遊日記》中記錄了他觀摩日本學校唱歌課的感受：

歌聲十分雄壯，十分齊一，其氣遠吞洲洋，令人生畏。餘心大爲感動，毛骨悚然，不料海外鼓鑄人才乃至若此。〔註101〕

奮翮生（蔡鍔）在提倡「軍國民主義」時也提到：「日本自維新以來，一切音樂，皆摸（模？）法泰西，而唱歌則爲學校功課之一。然即非軍歌軍樂，亦莫不含有愛國尚武之意。聽聞之餘，自可奮發精神於不知不覺之中。」〔註102〕匪石在提倡改良中國音樂時也說：「日本則軍樂兼及於學校，慶應塾者，學校之原動力也。校中起居坐止，皆以軍樂，盛之至矣。」〔註103〕受此影響，1906 年，清政府頒佈了《學部奏定請宣示教育宗旨折》。其中對音樂課的要求是：「恭輯國朝之武工戰事演爲詩歌，其後先死綏諸臣尤宜鼓吹扢揚，以勵其百折不回視死如歸之志。」〔註104〕後來，更是要求「樂歌宜注重軍歌，以喚起其從軍樂之眞趣」〔註105〕。不過，晚清政府的教育決策常常大大晚於實際的學校教育。近代的學校音樂課本中早就充盈著傳達「尚武」精神的歌曲。如上文提到的曾志忞發表於 1903 年的《練兵》與《海戰》就被收錄在《教育唱歌集》中。

更爲重要的是，近代「軍國民主義」在學校的推廣還促進了近代的音樂工作與發展體育運動的結盟。如一本專門指導邊唱歌邊作體操的樂歌書《表情體操教科書（又名〈唱歌遊戲〉）》在《例言》中就明確指出「是編目的在發達兒童軍事思想，故所採用之歌詞，半屬於武事的慷慨激烈，方能喚起兒

隸教育官報》辛亥第 10 期，1911 年 9 月 7 日。

〔註101〕項文瑞：《東遊日記（摘錄）》，見張靜蔚：《中國近代音樂史料彙編》，87 頁。

〔註102〕奮翮生（蔡鍔）：《軍國民篇·七　原因在於鄭聲者》。

〔註103〕匪石：《中國音樂改良說》。

〔註104〕舒新城編：《中國近代教育史資料》中，北京：人民教育出版社，1961 年，219 頁。

〔註105〕《議決答覆學部咨詢軍國民教育案·附錄陸軍部說略》，載《直隸教育官報》辛亥第 10 期，1911 年 9 月 7 日。

童興味」〔註106〕。雖然音樂與體育在習慣的認識上常常處於對舉的狀態，體育塑造身體，音樂塑造精神。但是晚清的人士卻留意到「養性情而助體育，尤莫善於唱歌」〔註107〕，「樂歌為體育之一端，與體操並重。體操以體力發見精神、充貫血氣、強身之本，而神定氣果，心因以壯，志因以立焉。樂歌以音響、節奏發育精神；以歌詞令其舞蹈肖像，運動筋脈；以歌意發其一唱三歎之感情。蓋關係於國民忠愛思想者，如影隨形。此化育之宗也」。而近代「軍國民主義」的提出，更加協調了「身體」與「精神」，勾連了「體育」與「音樂」，「體操發達其表，樂歌發達其裏。強健四肢莫善體操；暢舒四體莫善樂歌。蓋必二者相濟為用，而後體育乃全」〔註108〕。

　　近代最初的體育課是在教會學校和清政府設置的軍工軍校中誕生的。清政府屢屢慘敗於外族的事實，使最初的開明官吏認為，朝廷應該在軍隊使用的器械上大加改造，應該購買外國的堅船利炮，並設立兵工廠學習自己製造，才能重新找回清政府的強大。以此為目的，晚清政府先後創建了許多軍事學校和以學習製造武器裝備為目的的兵工學校，如福建船政學堂（1866 年）、天津水師學堂（1880 年）、天津武備學堂（1885 年）、廣東水陸師學堂（1887 年）、湖北武備學堂（1895 年）、南京陸軍學堂（1895 年）等。這些學校由於其特殊的軍事背景，所以在課程設置上帶有很強的軍事色彩。而其中就有從軍隊操練演化而來的體育課。不過，由於當時所聘請的教員多為外國人，因此軍事操練也多是「洋操」。例如，《江南水師學堂簡明章程》就規定：「兩項學生每日傍晚放學後，均由赴習藝場操習泰西跳躍攀躋各種武藝以壯筋骨。」〔註109〕而且當時教會學校也在中國的土地上廣泛設立，所以西方式的體育教育逐漸流行開來，如《格致彙編》上就有文章說明體育鍛鍊的好處：

　　　　法國有大書院，專講武事。內有一門，教人操練身體之力。每人操練之事，記錄簿內。查半年內之各數，知有三要事：一，人身之力所增之數，為百分之十五至十七分間，有二十五分至三十分者。二，肺能吸空氣之數，每一百分能增十六至二十分。三，身體之重，

〔註106〕徐紹曾、孫扶編：《表情體操教科書（又名〈唱歌遊戲〉、〈表情體操法〉）》，上海：科學書局，1907 年 5 月。

〔註107〕吹萬：《幼稚唱歌》，載《女子世界》第 10 期。

〔註108〕《湖南蒙養院教科說略》，載《大陸報》第 3 年第 7 號，1905 年 5 月 28 日。

〔註109〕見朱有瓛主編：《中國近代學制史料》第一輯上冊，華東師範大學出版社，1983 年，524 頁。

每一百分增六分至七分爲中數，間有增十分至十五分者。惟身之體
積見小，從此知肌肉與筋增多，則全身有益。〔註110〕

不過，梁啓超等人提倡「尚武」精神，推行「軍國民主義」爲近代體育課的
設立提供了全新的意義。蔡鍔在《軍國民篇》中指出：

體魄之弱，至中國而極矣。人稱四萬萬，而身體不具之婦女居
十之五，嗜鴉片者居十之一二，埋頭窗下久事呻吟，龍鍾憊甚而若
廢人者居十之一，其他如跛者、聾者、盲者、啞者、疾病零丁者，
以及老者、少者，合而計之，又居十分之一二。綜而核之，其所謂
完全無缺之人，不過十之一而已。此十分之一之中，復難保其人人
孔武可恃。以此觀之，即歐美各強棄彈戰而取拳鬥，亦將悉爲所格
殺矣。

所以他認識到：

嚴子之《原強》，於國民德育、智育、體育三者之中，尤注重
體育一端。當時讀之，不過謂爲新議奇章，及進而詳窺宇內大勢，
靜究世界各國盛衰強弱之由，身歷其文明之地，而後知嚴子之眼光
之異於常人，而獨得歐美列強立國之大本也。野蠻者，人所深惡之
詞。然靈魂貴文明，而體魄則貴野蠻。以野蠻之體魄，覆文明其靈
魂，則文明種族必敗。羅馬人之不能禦日耳曼林中之蠻族，漢種之
常敗於蒙古，條頓、拉丁二人種之難以抗斯拉夫，德軍之優於法，
日軍之優於歐美，皆職此之由也。〔註111〕

梁啓超也認爲，「立於生存競爭、優勝劣敗之世界，豈惟智力之爲急，抑體力
亦特重也。近世各國學校，以體育爲第一要著，雖不如斯巴達干涉之甚，然
其精神則不相遠矣。」〔註112〕因此，他提出國民欲養成「尚武」品質，必須
培養三種力：心力、膽力與體力。而「體魄者，與精神有切密之關係者也。
有健康強固之體魄，然後有堅忍不屈之精神」。他引用德皇威廉第二的話說：
「苟體育不講，則男子不能負兵役，女子不能孕產魁梧雄偉之嬰兒，人種不
強，國將何賴？」〔註113〕所以，國人只有加強體育鍛鍊，獎勵體育活動，才

〔註110〕《操練身體有益》，載《格致彙編》第2年春季卷第3卷，1877年4月。
〔註111〕奮翮生：《軍國民篇·五 原因於體魄者》。
〔註112〕梁啓超：《斯巴達小志》，見《飲冰室合集》第6冊，專集15，9頁。
〔註113〕梁啓超：《新民說·論尚武》。

能具有軍國民的資格，從而擺脫掉「病夫」的蔑稱。因此，身體的健康與否已經不再只是個人的事情，而是決定著國家強盛與否的重要因素。所以，當培養「尚武」精神成為學校教育的重點目標之一時，強調體育課的設置就成為許多人的共識。個人的身體也因此通過體育課的設置，被整合到國家的建設中來。近代的許多樂歌對鍛鍊身體的意義都有所述說，如樂歌《三尚》之《尚武》：

> 立國之道，非尚武曷濟。於今時事非，群雄角逐鐵血飛。五大
> 洲時局，要男兒轉移。憑仗我精神志氣，體操是根基。〔註114〕

正式基於這樣的認識，沈心工創作出當時最為著名的一首樂歌《體操-兵操》：

> 男兒第一志氣高，年紀不妨小。哥哥弟弟手相召，來做兵隊
> 操。兵官拿著指揮刀，小兵放槍炮。龍旗一面飄飄，銅鼓咚咚咚咚
> 敲。一操再操日日操，操得身體好。將來打仗立功勞，男兒志氣高。
> 〔註115〕

近代的體育課中，最為普遍的內容是體操運動。晚清的仁人志士早就留意到體操的重要性。如成立於1903年的「安徽愛國社」即以「發愛國之思想，振尚武之精神，使人人能執干戈為社稷，以為恢復國權基礎」為宗旨，規定「每日習體操，以二小時為率。惟學堂已有體操者，星期合操」〔註116〕。「體操」與「恢復國權」相聯繫，這正是沈心工的樂歌以「體操-兵操」為題，卻在歌詞中大力標舉「男兒第一志氣高」的原因（後來沈心工將此樂歌改名為《男兒第一志氣高》）。後來，該樂歌被收入《表情體操教科書》時，編者更是明白指出該樂歌的「主眼」是：「此模擬體操時之景象及功用，為將來臨戰之預備，勇猛前進，無回顧怯敵之憂。」〔註117〕以體操、兵操為將來戰爭之準備，是近代樂歌普遍關注的主題，如樂歌《夏季體操》就在歌詞中明白表示鍛鍊體操的目的是：「待他年臨大敵，搴旗陷陣人莫當。」〔註118〕

〔註114〕樂歌《三尚》之《尚武》，見胡君復編：《新撰唱歌集》初集，上海：商務印書館，1909年。

〔註115〕見沈心工：《學校唱歌初集》，1904年。

〔註116〕《安徽愛國社擬章》，載《政藝通報》癸卯第8號，1903年5月27日。

〔註117〕徐紹曾、孫揆編：《表情體操法》（又名《唱歌遊戲》），上海：科學書局，1907年5月。

〔註118〕見江蘇師範生編：《音樂·體操》，江蘇寧屬、蘇屬學務處發行，光緒三十二年（1906）四月一日。

　　不過，由於「軍國民主義」起源於日本的留學生，所以晚清政府最初對「軍國民主義」的革命傾向是有所警惕的。如張之洞受命改正大學堂章程時，其中就有一條說「凡私立學堂不許教授政治、法律，不許用兵式體操」，「學兵式體操，則革命破壞之實力，且將膨脹於學生界也」〔註119〕。這一條舉措從反面也可以證明當時「兵式體操」在民間學界的流行程度。晚清政府的沒落保守最終沒能阻擋新式教育理念的傳播，到1909年，清政府學部迫於壓力，終於特別統一學堂操法，要求按照「陸軍部所訂現行操法，通行教練」〔註120〕。從此，兵式體操正式成爲各個學校體育課練習的重點。如：

> 清江師範學堂教務長，夏君，因近來中國時事日棘，非人人有軍國民資格，不足以禦侮捍患。昨將遊戲體操，及柔軟體操，暫行停止，添課兵式體操。操時悉用槍械，並添兵學一門，庶將來畢業，皆可爲干城之選云。〔註121〕

> 蕪湖皖江中學堂學生，因國步艱難，寧皖各學堂均改練兵式體操，特於上月念八日，在堂開談話會，集議於十一月初一日起，每日體操時間四點鐘，次則地理算學。今日天寒，積雪未消，各學生上操場時，毫無倦色，精神異常活潑，亦可見各生之愛國矣。〔註122〕

1911年，晚清學部推行的《軍國民教育案》，要求將「體操列入主課」，因爲「體操一科，所以發育學生之體力，振起尚武之精神」也。學部甚至要求「中等以上各學堂學生，除行禮外，應常穿操服以便練習運動」。沈心工的樂歌正是在這種強調「體操」運動的文化氛圍中寫就的。這首樂歌在當時非常流行。李叔同在文章中曾對此有過記述：「學唱歌者，音階半通，即高唱『男兒第一志氣高』之歌；學風琴者，手法未諳，即手彈『５５６６５５３』（《體操》第一句的樂譜——筆者著）之曲。」〔註123〕

　　另外，對女子體育運動的重視也勃興起來。根據夏師曉虹的研究，這是從《女子世界》發端的。張肩任在徵文《急救甲辰年女子之方法》中問到：「即使今日女子，具有斯巴達女子之尚武精神，其奈無斯巴達女子之尚武體魄何？」她由此認爲：「急救目前女子之方法，斷自體育始，斷自本年本日始。」

〔註119〕《北京大學堂改正章程》，載《新民叢報》第40/41號合本。
〔註120〕《劃一學堂操法》，載《直隸教育官報》己酉第4期，1909年4月5日。
〔註121〕《師範生添課兵操》，載《直隸教育官報》己酉20期，1909年12月27日。
〔註122〕《學生發奮圖強》，載《直隸教育官報》己酉20期，1909年12月27日。
〔註123〕息霜（李叔同）：《昨非錄》，載《音樂小雜誌》第1期，1906年。

而劉瑞莪更是將女子體育集注於體操一科，她說：「吾謂女學之體操爲尤要。蓋女子者，國民之母也。一國之中，其女子之體魄強者，則男子之體魄亦必強。我國人種之不及歐美者，亦以女子之體魄弱耳。」〔註 124〕以此爲濫觴，女子體操教育也如火如荼地開展起來。特別爲女學使用的《女子體操教科書》也編輯出版了〔註 125〕。到 1909 年，《直隸教育官報》上特別報導了一篇《女學勤習體操》的時聞：「奉天提學司盧本齋查閱女子師範學堂，訓誨諄諄，勉勵服膺教育，且係旗裝，均是天足，適合體操資格，遂訓其勤習體操，並謂該生等目擊日俄之役，其所演之慘劇當爲生等所共知，即婦孺亦貴知兵，以共維持將來之大局云云。」〔註 126〕

民國成立以後，教育部與民間對女子體育仍然非常重視。據《教育周報（杭州）》的報導，在雲居山曾設立過「浙江女子體操講習所」。該校以「勤樸」爲校訓，校歌歌詞爲「天賦人權，知識官能，男女平等。習俗騰笑，作繭自纏，放棄其責任。雲居山畔，朝夕講貫，巾幗聚群英。勤勞純樸，勇猛精進，個個有精神」。校歌在刊登的時候沒有配以曲譜，但是文後注釋稱，這首校歌已經由主任朱貞慧女士編譜教授了〔註 127〕。

近代的體操運動對樂歌創作影響深遠，據張靜蔚先生的統計〔註 128〕，近代以「體操」名篇的樂歌有 8 篇，分別見於田北湖、鄒華民合編的《修身唱歌書》（1905 年）、盧保衡等編輯的《新編唱歌集》（1906 年）、無錫城南公學堂編的《學校唱歌集》（1906 年）、華航琛編的《共和國民唱歌集》（1912 年）、王德昌等編輯的《中華唱歌集·二集》（1912 年）、馮梁編的《軍國民教育唱歌集》（1913 年）、華航琛編的《新教育唱歌集·初編》（1914 年）。這裡還不包括重出的部分。由此可看出近代的音樂工作者對這一主題的關注。試舉一例，無錫城南公學堂教授的樂歌《體操》：，

操操操，廿紀支那體育最重要。文弱積弊從今掃，責任在吾曹。

〔註 124〕參見夏曉虹：《晚清女性與近代中國》，北京大學出版社，2004 年，98～101頁。

〔註 125〕參見《月月小說》第 10 號，上海群學社廣告，1907 年 11 月 20 日。

〔註 126〕《女學勤習體操》，載《直隸教育官報》己酉第六期，1909 年 5 月 4 日。

〔註 127〕《女子體操學校之校訓校歌》，載《教育周報（杭州）》第 155 期，1917 年 3月 20 日。

〔註 128〕張靜蔚：《搜索歷史：中國近現代音樂文論選編》之《附錄：學堂樂歌曲目索引》，上海音樂出版社，2004 年，406 頁。

訓練睹成效。自強基礎立堅牢。試看學界軍人氣象，程建日增高。

雄雄雄，柔軟初步練習要從容。站隊整武先注重。旅（旋？）轉宜加功。手足齊運動。鼓舞精神血脈通。二千餘載歐美風行，亞東又景從。

壯壯壯，器械精熟備選列戎行。種種技藝莫拋荒。練習要英爽。氣概如虎狼。可使有勇且知方。試看吾儕異日臨陣，夷奴俯首降。
〔註 129〕

歌詞中「軍人」與「臨陣」的一再表述，清楚地表明了近代體操運動、體操歌曲與近代軍事、政治的緊密關係〔註 130〕。

除了體操運動外，近代的愛國人士對其他體育項目也青眼有加。奮翮生（蔡鍔）就曾在文章中指出：「故體育一端，各國莫不視為衣服飲食之切要，凡關係體育之事，獎勵之方，無微不至。曰競漕，曰擊劍，曰競走，曰擊球，曰海泳，曰打靶，曰相撲，曰競馬，曰競射，曰競輪（以足踏車競走也），優者爭以重資贈之，或獎勵以寶星，甚至顯職碩儒，亦有逐隊競爭，欲博此名譽者。」〔註 131〕百里也通過譯介的文章指出，除了要加強「體操」鍛鍊外，還應該注意「體操外之活動遊戲」。這包括：行軍、野外演習、射的、擊劍、旅行、競舟、登山等〔註 132〕。為提倡體育鍛鍊，近代的樂歌中表現體育運動的歌曲更是不勝枚舉：如《運動場》、《運動歌》（《女子世界》）、《賽船》、《運動會》、《運動》（《學校唱歌集》）、《奪旗競爭》（《教育唱歌》）、《體育》（《修身唱歌書》）、《賽馬》（《唱歌教科書》）、《撐杆跳》、《運動歌》、《跳高》、《跳遠》（《單音第二唱歌集》）、《打毱》（《小學唱歌》）、《競渡》（《新編唱歌集》）、《賽跑》（《中華唱歌集》）等等。可見，近代音樂與體育一直具有緊密的聯繫。

樂歌借助宣傳體育運動，表達「救亡」的決心與目的，一直是近代體育歌曲的主旨所在，如葉中泠作詞的《打球》就很有代表性：

斜陽如畫芳草青，打球去，行行行。球來球去如流星，天然好

〔註 129〕俞粲詞，見無錫城南公學堂編：《學校唱歌集》，1906 年 9 月版。
〔註 130〕類似歌曲還可參見江蘇師範生編：《音樂·體操》（江蘇寧屬、蘇屬學務處，1906 年版）中的樂歌《夏季體操》：「綠樹陰濃夏日長，聯步入操場。短衣整隊立斜陽，百鍊精神旺。待他年臨大敵，搴旗陷陣人莫當。大好男兒，氣凌斗牛，名譽照千秋！」
〔註 131〕奮翮生：《軍國民篇·五 原因於體魄者》。
〔註 132〕百里譯稿：《軍國民之教育》。

競爭。我要一球飛向北，興安嶺外暮雲黑；又要一球飛向東，東方
日出不敢紅。打球打球好男子，努力雪國恥。〔註133〕

歌詞清楚地表明，參與「打球」這種體育運動，可以培養「競爭」精神，而更進一步的目的則是「飛向北」（俄國？）與「飛向東」（日本？）的「努力雪國恥」。再如，1937 年 5 月 22 日，廈門市舉行第一屆全市運動會。應運動會籌委會的邀請，弘一法師（李叔同）創作了《廈門第一屆運動會會歌》，歌詞是這樣的：

禾山蒼蒼，鷺水蕩蕩，國旗遍飄揚。健兒身手，各獻所長，大
家圖自強。你看那，外來敵，多麼猖狂！請大家想想，請大家想想，
切莫再彷徨！請大家在領袖領導下，把國事擔當。到那時，飲黃龍，
為民族爭光！〔註134〕

直至今日，我們為亞運會、奧運會創作的許多歌曲，仍然從屬於這一傳統。雖然目前體育正在努力割斷與政治的關係，體育歌曲中的政治因素已經大大淡化，但是一個國家的體育形象仍然與其國家形象有著密不可分的聯繫。「強身健體」與「為國爭光」，將會一直是體育運動的重要主題。

「新軍」與「興學」一直是晚清政治文化生活中的兩大主題。「尚武」精神的提出，勾連了「軍」、「學」兩界，將它們統合在「救亡」的大主題之下。而「尚武」的樂歌也在這一武一文兩個領域大放異彩。雖然，這種對音樂的關注有其局限性。但是正因為「尚武」精神后來成為「新民」思想的一部分。因此，藉由「尚武」，近代要求「改良音樂」的呼聲第一次與「新民」思想聯繫在一起。這對中國近代音樂的發展產生了深遠影響。1913 年 6 月，馮梁特別編著了《軍國民教育唱歌集》，將此前宣傳「尚武」和「軍國民主義」的樂歌作了一個總結。直到 30 年代，蕭友梅在文章中還是在建議出版界：「除繼續介紹抒情樂歌之外，兼多介紹一些沉雄壯健的作品，或翻譯，或創作，藉以振作國人那種萎靡不振的暮氣。」〔註135〕到新中國成立後，以《義勇軍進行曲》為國歌，則是「尚武」歌曲達到的最高峰。在中國一百多年的近現代歷史中，「救亡」一直都是籠罩在社會政治生活中的大問題。只要「救亡」的目標一日不變，「尚武」的歌曲就會具有不可替代的時代意義。

〔註133〕葉中泠編：《小學唱歌》三集，上海商務印書館，1907 年。
〔註134〕轉引自陳淨野：《李叔同學堂樂歌研究》，中華書局，2007 年，103 頁。
〔註135〕蕭友梅：《我對於 X 書店樂藝出品的批評》，載《樂藝》季刊第 1 卷第 1 號，
1930 年 4 月 1 日。

第三章　民歌小調的新生〔註1〕——近代音樂改良的第二條道路

　　沈心工、曾志忞等人所開創的近代學堂歌詠活動是以輸入西方音樂形式為主要特徵，以中小學生為主要受眾的。雖然他們對當時國內音樂狀況的體認多是「雅樂久亡，俗樂淫陋」，但是一些有識之士並沒有放棄「俗樂」。他們認為「俗樂」在民間非常流行，因而可以充當很好的啟蒙工具。這些人以「舊瓶裝新酒」，利用民間的俗樂形式進行啟蒙，並因此產生了大量作品。

　　對民間俗樂的利用有一條清晰的線索。起初，是梁啟超、黃遵憲推動，以《新小說》為陣地，從屬於近代「詩界革命」的「雜歌謠」創作。繼之而起的是《繡像小說》中湧現的一批「時調唱歌」作品。這些作品不但擴大了民間曲調的使用種類，而且也進一步加深了「歌謠」的影響力。受到這兩本小說雜誌的啟發，近代的一些啟蒙思想家開始大量借用流行的民歌、小調、俗曲等藝術形式〔註2〕，填以新詞（「俗曲新唱」），形成了一次以「白話報」為主要發表陣地的創作高潮。「俗曲新唱」配合著當時的「戲曲改良」，成為為中下層民眾說法的有力武器。這樣就形成了一條平行於新音樂運動的，針

〔註1〕　本章部分內容曾以《從「雜歌謠」到「俗曲新唱」——近代歌詞改良的啟蒙意義》為題發表在《中國現代文學研究叢刊》2008年第3期。
〔註2〕　出現在近代報刊中的「俗曲新唱」其實也包括了彈詞、龍舟歌、灘簧等現在屬於曲藝（說唱文學）的內容。本章以考察近代音樂改良在民間層面的開展為中心，試圖「再現」近代報刊上「俗樂改良」的複雜情況，因此本章基本上以「欄目」及其下屬的內容為研究中心，對其中所包含的如彈詞的「開篇」、「灘簧」的「十更天」等可獨立演唱的形式都予以介紹。

對中下層民眾的近代音樂改良的路線。與此同時，近代的新音樂工作者也開始吸收民間曲調的營養成份，豐富了近代樂歌的音樂語言。

第一節　《新小說》上的「雜歌謠」

1902 年，梁啓超計劃出版自詡爲「中國唯一之文學報」的《新小說》。在其規劃的雜誌欄目中有「新樂府」一項，「專取泰西史事或現今風俗可法可戒者，用白香山《秦中》《樂府》、尤西堂《明史樂府》之例，長言永歎之，以資觀感」〔註3〕。黃遵憲得到消息後建議：

> 報中有韻之文，自不可少。然吾以爲不必仿白香山之《新樂府》、尤西堂之《明史樂府》。當斟酌於彈詞粵謳之間，或三、或九、或七、或五，或長短句，或壯如隴上陳安，或麗如河中莫愁，或濃至如焦仲卿妻，或古如成相篇，或俳如俳技辭。易樂府之名而曰雜歌謠，棄史籍而採近事。至其題目，如梁園客之得官，京兆尹之禁報，大宰相之求婚，奄人子之納職，候選道之貢物，皆絕好題也。
>
> 〔註4〕

等到《新小說》出刊，梁啓超果然採用了黃遵憲的意見，將欄目命名爲「雜歌謠」。

也許是由於稿源的問題，在目前所見《新小說》的 24 期中（兩年，每年 12 號），「雜歌謠」欄只出現了 12 次：第 1 至 11 號，以及第 16 號（第 2 年第 4 號）。在雜誌的第 7 期上，「雜歌謠」欄首次分成了兩個部分：「雜歌謠一」和「雜歌謠二」。「雜歌謠一」還是刊登從前風格的作品，而「雜歌謠二」則開始刊登「粵謳」。此後，「粵謳」還出現在第 9-11 號以及第 16 號的「雜歌謠」欄中。尤其是第 10、11、16 三號，「雜歌謠」欄中的作品全部是「粵謳」。可見，在《新小說》雜誌的後期，「粵謳」逐漸佔據了「雜歌謠」欄。因此，筆者將「雜歌謠」欄目中刊登的作品分爲「非粵謳」和「粵謳」兩個部分來討論。

《新小說》「雜歌謠」欄中的「非粵謳」作品共有 22 題。這部分作品的

〔註3〕《中國唯一之文學報〈新小說〉》，載《新民叢報》第 14 號，1902 年 8 月 18 日。

〔註4〕黃遵憲：《致梁啓超函（光緒二十八年八月二十二日，1902 年 9 月 23 日）》，見陳錚編：《黃遵憲全集》上，北京：中華書局，2005 年，432 頁。

性質歸屬應該還是「樂府」體「詩歌」。這不僅體現在有相當部分的作品在標題中就有「樂府」二字以示身份，如第 2 號上的《辛壬之間新樂府》、第 3 號上的《汨羅沈樂府四章有序》和《潮州報效新樂府有序》、第 4 號上的《支那新樂府三十章》、第 5 號上的《新樂府十章》。而且，《飲冰室詩話》中刊載的一些作品也可以證明「新樂府」的「詩歌」身份。如第 34 條，梁啓超說：「頃得上海一匿名書，自題東亞傷心人者，內新樂府一章，屬登報。讀之，香山、西堂不是過也，因急攫以實我詩話。」〔註 5〕從以「香山」、「西堂」為比照的對象中筆者可以推斷，梁啓超本來打算以這篇作品充實《新小說》的內容。不過當時《新小說》尚未刊行，「新樂府」欄只是在計劃之中，所以才會有「急攫以實我詩話」的衝動。該作品以「哀星軺譏辱國也」為題，與「雜歌謠」欄中許多以諷刺時事為內容的詩作在風格上是十分一致的。又如第 58 條，「近日時局可驚可悒可哭可笑之事，層見迭出；若得西涯樂府之筆寫之，真一絕好詩史也。頃從各報中見數章，謔而不虐，婉而多諷，佳構也，錄之。」〔註 6〕由此可以總結，梁啓超對「雜歌謠」（或「新樂府」）欄的定位是，刊載以「謔而不虐，婉而多諷」為風格，以「近日時局可驚可悒可哭可笑之事」為題材，以「詩史」為目標的敘事風格的詩歌作品。

這樣看來，黃遵憲建議將欄目名稱由「新樂府」改為「雜歌謠」似乎是多餘之舉。但問題並非如此簡單。體會梁啓超的原意——以「泰西史事或現今風俗可法可戒者」為內容，以白香山《秦中》《樂府》、尤西堂《明史樂府》為範例，可以看出他的主旨是要以「樂府」來「敘事」，以之補雜誌上其他「小說」敘事的不足。這樣才可以解釋為什麼在《新民叢報》上已經有「詩界潮音集」和「飲冰室詩話」兩個欄目刊載詩作的同時，一本名為「小說」的雜誌上需要出現一個「詩歌」類別欄目的原因。這與此一時期梁啓超大力推動「小說界革命」，試圖溝通「詩」與「小說」的文類觀念有關〔註 7〕。因此，在梁啓超原來的預想中，這個欄目的設置是與「音樂」沾不上邊的（雖然「樂府」原本是可以歌唱的，但是當時「樂府」已經基本成為一種「詩歌」的形

〔註 5〕 梁啓超：《飲冰室詩話》（第 34 條），載《新民叢報》第 15 號，1902 年 9 月 2 日。

〔註 6〕 梁啓超：《飲冰室詩話》（第 58 條），載《新民叢報》第 28 號，1903 年 3 月 27 日。

〔註 7〕 參見夏曉虹：《梁啓超的文類概念辨析》，見氏著：《閱讀梁啓超》，北京：三聯書店，2006 年，125～155 頁。

式，遠離了音樂因素。另，梁啓超在《飲冰室詩話》中曾感慨當時詩、詞、曲三者，已經不能合樂演唱，「皆成爲陳設之古玩」〔註8〕，也可以證明筆者的推斷）。雖然在原來的計劃中，梁啓超曾設定了一個「粵謳及廣東戲本」欄目，但其用意在「此門專爲廣東人而設，純用粵語」〔註9〕，可見其關注點在「語言」，而非兩者共有的「音樂」因素。所以，黃遵憲的提議——將之改爲「斟酌於彈詞粵謳之間」的「雜歌謠」，大大提高了這個欄目中作品與「音樂」契合的可能。而不提「樂府」，標舉「歌謠」，尤其是將「粵謳」整合進這個欄目，爲後來出現的大量利用民間音樂形式（山歌、時調等）的創作指明了方向。

黃遵憲的建議並不是什麼「一時興起」，而是與其長期重視「民歌」創作有關〔註10〕。他曾說：「十五國風，妙絕古今，正以婦人女子矢口而成，使學士大夫操筆爲之，反不能爾。以人籟易爲，天籟難學也。」所以他希望「他日當約陳雁皋、鍾子華、陳再藭、溫慕柳、梁詩五分司輯錄。我曉岑最工此體，當奉爲總裁，彙選成編，當遠在《粵謳》上也」〔註11〕。此論寫於光緒十七年（1891年），同時作者還輯錄了可以筆之於書的山歌15首。除此之外，他還曾仿民歌體創作了《新嫁娘詩》52首；在出使日本時，還記錄翻譯了東京的民歌《都踴歌》。可見，黃遵憲對「民歌」早就青眼有加。只不過，這一次借《新小說》創刊之機，借梁啓超「報刊輿論界魁首」的地位，他才將自己對民歌一直以來的關注，通過「雜歌謠」這個欄目表述出來。

目前可考的黃遵憲在「雜歌謠」欄中發表的作品共有三篇：第1號上的《出軍歌》，署名「嶺東故將軍」；第3號上的《幼稚園上學歌》，署名「人境廬主人」；以及第7號上的《五禽言（庚子）》，署名「拜鵑人」。黃遵憲可以說是「雜歌謠」欄目的發起人，但是在該欄目中他的作品卻非常少（讀者可以對比在《新民叢報》上刊登的《飲冰室詩話》）。在他寫給梁啓超的信中我們可以得到這個問題的答案：「小說中之雜歌謠，公徵取之至再至三，吾何忍固拒？此體以嬉笑怒罵爲宜，然此四字乃非我所長，試爲之，手滑又慮傷品，故不欲爲。《軍歌》以外有《幼稚園上學歌》十首、《五禽言》五章，（庚子五

〔註8〕 梁啓超：《飲冰室詩話》（第77條），載《新民叢報》第40/41號合本。
〔註9〕 《中國唯一之文學報〈新小說〉》。
〔註10〕 參見郭延禮：《中國近代文學發展史》第2冊，第十七章第五節「黃遵憲與民歌」，山東教育出版社，1991年。
〔註11〕 黃遵憲：《山歌題記》，1891年，見陳錚編：《黃遵憲全集》上，275頁。

月爲杜鵑也）。即當錄寄，漸可敷衍，余且聽下回分解矣。」〔註12〕所謂「且聽下回分解」，如近代的許多小說一樣，沒有了下文，於是留給我們的只有這三首作品。筆者在第二章中對《出軍歌》已有所介紹，此不贅述。《幼稚園上學歌》也曾被譜曲，發表在《女子世界》上，後來還被收入《最新婦孺唱歌書》和《改良唱歌教科書》中，成爲近代樂歌的材料：

　　春風來，花滿枝，兒手牽娘衣。兒今斷乳兒不啼，娘去買棗梨，待兒讀書歸。上學去，莫遲遲。

　　兒口脫娘乳，牙牙教兒語。兒眼照娘面，娘又教字母。黑者龍，白者虎，紅者羊，黃者鼠。一一圖，一一譜，某某某某兒能數。去上學，上學去。

　　天上星，參又商。地中水，海又江。人種如何不盡黃？地球如何不成方？昨歸問我娘，娘不肯語說商量。上學去，莫徜徉。

　　大魚語小魚：世間有江湖。小魚不肯信，自偕同隊魚，三三兩兩俱。可憐一尺水，一生困溝渠。大魚化鵬鳥，小魚飽鵜鶘。上學去，莫踟躕。

　　搖錢樹，乞兒婆。打皷鼓，貨郎哥。人不學，不如他。上學去，莫蹉跎。

　　鄰兒饑，菜羹稀；鄰兒飽，食肉糜：饑飽我不知。鄰兒寒，衣褲單；鄰兒暖，袍重襉：寒暖我不管。阿爺昨教兒，不要圖飽暖。上學去，莫貪懶。

　　阿師撫我，撫我又怒我；阿師詈我，詈我又媚我。怒詈猶可，棄我無奈。上學去，莫遊惰。

　　打栗鑿，痛呼譽；痛呼譽，要逃學。而今先生不鞭撲，樂莫樂兮讀書樂！上學去，去上學。

　　兒上學，娘莫愁；春風吹花開，娘好花下游。白花好饋面，紅花好插頭，囑娘摘花爲兒留。上學去，娘莫愁。

　　上學去，莫停留。明日聯袂同嬉遊：姊騎羊，弟跨牛；此拍

〔註12〕黃遵憲：《致梁啓超函（光緒二十八年十一月一日，1902 年 11 月 30 日）》，見陳錚編：《黃遵憲全集》上，438 頁。

板，彼藏鉤。鄰兒昨懶受師罰，不許同隊羞羞羞！上學去，莫停留。
〔註13〕

黃遵憲另有《小學校學生相和歌》十九章，「其歌以一人唱，章末三句，諸生合唱」〔註14〕，可以與此篇對讀。

除此之外，「雜歌謠」欄目中的「非粵謳」作品被用爲樂歌的還有第1號上梁啟超的《愛國歌》（參見第五章）、第5號（1903年7月9日）上張敬夫的《警醒歌》四章，以及第7號（1903年9月6日）上署名「劍公」（高旭）的《新少年歌》。張敬夫的《警醒歌》爲：

> 警！警！警！黑種奴，紅種盡。黃種酣眠鼾未竟。毋倚冰作山，勿飲鴆如醴。剝膚吸髓髓幾何？四百兆人瞥眼同一窆。醒！醒！醒！

> 警！警！警！胚義軒，乳孔孟。神明搖落今何剩。碧眼紅髯彷彿留，風韻不恥爲之奴，轉恥相師證。漫漫萬古如長暝。醒！醒！醒！

> 警！警！警！野（暮？）吞聲，朝飲恨。百年養士期何稱？毋謂藐藐躬，隻手擎天臂一振！毋謂藐藐童，桃李成蔭眼一瞬。自覺覺人不任將誰任，拔劍倚天幾輩空高論。醒！醒！醒！

> 警！警！警！水東流，日西沈。朱顏彈指成霜鬢。策駑馬，追八駿，九達之衢苦不迅。矧乃縋藤鑿迂徑。玩物愒時，買櫝珠誰問？醒！醒！醒！

早在1897年，張敬夫此篇作品就曾發表在《知新報》上（個別字有出入），署名「張經甫」。發表時有對各段的總結：

> 首章　言黃種之可危，庶幾懼而思奮也。

> 二章　言愚柔之可恥，庶幾愧而思奮也。

> 三章　言責任之不可貸，庶幾勤學勤悔也。

> 四章　言韶光之不可再，庶幾急所當務勿騖歧途也。

篇末還有一個注釋稱：「此歌爲上海總師範學堂總教習張君經甫所撰，以教

〔註13〕人境盧主人（黃遵憲）：《幼稚園上學歌》，載《新小說》第3號，1903年1月13日。
〔註14〕梁啟超：《飲冰室詩話》，載《新民叢報》第40/41號合本。

師範生者。深識大勢，用意甚苦。使其遍教國人，深入心脾，皆知危怠，發憤強毅，兼日而程，人才何患不成？種類何患不保？張君誠可以為師矣。」〔註15〕此作在《新小說》發表時，對其使用情況篇末也有所注釋：「右稿為前南洋公學總教習張君敬夫所撰。每月朔望謁聖時，令諸生高聲朗誦，和以風琴，甚足發揚志氣。」對比前後兩條注釋，「和以風琴」成為其中最大的區別。

　　「劍公」（高旭）的《新少年歌》為：

　　　　百花開，春風香。入學堂，春日長。春風如此香，春日如此長。新少年，讀書勉為良，讀書要自強。野蠻說自由，開口即荒唐。公德大（固）可珍，私德亦（尤）宜將。父母之意不可傷，切勿逞我強權強。新少年，細思量。

　　　　不辨東與西，不辨南與北。不識朱與青，不識白與黑。斷無蛟龍蟄池中，斷無鳳鳥棲枝棘。新少年，須努力，學燒點，在自克，勿恥惡衣與惡食。新少年，此意識未識。

　　　　新少年，別懷抱。新世界，賴爾造。傷哉帝國老老老，妙哉學生小小小，勖哉前途好好好。自治乃文明之母，獨立為國民之寶。思救國，莫草草。大家著意鑄新腦，西學皮毛一齊掃。新少年，姑且去探討。

對「劍公」的作品，《新小說》上沒有任何說明。但幸運的是，筆者查閱到該作品在此之前也曾全文（個別字有出入）在《政藝通報》上刊出過。而且文後有一段小字注釋，從中可以瞭解該作品的創作背景與使用情況：「邑何氏設小學堂，囑余為歌，以資學生諷詠。余作《新少年歌》三章，以為二十世紀新中國之主人翁勖焉。自記。」〔註16〕

　　也許這兩首作品並不是完全意義上的樂歌，而是以「諷詠」為目的的詩歌作品，但是「音樂」的要素在其中已經呼之欲出了。考晚清政府頒佈的《癸卯學制》中有誦讀詩歌暫代音樂課的主張（參見第六章），那麼，從這兩篇作品中似乎可以推想在近代學堂樂歌開始出現或興盛之前，早期學堂音樂教育的情況。

　　雖然，上述可以和音樂扯上關係的「雜歌謠」欄中的「非粵謳」作品只

〔註15〕張經甫：《警醒歌》，載《知新報》第 25 冊，1897 年 7 月 20 日。
〔註16〕劍公：《新少年歌》，載《政藝通報》癸卯第 6 號，1903 年 4 月 27 日。

有 5 篇，但是其意義卻非常深遠。這些作品被用於學堂裏的音樂活動，對後來學堂樂歌的歌詞創作，對勾連近代「詩」與「樂」的關係具有最初的示範意義。

「雜歌謠」欄與近代音樂的另一個非常重要的聯繫在於其中所刊載的「粵謳」作品。

粵謳，又名越謳，別稱解心，是繼木魚、龍舟、南音之後，於嘉慶年間形成的一種粵語曲藝品種。道光八年（1828 年），南海招子庸把自己創作的粵謳作品 121 首彙集成冊（也有人認爲是其收集整理），取名《粵謳》。這爲該曲藝品種的流行提供了不小的助力，「幾乎沒有一個廣東人不會哼幾句粵謳的」（鄭振鐸語）。梁啓超、黃遵憲作爲廣東人，自然對粵謳非常熟悉。加之近代以來，廣東籍愛國志士層出不窮，廣東僑民遍及歐美、澳洲、東南亞、日本各地，所以在梁啓超暗中主持的《新小說》上出現以廣東人爲閱讀對象的「粵謳」作品就不足爲怪了。而梁啓超作爲近代一系列文化改良的開路先鋒，他的暗中主持也賦予了傳統的粵謳作品以全新的時代氣息。

在黃遵憲提出的建議被採納後不久，《新民叢報》第 19 號（1902 年 10 月 31 日）上刊出了《新小說社徵文啓》。在該啓示中，「新樂府」的名稱已經改爲「雜歌謠」，並且在《徵文啓》中稱「不必拘定樂府體格，總以關切時局爲上乘，如彈詞、粵謳之類皆可」。根據《飲冰室詩話》第 67 條的記載，現在可以推知，《新小說》上的「粵謳」均爲「珠海夢餘生」所作。梁啓超在《詩話》中說：「鄉人有自號珠海夢餘生者，熱誠愛國之士也，遊宦美洲，今不欲著其名。頃仿粵謳格調成《新解心》數十章。……其《新解心》有《自由鐘》、《自由車》、《呆老祝壽》、《中秋餅》、《學界風潮》、《唔好守舊》、《天有眼》、《地無皮》、《趁早乘機》等篇。」〔註 17〕對照《新小說》上刊登的篇目，《自由鐘》、《自由車》、《呆老祝壽》、《天有眼》、《地無皮》和《趁早乘機》六篇刊登在第 7 號，未署作者。《學界風潮》和《中秋餅》刊登在第 9 號，署「外江佬戲作」，那麼署名相同的《鴉片煙》、《唔好發夢》（以上第 9 號）、《珠江月》、《八股毒》、《青年好》（以上第 11 號）就應該也是「珠海夢餘生」的作品。這樣，《新小說》上刊載的總共 22 篇「粵謳」就應該都是「珠海夢餘生」的作品。這也基本符合梁啓超在《詩話》中記載的「數十章」的

〔註 17〕梁啓超：《飲冰室詩話》（第 67 條），載第 38/39 號合本。

數量。夏師曉虹曾經考證出「珠海夢餘生」爲晚清的外交官廖恩燾〔註18〕。
對自己的創作，廖氏曾自爲題詞六首，其中第二、四兩首爲：

> 樂操土音不忘本，變徵歌殘爲國殤。
>
> 如此年華悲錦瑟，隔窗愁聽杜秋娘。
>
> 萬花扶起醉吟身，想見同胞愛國魂。
>
> 多少包羅衫上淚，未應全感美人恩。〔註19〕

讀者從中可以管窺廖氏寫作「粵謳」的心路歷程。

廖氏 22 首「粵謳新解心」涉及的題材很多，如《呆老祝壽》（諷刺貪官
搜刮百姓爲慈禧祝壽）、《學界風潮》（諷刺留日學生被逐事件）和《離巢燕
（爲旅美華人而作）》（諷刺美國驅逐華工事件）等篇是有關時事的作品。《鴉
片煙》、《八股毒》、《倡女權》等篇則爲勸誡惡俗而作。《自由鐘》、《勸學》、
《開民智》等篇則傳達了各種啓蒙思想。因爲本章討論的重點在近代音樂與
中下層民眾的關係，所以筆者對廖氏「粵謳新解心」的介紹，以最爲貼近中
下層民眾的篇目爲主。近代社會啓蒙針對中下層民眾常常有兩個非常集中的
主題：勸誡鴉片與勸誡纏足。嚴復在《原強》一文中，提出中國要想自立富
強，首先就要從戒除鴉片煙和禁止女子纏足 —— 這兩項「鼓民力」的措施
開始〔註20〕。而廖氏的作品對這兩個主題都有所涉及，如《鴉片煙》：

> ……我想一盞紅燈，不過係無聊嘅消遣。搵個知心嚟傾嚇偈，
> 最舒服係一榻橫眠。煙具打整得咁精良，無非爲應酬起見。果然唔
> 會上癮，我都由得你食一口添。點估你越食越多，自己唔會檢點。
> 食到口脣黑過火炭，又試兩耳垂肩。想你茶飯三餐，食唔食都有乜
> 要緊。總係過江龍幾口，日日至少都要一兩八錢。你近來瘦骨如柴，
> 都係自己作賤。好人唔願做，偏要做個煙精。日出三竿，你重唔曾
> 轉便。揦埋個的夜，咁就攪到幾更天。問你係自己捹哀，還係鬧欵。
> 就把靚溜後生一個，弄到冤鬼咁癡纏。人地唔怕得罪你一聲，都叫
> 你做鴉片鬼。就係恭維你兩句，不過當你係煙仙……〔註21〕

〔註18〕　夏曉虹：《近代外交官廖恩燾詩歌考論》，載《中國文化》第 23 期，2006 年
　　　　　12 月。

〔註19〕　梁啓超：《飲冰室詩話》（第 67 條）。

〔註20〕　盧雲昆編選：《社會劇變與規範重建　嚴復文選》，上海遠東出版社，1996 年，
　　　　　7～35 頁。

〔註21〕　外江佬戲作：《鴉片煙》，載《新小說》第 9 號，1904 年 8 月 6 日。

再如《倡女權》：

> ……想我國勢唔強，都係女權禁錮得久，樊籠鸚鵡，點飛得上百尺高樓。況且女學唔興，就監佢要見識淺陋。重要纏埋雙腳，整到佢骨軟肌柔。老母若果精明，生仔就唔會蠢咔。講到種強兩個字，就要溯起源頭。試睇嚇人地外國個的女權，自己亦該見醜。積弱成咁樣子，問你點得干休。捨得我中國生個羅蘭夫人，個陣女權唔怕有（冇？）救。再生個維多利亞，就把自由鐘響遍全球。唉，要思想透，唔好一樣咁愚黔首。咪估話長起雌風，就怕有河東獅子吼。民智開後，女權倡到夠。等佢二萬萬同胞嘅血性女子，都做得敵愾同仇。〔註22〕

作品全用粵語，樸實的詞句中包含著新思想。整篇作品大量使用「我想」、「你」等詞彙，使讀者在閱讀體驗中很自然地就自居於「你」的位置。而「我想」的使用，避免了生硬的命令語氣，這樣就使全文產生了一種與民眾推心置腹，好似坐在炕頭拉家常的氣氛。因此，新思想包裹於其中，才顯得平易近人，不那麼高高在上。啓蒙者與被啓蒙者無形中拉近了距離，而民眾也在不知不覺之中受到教化。廖恩燾「新粵謳」中針對中下層民眾的啓蒙作品，風格大體如此。

《新小說》開啓了一個具有現代色彩的文藝期刊時代的到來。包天笑後來回憶說：「當時的小說雜誌都是模仿《新小說》的，確實是《新小說》登高一呼，群山響應。」〔註23〕不過，以「雜歌謠」這個欄目而言，《新小說》的影響遠不只於文藝期刊，或小說期刊（參見本章第三節）。其中的「粵謳」作品開啓了近代以民間俗樂創作啓蒙作品的先河。不過，「雜歌謠」欄中利用民間曲調來創作畢竟只限於「粵謳」，它的意義與影響還有待於繼起的《繡像小說》中的「時調唱歌」來開掘和拓展。

第二節　《繡像小說》上的「時調唱歌」

《繡像小說》於光緒二十九年五月初一日（1903 年 5 月 27 日）創刊於上

〔註22〕珠海夢餘生：《倡女權》，載《新小說》第 10 號，1904 年 9 月 4 日。
〔註23〕包天笑：《釧影樓回憶錄》之《編輯小說雜誌之始》，香港大華出版社，1971年，357 頁。

海。雜誌以「繡像」、不分欄目等形式爲特點，以示與《新小說》有所區別。
雖然，它的定位更爲「趨俗」，不過，從辦刊宗旨、刊載內容等方面可以看出，
該雜誌還是以《新小說》以及梁啓超等人提倡的「小說界革命」爲指導的：

> 歐洲化民，多由小說，榑桑崛起，推波助瀾。其從事於此者，
> 率皆名公鉅卿，魁儒碩彥，察天下之大勢，洞人類之頤理，潛推往
> 古，豫揣將來，然後抒一己之見，著而爲書，以醒齊民之耳目；或
> 對人群之積弊而下砭，或爲國家之危險而立鑒。揆其立意，無一非
> 裨國利民。〔註24〕

雖然目前學界對《繡像小說》的創辦、刊行多有疑義。但是，李伯元爲《繡
像小說》的主要編著者則較無問題。李伯元有「花界領袖」的稱號，早期曾
主持多種小報，對各種流行的民間曲調一定非常瞭解。他曾創作出《庚子國
變彈詞》和《醒世緣彈詞》等曲藝作品。他的經驗，加上《新小說》「雜歌謠」
欄的榜樣力量，就促成了《繡像小說》上「時調唱歌」作品的出現。

《繡像小說》共出 72 冊。其中所刊「時調唱歌」有 21 題，分見於第 1
～8 號，第 10、11、15、16、26、27、31、32 號上。由於《繡像小說》發刊
於上海，所以「時調唱歌」作品不再只限於「粵謳」，而是呈現出百花齊放的
態勢。「時調唱歌」中涉及的民間音樂形式有「五更調」（包括第 1 號的「歎
五更」、第 3 號的「梳粧檯五更」、第 4 號的「吳歌體」、第 6 號的「小五更（北
調）」等）、「送郎君」（第 4 號的「十送郎體」等）、「十二月調」（包括第 2 號
的「十二月花名體」、第 3 號的「紅繡鞋十二月」、第 5 號的「十二月太平年
（北調）」等）、「開篇體」（第 4、32 號）、「北調歎煙花」（第 7 號）、「馬如飛
調」（第 8 號）、「鳳陽花鼓調」（第 10 號）、「道情」（第 11 號）、「四季相思調」
（第 27 號）等。21 題的「時調唱歌」基本上在每一題後面都標注了所使用的
俗樂曲調，由此可見其強調作品可以「演唱」的特點。

與「雜歌謠」一樣，「時調唱歌」中刊出的作品所表現的題材範圍也非常
廣泛，如諷刺時事的《時事曲（仿吳歌體）》（第 4 號）、《破國謠（悲東三省
也，仿鳳陽花鼓調）》（第 10 號）、《小五更（詠日俄交戰也）》（第 15 號）；勸
誡惡俗的《戒吸煙歌（仿梳粧檯五更）》（第 3 號）、《戒纏足歌（仿紅繡鞋十

〔註24〕 商務印書館主人：《本館編印〈繡像小說〉緣起》，載《繡像小說》第 1 號，
　　　　 1903 年 5 月 29 日。另可參見別士（夏曾佑）：《小說原理》，載《繡像小說》
　　　　 第 3 號，1903 年 6 月 25 日。

二月）》（第 3 號）、《破迷歌（仿開篇體）》（第 32 號）；宣揚自強、愛國的《愛國歌（仿時調歎五更體）》（第 1 號）、《自強歌》（第 26 號）、《同胞歌（仿四季相思調）》（第 27 號）、《愛國歌》（第 31 號）；宣揚「尚武」精神的《從軍行（仿十送郎體）》（第 4 號）等。為了呼應前面的論述，本節也選取與中下層民眾有切密關係的勸誡鴉片與勸誡纏足兩個主題的「時調唱歌」來討論。

《繡像小說》的第 3 號（1903 年 6 月 25 日）上刊有「天地寄廬主人」（李伯元）創作的勸誡鴉片與勸誡纏足的兩首「時調唱歌」：

戒吸煙歌（仿梳粧檯五更）

一更兒裏，望妝臺。手扶著欄杆歎了一生咳。悔不該上了鴉片煙的癮，思想起黑籍人好不苦哉。貪玩耍，戀裙釵。吃兩口，助精神，好把心開。縱有良朋來相勸，反說道，上不了癮，偶爾怕何來。

二更兒裏，癮上來，也在那煙館裏把燈開。慢慢的抽小土不過癮，除非挑陸作圖別的抽不來。賣老槍，煙鋪開，一兩八錢，漸漸長起來。也不知誤了多少正事，消磨了有用的身，費了些無用的財。

三更兒裏，懶把身擡。日落西山才起來，陰陽反背身子弱，面黃肌瘦骨如柴。對孤燈，倦眼開，手拿著鴉片煙槍，不住的哼咳。親戚朋友都將我慢待，二爹娘，苦口勸，妻子淚盈腮。

四更兒裏，痛傷懷。煙帳未還不能夠把燈開。大小煙館俱都賒遍，到三節，一定要上了避債臺。倒莊店，賣田宅，典當衣裳，體面顧不來。眼看著，妻和子，難度日，二爹娘，身已死，落下沒棺材。

五更兒裏，癮難捱。鼻涕眼淚流下來，沒有錢挑煙活受罪，也只好，吃土皮，再不然，吞煙灰。想當初，悔不該，到如今，倒臥在當街。可歎我，抽洋煙，送了性命，勸諸君，早早戒，無病又無災。

鴉片問題是晚清備受矚目的社會問題。張之洞曾在《勸學篇·去毒第九》中集中描述、分析過鴉片對近代中國的侵害：「悲哉！洋煙之為害，乃今日之洪水猛獸也。然而殆有甚焉。洪水之害，不過九載。猛獸之害，不出殷都。洋煙之害，流毒百餘年，蔓延二十二省，受其害者數十萬萬人，以後浸淫尚未有艾。廢人才，弱兵氣，耗財力，遂成為今日之中國矣。……更數十年必至中國胥化而為四裔之魑魅而後已。」[註 25] 國人吸食鴉片不但令中國損失了

[註 25] 張之洞：《勸學篇》，李忠興評注，中州古籍出版社，1998 年，105 頁。

大量利源，而且也造成國民體格低下，軍隊戰鬥力銳減等弊端。所以，鴉片問題與近代「富國」、「強兵」的兩大主題都有密不可分的關係。不過，檢索張靜蔚先生輯錄的 1300 餘首近代的學堂樂歌〔註26〕，其中只有一篇是針對近代鴉片問題的作品——華航琛作詞的《戒鴉片》，而且其出現的時間，最早也是在 1912 年出版的《共和國民唱歌集》中。在近代社會生活中如此重要的一個主題，學堂樂歌的作者卻鮮有涉及，唯一的解釋就是學堂樂歌的受眾是中小學生，這個問題在這個受眾群不是非常突出，因而未受特別關注。透過這個現象，筆者不禁要問：以往對近代音樂的研究多集中於「學堂」的樂歌，那麼占國民很大比重的中下層民眾在近代就沒有自己的音樂生活了麼？當然不是！還是以對「鴉片問題」的關注為例，近代以「勸誡鴉片」為內容的「歌謠」類作品有很多，如《寧波白話報》上的《戒煙五更調》（第 1 次改良第 2 期）、《吳郡白話報》上的《吃鴉片五更調》（第 1 期）、《競業旬報》上的《勸誡煙賭歌》（第 8 期）、《管廷鴉煙魂訴恨》（第 15 期）等。而在提倡改良風氣的作品中涉及到「鴉片」問題的則更多。由此可見，近代新音樂運動忽視的受眾，在近代的音樂生活中並沒有真正被遺忘。近代的有識之士借用「時調」將他們重新帶入了向現代中國邁進的隊列之中。而中國傳統音樂，尤其是具有民間文化特色的音樂反而在這裡找尋到新的用武之地。而這恰恰是被研究者長期忽視的領域。

「商務印書館主人」曾在《本館編印〈繡像小說〉緣起》中說：「夫今樂忘倦，人情皆同，說書唱歌，感化尤易。」〔註27〕《繡像小說》中的「時調唱歌」作品就是這種理念的產物。而這些民間曲調也的確為啟蒙者所要表達的主題提供了不小的助力。「時調」作為傳唱於民間的曲調，自有其貼合人情的優勢，以之「開化下愚」，更可以化解「我們」和「你們」的界限，成為更具有啟蒙力量的工具。

第三節　近代音樂改良的第二條路線

雖然「歌謠」類作品的出現，並不都是在《新小說》和《繡像小說》創刊之後，但是這樣的作品在此之前是非常稀見的。經過《新小說》最初的提

〔註26〕張靜蔚編：《搜索歷史》，上海音樂出版社，2004 年。
〔註27〕商務印書館主人：《本館編印〈繡像小說〉緣起》。

倡，以及《繡像小說》的大量示範，其後設立「歌謠」類欄目的近代期刊非常之多。據筆者目前的粗略統計，有《杭州白話報》（欄目名稱曾先後爲「新彈詞」、「雜歌謠」、「新歌謠」、「歌謠」）、《寧波白話報》（「歌謠」）、《中國白話報（半月刊）》（「歌謠」）、《吳郡白話報》（「歌謠」）、《安徽俗話報》（「詩詞」）、《二十世紀大舞臺》（「歌謠」）、《江蘇白話報》（「小說（時調唱歌）」）、《白話》（「歌謠」）、《直隸白話報》（「歌謠」）、《女界燈學報》（「歌謠」）、《第一晉話報》（「詞曲」）、《廣州旬報》（「歌謠」）、《潮聲》（「歌謠」）、《復報》（「歌謠」）、《競業旬報》（「歌謠」）、《新譯界》（「雜歌謠」）、《大江七日報》（「謳歌」）、《振華五日大事記》（「粵聲」）、《商工旬報》（「歌謠」）、《農工商報》（「歌謠」）、《中外小說林》（設有「龍舟歌」、「南音」、「木魚」、「粵謳」等欄目）、《嶺南白話雜誌》（「音樂房」）、《天鐸》（「粵人音」或「粵音」）、《婦女時報》（「謠曲選錄」）、《（杭州）教育周報》（「歌謠」）、《通俗雜誌》（「歌謠」）、《通俗周報》（「唱歌」）等。沒有專設欄目，但也曾刊載過「歌謠」類作品的近代期刊也有很多，如《北直農話報》刊登的「右北平生」著的「實業歌謠」《勸快辦實業》〔註 28〕、《雲南實業雜誌》「文苑」欄中的「新山歌」《勸誡紙煙卷》〔註 29〕、《商學雜誌》上刊登的孫亦詃的《十三黑（歌謠）》〔註 30〕等。從上面的統計可以看出，近代一大批以中下層民眾爲讀者對象的雜誌，尤其是白話報上大都設有「歌謠」欄。從發表的作品數量來說，白話報上的歌謠類作品更是佔了四分之三。

這些雜誌上的「歌謠」類欄目清晰地表現出對《新小說》「雜歌謠」欄和《繡像小說》「時調唱歌」的繼承。例如，《振華五日大事記》和《中外小說林》等雜誌上刊載的大量「粵謳」作品，就是對《新小說》的繼承。再如，《杭州白話報》在 1901 年創刊時並沒有「歌謠」類欄目。類似「歌謠」的作品，如第 1、2 號上的《大家想想歌》、第 2 年第 1 號的《學堂樂》、第 2 年第 4 期的《醒國民曲》，尤其是第 5～15 期上許多以「唱……」爲標題的作品 ——《唱團匪認祖家》、《唱御駕到西安》、《唱讀書人眞不了》、《唱做官人眞不了》、《唱團匪鬧京城》、《唱商賈大艱難》 —— 都收錄在「雜文」欄目中。等到《新小說》出刊，《杭州白話報》不但轉載了上面的《出軍歌》和《洋大人》兩篇作

〔註 28〕載第 18 期，1906 年 11 月 1 日。
〔註 29〕載 1915 年第 3 卷第 1 號。
〔註 30〕載第 1 卷第 9 期，1916 年 11 月 10 日。

品，名之爲「雜歌謠」或「新歌謠」，而且受其啓發，還開闢出「新彈詞」欄和「歌謠」欄發表自己的作品。而《寧波白話報》在改良後，「歌謠」欄中除收錄了近代學堂樂歌的代表作品《馬蟻》〔註31〕外，其他全是「時調唱歌」類的作品：《纏足歎（十送郎調）》、《戒煙五更調》、《象山不纏足會吳歌（仿十二月花名體）》、《農人悔賭（攤黃）》和《望江南（戒纏足也）》〔註32〕。作品的內容非常集中：戒纏足、戒煙、悔賭，都是「時調唱歌」慣常表現的主題。《江蘇白話報》則更爲有趣。甲辰年（1904年）第1期上標注爲「時調唱歌」的《花名山歌（勸你們不要相信燒香念佛）》竟然隸屬於「小說」欄，反映出該刊編輯與梁啓超對《新小說》「雜歌謠」欄定位的契合。

　　一份報刊爲求內容豐富，在適合自己定位的情況下，常常試圖涵蓋盡可能多的報章欄目。而詩詞作爲中國傳統文明的核心藝術品種，必然在編輯者的考慮之列。但是，白話報針對中下層民眾的定位，必然使得編輯者捨棄「文人化」的詩詞，而取「歌謠」性質的作品。如《安徽俗話報》名其欄目爲「詩詞」，不過其作品卻不怎麼「陽春白雪」，而是更多帶有「雜歌謠」的氣質。欄目中不但轉載了《繡像小說》「時調唱歌」中「謳歌變俗人」（李伯元）的《送郎君（悲北事也）》（第1期）和「天地寄廬主人」（李伯元）的《戒吸鴉片歌（仿梳粧檯五更體）》（第9期），而且還刊載了許多「俗曲新唱」類作品。如第1期的《歎五更（傷國事也）》、《醉東江（憤時俗也）》、《送郎君（悲北事也）》，第4期的《十杯酒（譏苛稅也）》，第6期的《從軍行（仿十送郎調）》，第7期的《十二月寫郎——梳粧檯調》，第9期的《戒吸鴉片歌（仿梳粧檯五更體）》，第10期的《歎十聲（仿煙花調）》，第14期的《祝國歌（仿鮮花調）》等。與《安徽俗話報》類似的還有《第一晉話報》的「詞曲」欄。在目前可見的刊物中，「詞曲」欄下刊載了兩篇作品：《天足會歌》未標明演唱的情況，但《兄弟從軍歌》卻清楚地標明了使用「十二月調」。由此可見，「歌謠」類作品不但滿足了豐富報刊內容的需要，還頗適合白話報刊的定位，再加上梁啓超等人的大力提倡，難怪在晚清的白話報刊上出現大量的「歌謠」類欄目與作品了。

　　通觀這些「歌謠」類作品可以看出，由於《新小說》和《繡像小說》的

〔註31〕載第1次改良第2期，作者爲曾志忞，該作品曾被梁啓超收錄在《飲冰室詩話》中（載《新民叢報》第46/47/48號合本）。
〔註32〕分載第1次改良第1期至第5期。

提倡，近代的「歌謠」作品在爲學堂樂歌提供歌詞資源的同時，其中的「俗曲新唱」〔註 33〕部分形成了平行於「學堂樂歌」的另一條近代音樂的發展路線。這些作品與學堂樂歌非常不同（參見第四節）。「俗曲新唱」中對曲調的介紹，往往只有一個名稱，如「仿梳粧檯五更體」、「仿鮮花調」等，對原曲几乎沒有進行任何改編，曲調基本上保持了「原生態」。而所謂「新唱」，則在於所表現內容的「新」。如《月月小說》上用「十更天」填以「勸江浙鐵路認股」的唱詞：

> ……
>
> 六更六點月正斜，再勸老太太，呀呀得喂，勿要勿覺著，譬如燒香拜菩薩，省省罷，省下銅鈿也拿股票買，呀呀得喂，爲啥勿明白。
>
> 七更七點月正涼，勸勸好娘娘，呀呀得喂，也要想想，我勸唔（口十篤），玲瓏珠鑽，時髦衣著，紅木家生，這種少撐撐，省個銅鈿股票買兩張，呀呀得喂，也算熱心腸。
>
> 八更八點月正高，官官小寶寶，呀呀得喂，志氣也要好，譬如花筒放月炮，火滅又煙消，買股票，從小就知義務是英豪，呀呀得喂，將來大好老。
>
> 九更九點月正西，阿媽老娘姨，呀呀得喂，也要爭口氣，我勸唔（口十篤）將三個銅鈿一日用拉個罐頭裏，勿忘記，到一年工夫，零股也買得起，呀呀得喂，總算有便宜。
>
> 十更十點天已明，小子林步青，呀呀得喂，也是一分子國民，孤心苦詣編支小曲，改良攤簧要把義務盡，說與大家聽聽，當中說話句句是真情，呀呀得喂，各位要醒醒。〔註34〕

蘇杭甬路案集中展現了晚清民眾維護國家主權的愛國精神。這首作品以民間曲調的形式呼籲民眾認購江浙鐵路的股權，將鐵路收回商辦，貼近時事，活潑生動。

近代文化生活的變遷，也在「俗曲新唱」中留下痕迹，例如填上了新詞

〔註33〕 爲區別於《繡像小說》上的「時調唱歌」，筆者將借用民間流行曲調展現近代社會新思想、新精神的作品稱爲「俗曲新唱」。

〔註34〕 姑蘇林步青編：《改良攤簧·十更天（勸江浙鐵路認股一新社唱本）》，載《月月小說》第 15 號（第 2 年第 3 期），1908 年 4 月。

的《送郎君》：

> 送郎君送到北京城，北京城裏鬧鬧鬧。今朝有酒今朝醉，忘記了八國聯軍來破京。

> 送郎君送到天津城，天津的城牆一鏟平。金銀財寶都搜盡，還有那狼和虎張口要吞人。

> 送郎君送到大連灣，外來的兵來好靠船。臥床讓與他人睡，保不定那一年方肯歸還。

> 送郎君送到鳳凰城，鳳凰城外好經營。一條鐵路幾萬里，穿過了東三省直到北京。

> 送郎君送到歐羅巴，走到了外洋休戀家。三年耐得風霜苦，等將來轉回程報效國家。

> 送郎君送到美利堅，遊學不成不回還。他年成就學和業，樂得把好名兒海外流傳。〔註35〕

「送郎君」是民間非常流行的曲調。純粹的民間唱詞，不過是送郎送到「櫃子邊」、「天井邊」、「大門口」、「大路旁」之類的地點，表達了一種依依不捨之情。但是，此處之「送郎」卻放眼全球，到了「歐羅巴」和「美利堅」，表現出傳統生活視野被以民族國家為組成部分的世界格局所取代。唱詞所表現的內容也因此脫離了男女情愛，傳達出在世界格局下，護衛家國的思想主旋律。更為重要的是，作者通過這首填以新詞的「時調」傳達出一種對「郎君」新的期盼，這是一種對於新的世界觀、新的人生理想的塑造，帶有明顯的「啟蒙」色彩。而且，出於「女性」，更確切的說是「情妹妹」之口，借助於民間情歌的調子，也為原本濃鬱的說教味蒙上了一層溫情的面紗。另外，雖然歌詞的作者是一名男性，但是這種「代擬」的方式在更為隱秘的層面也成為一種對具有「新眼光」、「新世界觀」的「新女性」的召喚。

早在 1897 年，梁啟超在寫作《變法通議‧論幼學》時就提出要以「愛國」、「變法」、「戒鴉片」、「戒纏足」等主張為內容，編寫「歌訣書」作為兒童啟蒙的教材〔註36〕。同年，他在《蒙學報演義報合序》中說：「西國教科書最盛，

〔註35〕謳歌變俗人（李伯元）：《送郎君（仿時調送郎君體）》，載《繡像小說》第 1 期，1903 年 5 月 29 日。

〔註36〕梁啟超：《變法通議》，見《飲冰室合集》第 1 冊，文集 1，北京：中華書局，1989 年。

而出以遊戲者尤夥。故日本之變法，賴俚歌與小說之力。」〔註37〕雖然這樣的話不免帶有梁啓超一貫的偏見，但是對「俚歌」的提倡卻意義深遠。幾年之後，他開始實踐自己的主張，「著了幾部小說傳奇，佐以許多詩詞歌曲，庶幾市衢傳誦，婦孺知聞，將來民氣漸伸，或者國恥可雪」〔註38〕。順著這樣的思路，一些「俗曲新唱」的作者曾言：「自古道，大聲不入於里耳。偏生者些小調兒，倒是人人愛聽。況且近來有些志士們，勸說『戲劇改良！戲劇改良！』難道者些小曲就不要改良了麼？恐怕轉移風俗的力量比那西皮二簧還要大得多呢！」〔註39〕由此可見，這些「俗曲新唱」的作者是自覺地以「改良」的心態，使用這些「人人愛聽」的「小調」來承擔「喚醒癡愚，共登覺岸」的任務。這樣，產生於近代的大量「俗曲新唱」作品就構成了一條「俗樂改良」的線索。

以往的研究，因大多關注於「音樂」媒介的改變，所以對近代以「改良唱詞」為核心內容的「俗樂改良」常常關注不夠。不過，翻閱近代的各種報刊，「俗樂改良」無論是從數量上，受眾的分層上，還是從文化含量上來說，都應被予以充分重視。例如，《智群白話報》名其欄目為「唱歌」，刊出的卻是「時新京調」類的作品。同樣以「俗曲新唱」作品充實「唱歌」欄目的雜誌還有《江蘇白話報》、《揚子江白話報》、《通俗周報》等。這一方面可以體現出編輯者強調「時調」可以「演唱」的用心，另一方面也反映了「時調」與「學堂樂歌」在近代國人音樂生活中可以分庭抗禮的地位。

第四節　以民間曲調入學堂樂歌

近代歌謠作品對近代音樂生活的貢獻不僅體現在其中的「俗曲新唱」作品形成了平行於「學堂樂歌」的另一條近代音樂發展的路線，也不僅體現在「歌謠」類作品為「學堂樂歌」的歌詞創作提供了資源。它對近代音樂的貢獻還在於以「民間音樂」的養分滋養、豐富了近代新音樂的創作語言。

對中國民間音樂的重視最早是在教會學校中展開的。1864 年，美國傳教士狄考文和夫人狄就烈來到山東登州開設了蒙養學堂。在該校的音樂教育

〔註37〕 梁啓超：《蒙學報演義報合序》，見《飲冰室合集》第 1 冊，文集 2，56 頁。
〔註38〕 梁啓超：《新羅馬傳奇·序》，見《飲冰室合集》第 11 冊，專集 93，1 頁。
〔註39〕 《放足樂（梳粧檯調）》。

中，狄就烈曾指導學生收集中國的民間曲調，配以新詞傳唱〔註 40〕。當然，這種對民間音樂的關注還未形成規模效應。到梁啓超在《飲冰室詩話》中提議「今日欲爲中國製樂，似不必全用西譜。若能參酌吾國雅、劇、俚三者而調和取裁之，以成祖國一種固有之樂聲，亦快事也」〔註 41〕時，對中國民間音樂的關注才廣泛的開展起來。

　　梁啓超一直對自己「不解音律」表示遺憾。當時，旅日國人的樂歌創作已經開始，不能參與其中，以梁氏的性格言，必定份外難耐。因此，筆者推測，他受「雜歌謠」中的「粵謳」以及後來大量的「俗曲新唱」作品的啓發，才有了「參酌吾國雅、劇、俚三者而調和取裁之，以成祖國一種固有之樂聲」的想法。而且，他很快付諸實踐，創作了以「梳粧檯」爲曲調的《從軍樂》。這首歌曲是他發表於 1905 年的《班定遠平西域》新戲中，《第五幕　軍談》的一部分。《班定遠平西域》是梁啓超響應奮翮生（蔡鍔）的《軍國民篇》，提倡「尚武」精神的作品。在《第五幕　軍談》中，士兵甲先是唱了一首「龍舟歌」，然後要求士兵乙也唱一首，並且詢問他所唱的歌「係二簧呀，梆子呀，京腔呀，粵謳呀？抑或又係木魚書、龍舟歌呢？」士兵乙回答說都不是，是幾隻「梳粧檯」。這時，士兵甲和乙有一段有趣的對話：

　　　　甲：（口＋霞）「梳粧檯」嗎？就係外江佬叫做「十杯酒」個只小調，係唔係？

　　　　乙：有〔冇〕錯有〔冇〕錯，又叫做「送郎曲」呢！

　　　　甲：唏，你費咁多心血做歌仔，都唔揀個好的嘅調，反轉學呢種靡靡之音。我怕唔但係振唔起尚武精神，反變成兒女情多風雲氣少啫。咁嘅歌仔，我就唔想聽咯。

　　　　乙：你咪睇輕佢。呢只「梳粧檯」調，搭軍樂奏起來，都唔知幾雄壯！〔註 42〕

士兵乙要用「梳粧檯」調演唱的軍歌就是梁啓超作詞的《從軍樂》。筆者在第二章討論「尚武」的歌曲時曾提及，奮翮生（蔡鍔）在《軍國民篇》中特

〔註 40〕 孫繼南：《中國近現代（1840～2000）音樂教育史紀年》（增訂本），山東教育出版社，2004 年，6 頁。
〔註 41〕 梁啓超：《飲冰室詩話》（第 78 條），載《新民叢報》第 40/41 號合本。
〔註 42〕 梁啓超：《班定遠平西域》，見夏曉虹輯《〈飲冰室合集〉集外文》下冊，北京大學出版社，2005 年，1300 頁。

別指出中國民間音樂淫靡是造成國人缺乏尚武精神的主要原因之一。梁啓超當時對這一觀點也是非常贊同的：「中國人無尚武精神，其原因甚多，而音樂靡曼亦其一端，此近世識者所同道也。」〔註 43〕據錢仁康先生介紹，「梳粧檯」曾是揚劇的主要唱腔。其原始的唱詞是「一更裏上了梳粧檯，頭上取下金鳳釵，金釵放在梳粧檯上，又只見小才郎溜進我房來」，「梳粧檯」因此得名〔註44〕。從它的原始唱詞，以及後來「十杯酒」、「送郎曲」的別名可以看出，這正是蔡鍔和梁啓超等人大力抨擊的「靡靡之音」。但此時，梁啓超卻使用他當年反對的曲調來譜寫傳達「尚武」精神的《從軍樂》，一定會讓人覺得匪夷所思。這才有士兵甲與乙的一段對話。

其實，用民間曲調宣揚「尚武」精神，梁啓超並不是頭一個。在此之前，一位名爲「鰂士」的作者就曾借用「十送郎」調寫了一首《從軍行》〔註45〕：

送郎送到大門前，替郎君裝上了一筒煙。龍蛇影閃旗門下，我郎的一馬要當先。

送郎送到小橋灣，雙手的替郎阿整衣衫。封妻蔭子都在郎身上，要學那班超生入玉門關。

送郎送到大道旁，郎今的此去阿要思量。食人之祿忠人事，莫糜費這些兵馬與錢糧。

送郎送到古城樓，背井離鄉是不要愁。轟轟烈烈方是大丈夫的事，老死在牖下羞不羞。

送郎送到馬鞍橋，一語的郎心要記牢。馬革裹屍本是尋常事，何惜的頭顱喫一刀。

送郎送上火輪船，回首的中天月正圓。拓土開邊就在這一舉，從來的興國重強權。

送郎送上河南車，從今後咫尺即天涯。衝風冒雨是郎分內事，何論的雁磧與龍沙。

〔註43〕梁啓超：《飲冰室詩話》（第 54 條），載《新民叢報》第 26 號，1903 年 2 月 26 日。

〔註44〕見錢仁康：《學堂樂歌考源》，25 頁。

〔註45〕鰂士倚聲：《從軍行（仿十送郎體）》，載《繡像小說》第 4 期，1903 年 7 月 9 日。

送郎送上大高山，何年何月唱刀環。高堂大廈不是郎君住，鐵馬的金戈阿共往還。

送郎送到大海隈，莫把生平的壯志灰。縱屬時乖與運蹇，望鄉也莫上那李陵臺。

送郎已畢郎執鞭，雕鞍的駿馬去如煙。三年五載無須問，何須的燈下呀卜金錢。

不過，《從軍行》使用的是純粹的民間曲調，而且歌詞的創作還保留了傳統民歌中的套語。而梁啟超用的卻是改編過的民間曲調，歌詞中雖然每段都以「從軍樂」開頭，但是已經不再是一種「套語」，而是非常切合題旨的歌詞了。目前研究者提到梁啟超的《從軍樂》時，給出的樂歌曲譜都是依據 1910 年上海書局石印本的《飲冰室詩話》：

从 军 乐

梁启超词

但是，《班定遠平西域》在《新小說》上刊載時，梁啟超給出的樂譜是不同的：

從 軍 樂

據筆者推測,《新小說》上的樂譜使用的是「固定調」,所以才會以「4」開篇。等到 1910 年,梁啓超一定是請人作了整理,才變成現在的「G」調,這樣才比較符合中國傳統音樂五聲音階的習慣。其中的分別,通過試唱即可了然。原譜中,符點的運用,反而使整首歌曲更顯「雄壯」。不過,即使是後來的樂譜,也頗有一種婉轉深摯的感覺,與原來預想的「梳粧檯調」的柔媚已經大不相同。

更有意思的是,本書第二節中引用的沈心工作詞的《纏腳歌》使用的也是「梳粧檯」調。雖然筆者並未查到揚劇「梳粧檯」完整的原始唱詞,但是據錢仁康先生記錄的第一段唱詞可以推想,唱詞多半是以描寫男女偷情、調情爲主。那麼,在此基礎上,筆者大膽推斷,「女人的小腳」也應該(或可以)成爲情色的一部分(如《十八摸》)。而沈心工卻用這樣的曲調來填寫勸誡纏足的樂歌,即便不是沈氏有意爲之,也不得不讓人驚詫於傳統的巨大包容力,以及傳統與現代之間的微妙聯繫。不過,讀者必須留意到《纏腳歌》雖然使用的是「梳粧檯」調,但那已經是被改造過了的民間曲調。雖然筆者婉惜於這些歌曲失掉的那份「情致」與「親切」,但是以西洋音樂形式改造民間傳統曲調,反而可以強化演唱者區別於傳統女性的身份,而歌詞中「批判」、「控訴」語氣的運用正可以表明她們與傳統生活方式的決裂。

沈心工在改造民間音樂方面是非常有經驗的。據錢仁康先生的研究,他曾將以柔媚著稱的民間曲調「茉莉花」改爲一首四拍子的進行曲。辛亥革命前後,曾有四首樂歌 ——《蝶與燕》、《剪辮》、《上課》和《退課》是這首進行曲的填詞歌曲:

請對比道光年間記錄的《茉莉花》的譜與詞：

　　一首表現「愛花而想偷花」的歌曲，被華航琛借來填上了以講求紀律為內容的《上課》和《退課》，實在是再次挑戰讀者的想像力。更有甚者，第二次國內革命戰爭時期的革命歌曲《勞動童子團歌》和東北抗日聯軍的《衝鋒號》歌，也都是借用的這個曲調〔註46〕：

　　從這些表現「血」與「火」的歌曲中，讀者還可以聞到一絲一毫的茉莉花香麼？對民間音樂的改造還有很多。其中反差最大的要算是《競業旬報》上刊載的以傳統淫詞豔曲之最的「十八摸」改編的《地理十八摸》。

　　從民歌變為學堂樂歌，要經過一番脫胎換骨的改造。從音樂部分來說，

〔註46〕以上據錢仁康《學堂樂歌考源》，23頁。

以西方的記譜方式記錄並改寫原來的樂曲，使得唱腔中原有的加花處理，以及演唱時的自由發揮空間被取消，婉轉多情的唱腔變為規整的、有節拍約束的旋律（這一點在近代國人對西方音樂的掌握還不成熟的時期尤其明顯）。從文字部分來說，民間小調和學堂樂歌都有可能是多段式的。但是，民間小調一旦形成多段式就極有可能出現套語。一方面，從功能上說，這些套語常常為民眾所熟悉，如十二月鮮花調，每個月演唱的花名基本相同。這樣在演唱的過程中，就易使聽眾產生熟悉感、親切感。這為民間小調在民眾中間的流行起到了非常大的作用。另一方面，從修辭角度講，這些套語多是一些詩詞傳統中的「比」或「興」。它們增加了歌詞的美感和韻味。但是，學堂樂歌的歌詞卻很少使用套語。這一方面顯示出學堂樂歌歌詞創作模式已經不同於傳統的詩詞寫作手法。另一方面，對套語的省略，也似乎更多顯示出一種「閒適」心情的缺失。這與學堂樂歌主要是針對「國破家亡」發言應該有密切關係。另外，大多數俗語被取消，語氣被更改，尤其是表現內容的巨大差異，都使得原來的民間小調失去了來自於民間的那份「土氣」，從形式到精神「脫胎換骨」，成為適合「洋」學生演唱的，中規中矩的，帶有現代色彩的歌曲了。

梁啟超與沈心工，一個作為近代輿論界的魁首，一個是「學堂樂歌之父」，他們的行為具有最初的示範意義。根據錢仁康先生的研究，此後採用中國民間曲調入學堂樂歌的越來越多。而且，隨著建設「國樂」運動的展開，對中國傳統音樂文化的開掘與繼承已經不再限於民間曲調，而是面對傳統音樂文明的全部財富。不過，回首近代音樂改良的初始階段，這些對民間曲調的運用仍然充滿了魅力。

以《新小說》「雜歌謠」欄和《繡像小說》中「時調唱歌」作品為開端的近代的「俗曲新唱」影響深遠。連頗為鄭重的《孔聖會旬報》中都設立了「歌聲」欄目，其中刊出的作品《激到我火起》特別標注用「夜弔秋喜」譜。「俗曲新唱」以「唱詞的改良」為主，因此深受近代「詩界革命」的影響。黃遵憲推行「適用於今、通行於俗」﹝註47﹞的新文學，梁啟超主張詩歌創作要「以舊風格含新意境」，這些主張在「俗曲新唱」的作品中都得到了實踐。它們與近代「戲曲改良」的作品一樣，都是啟蒙者為中下層民眾說法的工具，所用

﹝註47﹞黃遵憲：《日本國志・學術志二・文字》，見陳錚編：《黃遵憲全集》下，1419～1420頁。

曲調來自民間，是民眾喜聞樂見的形式〔註48〕。因此，「俗曲新唱」以其存世的大量作品，以其面向中下層民眾的定位，向我們展示了一條平行於近代學堂樂歌的民間音樂改良的路線。與此同時，近代學堂樂歌的作者也開始吸收、利用民間音樂豐富的曲調資源來擴充學堂樂歌的音樂語言，開啓了中西音樂間的溝通與對話。這樣，近代的俗樂在「詞」與「樂」兩個方面都經歷了「改良」，對近代的音樂生活作出了貢獻。

附錄　近代期刊中的「歌謠」

新小說

1. 雜歌謠：愛國歌四章/少年中國之少年/1902 年 11 月 14 日，第 1 號。
2. 雜歌謠：出軍歌四章/嶺東故將軍/1902 年 11 月 14 日，第 1 號。
3. 雜歌謠：辛壬之間新樂府：二毛子（痛奴性也）/燕市酒徒/1902 年 12 月 14 日，第 2 號。
4. 雜歌謠：辛壬之間新樂府：洋大人（憎媚外也）/燕市酒徒/1902/12 月 14 日，第 2 號。
5. 雜歌謠：幼稚園上學歌/人境廬主人/1903 年 1 月 13 日，第 3 號。
6. 雜歌謠：汨羅沈樂府四章有序/哀郢生/1903 年 1 月 13 日，第 3 號。
7. 雜歌謠：潮州報效新樂府有序/金城冷眼人/1903 年 1 月 13 日，第 3 號。
8. 雜歌謠：支那新樂府三十章/水月庵主/1903 年 6 月 10 日，第 4 號。
9. 雜歌謠：燕市吟/公之癭/1903 年 6 月 10 日，第 4 號。
10. 雜歌謠：新樂府十章/雪如/1903 年 7 月 9 日，第 5 號。
11. 雜歌謠：警醒歌四章/張敬夫/1903 年 7 月 9 日，第 5 號。
12. 雜歌謠：新小說第一號題詞十首/1903 年 7 月 9 日，第 5 號。
13. 雜歌謠：庚子時事雜詠二十二首/__一/1903 年 8 月 7 日，第 6 號。
14. 雜歌謠：輶軒語（表臣心也）/官籍大興原籍江西祖籍福建寄籍廣東人/1903 年 8 月 7 日，第 6 號。
15. 雜歌謠一：五禽言（庚子）/拜鵑人/1903 年 9 月 6 日，第 7 號。
16. 雜歌謠一：新少年歌/劍公/1903 年 9 月 6 日，第 7 號。

〔註48〕《廣州旬報》、《潮聲》、《競業旬報》等雜誌的「歌謠」欄中都曾出現過屬於近代「戲曲改良」的作品。這可以證明「俗樂改良」與「戲曲改良」的密切關係。

17. 雜歌謠二：粵謳新解心六章：自由鐘/1903 年 9 月 6 日，第 7 號。

18. 雜歌謠二：粵謳新解心六章：自由車/1903 年 9 月 6 日，第 7 號。

19. 雜歌謠二：粵謳新解心六章：天有眼/1903 年 9 月 6 日，第 7 號。

20. 雜歌謠二：粵謳新解心六章：地無皮/1903 年 9 月 6 日，第 7 號。

21. 雜歌謠二：粵謳新解心六章：趁早乘機/1903 年 9 月 6 日，第 7 號。

22. 雜歌謠二：粵謳新解心六章：呆老祝壽/1903 年 9 月 6 日，第 7 號。

23. 雜歌謠：闊哉老大人（痛民智之卑下也）/陽湖胡仇/1903 年 10 月 5 日，第 8 號。

24. 雜歌謠：唉唉唉（嗟貧賤之失所也）/陽湖胡仇新小說/1903 年 10 月 5 日，第 8 號。

25. 雜歌謠：嗡嗡嗡（痛教育之無狀也）/陽湖胡仇/1903 年 10 月 5 日，第 8 號。

26. 雜歌謠：枃枃枃（憫苦工傭力者也）/陽湖胡仇/1903 年 10 月 5 日，第 8 號。

27. 雜歌謠：愛祖國歌/自由齋主人/1903 年 10 月 5 日，第 8 號。

28. 雜歌謠一：汴梁行/東莞生/1904 年 8 月 6 日，第 9 號。

29. 雜歌謠二：粵謳新解心四章：學界風潮/外江佬戲作/1904 年 8 月 6 日，第 9 號。

30. 雜歌謠二：粵謳新解心四章：鴉片煙/外江佬戲作/1904 年 8 月 6 日，第 9 號。

31. 雜歌謠二：粵謳新解心四章：唔好發夢/外江佬戲作/1904 年 8 月 6 日，第 9 號。

32. 雜歌謠二：粵謳新解心四章：中秋餅/外江佬戲作/1904 年 8 月 6 日，第 9 號。

33. 雜歌謠：粵謳新解心四章：勸學/珠海夢餘生/1904 年 9 月 4 日，第 10 號。

34. 雜歌謠：粵謳新解心四章：開民智/珠海夢餘生/1904 年 9 月 4 日，第 10 號。

35. 雜歌謠：粵謳新解心四章：復民權/珠海夢餘生/1904 年 9 月 4 日，第 10 號。

36. 雜歌謠：粵謳新解心四章：倡女權/珠海夢餘生/1904 年 9 月 4 日，第 10 號。

37. 雜歌謠：新粵謳三章：珠江月/外江佬戲作/1904 年 10 月 23 日，第 11 號。

38. 雜歌謠：新粵謳三章：八股毒/外江佬戲作/1904 年 10 月 23 日，第 11 號。

39. 雜歌謠：新粵謳三章：青年好/外江佬戲作/1904 年 10 月 23 日，第 11 號。

40. 雜歌謠：粵謳新解心五章：黃種病/珠海夢餘生/1905/5 月，第 16 號（第 2 年第 4 號）。

41. 雜歌謠：粵謳新解心五章：離巢燕（爲旅美華人而作）/珠海夢餘生/1905 年 5 月，第 16 號。

42. 雜歌謠：粵謳新解心五章：人心死（粵謳花心蝶原調）/珠海夢餘生/1905 年 5 月，第 16 號。

43. 雜歌謠：粵謳新解心五章：爭氣/珠海夢餘生/1905 年 5 月，第 16 號（第 2 年第 4 號）。

44. 雜歌謠：粵謳新解心五章：秋蚊/珠海夢餘生/1905 年 5 月，第 16 號（第 2 年第 4 號）。

繡像小說

1. 時調唱歌：愛國歌（仿時調歎五更體）/謳歌變俗人/1903 年 5 月 29 日，第 1 期。

2. 時調唱歌：送郎君（仿時調送郎君體）/謳歌變俗人/1903 年 5 月 29 日，第 1 期。

3. 時調唱歌：警世吳歌（仿時調十二月花名體）/戎馬書生倚聲/1903 年 6 月 10 日，第 2 期。

4. 時調唱歌：戒吸煙歌（仿梳粧檯五更）/天地寄廬主人倚聲/1903 年 6 月 25 日，第 3 期。

5. 時調唱歌：戒纏足歌（仿紅繡鞋十二月）/1903 年 6 月 25 日，第 3 期。

6. 時調唱歌：時事曲（仿吳歌體）/鄉士倚聲/1903 年 7 月 9 日，第 4 期。

7. 時調唱歌：從軍行（仿十送郎體）鄉士倚聲/1903 年 7 月 9 日，第 4 期。

8. 時調唱歌：上海吟（仿開篇體）/鄉士倚聲/1903 年 7 月 9 日，第 4 期。

9. 時調唱歌：十二月太平年（北調）/竹天農人倚聲/1903 年 7 月 24 日，第 5 期。

10. 時調唱歌：小五更（北調）/竹天農人倚聲/1903 年 8 月 7 日，第 6 期。

11. 時調唱歌：歎中華（仿北調歎煙花）/過江鄉士倚聲/1903 年 8 月 23 日，第 7 期。

12. 時調唱歌：商務開篇（仿馬如飛調）/鄉士倚聲光/1903 年 9 月 6 日，第 8 期。

13. 時調唱歌：破國謠（悲東三省也仿鳳陽花鼓調）/蘧園倚聲/1903 年 10 月 5 日，第 10 期。

14. 時調唱歌：醒世道情/戎馬書生倚聲/1903 年 10 月 20 日，第 11 期。

15. 時調唱歌：小五更（詠日俄交戰也）/竹天農人倚聲/1903 年 12 月，第 15

期。

16. 時調唱歌：歎五更（憫纏足也）/天地寄廬主人倚聲/1904 年 1 月，第 16
期。

17. 時調唱歌：歎國歌（五更調）/虱穹倚聲/1904 年 5 月，第 26 期。

18. 時調唱歌：自強歌/蛻秋倚聲/1904 年 5 月，第 26 期。

19. 時調唱歌：同胞歌（仿四季相思調）/伯溢倚聲/1904 年 6 月，第 27 期。

20. 時調唱歌：愛國歌/虱穹倚聲/1904 年 8 月，第 31 期。

21. 時調唱歌：破迷歌（仿開篇體）/虱穹倚聲/1904 年 8 月，第 32 期。

杭州白話報

1. 新彈詞一：少年軍（未完）/1903 年，第 2 年第 23 期。

2. 新彈詞一：少年軍（續完）/1903 年，第 2 年第 24 期。

3. 雜歌謠：出軍歌（錄新小説）/1903 年，第 2 年第 26 期。

4. 新歌謠：洋大人/燕市酒徒/1903 年，第 2 年第 27 期。

5. 新彈詞二：女中師/1903 年，第 2 年第 28 期。

6. 新彈詞三：亡國恨/鋒郎/1903 年，第 2 年第 29 期。

7. 新彈詞四：哀新年/1903 年，第 2 年第 33 期。

8. 歌謠：浙江潮歌/1904 年，第 3 年第 16 期。

9. 歌謠：鐵良南下歌/1904 年，第 3 年第 16 期。

10. 歌謠：杭州女學校歌/1904 年，第 3 年第 16 期。

11. 歌謠：杭州教育會體育講習所運動會歌/1904 年，第 3 年第 16 期。

智群白話報

1. 唱歌：新上海碼頭/1903 年 4 月 22 日，第 3 期。

2. 唱歌：時新京調/1903 年 4 月 22 日，第 3 期。

寧波白話報

1. 歌謠：非洲黑人歌/慈谿俞因女士來稿/1904 年 1 月 12 日，第 6 冊。

2. 歌謠：纏足歎（十送郎調）/1904 年 6 月 14 日，第 1 次改良第 1 期。

3. 歌謠：戒煙五更調/1904 年 6 月 28 日，第 1 次改良第 2 期。

4. 歌謠：馬蟻/1904 年 6 月 28 日，第 1 次改良第 2 期。

5. 歌謠：象山不纏足會吳歌（仿十二月花名體）/1904 年 7 月 13 日，第 1 次
改良第 3 期。

6. 歌謠：農人悔賭（攤黃）/戇公/1904 年 7 月 27 日，第 1 次改良第 4 期。

7. 歌謠：望江南（戒纏足也）/君木/1904 年 8 月 11 日，第 1 次改良第 5 期。

中國白話報（半月刊）

1. 歌謠：萬古愁/歸莊/1904 年 1 月 2 日，第 2 期。

2. 歌謠：崑崙吟/劉光漢/1904 年 1 月 31 日，第 4 期。

3. 歌謠：美哉中國歌（地理歌、人種歌、學術歌）/梅岩/1904 年 5 月 15 日，第 11 期。

4. 歌謠：板蕩集詩餘/光漢輯/1904 年 5 月 29 日，第 12 期。

5. 歌謠：漢族歷史歌十三首/蘇民寄稿/1904 年 7 月 22 日，第 16 期。

6. 歌謠：板蕩集/光漢輯/1904 年 8 月 1 日，第 17 期。

7. 歌謠：言志/文天祥/1904 年 8 月 1 日，第 17 期。

8. 歌謠：羌胡引/顧炎武/1904 年 8 月 1 日，第 17 期。

9. 歌謠：絕命詩/朱繼祚/1904 年 8 月 1 日，第 17 期。

10. 歌謠：大漢紀念歌一十八章/漢劍/1904 年 8 月 20 日，第 19 期。

11. 歌謠：逐滿歌/漢劍/1904 年 8 月 20 日，第 19 期。

12. 歌謠：光復歌三首/壽黃/1904 年 8 月 20 日，第 19 期。

13. 歌謠：民勞集/光漢輯/1904 年 8 月 30 日，第 20 期。

14. 歌謠：常州新歌謠之一/1904 年 10 月 8 日，第 21/22/23/24 期。

15. 歌謠：中丞來/絅夫/1904 年 10 月 8 日，第 21/22/23/24 期。

16. 歌謠：勸學歌/1904 年 10 月 8 日，第 21/22/23/24 期。

17. 歌謠：中國八大奴隸歌/漢劍/1904 年 10 月 8 日，第 21/22/23/24 期。

18. 歌謠：勵志學校開校歌/1904 年 10 月 8 日，第 21/22/23/24 期。

19. 歌謠：勵志學校歌/1904 年 10 月 8 日，第 21/22/23/24 期。

20. 歌謠：南匯學堂祝歌/1904 年 10 月 8 日，第 21/22/23/24 期。

21. 歌謠：新場知新學校祝歌/1904 年 10 月 8 日，第 21/22/23/24 期。

22. 歌謠：坦校祝歌/1904 年 10 月 8 日，第 21/22/23/24 期。

23. 歌謠：同仁學堂祝歌/1904 年 10 月 8 日，第 21/22/23/24 期。

24. 歌謠：吳淞學堂教習李君祝歌/1904 年 10 月 8 日，第 21/22/23/24 期。

25. 歌謠：勵志答各學堂歌/1904 年 10 月 8 日，第 21/22/23/24 期。

吳郡白話報

1. 歌謠：蘇州碼頭/1904 年 1 月 31 日，第 1 期。
2. 歌謠：吃鴉片五更調/1904 年 1 月 31 日，第 1 期。

安徽俗話報

1. 詩詞：歎五更（傷國事也）/龍眠女士/1904 年 3 月 31 日，第 1 期。
2. 詩詞：醉東江（憤時俗也）/三愛/第 1 期。
3. 詩詞：送郎君（悲北事也）/謳歌變俗人/第 1 期。
4. 詩詞：時事新歌（節錄杭州白話報）/1904 年 4 月 30 日，第 2 期。
5. 詩詞：十恨小腳歌/桐城潘女士/1904 年 5 月 15 日，第 3 期。
6. 詩詞：閨中歎（憫國難也）/桐城方瑛子女士/1904 年 5 月 29 日，第 4 期。
7. 詩詞：十杯酒（譏苛稅也）/黃金世界之女名士/1904 年 5 月 29 日，第 4 期。
8. 詩詞：湘江郎調（歎惡俗也）/卓呆/1904 年 6 月 18 日，第 5 期。
9. 詩詞：國民進行歌/1904 年 6 月 18 日，第 5 期。
10. 詩詞：從軍行（仿十送郎調）/浮渡生/1904 年 6 月 29 日，第 6 期。
11. 詩詞：書恨/皖江憂國士/1904 年 6 月 29 日，第 6 期。
12. 詩詞：十二月寫郎（梳粧檯調）/懷寧漢瞻女士/1904 年 7 月 13 日，第 7 期。
13. 詩詞：醒夢歌/1904 年 7 月 27 日，第 8 期。
14. 詩詞：戒吸鴉片歌（仿梳粧檯五更體）/天地寄盧主人/1904 年 8 月 11 日，第 9 期。
15. 詩詞：馬蟻/志忞/1904 年 8 月 11 日，第 9 期。
16. 詩詞：歎十聲（仿煙花調）/合肥覺夢子/1904 年 8 月 25 日，第 10 期。
17. 詩詞：觀雜物謠/1904 年 9 月 24 日，第 12 期。
18. 詩歌：祝國歌（仿鮮花調）/愛生/1904 年 10 月 23 日，第 14 期。
19. 詩詞：女兒歎/曼聰女士/1904 年 11 月 21 日，第 16 期。
20. 詩詞：過督亢坡弔荊軻/懷寧潘慎生/1904 年 12 月 7 日，第 17 期。
21. 詩詞：國恥歌（桐城崇實學堂唱歌）/1904 年 12 月 7 日，第 17 期。
22. 詩詞：勉學歌（桐城崇實學堂唱歌）/1904 年 12 月 7 日，第 17 期。
23. 詩詞：女箴/名隱/1904 年 12 月 21 日，第 18 期。
24. 詩詞：從吾遊（秋之夜調）/雪聰/1904 年 12 月 21 日，第 18 期。
25. 詩詞：醒世格言女箴/1905 年 6 月 3 日，第 19 期。
26. 詩詞：懷遠城隍會詩/可群/1905 年 9 月 13 日，第 21/22 期合本。

27. 詩詞：好男兒歌/今前/1905 年 9 月 13 日，第 21/22 期合本。

二十世紀大舞臺

1. 歌謠：祝自由神/愛自由者/1904 年，第 1 期。
2. 歌謠：汽車/愛自由者/1904 年，第 2 期。
3. 歌謠：祝大舞臺/學生一分子胡作虞/1904 年，第 2 期。

江蘇白話報

1. 小說（時調唱歌）：花名山歌（勸你們不要相信燒香念佛）/郢白/1904 年 9 月 19 日，（甲辰）第 1 期。
2. 小說：醒世歌/典屬裔/1904 年 10 月 4 日，（甲辰）第 2 期。
3. 唱歌：十個字/郢白/1904 年 11 月 6 日，（甲辰）第 3 期。
4. 唱歌：十二月節令/1904 年 11 月 6 日，（甲辰）第 3 期。
5. 唱歌：國風集/尚聲/1905 年 2 月，（乙巳）第 1 期。

白　話

1. 歌謠：馬蟻（凡字調）/強漢/1904 年 9 月 24 日，第 1 期。
2. 歌謠：萬里長城（小工調）/強漢/1904 年 9 月 24 日，第 1 期。
3. 歌謠：十八省（小工調）/強漢/1904 年 9 月 24 日，第 1 期。
4. 歌謠：出軍/強漢/1904 年 10 月 23 日，第 2 期。

揚子江白話報

1. 唱歌：揚子江道情/丹斧/1904 年 12 月 7 日，第 1 期。
2. 唱歌：少年歌/丹斧/第 5 期。
3. 唱歌：揚州教育改良唱歌/霞/第 7 期。
4. 唱歌：女子歌/第 7 期。
5. 唱歌：揚子江白話叢報中興歌/斧/1909 年 12 月 27 日，中興第 1 期。
6. 唱歌：祝揚子江白話叢報中興/探源/1909 年 12 月 27 日，中興第 1 期。

直隸白話報

1. 歌謠：里巷心聲集/亞東瘦俠/1905 年 2 月 4 日，第 1 年第 1 期。
2. 歌謠：里巷心聲集/亞東瘦俠/1905 年 2 月 18 日，第 1 年第 2 期。
3. 歌謠：里巷心聲集：軍中決死歌/宗墨/1905 年 4 月 5 日，第 1 年第 5 期。

4. 歌謠：里巷心聲集：愛國歌/煬何/1905 年 4 月 5 日，第 1 年第 5 期。

5. 歌謠：里巷心聲集：從軍言/劍龍/1905 年 4 月 5 日，第 1 年第 5 期。

6. 歌謠：里巷心聲集：黃風歌/心死/1905 年 4 月 5 日，第 1 年第 5 期。

7. 歌謠：里巷心聲集：送郎遊學（調寄十二月送郎之鼓兒詞）/亞東瘦俠/1905 年 5 月，第 1 年第 7 期。

8. 歌謠：里巷心聲集：道情/景飛/1905 年 8 月 1 日，第 1 年第 13 期。

9. 歌謠：里巷心聲集：述懷/崇嶽/1905 年 8 月 1 日，第 1 年第 13 期。

10. 歌謠：里巷心聲集：勸人休信神佛歌（一）/勵齋/1905 年 8 月 1 日，第 1 年第 13 期。

女界燈學報

1. 歌謠：敬告同胞諸姊妹歌/王寶荷/1905 年 4 月 5 日，第 1 期。

2. 歌謠：運動歌/王寶荷/1905 年 4 月 5 日，第 1 期。

3. 歌謠：勵學歌/王寶荷/1905 年 4 月 5 日，第 1 期。

第一晉話報

1. 詩歌：讀晉話報謠/竹崖個人/1905 年 9 月 13 日，第 3 期。

2. 詞曲：兄弟從軍歌（十二月調）/夢周/1906 年 6 月 16 日，第 6 期。

3. 詞曲：天足會歌（內地來稿）/1906 年 7 月 6 日，第 7 期。

廣州旬報

1. 歌謠：俠魂冤影（班本）（未完）/1905 年 11 月 3 日，第 8 期。

孔聖會旬報

1. 歌聲：又試紀念/順邑趙洛公來稿/1909 年 10 月 4 日，第 88 期。

2. 歌聲：激到我火起（譜夜弔秋喜）/梁伯趀/1909 年 10 月 4 日，第 88 期。

潮　聲 〔註 49〕

1. 歷史：中國歷史歌本（未完）/蘊/1906 年 4 月 24 日，第 1 期。

2. 歌謠：送君行（未完）/幸/1906 年 4 月 24 日，第 1 期。

〔註 49〕因為《亡國鏡白話歌本》原來在「歷史」欄下，後來又被放在「歌謠」欄下，所以本《附錄》在這裡也收錄了「歷史」欄中的作品以資研究者參考。

3. 歌謠：謎猜/壽/1906 年 4 月 24 日，第 1 期。

4. 歷史：亡國鏡白話歌本（未完）/屏/1906 年 5 月 8 日，第 2 期。

5. 歌謠：謎解/壽/1906 年 5 月 8 日，第 2 期。

6. 歌謠：又猜/潤/1906 年 5 月 8 日，第 2 期。

7. 歌謠：新造銀行倒帳偵探案曲本（未完）/蘊/1906 年 5 月 8 日，第 2 期。

8. 歌謠：亡國鏡白話歌本（續完）/屏/1906 年 5 月 23 日，第 3 期。

9. 歌謠：送君行（續第一期完）/幸/1906 年 5 月 23 日，第 3 期（第二個「歌謠」欄）。

10. 歌謠：銀行倒閉偵探案曲本（續）/蘊/1906 年 5 月 23 日，第 3 期。

11. 歷史：中國歷史歌本（續第一期）/蘊/1906 年 6 月 6 日，第 4 期。

12. 歌謠：謎解/潤/1906 年 6 月 6 日，第 4 期。

13. 歌謠：又猜/少韓氏來稿/1906 年 6 月 6 日，第 4 期。

14. 歌謠：咀君聽/澄江梅卿女史來稿/1906 年 6 月 6 日，第 4 期。

15. 歷史：中國歷史歌本（續）/蘊/1906 年 6 月 22 日，第 5 期。

16. 歌謠：通俗歌/1906 年 6 月 22 日，第 5 期。

17. 歷史：中國歷史歌本（續）/1906 年 7 月 6 日，第 6 期。

18. 歌謠：銀行倒閉偵探案曲本/蘊/1906 年 7 月 6 日，第 6 期。

19. 歌謠：澄海學務淺言/夢/1906 年 7 月 6 日，第 6 期。

20. 歌謠：勸勿械鬥歌/1906 年 7 月 6 日，第 6 期。

21. 歷史：中國歷史歌本（續）/蘊/1906 年 8 月 20 日，第 9 期。

22. 謎解：迷解/雲友氏來稿/1906 年 8 月 20 日，第 9 期。

23. 謎解：又猜/潤/1906 年 8 月 20 日，第 9 期。

24. 歷史：中國歷史歌本（續）/蘊/1906 年 9 月 3 日，第 10 期。

25. 歌謠：緩婚配白話歌本（未完）/屏/1906 年 9 月 3 日，第 10 期。

26. 歌謠：郎君好/澄江梅卿女史來稿/1906 年 9 月 3 日，第 10 期。

27. 歌謠：謎解/潤/1906 年 9 月 3 日，第 10 期。

28. 歌謠：送李戒三陳輝團兩君入日本海陸軍/士/1906 年 9 月 3 日，第 10 期。

29. 歷史：中國歷史歌本（續）/蘊/1906 年 9 月 18 日，第 11 期。

30. 歌謠：緩婚配歌本（續完）/萍/1906 年 9 月 18 日，第 11 期。

31. 歌謠：銀行倒閉偵探案曲本（續）/蘊/1906 年 10 月 2 日，第 12 期。

32. 歌謠：謎猜/憨生來稿/1906 年 10 月 2 日，第 12 期。

33. 歌謠：謎猜/東亞人/1906 年 10 月 2 日，第 12 期。

34. 歌謠：銀行倒閉偵探案曲本（續完）/蘊/1906 年 11 月 16 日，第 15 期。

35. 歌謠：謎解/潤/1906 年 11 月 16 日，第 15 期。

36. 歷史：中國歷史歌本（續第十四期）/1906 年 11 月 30 日，第 16 期。

37. 歌謠：謎猜/虞/1906 年 11 月 30 日，第 16 期。

38. 歌謠：第一歌（續）/幸/1906 年 11 月 30 日，第 16 期。

39. 歷史：中國歷史歌本（續）/蘊/1906 年 12 月 16 日，第 17 期。

40. 歌謠：學校奇案（未完）/韞/1906 年 12 月 16 日，第 17 期。

41. 歌謠：謎猜/鄭月川氏來稿/1906 年 12 月 16 日，第 17 期。

42. 歌謠：謎猜/潤/1906 年 12 月 16 日，第 17 期。

43. 歷史：中國歷史歌本（續）/蘊/1907 年 1 月 14 日，第 19 期。

44. 歌謠：學校奇案（續）/韞/1907 年 1 月 14 日，第 19 期。

45. 歌謠：十六期謎解/虞/1907 年 1 月 14 日，第 19 期。

46. 歌謠：十八期謎解/壽/1907 年 1 月 14 日，第 19 期。

復　報〔註 50〕

1. 文苑：哀思之歌/志攘/1906 年 5 月 8 日，第 1 期。

2. 文苑：和顧亭林井中心史歌/敵公/1906 年 6 月 16 日，第 2 期。

3. 文苑：女青年唱歌/天梅/1906 年 7 月 16 日，第 3 期。

4. 音樂：中國唱歌集：邊風/吳朱家/1906 年 9 月 3 日，第 4 期。

5. 音樂：中國唱歌集：凱歌/吳朱家/1906 年 9 月 3 日，第 4 期。

6. 音樂：中國唱歌集：陸游出塞四首/吳朱家/1906 年 9 月 3 日，第 4 期。

7. 音樂：中國唱歌集：大酺樂/吳朱家/1906 年 9 月 3 日，第 4 期。

8. 音樂：新唱歌集：女國民/佛哉/1906 年 10 月 12 日，第 5 期。

9. 音樂：新唱歌集：自由結婚紀念歌/佛哉/1906 年 10 月 12 日，第 5 期。

10. 音樂：新唱歌集：賞荷/佛哉/1906 年 10 月 12 日，第 5 期。

11. 歌謠：逐滿歌/西狩/1906 年 10 月 12 日，第 5 期。

12. 歌謠：吳三桂借清兵歌/季子/1906 年 10 月 12 日，第 5 期。

13. 歌謠：二百六十年痛史歌/剩芝/1906 年 10 月 12 日，第 5 期。

14. 音樂：新唱歌集：四萬萬人/1906 年 11 月 11 日，第 6 期。

15. 音樂：新唱歌集：天下榮/1906 年 11 月 11 日，第 6 期。

16. 音樂：新唱歌集：自由結婚/復哉/1906 年 11 月 11 日，第 6 期。

17. 音樂：新唱歌集：老成歎/變雅/1906 年 11 月 11 日，第 6 期。

〔註 50〕爲體現《復報》中「歌謠」欄目的定位，所以此處也收錄了其他欄目。

18. 詩藪：水調歌頭（與某校諸同學話別）/天梅/1906 年 11 月 11 日，第 6 期。
19. 歌謠：新道情（二）/血刃/1906 年 12 月 15 日，第 7 期。
20. 歌謠：新道情（一）/大雄/1906 年 12 月 15 日，第 7 期。
21. 詩藪：祖國歌/君武/1907 年 3 月 30 日，第 9 期。
22. 詩界：醒獅歌/冶民/1907 年 6 月 15 日，第 10 期。

競業旬報

1. 歌謠：愛國歌/愛愛國者/1906 年 11 月 7 日，第 2 期。
2. 歌謠：種菜歌/無為/1906 年 11 月 26 日，第 4 期。
3. 歌謠：雅雀詞/無為/1906 年 12 月 6 日，第 5 期。
4. 歌謠：中國歷史小曲（未完）/無為/1906 年 12 月 26 日，第 7 期。
5. 歌謠：勸誡煙賭歌/女國民一分子羨花/1907 年 1 月 5 日，第 8 期。
6. 歌謠：時事小曲（刺某制軍也）/無為/1907 年 1 月 5 日，第 8 期。
7. 歌謠：中國歷史小曲（續完）/無為/1907 年 1 月 5 日，第 8 期。
8. 歌謠：天職小學愛國歌（泰州來稿）/1907 年 1 月 14 日，第 9 期。
9. 歌謠：莫包腳歌/天足會/1907 年 1 月 24 日，第 10 期。
10. 歌謠：歷代史略鼓兒詞（未完）/木皮散客/1908 年 4 月 11 日，第 11 期。
11. 歌謠：歷代史略鼓兒詞（續）/木皮散客/1908 年 4 月 21 日，第 12 期。
12. 歌謠：歷代史略鼓兒詞（續）/木皮散客/1908 年 4 月 30 日，第 13 期。
13. 歌謠：歷代史略鼓兒詞（續）/木皮散客/1908 年 5 月 10 日，第 14 期。
14. 歌謠：歷代史略鼓兒詞（續）/木皮散客/1908 年 5 月 30 日，第 16 期。
15. 歌謠：歷代史略鼓兒詞（續完）附：雲亭山人木皮散客傳/孔尚任/1908/6/9，第 17 期。
16. 歌謠：歷代史略鼓兒詞（續完）/木皮散客/1908 年 6 月 9 日，第 17 期。
17. 歌謠：十二月放足樂（梳粧檯調）/素心女士/1908 年 6 月 9 日，第 17 期。
18. 歌謠：五月五日觀競渡歌（選報）/平子/1908 年 6 月 19 日，第 18 期。
19. 歌謠：改良十勸/慚生/1908 年 7 月 9 日，第 20 期。
20. 歌謠：女同胞/慚生/1908 年 7 月 9 日，第 20 期。
21. 歌謠：拆城歌（有序）/德爭/1908 年 7 月 28 日，第 22 期。
22. 歌謠：刺年少（並序）/德爭/1908 年 7 月 28 日，第 22 期。
23. 歌謠：勸善歌（有序）/公望/1908 年 7 月 28 日，第 22 期。
24. 歌謠：哀電車（有序）/德爭/1908 年 8 月 7 日，第 23 期。
25. 歌謠：哀苦工（有序）/德爭/1908 年 8 月 7 日，第 23 期。

26. 歌謠：萬古愁（未完）/歸莊/1908 年 8 月 17 日，第 24 期。

27. 實業：勸農說（續第十六期）附：勸農淺歌/惕庵/1908 年 8 月 17 日，第 24 期。

28. 歌謠：戒纏足歌（秦中來稿）/1908 年 8 月 27 日，第 25 期。

29. 歌謠：萬古愁（續）/玄恭遺稿/1908 年 8 月 27 日，第 25 期。

30. 歌謠：破羅網（女子體操歌譜）/佛/1908 年 9 月 6 日，第 26 期。

31. 歌謠：萬古愁（續完）/玄恭遺著/1908 年 9 月 6 日，第 26 期。

32. 歌謠：無聊吟/佛/1908 年 9 月 6 日，第 26 期。

33. 歌謠：出風頭歌（有序）/1908 年 9 月 16 日，第 27 期。

34. 歌謠：聞改出妻律作歌（梳粧檯調）/尊女者/1908 年 9 月 16 日，第 27 期。

35. 歌謠：前劉海歌（有序）/斧/1908 年 9 月 25 日，第 28 期。

36. 歌謠：上海四類歌（未完）/斧/1908 年 10 月 5 日，第 29 期。

37. 歌謠：上海四類歌（續完）/斧/1908 年 10 月 15 日，第 30 期。

38. 歌謠：頂刮刮（有序）/斧/1908 年 10 月 25 日，第 31 期。

39. 歌謠：十勸郎小曲（下盤棋調）/斧/1908 年 10 月 25 日，第 31 期。

40. 歌謠：地理十八摸/斧/1908 年 11 月 4 日，第 32 期。

41. 歌謠：送丈夫出洋留學（十杯酒）/斧/1908 年 11 月 4 日，第 32 期。

42. 歌謠：答丹斧十杯酒/鐵兒/1908 年 11 月 14 日，第 33 期。

43. 歌謠：諷刺小曲女學生（小尼僧調）/斧/1908 年 11 月 14 日，第 33 期。

44. 歌謠：小姐怨（並序）/百/1908 年 11 月 14 日，第 33 期。

45. 歌謠：女兒歎（石小調角言聲倚歸來樂）/石釜/1908 年 11 月 24 日，第 34 期。

46. 歌謠：象莫相像歌（並序）/望齋/1908 年 11 月 24 日，第 34 期。

新譯界

1. 雜錄：雜歌謠：少女遊戲/汪翔/1907 年 6 月 25 日，第 6 號。

2. 雜錄：雜歌謠：孟母三遷/汪翔/1907 年 6 月 25 日，第 6 號。

3. 雜錄：雜歌謠：春隨/汪翔/1907 年 6 月 25 日，第 6 號。

4. 雜錄：雜歌謠：鐵道/1907 年 6 月 25 日，第 6 號。

大江七日報

1. 謳歌：揚州十日記/蘆中人/1907 年 3 月 9 日，第 1 期。

2. 謳歌：憲政會首領道情（未完）/杜康/第 2 期。

振華五日大事記

1. 從第 1 期到第 51 期一直都有「粵聲」這個欄目。
2. 粵聲：條路咁爛（粵謳）/軒冑/1907 年 4 月，第 1 期。
3. 粵聲：容乜易（粵謳）/亞魂/1907 年 4 月，第 1 期。
4. 粵聲：（中國歷史）巾幗魂（南音）（未完）/亞魂/1907 年 4 月，第 1 期。
5. 粵聲：聞得話要戒（粵謳）/亞佗/1907 年 4 月，第 2 期。
6. 粵聲：（中國歷史）巾幗魂（南音）（續）/亞魂/1907 年 4 月，第 2 期。
7. 粵聲：聽見你話上岸（粵謳）/銳公/1907 年 4 月，第 3 期。
8. 粵聲：（中國歷史）巾幗魂（南音）（續）/亞魂/1907 年 4 月，第 3 期。
9. 粵聲：須要自立（粵謳）/都係/1907 年 4 月，第 4 期。
10. 粵聲：春三月（粵謳）/亞魂/1907 年 4 月，第 4 期。
11. 粵聲：金氏殺子（龍舟歌）/亞佗/1907 年 4 月，第 4 期。
12. 詞苑：詠史：從軍樂九首（仿四時從軍樂調）/1907 年 5 月，第 8、9 兩期：。

天　義

1. 貧民唱歌集：工女怨二章/申叔/第 16 至 19 卷合冊。
2. 貧民唱歌集：農民哀六章/民鳴/，第 16 至 19 卷合冊。
3. 貧民唱歌集：希望詩二章/〔波蘭〕石門華著；申叔譯/第 16 至 19 卷合冊。
4. 貧民唱歌集：善哉行/焦獲孫枝蔚/，第 16 至 19 卷合冊。
5. 貧民唱歌集：小車行/仁和譚獻/，第 16 至 19 卷合冊。
6. 貧民唱歌集：述所見/無名氏/，第 16 至 19 卷合冊。
7. 貧民唱歌集：逃荒行/興化鄭燮/，第 16 至 19 卷合冊。
8. 貧民唱歌集：詠同盟罷工/秋雞哈威著；張繼君譯/，第 16 至 19 卷合冊。

商工旬報

1. 歌謠：勸工商/崇實/1907 年 7 月 10 日，第 3 期。
2. 歌謠：要睇嚇商工旬報/均樾三郎/1907 年 7 月 10 日，第 3 期。

農工商報

1. 歌謠：俗語燈謎/1907 年 7 月 20 日，第 4 期。
2. 歌謠：贊農工商報/新漢/1907 年 7 月 20 日，第 4 期。
3. 歌謠：愛國精神/陳鐵庵/1907 年 7 月 30 日，第 5 期。

4. 歌謠：點算好/老實/1907 年 7 月 30 日，第 5 期。

5. 歌謠：班本：喚醒工商/1907 年 8 月 9 日，第 6 期。

6. 歌謠：班本：商戰軍出陣/1907 年 8 月 9 日，第 6 期。

7. 歌謠：蠶事分詠/1907 年 8 月 29 日，第 8 期。

8. 歌謠：勸治食禾蟲歌/李輝樓來稿;俠庵參訂/1907 年 8 月 29 日，第 8 期。

9. 歌謠：宜興實業/1907 年 8 月 29 日，第 8 期。

10. 歌謠：墾荒之阻力歌/荻海山林隱士/1907 年 10 月 27 日，第 14 期。

11. 歌謠：管理游民/荻海山林隱士/1907 年 11 月 6 日，第 15 期。

12. 歌謠：農礦更章/荻海山林隱士/1907 年 11 月 6 日，第 15 期。

13. 歌謠：孤飛雁（粵謳）/鐵廣/1907 年 11 月 16 日，第 16 期。

14. 歌謠：戲倣古謠諺體詠農事錄二/竹庵/1907 年 11 月 16 日，第 16 期。

15. 歌謠：尋礦善法/荻海美華書局/1907 年 11 月 16 日，第 16 期。

16. 歌謠：革除耗費/荻海美華書局/1907 年 11 月 26 日，第 17 期。

17. 歌謠：龍舟珠勸閱新報歌/佛山會真社龍舟珠來稿/1907 年 11 月 26 日，第 17 期。

18. 歌謠：開通民智歌/荻海美華書局來稿/1907 年 12 月 5 日，第 18 期。

19. 歌謠：論改良工務歌/佛山龍舟珠浦珍氏/1907 年 12 月 25 日，第 20 期。

20. 歌謠：勸友閱報（粵聲）/未嘯青年/1907 年 12 月 25 日，第 20 期。

中外小說林

1. 第 5、11、第 2 年第 1 期、第 2 年第 2 期、第 2 年第 4 期：「粵謳」欄。

2. 第 9、12、18、第 2 年第 1 期、第 2 年第 3、4、5、10 期：「南音」欄。

3. 第 17、第 2 年第 5 期：「木魚」欄。

4. 龍舟歌：秀英問米/裕/1907 年 7 月 30 日，第 5 期。

5. 龍舟歌：秋女士泉臺訴恨/耀/1907 年 8 月 9 日，第 6 期。

6. 龍舟歌：禁煙笑柄/笑評/1907 年 9 月 28 日，第 11 期。

7. 龍舟歌：管廷鴉煙魂訴恨/敕/1907 年 11 月 16 日，第 15 期。

8. 龍舟歌：第 2 年第 1 期、第 2 年第 2、7、8 期。

嶺南白話雜誌

1. 音樂房：破迷歌本人間盡（未完）/慧劍/1908 年 2 月 9 日，第 1 期。

2. 音樂房：連聲報喜（龍舟歌）/評聲/1908 年 2 月 16 日，第 2 期。

3. 音樂房：破迷歌本人間蠹（續）/慧劍/1908 年 2 月 16 日，第 2 期。
4. 音樂房：破迷歌本人間蠹（續）/慧劍/1908 年 2 月 22 日，第 3 期。
5. 音樂房：破迷歌本人間蠹（續）/慧劍/1908 年 3 月 1 日，第 4 期。
6. 音樂房：破迷歌本人間蠹（續）/慧劍/1908 年 3 月 8 日，第 5 期。

天　鐸

1. 粵人音：睇見你出世/亞/1909 年 12 月 13 日，第 1 期。
2. 粵人音：冬又至/餘/1909 年 12 月 27 日，第 2 期。
3. 粵人音：眞正摞命/雲/1909 年 12 月 27 日，第 2 期。
4. 粵音：眞係咁著急（攝政王諭樞臣著採納各省報紙）/餘/1910 年 1 月 11 日，第 3 期。
5. 粵音：乜得咁惡/雲/1910 年 1 月 11 日，第 3 期。
6. 粵音：做乜咁癡/公/1910 年 1 月 11 日，第 3 期。
7. 詞苑：澳門劃界歌/邱持平/1910 年 1 月 25 日，第 4 期。
8. 詞苑：勸禁賭歌/邱持平/1910 年 1 月 25 日，第 4 期。
9. 粵音：眞正索愕//1910 年 1 月 25 日，第 4 期。

婦女時報

1. 謠曲選錄：放足樂（杭粧樓調）/1913 年 10 月 20，第 11 期。

（杭州）教育周報

1. 附錄：通俗歌謠/1914 年 11 月 1 日，第 59 期。
2. 歌謠：通俗歌謠（戒吸香煙）/1915 年 4 月 22 日，第 82 期。

通俗雜誌

1. 歌謠：新道情/塵因/1915 年 8 月 16 日，第 2 期。

通俗周報

1. 唱歌：窮漢子十歎（調仿歎十聲）（未完）/塵因/1917 年 4 月 10 日，第 4 期。
2. 唱歌：窮漢子十歎（調仿歎十聲）（續完）/塵因/1917 年 4 月 17 日，第 5 期。

第四章　近代歌詞的「文」、「白」

　　「詩」與「樂」在中國古代文化生活中一直具有非常緊密的聯繫。從《詩經》、楚辭、漢樂府，到唐詩、宋詞、元曲，無不體現著二者的緊密合作與相互影響。陳仲子曾言：「古人律其辭之謂詩，聲其詩之謂歌。太史公謂古詩三千餘篇，孔子刪取三百五篇，皆絃歌之，以求合《韶》、《武》、《雅》、《頌》之音。禮樂自此可得而述。故凡言吾國之樂，無論事於山川，陳於郊廟，用於燕饗，施於軍旅，蓋鮮有聲而無辭者。是詩歌之與音樂未嘗須臾離，自昔然矣。」〔註1〕

　　然而當近代的有識之士重新認識到「蓋欲改造國民之品質，則詩歌音樂爲精神教育之一要件」時，卻發現「中國之詞章家，則於國民豈有絲毫之影響耶」？推原其故，「不得不謂詩與樂分之所致也。」〔註2〕所以，爲了滿足「新民」的目的，「詩」急需與「樂」重新「合一」。但是中國深厚的「音樂」傳統，在近代中國卻呈現出「雅樂淪亡、俗樂淫陋」的不堪局面。因此，當西方音樂在近代再次傳入中國，塡補傳統「雅樂」的空白，並形成占主導地位的音樂文化後，「詩」、「樂」之間的關係並沒有因「西方音樂」的「異質性」而結束，而是更加密切，並且在近代再次迎來了「詩樂合作」的高潮。誕生於近代的大量「樂歌」正是這種合作的結果。不過，近代樂歌的興起畢竟有其特殊的文化背景。尤其是，「救亡」、「啓蒙」的指向，以及近代音樂教育地位的提升，讓近代樂歌呈現出非常鮮明的時代特色。因此，遊弋於現代與傳統之間的近代樂歌呈現出「教育唱歌」（或「音樂唱歌」）與「國學唱歌」（或

〔註 1〕 陳仲子：《詩歌與音樂之關係》，載《音樂雜誌》第 1 卷第 2 期，1920 年 4 月。
〔註 2〕 梁啓超：《飲冰室詩話》（77 條），載《新民叢報》第 40/41 號合本。

「詞章唱歌」）分途的景象。這種分化，落實到樂歌的語言上，則呈現出「淺白」與「文雅」兩個非常不同的傳統。

第一節　「文」、「白」問題的初顯

胡適提倡創作「新詩」時曾言：「……我自信頗能用白話作散文，但尚未能用之於韻文；私心頗欲以數年之力，實地練習之。倘數年之後，竟能用文言白話作文作詩，無不隨心所欲，豈非一大快事？我此時練習白話韻文，頗似新闢一文學殖民地。」〔註3〕胡適對自己的開辟之功頗感自豪。不過，這種白話為詩的嘗試其實在晚清的詩界革命和樂歌創作中已經開始。

晚清最早提倡改變詩歌語言的是黃遵憲。1868 年，在《雜感》中他第一次提出「我手寫我口，古豈能拘牽」的主張。郭延禮認為：「這是我國語言文學史上關於言文合一第一次最明確的表述。」〔註4〕最初，黃遵憲對白話作詩的提倡是因為受到民間歌謠的影響（參見第三章）。等到出使日本，受明治維新諸多文化舉措的啟發，他更是認識到「蓋語言與文字離，則通文者少；語言與文字合，則通文者多，其勢然也」。因此，「欲令天下之農工商賈、婦女幼稚皆能通文字之用，其不得不於此求一簡易之法哉」〔註5〕。

不過，近代的白話文運動雖然已經蓬勃展開，為詩界革命的白話主張提供了文化背景與助力，但在近代，白話主要還是被當作「啟蒙」的工具，為下層民眾說法。因此，詩歌創作層面的白話文運動雖然有黃遵憲和梁啟超等人的先後提倡，雖然在「雜歌謠」、「樂府」、「竹枝詞」等形式上取得了一定成績，卻並未真正撼動「文言詩國」（胡適語）的主流傳統。真正試圖打破這種文白壁壘的還是要從近代的樂歌談起。

近代樂歌的「白話」趨勢最早是從傳教士創作的「讚美詩」開始的。周之德在《閩南倫敦會基督教史》中提到：「初英長老會牧師賓為霖者著《神詩和選》，依律體詩而作，婦孺苦於文字艱深，頌其音不能通其意，有失頌讚之

〔註3〕 胡適：《五年八月四日答任叔永書》（代序一），見胡適：《嘗試集》，人民文學出版社，1984 年。
〔註4〕 見郭延禮：《中國近代文學發展史》第二卷，山東教育出版社，1991 年，755 頁。
〔註5〕 黃遵憲：《日本國志》卷三十三《學術志二・文字》，見陳錚編：《黃遵憲全集》，北京：中華書局，2005 年，1420 頁。

至誠。養君因創作白話詩歌以祛其弊，即《養心神詩》十三首也。」這十三首讚美詩作於 1852 年。後來，《聖詩譜》的編者狄就烈女士在該書的凡例中也主張：「此書用官話，不用文理，特爲要使學生，同學問淺薄的教友，都便宜用。」〔註6〕隨著西方傳教力度的加大，大量的讚美詩編譯刊行，在 1919 年之前大概有百餘種之多。爲了適應大部分教友的文化程度，使用白話甚至方言編寫的讚美詩不在少數〔註7〕。例如李提摩泰編《小詩譜》中就有這樣的讚美詩：

> 我要起身，
> 我要起身，
> 到我父那裡去。
> 我必要對他說，
> 父阿，父阿，
> 我有罪了！
> 我有罪了！
> 我有罪了！
> 得罪天也！
> 得罪你！
> 從今以後，
> 我不配稱爲你兒！
> 我要起身，
> 我要起身
> 到我父那裡去。
> 阿門！〔註8〕

優美的樂曲加上淺白的歌詞，魔力是如此之大，中國的教徒也開始模仿這種形式來寫作。如席勝魔（1835 叙～1896）創作的讚美詩《我們這次聚會有個緣故》：

> 我們這一次的聚會有個緣故，

〔註6〕見耶穌聖會女教友狄就烈編：《聖詩譜》增補重印本，上海美華書館，1907年。

〔註7〕參見陶亞兵：《明清間的中西音樂交流》第三章第一節《讚美詩在中國》，東方出版社，2001年。

〔註8〕李提摩泰：《小詩譜》，1883年，22頁。

　　　　是聖靈引教會往前進步。

　　　　或男女阿，或老幼阿，

　　　　都當虔誠禮拜主，

　　　　要領受主的吩咐。

　　　　主說我在十字架上爲你捨命，

　　　　你還有什麼捨不得的來跟從吾。

　　　　是醉酒麼，是吸煙麼，是看戲賭博麼，

　　　　請說你還有什麼捨不得的來跟從吾，

　　　　去享那天堂永福。〔註9〕

不過，近代讚美詩的使用畢竟只限於一些信教者。眞正對近代樂歌的淺白化產生影響的還是學堂樂歌的出現與廣泛使用。

　　中國近代仿西方學制的建立，使由易到難的層級教育意識更加明確。這就要求教材的編寫應當適合相應年級的程度。具體到學校的音樂教材，情況也是如此。葉中泠曾言：「教材者，教授之材料也。教材中最當注意者，即審定歌詞歌曲，與兒童之性情知識，其程度適合與否是也。否則教授之方法雖得其當，而學者終未能獲樂趣耳。」〔註10〕所以，學堂樂歌需要在各個年級使用，自有難易之不同級別。落實到創作上，就會對「音樂」與「歌詞」兩個方面提出要求。因此，近代的樂歌教科書常常於《凡例》中提到：「是編分上下兩集，其次第皆依歌詞之淺深、曲譜之難易而定。」〔註11〕或曰：「是書編列次序分門別類，且按曲譜之難易，歌詞之淺深以區別之。」〔註12〕具體到「音樂」的部分，近代的音樂教材常常區分「單音唱歌」與「復音唱歌」，或者在教學實踐中先學唱歌再學樂器演奏等，顯示了依據「音樂」的難易來劃分教材的思路。如《女子新唱歌》即被劃分爲「首單音唱歌，次重音唱歌，次手風琴引」〔註13〕。「音樂」的部分相對來說比較容易解決，西方成熟的音

〔註 9〕 轉引自陶亞兵：《中西音樂交流史稿》，中國大百科全書出版社，1994 年，175
　　　　～176 頁。

〔註10〕 葉中泠編：《小學唱歌教科書》之《唱歌教授之要素》，商務印書館，光緒三
　　　　十三年（1907）五月初版。「泠」原誤作「冷」。

〔註11〕 見黃子繩等編：《教育唱歌》上編，湖北學務處，1905 年。

〔註12〕 鍾卓榮：《中小學唱歌教科書·序》，1914 年，見李雁行、李英倬編：《中小學
　　　　唱歌教科書》上卷，版權頁缺，張靜蔚《搜索歷史·附錄》中記載爲 1913 年。

〔註13〕 葉中泠編：《女子新唱歌》之《例言》，上海：商務印書館，光緒三十三年（1907）
　　　　三月初版。

樂教育體系會提供由易到難的音樂素材。即便當時中國的音樂工作者對西方音樂的知識有限，他們還可以借用日本這個現成的中介。

但是，對「歌詞」部分來說，情況則有些複雜。每個人對文白深淺的感受都不盡相同。而近代的文章語體也處於極爲混亂的狀態：既有各種白話報上的口語化文章，也有桐城派「餘孽」繼續寫作的古文，既有梁啓超「務爲平易暢達，時雜以俚語、韻語及外國語法」的「新文體」文章，也有林紓使用文言翻譯外國小說。除了這些外部因素，在近代的音樂界，對樂歌歌詞是否需要從傳統文明中尋找資源，以及尋找何種資源，也有不同的看法，這就加劇了樂歌歌詞文白程度的混亂。而在這一片混亂中，近代的學堂樂歌與傳統詩歌之間的關係最耐人尋味。

「歌」歷來被國人認爲是「有聲」之「詩」。所以，以是否配樂爲原則，中國傳統的詩歌常常被劃分爲「聲詩」與「徒詩」兩種。「聲詩」曾對古代詩歌的發展起到巨大的推動作用〔註 14〕。不過，到了有清一代，詩樂的傳統漸爲衰熄。梁啓超曾在《〈中國詩樂之變遷與戲曲發展之關係〉跋》中爲此總結了四條原因：首先，他認爲清承明制而來，用八股取士，而八股與詩樂最不相容；二是，流行的程朱之學中含有墨學思想，而墨學的非樂理念也因此得到傳播。三是，乾嘉流行的考據之學也與詩樂的傳統不相容。另外，自雍正朝以來，取消官方樂戶，同時禁止私人自蓄樂戶，所以「士夫之文采風流者，僅能爲『目的詩』，至若『耳的詩』，雖欲從事，其道末由。而音一科，遂全委諸俗伶之手，是此學所以衰落之原因四也」〔註 15〕。雖然總結了四點，但是梁啓超眞正看重的還是最後一點。在此之前，此意就曾在《飲冰室詩話》中申說過：

> 蓋自明以前，文學家多通音律，而無論雅樂、劇曲，大率皆由士大夫主持之，雖或衰靡，而俚俗猶不至太甚。本朝以來，則音律之學，士夫無復過問，而先王樂教，乃全委諸教坊優伎之手矣。
>
> 〔註 16〕

雖然此條「詩話」更多的是針對「詩人」發言，反思的是「中國之詞章家，

〔註 14〕 參見趙敏俐等：《中國古代歌詩研究——從〈詩經〉到元曲的藝術生產史》，北京大學出版社，2005 年。

〔註 15〕 載《新民叢報》第 77 號，1906 年第 5 號。

〔註 16〕 載《新民叢報》第 40/41 號合本。

則於國民豈有絲毫之影響耶」，而《跋》文卻是針對「音樂」而發言，有所不同。但是認爲「士大夫」放棄了「樂教」領域，委之於俗伶之手，造成音樂的衰落，則是一致的。

梁啓超的言外之意是要求士大夫重新「佔領」音樂的領域，以求重振樂教的傳統〔註17〕。爲此，他自己以身作則，除先後在《新民叢報》第40/41號合本，第46/47/48號合本、第57號、第61號、第78等號上的《飲冰室詩話》中，用大量篇幅對「音樂」發言、推介近代的音樂工作外，還親自參與、創作了《愛國歌》、《從軍樂》等樂歌。尤其是第78號上的《飲冰室詩話》，梁啓超更是再次重申：「俗樂緣舊社會之嗜好，勢力最大。士大夫鄙夷之，而轉移風化之權，悉委諸俗伶，而社會之腐敗益甚。」〔註18〕可見作者對知識精英應重新佔領「樂教」領導權的堅持。

而近代以西樂東漸爲背景的音樂教育的興起，也的確一直處於「士大夫」的掌控之中。由於「詩」、「樂」不分的傳統，「士大夫」中的「詩人」更容易對此產生共鳴。尤其是中國深厚的詩歌傳統，在近代一片西學東漸的浪潮中，成爲爲數不多的可以堅定國人對自身文明信心的精神支柱。例如，曾志忞就曾這樣表述過：

> 不知作歌學，而知中國相習自然之歌學，則可作歌，以吾國歌學素發達也。不知作曲學，而知中國舊時之旋律，則萬不可作曲，以歐洲音樂曲之進步駕於吾國也。……歌之意想，歌之體裁，歌之材料，吾不如人，然猶可以自尊，以吾舊學猶在也。曲之旋法，曲之進行，曲之調和，吾不如人，然我決不能自誇，以吾雅音不再也。

〔註19〕

相對於作曲的不自信，曾志忞對中國的「歌學」傳統是相當推崇的，尤其是在認識到「歌之意想」、「體裁」、「材料」「不如人」的情況下，仍然因爲「舊學猶在」而可保「自尊」。這樣一份肯定，在近代的文化背景中實在難得。也

〔註17〕其實，近代「俗伶」也受到感召，如近代戲劇改良的主將汪笑儂就認識到「隱操教化權，借作興亡表」的意義，而自我勉勵「手挽頹風大改良，靡音曼調變洋洋，化身千萬儻如願，一處歌臺一老汪」（梁啓超：《飲冰室詩話》，載《新民叢報》第59號（第3年第11號），1904年12月21日）。

〔註18〕載《新民叢報》第78號（第4年第6號），1906年4月8日。

〔註19〕曾志忞：《音樂教育論》，載《新民叢報》第68號（第3年第20號），1905年5月4日。

正是基於中國古代「詩」、「歌」不分的傳統，近代主持學堂樂歌創作的精英階層會很自然地向古代詩歌傳統尋求資源。曾氏所寫《教育唱歌集‧序》，旨在討論歌詞創作問題，卻以「告詩人」名篇，也可作為此種意識的例證。

　　然而，新的時代已經提出了不同的要求。學堂樂歌的「教育」和「啓蒙」指向要求歌詞趨向「淺白」。雖然中國傳統詩歌作品中不乏取自民間的白話佳作，但是其主流（或大部分）作品仍然隸屬於有著悠久歷史的文言傳統。所以，當近代樂人用傳統作詩的手法創作樂歌歌詞時，或者說當「傳統詩人」向「近代歌詞作者」自然轉化時，問題出現了。

　　曾志忞作爲近代學堂樂歌的開創者之一，對此有著切身的體會。在《教育唱歌集‧序》中，他對古今詞章家的一些「癖好」頗不認同。曾氏認爲這些詞章家爲了獵取「淵博奇特之名」，「好爲微妙幽深之語，務使婦孺皆不知，惟詞章家獨知之，其詩乃得傳於世」。他認爲這樣的詩歌作品「非教育的、音樂的者也」。正是因爲有這樣的傳統存在，所以當時一些歌詞創作受其影響，才會出現「其文之高深，十倍於讀本；甚有一字一句，即用數十行講義，而幼稚仍不知者」的現象出現。爲此，曾志忞以「歐美小學唱歌，其文淺易於讀本。日本改良唱歌，大都通用俗語。童稚習之，淺而有味」爲模範，提出了他心目中理想的歌詞創作標準：

　　　　以最淺之文字，存以深意，發爲文章。與其文也寧俗，與其曲也寧直，與其塡砌也寧自然，與其高古也寧流利。辭欲嚴而義欲正，氣欲旺而神欲流，語欲短而心欲長，品欲高而行欲潔。〔註20〕

　　曾氏的態度頗可玩味。正如上文所言，基於古代的文化傳統，他認爲近代的歌詞創作仍然是「詩人」之事。但是，落實到具體的語言問題上，他卻反對詩歌創作中「淵博奇特」、「微妙幽深」的寫作習慣。曾志忞的矛盾反映了那個時代文化的複雜與多變。文明傳統的巨大律動促成了他對詩歌傳統的認同；而其反對，則反映出近代文化的兩種轉變：一是在「救亡」的語境中，「教育」重要性的提升；二是在西樂東漸的背景下，「音樂」正在逐步建立自身的主體性。曾志忞曾言：「音樂者，術也，亦學也。」〔註21〕雖然其時還有許多國人存在著輕視音樂的態度，但是借助東西洋音樂的巨大影響力，借助近代音樂科逐漸在近代教育中佔據一席之地，音樂正在逐步成長爲一個具有

〔註20〕見梁啓超：《飲冰室詩話》（97條），載《新民叢報》第第46/47/48號合本。
〔註21〕曾志忞：《音樂四哭》，載《醒獅》第4期，1906年4月24日。

自身話語價值，正在逐步建立自身創做法則的門類。這正是曾氏此論的背後原因。梁啓超對曾志忞的看法頗表贊同，他在《飲冰室詩話》中評論道：「原書卷首有《告詩人》一條，足爲文學家下一針砭而增其價值。」〔註22〕其實，正是因爲擺脫了「詩歌」的附屬地位，曾志忞才能站在一個「局外」的立場，以近代音樂教育家的身份，用一種平等的眼光，對詩歌語言的貴族化發出反對的聲音。正是因爲「教育」與「音樂」在近代的重要，曾志忞的反對才顯得那麼擲地有聲，且一針見血。

第二節　「質直如話」的「教育唱歌」

以「教育」爲目標，許多近代樂人不但贊成「淺白」的原則，更是以實際的創作實踐了這種原則。

首先是作爲「學堂樂歌之父」的沈心工，以其大量「能通俗而不俚，其味雋而其言淺」〔註23〕的作品，對近代樂歌歌詞的「淺白化」作出了巨大的貢獻。如《學校唱歌初集》中的《雪》：

　　歡喜！歡喜!歡喜！天上雪花飛。到此水晶宮裏，裝飾休嫌費。珠滿衣、玉滿衣，腳底銀鋪地。歡喜！歡喜！歡喜！但願雪常飛。

　　歡喜！歡喜！歡喜！天上雪花飛。彷彿一座機器，盡力彈棉枭。菜相宜、麥相宜，蓋雪如蓋被。歡喜！歡喜！歡喜！但願雪常飛。

　　歡喜！歡喜！歡喜！天上雪花飛。眞個不可思議，花樣都詫異。一瓣齊、六瓣齊，裁剪非容易。歡喜！歡喜！歡喜！但願雪常飛。

　　歡喜！歡喜！歡喜！天上雪花飛。堆個雪人遊戲，太陽須迴避。手也肥、腳也肥，如何曬得起。歡喜！歡喜！歡喜！但願雪常飛。

《雪》在樂歌集中屬於爲「幼稚園及尋常小學堂」準備的「甲種」樂歌。這首作品將兒童對雪的喜歡之情發抒得非常到位。尤其是描寫堆了個「手也肥、

〔註22〕梁啓超：《飲冰室詩話》（第97條）。
〔註23〕黃炎培：《重編學校唱歌集·序》，見沈心工編：《重編學校唱歌集》，發行者：上海沈心工，中華民國元年（1912）十月初版，民國四年（1915）四月再版。

腳也肥」的雪人，更是會使演唱者露出會心一笑。另外，即使是「宜於高等
小學及中學堂之程度」〔註24〕的「乙種」樂歌，歌詞也是清新明快，如《春
雨》：

> 春雨如霧又如煙，模糊難分辨。泥土不燥也不黏，農人好種田。
> 柳陰（蔭？）麥浪綠無邊，菜花黃更鮮。天時人力兩完全，便是大
> 豐年。

整首樂歌帶有鮮明的沈氏歌詞色彩，明白如話，生動活潑，又貼近生活，富
有情趣。再如《學校唱歌二集》中的《燕》：

> 燕燕、燕燕，別來又一年。飛來、飛來，借與你兩三椽。你舊
> 巢門戶零落不完全，快去銜土、快去銜草，修補趁晴天。
>
> 燕燕、燕燕，室內不可留。關窗、關門，須問你歸也不。你最
> 好新巢移在廊簷頭，你也方便、我也方便，久遠意相投。

錢仁康先生曾深情地記述到：「筆者幼年時還沒有進小學以前，就由母親教會
了唱這首歌。」錢先生還特意寫了一首小詩記述此事：「楊柳依依三月天，隨
母洗衣到河邊。殷殷教我歌一曲，『燕燕別來又一年』。」另據錢先生的記載，
同樣喜歡這首作品的還有吳貽芳先生。她「稱這首歌為『心中的歌』，她把這
首兒時的歌曲作為座右銘，像燕子一樣辛勤工作，為國培育人才，數十年如
一日。一首小小的歌曲可以發揮這麼大的積極作用，可見它的教育意義是十
分深遠的。」〔註25〕而這首樂歌之所以會有如此大的魅力，其歌詞的明白曉
暢，自然是功不可沒。

雖然沈心工本人未留下多少理論文字，但是陳懋治為其《學校唱歌二集》
寫的《序》，則清楚地表達了對「淺白」歌詞的提倡：

> 學校歌詞不難於協雅，而難於諧俗。今若院本，國初以來，雲
> 亭、西堂風靡一世，其在今日，乃不能與燕秦俚俗之辭，角勝負於
> 歌臺舞榭間。風氣之變，雖視夫提倡者之何如，然以閱數千年不能
> 人人盡通之文字，又益之以藻飾，其能使家弦戶誦，而不為廣陵絕
> 響耶？夫樂之所以感人者，非徒以音為而已。彼樂工日誦《琵琶記》、
> 《桃花扇》諸曲，而絕無能解其義者，其感情曾有幾何？故謂化俗
> 移風，於樂無與則已，若循春誦夏弦之義，而俾黃口孺子歌《風》

〔註24〕見沈慶鴻編：《學校唱歌初集》之《凡例》，1904 年初版。
〔註25〕錢仁康：《學堂樂歌考源》，上海音樂出版社，2001 年，94 頁。

肆《雅》，謂能陶淑情性，少知心理者能信之乎？比年以來，斯義漸彰，按譜協律，頗有作者。然其弊病大都不純，一闋之內，文俗雜糅。求所謂質直如話，而又神味儁永者，自沈君叔逵所著外，蓋不數見也。〔註26〕

文章雖有「諛頌」之嫌，但說理透徹，還是可以見出作者對歌詞創作的意見。而且，以符合黃口孺子之心理爲要求，與沈心工在《學校唱歌初集・凡例》中的態度頗爲一致：「甲種曲調平易，歌意淺顯，語多言文一致，更參以遊戲，期合乎兒童之心理，凡幼稚園及尋常小學堂均可用」〔註27〕。沈心工曾翻譯過《小學唱歌教授法》，對教授之學頗有研究。沈氏認爲，泰西現今教育發達，「究其發達之由，則以教授法日益完備故。何者？教育者，僅示其目的；而教授法者，則達此目的之方法也。方法益多，目的遂無一不可達」〔註28〕。在「教育」原則，以及「科學」教育法的推動下，對兒童心理的顧及，自然就會要求針對低年級學生的學堂樂歌歌詞應當以「質直如話，而又神味儁永」爲模範。所以，對「言文一致」的追求就成爲先知先覺者的共識。

另外，曾志忞在表述理論的同時，也用自己編輯的《教育唱歌集》作出了示範。梁啓超曾特意在集中選擇了三首樂歌歌詞，登入《飲冰室詩話》，以示楷模：

老鴉（幼稚園用）

老鴉老鴉對我叫，老鴉眞正孝。老鴉老了不能飛，對著小鴉啼。小鴉朝朝打食歸，打食歸來先喂母。自己不吃猶是可，母親從前喂過我。

馬蟻（尋常小學校用）

馬蟻馬蟻到處有，成群結隊滿地走。米也好，蟲也好，銜了就往洞裏跑。誰來與我爭？一齊出仗，大家把命拼。不打勝仗不肯回，守住洞口誰敢來？好好好！他跑了，得勝回洞好。有一處，更好住，要做新洞大家去。

莫說馬蟻馬蟻小，一團義氣眞正好。人心齊，誰敢欺？一朝有

〔註26〕 見沈慶鴻編：《學校唱歌二集》，1906 年。

〔註27〕 見沈慶鴻編：《學校唱歌初集》，1904 年。

〔註28〕 〔日〕石原重雄原著，沈心工譯輯：《小學唱歌教授法》，上海文明書局，光緒三十一年（1905）六月初版。

事來，大家都安排。千千萬萬都是一條心，鄰舍也是親兄弟，朋友也是自家人。你一擔，我一肩，個個要爭先。你莫笑，馬蟻小，義氣真正好。

黃河（中學校用）

黃河黃河，出自崑崙山；遠從蒙古地，流入長城關。古來聖賢，生此河干。獨立堤上，心思曠然。長城外，河套邊，黃沙白草無人煙。思得十萬兵，長驅西北邊。飲酒烏梁海，策馬烏拉山。誓不戰勝終不還。君作鐃吹，觀我凱旋。〔註29〕

這三首樂歌歌詞很有代表性。第一首《老鴉》出自龍毓（上「鹿」下「昏」）之手，第二首《馬蟻》是曾志忞的代表作，第三首《黃河》則是楊度的大作。這些歌詞的確能體現出曾志忞「以最淺之文字，存以深意，發爲文章」的主張。《老鴉》爲「幼稚園」生徒而作，以兒童常見且在民間沒有什麼好名聲的烏鴉作爲主要的刻畫對象，教育兒童要學習小鴉「孝順」老鴉的精神。《馬蟻》是爲「小學校」準備的樂歌。雖然這首歌曲仍然是以兒童常見的動物爲主要喻體，但是由於教育對象的升級，歌曲所表達的中心思想就從「私德」——「孝」——進步爲「公德」——近代非常重要的「合群」理念了。而《黃河》是爲「中學校」準備的樂歌。在曾志忞《教育唱歌集》出版的 1904 年，「中學」與「小學」之間的教育程度是一個巨大的分水嶺。在「中學」讀過書的人在當時已經可以算是受過比較高等的教育了。因此，與前面兩首樂歌相比，《黃河》的文化含量要豐富得多，意蘊也更爲切密、深厚。這首樂歌以富含傳統文明指涉的地標——「黃河」——爲主要抒情對象，傳達出強兵戍邊、救國振興的意蘊。

這幾首樂歌經過梁啓超的提倡，受到很多人的追捧與摹仿。如劍虹（李爕義）作詞的《蜜蜂歌》也是用昆蟲來詠歎「勤勞」、「合群」的思想：

蜜蜂小，蜜蜂小，一群生活過得好。造蜂房，釀蜂蜜，終日勤勞真正巧。真正巧，真正巧，人人莫說蜜蜂小。尾上刺，生得好，防備外敵來侵擾。齊努力，飛向花叢，將天然界中香料採好。到冬天，無煩惱，一群生活過得好。〔註30〕

黃子繩創作的《黃河》則幾乎可以說是楊度歌詞的改寫了：

〔註29〕梁啓超：《飲冰室詩話》（97 條）。
〔註30〕劍虹詞：《蜜蜂歌》，載《雲南》第 8 號，1907 年 8 月 25 日。

　　黃河水，勢如摧，奔流到海不復回。從蒙古，入長城，滔滔有如天上來。一瀉瞬息直千里，洪波怒濤響澎湃。自古聖賢生此地，炳炳事業何壯哉！

　　窮其委，究其源，其源發自崑崙山。繞西北，流東南，鍾靈毓秀在長安。於今四海多烽煙，敵船直泊於河干。安得聖賢復出兮，澄清黃河之波瀾！〔註31〕

1904 年，曾志忞推出的《教育唱歌集》和沈心工的《學校唱歌初集》是近代樂歌最初的作品集。它們都以「淺白」的歌詞爲特色，對後來的樂人產生了深遠影響。如倪覺民就對沈、曾二氏的樂歌極爲推崇。在其自編的《女學唱歌》〔註32〕中，收錄樂歌 27 首〔註33〕。其中，見於沈氏《學校唱歌初集》的樂歌就有《體操》、《樂群》、《秋之夜》、《雁字》、《運動會》、《年假》〔註34〕6首。另外，集中還有一首《纏足歌》，雖然倪氏並不知道作者是誰〔註35〕，卻對之極爲推崇，「此歌如誦白太傅詩，老嫗都解，極合學校唱歌體裁。故不嫌重複，選錄於後。」〔註36〕所謂「不嫌重複」，是因爲《女學唱歌》（初版）的第一首樂歌即爲倪氏自著歌詞的《纏足苦》。此處再來一首「戒纏足」的歌曲，並不惜與自己的作品對刊，可以想見作者的推重程度。其實，這首《纏足歌》即爲本書第三章介紹的沈心工的《纏腳歌》。所以，《女學唱歌》中屬於沈系作品的有 7 首之多。另外，集中還有兩首署名「曾志忞」的樂歌《勤》

〔註31〕見黃子繩、權國垣、蘇鍾正、汪翔編《教育唱歌》下編，湖北學務處，1905年。

〔註32〕上海教育館，丙午（1905 年）10 月初版。該樂歌集在光緒三十二年（1906年）六月十五日再版改良印刷後曲目有所調整。

〔註33〕這裡爲了便於讀者的理解，以一個題目爲一首，而不是按照近代樂歌書中以一段歌詞爲一首的習慣。

〔註34〕其中《體操》爲沈氏之《體操（女子用）》，《年假》爲沈氏書中的《休業式》。歌詞與沈氏原文略有不同，編者自己的解釋是：「是編所集名人歌曲，間有略改數字，乃爲合女學宗旨而起，非敢擅爲修改也。」（《女學唱歌·凡例》）而光緒三十二年（1906）倪覺民出版了《(改良再版）女學唱歌集》時，刪掉了其中所有署名「沈慶鴻」的 4 首樂歌，卻保留了原來在《學校唱歌初集》中署名夏頌萊和吳懷疚的兩首樂歌，不知何故？筆者推想，可能是因爲著作權的問題，沈心工不願意讓自己創作的樂歌出現在別人的樂歌集中。

〔註35〕作者曾於該書《凡例》中提到：「是編歌曲，採諸名人唱歌集中者，十之五，因注明姓氏，不敢掠美。」但是在目錄和正文中，對這首樂歌作者的標注均爲「未詳」，推測倪氏可能於《女子世界》中見到這首樂歌。

〔註36〕見該首樂歌歌詞末尾的注釋。

和《黃菊》。至此，沈、曾二氏的作品已經佔據了《女學唱歌》三分之一的篇幅。而倪氏受其影響，所寫樂歌也極為「淺白」。如《讀書樂》：

> 讀書樂。春日清和，最是讀書樂。風輕日麗，懶新妝，工藝須勤學。功課畢，約了姊妹，花底迷藏捉。問尚有，何事更比，春日讀書樂。

> 讀書樂。長夏如年，最是讀書樂。梅雨新霽，芳草綠，體操須勤學。功課畢。約了姊妹，蓮渚乘涼話。問尚有，何事更比，夏日讀書樂。

> 讀書樂。秋雨新涼，最是讀書樂。梧桐葉落，報新秋，歷示須勤學。功課畢，約了姊妹，同採東籬菊。問尚有，何事更比，秋日讀書樂。

> 讀書樂。冬雪初晴，最是讀書樂。南簷日暖，硯冰融，書畫須勤學。功課畢，約了姊妹，圍爐話東閣。問尚有，何事更比，冬日讀書樂。

歌曲對四季讀書遊樂的情景表述得明白曉暢，堪稱典範。另外，傳達孝道的《燕子》可以說是對曾志忞《老鴉》歌意的摹仿：

> 燕子飛，燕子飛，為了小燕去銜泥。朝也銜，暮也銜，做窠何等難。嗚呼燕子且如此，爺娘創業苦誰知。顧（願？）姊妹，孝爺娘，但看雙燕子。

> 燕子飛，燕子飛，為了小燕去尋餌。朝也尋，暮也尋，養雛何等勤。嗚呼燕子且如此，爺娘養我苦誰知。顧（願？）姊妹，孝爺娘，但看雙燕子。〔註37〕

經過曾志忞、沈心工兩位學堂樂歌巨擘的提倡，對歌詞淺白的要求，尤其是對低年級學生唱歌教材的「淺白」要求成為被普遍接受的原則。例如，吳福臨就曾說，「蓋兒童之樂趣在歌譜者少，在歌辭者多」，所以應「不慮淺白，只忌艱澀」。正是在這種推崇「淺白」的文化氛圍中，他甚至主張應該使用更便於初級學生掌握的淺白的方言歌曲來教授兒童〔註38〕。隨著學堂樂歌的流

〔註37〕見倪覺民編：《女學唱歌》，上海教育館，1905年。
〔註38〕吳福臨：《小學唱歌之實驗》，載《教育雜誌（商務）》第 3 年第 7 期，1911年 9 月 2 日。

行，以及「唱歌科」在近代教育領域的地位日漸重要，歌詞的「淺白」逐漸
成爲被廣泛認同的原則。出版於 1907 年的《表情體操法》在《例言》的第一
條就強調：「歌詞淺顯，動作簡單，絕不涉於淵深博奧之途。」〔註39〕再如，
1909 年商務開始出版發行《教育雜誌》。在其創刊號上，就有一則懸賞徵集「初
等小學校歌」的廣告：「歌詞須淺顯易解，而又恰和初等小學低年級之身份程
度。如有已撰成之校歌，不拘用何曲譜，亦請寄下……」〔註40〕到該年第 4
期，應徵唱歌的結果被「披露」出來。一等獲獎作品爲：

> 智識初開，程度尚低，十歲八歲小年紀。書包一個朝夕攜，功
> 課無荒廢。服從先生，先生歡喜，褒獎連番記。求學勤勉，出學安
> 詳，優等學生能有幾？

> 行遠自邇，登高自卑，用功要自小時起。人一己百復己千，進
> 境正未已。歸語爺娘，爺娘歡喜，說你有志氣。今日學生，他年國
> 民，都在初等小學裏。〔註41〕

二等獲獎作品爲：

> 學生都是小年紀，同在學堂可歡喜。先生教授頗仔細，功課完
> 且備。張家哥哥，李家弟弟，又多又知己。課堂整齊，操場遊戲，
> 還有何事不願意。〔註42〕

這兩首獲獎作品的淺白頗符合徵集廣告的要求，尤其是歌詞中不約而同地強
調「小年紀」與歌詞的通俗易解形成呼應。《教育雜誌》徵集的是小學校的校
歌，針對全部小學校學生發言。因此，從這次徵集活動中可以見出，當時「淺
白」歌詞的流行已經不再限於一兩本樂歌集了，而是成爲被社會廣泛認同的
創作原則。民國成立以後，「淺白」更成爲被教育部規定，以及被近代的音樂
教育工作者廣泛認同的樂歌歌詞原則。例如，大量出版「教育部審定教科書」
的商務印書館，在 1913 年的《教育雜誌》（商務）上介紹《幼稚唱歌》的廣

〔註39〕 上海徐紹曾、陽湖孫揆編：《表情體操法》，又名《表情體操教科書》、《唱歌
遊戲》，上海科學書局，光緒三十三年（1907）五月廿五日發行。
〔註40〕 《懸賞徵集唱歌·初等小學校歌》，載《教育雜誌》（商務）第 1 年第 1 期，
宣統元年正月二十五日。
〔註41〕 許可：《懸賞披露：第一期懸賞應徵唱歌：初等小學校歌：一等》，載《教育
雜誌》（商務）第 1 年第 4 期，1909 年 5 月 14 日。
〔註42〕 孫元瀛：《懸賞披露：第一期懸賞應徵唱歌：初等小學校歌：二等》，載《教
育雜誌》（商務）第 1 年第 4 期，1909 年 5 月 14 日。

告語，即是以「兒童知識甫起，貴用淺妙之歌訣，以陶淑其性情」〔註43〕相標榜。

總之，以「教育」爲目的，近代的學堂樂歌呈現出非常明顯的「淺白化」趨勢。尤其是針對「小學生」，甚至更爲低年級的學生使用的樂歌，更是「淺白」的學堂樂歌的勢力範圍。

不過，當中學教育逐漸興起，當越來越多的「文人」參與到樂歌創作的隊伍中來，近代樂歌的語言又呈現出另一片不同的景象。

第三節　「古義微言」的「國學唱歌」

如果說沈心工和曾志忞奠定了「淺白」的學堂樂歌歌詞的創作原則，那麼近代樂歌創作的另一位巨擘——李叔同，則從一開始就選擇了另一條道路。

根據目前已知的材料推測，李叔同從事樂歌創作很可能受過沈心工的啓發，陳淨野在《李叔同學堂樂歌研究》中對此有過考辨〔註44〕。不管李叔同與沈心工是否曾直接會晤，其最早的樂歌集《國學唱歌集》乃是針對沈心工和曾志忞發言，卻是非常明顯的。在《序》中，李叔同說：

> 樂經云亡，詩教式微，道德淪喪，精力斁摧。三稔以還，沈子心工，曾子志忞，紹介西樂於我學界，識者稱道毋少衰。顧歌集甄錄，僉出近人撰著，古義微言，匪所加意，餘心恫焉。商量舊學，綴集茲冊，上泝古《毛詩》，下逮崑山曲，靡不鬮理而會粹之。或譜以新聲，或仍其古調，顏曰《國學唱歌集》，區類爲五：
>
> 《毛詩》三百，古唱歌集，數典忘祖，可爲於邑，揚葩第一；
> 風雅不作，齊竽競嘈，高榘遺我，厥唯楚騷，翼騷第二；
> 五言、七言，濫觴漢魏，環偉卓絕，正聲罔愧，修詩第三；
> 詞託比興，權興古詩，楚雨含情，大道在茲，摛詞第四；
> 餘生也晚，古樂靡聞，夫唯大雅，卓彼西崑，登崑第五。
>
> 〔註45〕

〔註43〕《廣告·暑假獎品·幼稚唱歌》，載《教育雜誌（商務）》第5卷第3號，1913年6月10日。
〔註44〕陳淨野：《李叔同學堂樂歌研究》，中華書局，2007年，28～31頁。
〔註45〕李叔同編：《國學唱歌集》，中新書局國學會，丙午（1906年）五月再版發行。根據張靜蔚在《搜索歷史》中的記載，該歌集應爲1905年5月初版發行。

　　1905 年的李叔同在上海已經頗有名氣，經常在一些小報上參加或主持「詩鐘」比賽。他曾整理了一本《詩鐘彙編初集》行世，自己的創作也編了一本《李廬詩鐘》出版。在藝術創作方面，他也頗有斬獲。他與友人曾發起成立了城南文社，創辦了「以提倡風雅、振興文藝為宗旨」的書畫公會，並辦有《書畫公會報》〔註46〕。他於 1900、1901 兩年曾刊出《醸紈閣李漱筒潤格》和《李漱筒重訂書例》〔註 47〕。可見，當時的李叔同已經開始顯露出令人欽佩的藝術才華。這種才華以深厚的中國傳統文化為根底，而其人也頗以詩文風流的名人雅士自視。以這樣的身份和修養，他對沈、曾以「淺白」語言為主的樂歌創作頗有微辭，則很好理解了。

　　1904 年 7 月，沈心工的速成樂歌講習會剛剛結束。8 月，由李叔同參與創辦的滬學會就成立了。在滬學會的各項活動中，有「樂歌補習」一項。李叔同編輯的《國學唱歌集》作為「滬學會樂歌研究科教本」〔註 48〕顯露出明確的針對意味。在《序》中，李叔同對沈、曾二人歌集中的作品「僉出近人撰著，古義微言，匪所加意」深感不滿。對於一個有著深厚詩詞修養的人來說，在教育領域拋棄唾手可得且淵源有自的詩教傳統，是不可原諒的事情。所以，他編輯的這本樂歌集以「擄懷舊之蓄念，振大漢之天聲」為宗旨，目標人群也變為「師範學校、中學校」的學生〔註 49〕。李叔同在同時期寫作的《論學堂用經傳》一文也表達了同樣的看法：「《詩經》為古之文集（章誠齋《詩教篇》翔言之），有言情、達志、敷陳、諷諭、抑揚、涵泳諸趣意，宜用之為中學唱歌集。」〔註 50〕可見，李叔同認為應該以《詩經》等古代的「聲詩」傳統輔助近代的樂歌創作。以《國學唱歌集》中一首《無衣》為例：

　　　　豈曰無衣？與子同袍。王於興師，修我戈矛。與子同仇。
　　　　豈曰無衣？與子同澤。王於興師，修我戈戟。與子偕作。
　　　　豈曰無衣？與子同裳。王於興師，修我甲兵。與子偕行。

〔註51〕

〔註46〕見郭長海、郭君分編：《李叔同集》之《前言》，天津人民出版社，2006 年，3～8 頁。

〔註47〕見郭長海、郭君分編：《李叔同集》，9～10 頁。

〔註48〕見《時報》1905 年 6 月 6 日。

〔註49〕見《時報》1905 年 6 月 6 日。

〔註50〕見郭長海、郭君分編：《李叔同集》，18 頁。原刊於上海《東方雜誌》第 2 年第 4 期，1905 年 5 月 28 日。

〔註51〕見錢仁康：《學堂樂歌考源》，272 頁。

歌詞雖然取自《詩・秦風》，但是卻頗能貼合近代「救亡」、「尚武」、「同仇敵愾」的精神主旨。不過，與第二章《「尚武」的歌曲》中選錄的眾多作品相比，的確需要中學以上的教育程度才可以很好地理解這首樂歌的意蘊。

其實，李叔同對「近人撰著」並不是一味排斥。《國學唱歌集》還有一個未見於《序》的第六部分「雜歌十章」，也就是《附錄》中的六首樂歌：李叔同作詞的《哀祖國》、《愛》、《化身》、《男兒》、《婚姻祝詞》各一章，以及取材於黃遵憲《軍歌》的《出軍歌》五章。翻閱這些作品，李叔同採用的「近人撰著」完全不同於沈、曾的「淺白」作品。以《化身》為例：

> 化身恒河沙數，發大音聲。爾時千佛出世，瑞靄氤氳。歡喜歡
> 喜人天，夢醒兮不知年。翻倒四大海水，眾生皆仙。

可以說，這是李叔同創作的第一首弘法樂歌。根據錢仁康先生的考證，李叔同為該樂歌選擇的曲調為基督教的讚美詩《與主接近歌》。據稱，著名的泰坦尼克號沉沒時，留在船上的 1500 餘人曾同聲高唱此歌，沉入海中〔註52〕。以這樣一首歌曲為宏揚佛法的樂歌配樂，可見李叔同寬廣的文化情懷。正如他在樂歌《男兒》中所言：「男兒自有千古，莫等閒覷。孔、佛、耶、回精誼，道毋陂岐。發大願作教皇，我當爐冶群賢。功被星球十方，贊無數年。」〔註53〕

其實，李叔同並非不能接受新鮮事物。作為一個活潑潑的 20 多歲的青年，對時代的敏感與熱情是不言而喻的。例如他創作的樂歌《婚姻祝詞》就表達了近代非常流行的男女平權的理念：

> 《詩》三百，《關雎》第一，倫理重婚姻。夫婦制定家族成，
> 進化首人群。天演界，雌雄淘汰，權力要平分。遮莫說男尊女卑，
> 同是一般國民。

根據郭長海先生的考證，李叔同還曾為滬學會的補習科編導了一本名為《文野婚姻》的新戲，「表現的是兩種類型的婚姻，兩種不同的後果：一種是父母包辦的婚姻，兩個不懂事的少男弱女，在父母之命的安排下，撮合成了夫婦，互不瞭解，互無關愛，只是渾渾噩噩地過日子，生生養養，一直到死。另一種是一對青年男女，在社會活動中結識，在鬥爭中相愛，在艱苦中結合，在

〔註52〕 見錢仁康：《學堂樂歌考源》，273～274 頁。
〔註53〕 其時，李叔同極為推崇康南海，曾刻有一枚印章「南海康君是吾師」。不知此歌是否含有歌頌康有為的意思。

對敵鬥爭中雙雙獻出自己的青春和生命」。這次演出是在 1905 年春節之後的初十日。那天雖然下了大雪，但是來觀看的群眾還是很多。李叔同特別寫詩為紀：「誓渡眾生成佛果，為獻歌臺說法身！」〔註54〕可見，李叔同對提倡新的生活方式的熱情。

對婚姻自由的提倡，是近代樂歌集中表達的主題之一。如倪覺民在《女學唱歌》的初版中，即以自己作詞的《自由結婚》殿尾：

> 女界第一事堪恨，不能自由締結文明婚。父母之命猶可聽，媒妁筮卜何可信。可憐遇人不淑安天命，為奴為隸羞辱甘心忍。君不見歐美文明之結婚，何等自由與平等！真道德，實學問，幾見法律不恪遵。苟能自愛並自尊，誰謂自由結婚西律終難行。〔註55〕

到光緒三十二年，倪覺民將《女學唱歌》「再版改良」，他自己作詞的《自由結婚》被金一作詞的《自由結婚》和李叔同作詞的《婚姻祝詞》〔註56〕取代，可見倪氏對二者的推崇。金一的作品曾在《女子世界》上刊出過〔註57〕，並在實際的新式婚禮上使用過〔註58〕，在晚清影響甚大，其歌詞為：

> 改造出新中國，要自新人起。莫對著皇天后土，僕僕空行禮。記當初指環交換，揀著生平最敬最愛的學堂知己。任你美妙花枝，氤氳香盒，怎比得愛情神聖涵天地。會堂開處，主婚人到，有情眷屬，人天皆大歡喜。

> 可笑那舊社會，全憑媒妁通情。待到那催妝卻扇，胡鬧看新人。如今是婚姻革命女權平等，一夫一妻世界最文明。不問南方比目，北方比翼，一樣風流快意亨（享？）難盡。滿堂賓客，前方跳舞，後方演說，聽儂也奏風琴。〔註59〕

金一的詞作比之倪氏原作似乎更為激進。雖然這三首提倡婚姻自由的樂歌都以來自西方的新思想、新意識為讚頌的對象，但是與倪、金二人的作品相比，

〔註54〕見郭長海、郭君兮編：《李叔同集》之《前言》，第 9 頁。
〔註55〕見倪覺民編：《女學唱歌》。
〔註56〕樂歌書中未標注作者。
〔註57〕載《女子世界》第 11 期，1905 年 4 月，原刊未署名。
〔註58〕參見《婚禮一新》，載《女子世界》第 2 年第 6 期，1907 年 7 月。資料線索為夏師曉虹提供，特此致謝！
〔註59〕見倪覺民編：《（改良再版）女學唱歌集》，上海：科學書局，光緒三十二年（1906 年）六月十五日再版改良印刷。本書複印件由夏師曉虹提供，特此致謝！

李叔同在提倡新思想的同時，並沒有放棄在傳統中尋找理論的依據——
「《詩》三百，《關雎》第一，倫理重婚姻。夫婦制定家族成」，與金一的作品
在「舊社會」前貫注以「可笑」二字形成鮮明對比，可見作者對傳統的肯定
與尊重。

這種處理似乎有某些寓言的意味。如同在樂歌歌詞的創作中不能忍受對
傳統的漠視，李叔同在《國學唱歌集》中選擇的「近人撰著」，仍然符合其一
貫的「提倡風雅」的精神。所以，以他的「近人撰著」與沈、曾二人樂歌集
中的「近人撰著」相比，落實到語言上，則有「文雅」與「淺白」的巨大差
異。

沈心工的《學校唱歌初集》和曾志忞的《教育唱歌集》初版發行於 1904
年，李叔同的《國學唱歌集》初版發行於 1905 年。這三本樂歌書是最早的近
代樂歌集。從三者的書名就可以看出所刊樂歌旨趣的不同。沈曾二人的作品
都強調了「學校」或「教育」，而李叔同的作品強調的卻是「國學」。可見立
意不同，最終導致了樂歌語言上的不同選擇。

第四節　「正體」與「別體」

1906 年，李叔同已經來到日本。受到日本樂歌文化的影響，他的樂歌創
作與理念出現了一些新變。這些變化集中體現在他自己編輯出版的中國近代
第一份音樂刊物《音樂小雜誌》上。在該刊「樂歌」欄中，曾刊出了三首李
叔同自作歌詞的樂歌——《我的國》、《春郊賽跑》和《隋堤柳》〔註60〕。他
特別將這三首作品分作「教育唱歌」和「別體唱歌」兩個二級欄目。《我的國》
和《春郊賽跑》屬於「教育唱歌」：

我 的 國

東海東，波濤萬丈紅。朝日麗天，雲霞齊捧。五洲惟我中央中。
二十世紀誰稱雄？請看赫赫神明種。我的國，我的國，我的國萬歲，
萬歲萬萬歲！

崑崙峰，縹緲千尋聳。明月天心，眾星環拱。五洲惟我中央中。
二十世紀誰稱雄？請看赫赫神明種。我的國，我的國，我的國萬歲，
萬歲萬萬歲！

〔註60〕據中國音樂研究所藏《音樂小雜誌》（複印本）。

春郊賽跑

　　跑跑跑，看是誰先到。楊柳青青，桃花帶笑。萬物皆春，男兒年少。跑跑跑跑跑，錦標奪得了。

《隋堤柳》屬於「別體唱歌」：

　　甚西風吹醒隋堤衰柳，江山非舊。只風景依稀淒涼時候。零星舊夢半沉浮，說閱盡興亡遮難回首。昔日珠簾錦幕，有淡煙一抹纖月盈鈎。剩水殘山故國秋。知否？知否？眼底離離麥秀。說甚無情，情絲蜿到心頭。杜鵑啼血哭神州，海棠有淚傷秋瘦。深愁淺愁難消受，誰家庭院笙歌又。

作者在小注中提到「此歌仿詞體，實非正軌」。推測作者的意思，這應該就是「別體」之名的由來。雖然「別體唱歌」只有這一首，但是「仿詞體」應該也可以屬於「摘詞」之一種。那麼據此來衡量，《國學唱歌集》中的作品也都可以歸在「別體唱歌」一類。可見，「別體唱歌」的作品應該是體現作者以「古義微言」作歌的代表。

　　對比「教育唱歌」與「別體唱歌」，二者在語言文白上的區別甚爲明顯。以「別體」來命名使用「古義微言」的樂歌，可見此時李叔同已經自覺認同了「教育唱歌」的「正體」地位（類似的例子還有胡君復編輯的《非教育的唱歌集》〔註61〕）。不過，他在這一期的《嗚呼！詞章》中仍然在批評國人「詆其故典，廢棄雅言」的行爲，但是這已經是在認同了「教育唱歌」「正體」地位的同時，希望可以以「別體」的形式爲「雅言」保留一席之地。

　　對於李叔同的轉變，筆者推測與其身處日本有關。近代最早對「言」「文」問題進行關注並發言的黃遵憲，就是因爲受到日本明治維新諸多文化舉措的啓發，才認識到言文合一的重要意義。而近代主張樂歌語言淺白化的主將——沈心工和曾志忞，也都有留學日本的經歷。所以，近代日本書化中的言文合一也許會對李叔同產生一些影響。不過，最爲重要的原因也許是：「唱歌科」

〔註61〕 學界從未著錄過這一樂歌集。蔣維喬曾在《新撰唱歌集初編·序》中說：「君復所著甚多其已刊行者有非教育的唱歌集即其夫婦賡和之作有唱歌遊戲有女子新唱歌。」因爲原文沒有句讀，所以張靜蔚老師在《中國近代音樂史料彙編》中認爲這句話中提及的樂歌集只有《唱歌遊戲》和《女子新唱歌》。但是筆者留意到胡君復在編輯的《女子新唱歌二集》的《序》中也曾提到：「外間已經刊行者不錄或已見拙著之唱歌遊戲小學唱歌及非教育的唱歌集者亦不錄。」經過仔細閱讀與推測，筆者認爲近代應該曾有一本以「非教育的唱歌集」爲名的樂歌集，編者爲胡君復。

是近代新式教育的組成部分，是摹仿西方教育體系的產物。因此，「教育」是「唱歌」最直接的功能指向，「唱歌宗旨全在使教育之普及。是編所擬各題及歌詞，皆爲一般國民設想，非詞章的唱歌，乃音樂的唱歌」〔註62〕。我國「詞章」多深奧典雅，不易爲一般國民理解。所以，以「啓蒙」、「教育」爲目的的近代樂歌創作自然會捨棄典奧的「詞章」語言，選擇易爲民眾和青年學子所理解的「淺白」的語體語言。以「音樂的唱歌」與「詞章的唱歌」對舉，可見近代「音樂」重要性的提升對歌詞已經提出了新的要求，這種要求已經超出了「詞章」（文學）的範圍，進入「音樂」和「教育」的話語領域。

　　沈心工譯輯的《小學唱歌教授法》更是以「天演」理論爲依託，清楚明白地表達了「與時俱進」的創作原則：「嗟呼，處此二十世紀開明之時代，猶以古來之音樂爲優美，而採用各種古曲以教兒童，其不足以感發心志，又何待言乎！……欲感動一時之人情者，必製一時適宜之音樂，此自然之勢也。」〔註63〕此書出版於《國學唱歌集》之後，不知該書所言是否有所針對。不過，等到陳懋治爲沈心工的《學校唱歌二集》作序時，卻是清楚明白地對李叔同的做法提出了批評：「曩吾嘗見李氏小學絃歌矣，皆集古今體詩之與修身有關係者。惟文人著述，非婦孺能解，於小學教育未有合也。」〔註64〕可見，隨著近代以來「教育」地位的日漸重要，「教育唱歌」居於「正體」地位是自然而然的結果。

　　由沈心工和曾志忞所開創的以「近人撰著」爲主，對「古義微言，匪所加意」的學堂樂歌，正是對這種以「教育」目的約束近代樂歌創作的時代文化的深切認同。「教育唱歌」是近代中國在「救亡」、「興學」的時代要求下產生的作品。以《春郊賽跑》爲例，春天賽跑於郊外，是近代新式教育中推崇體育鍛鍊的產物，古人未曾書及此處，自然需要「近人撰著」。而如《我的國》之類的作品，雖然也可以於「古義微言」中索求，但是畢竟不如「近人撰著」更爲貼近時代的脈搏。郭長海先生曾指出，李叔同創作《我的國》，無論在內容還是語句上都曾受到黃遵憲《軍歌》的影響，「李叔同正力圖擺脫從古詩詞中選歌詞的做法，以自己的創作爲主，並從黃遵憲那裡接受了一些近代的氣

〔註62〕見黃子繩、權國垣、蘇鍾正、汪翔編：《教育唱歌》上編之《凡例》，湖北學務處，1905 年 7 月初版。

〔註63〕沈心工譯輯：《小學唱歌教授法》，上海文明書局，光緒三十一年（1905）六月初版，三十二年四月再版。

〔註64〕見沈心工編：《學校唱歌二集》，1906 年。

息」〔註65〕。因此，當認同「教育」爲「唱歌」之首要目的時，「古義微言」的作品，只好算作「唱歌」之「別體」了！

不過，即使是從教育出發，對更爲高深的樂歌作品的需求也是存在的，「歌詞當順應於國語科之程度，初步自口語體始，漸次而授以普通之歌詞，及有吟詠之興味者，以喚起兒童之詩想，是爲程度上之注意」〔註66〕。隨著近代音樂教育的普及，對中學生的音樂教育也逐漸受到重視，編寫適合中學生文化程度的樂歌，自然也成爲音樂教科書的任務之一。如葉中冷編輯的《女子新唱歌》就在《凡例》中談到：「日本所刊行之單重音女學唱歌中，載大和田、中村諸氏之作，詞藻有絕佳者，引用漢籍，尤徵博雅。因思學與年進，中學以上女生，程度已高，歌曲自宜略雅。本編《陽春白雪》、《平沙落雁》、《落花流水》、《世界十二女傑》等歌，字句綺組，稍異淺俚。非云藉存國粹，蓋學程固應爾也。」〔註67〕

即便如此，「淺白」的「教育唱歌」「正體」地位的確立，還是推動了「文雅」歌詞自身的改造。針對高年級或受過高等教育人群的學堂樂歌也開始褪卻其「古義微言」的色彩，逐漸向「淺白」靠攏。

仍以《音樂小雜誌》上的作品爲例。《春郊賽跑》描寫的是具體的活動，與其相比，《我的國》寄託了更爲廣闊的文化意蘊，因此後者應該更適合高年級學生的使用。所以，《春郊賽跑》純爲「白話」作品，而《我的國》卻使用了「淺白」的文言。表面看來，《我的國》似乎解放得不夠徹底。但是，通過對比《隋堤柳》和《我的國》，作者的一番努力就可呈現出來。這兩首樂歌同樣表達了對國家的情感，但是二者語言的文白程度卻非常不同。《隋堤柳》因爲是「別體」，所以作者的「文言趣味」非常「放肆」地表露出來。而《我的國》卻拘於「教育唱歌」的限制，還是選擇了較爲淺白的文言。而且，語言「文」、「白」的選擇與樂歌的風格和表現力有密切關係。《隋堤柳》沉鬱頓挫，表達了作者「多愁獨對舊山河」的悲愴；而《我的國》積極昂揚，更多的是一種「極樂競誇新世界」的豪邁。如果這種對比還不明顯的話，請再看一首《國學唱歌集》中的《哀祖國》：

〔註65〕郭長海：《中國近代文學史證 —— 郭長海學術文集》下冊，吉林人民出版社，2005年，904～905頁。

〔註66〕江蘇師範生編：《（江蘇師範講義）音樂‧體操》，江蘇寧屬、蘇屬學務處，1906年版，38～40頁。

〔註67〕《女子新唱歌初集》，上海：商務印書館，光緒三十三年（1907）三月初版。

　　　　小雅盡廢兮，出車采薇矣。豺狼當途兮，人類其非矣。鳳鳥兮，

　　河圖兮，夢想爲勞矣。冉冉老將至兮，甚矣吾衰兮。〔註68〕

同樣是李叔同的作品，但是「文言」樂歌中的「冉冉老將至兮，甚矣吾衰兮」

和「淺白」樂歌中的「我的國萬歲，萬歲萬萬歲」、「萬物皆春，男兒年少」

形成了鮮明的對比。從語言到風格，其中的變化不可謂不大。

　　李叔同後來任教於杭州（1912 年～1918 年），是他學堂樂歌創作的高峰

期，留下了許多膾炙人口的樂歌作品。他那時創作的樂歌，大多比較唯美，

歌詞很有古典餘韻，但語言卻非常淺白易懂。以《春遊》爲例：

　　　　春風吹面薄於紗，春人妝束淡於畫。

　　　　遊春人在畫中行，萬花飛舞春人下。

　　　　梨花淡白菜花黃，柳花委地芥花香。

　　　　鶯啼陌上人歸去，花外疏鐘送夕陽。

再如《早秋》：

　　　　十里明湖一葉舟，城南煙月水西樓。幾許秋容嬌欲流，隔著垂

　　楊柳。

　　　　遠山明淨眉尖瘦，閒雲飄忽羅紋皺。天末涼風送早秋，秋花點

　　點頭。〔註69〕

李叔同作爲中國近現代藝術界的大師，其歌詞創作中的前後文白變化，具有

典型意義。與其早期《國學唱歌集》中的作品相比，這些樂歌不再強調「古

義微言」，也擺脫了曾志忞對詞章家的批評 —— 爲獵取「淵博奇特之名」，「好

爲微妙幽深之語，務使婦孺皆不知，惟詞章家獨知之，其詩乃得傳於世」。這

些樂歌清新自然，餘韻悠遠，遣詞用字卻頗爲平實，不爲艱澀之語，實在可

以作爲文言歌詞逐漸「淺白化」，以及淺白的語言也能創作出優美詩歌的絕好

例證。

第五節　「文雅」：近代樂歌的藝術訴求

　　雖然，近代的白話文運動，以及「教育」目的的指向，爲近代樂歌歌詞

的「淺白化」創造了文化語境。但是，面對幾千年的文化積累，想一下拋開

〔註68〕李叔同編：《國學唱歌集》。

〔註69〕見豐子愷編：《李叔同歌曲集》，北京：音樂出版社，1958 年。

卻也不那麼容易。黃子繩等人編輯《教育唱歌》，在《凡例》中就總結了當時作歌的困境：「吾國文言一致，則歌詞難於普及。太艱深，兒童難以瞭解；太俚率，唱者又無興味。」可見，「音樂」與「詩歌」自身的「藝術」屬性永遠是一個不容忽視的存在，它在一定的時刻總會得到發言的機會。

1903 年，王國維在《教育世界》第 56 號上發表了《論教育之宗旨》一文：「教育之宗旨何在？在使人為完全之人物而已。何謂完全之人物？謂使人之能力，無不發達且調和是也。人之能力，分為內外二者。一曰身體之能力，一曰精神之能力。……完全的人物，精神與身體必不可不為調和之發達。精神之中，又分為三部：知力、感情及意志是也。對此三者，而有真、美、善之理想。……完全之人物，不可不備真、美、善之三德。欲達此理想，於是教育之事起。教育之事，亦分為三部。知育、德育（即意志）、美育（即情育）是也。……完全之教育，不可不備此三者。」在談到「美育」時，王國維指出：

> 德育與智育之必要，人人知之。至於美育，有不得不一言者。蓋人心之動，無不束縛於一己之利害，獨美之為物，使人忘一己之利害，而入高尚純潔之域。此最純粹之快樂也。孔子言志，獨與曾點。又謂興於詩、成於樂。希臘古代之以音樂為普通學之一科。及近世希痕林歌爾列爾等之重美育學，實非偶然也。要之，美育者，一面使人之感情發達，以達完美之域；一面又為德育與智育之手段。此又教育者所不可不留意也。

王國維是中國近現代歷史上最早提出「美育」思想的人。面對當時內憂外患的政治與社會環境，王國維並沒有如別人一樣於「富」與「強」上尋求出路，而是提出「美育」作為解決問題的答案。

從 1903 年到 1906 年，王國維先後發表了《論教育之宗旨》、《孔子之美育主義》、《去毒篇》、《人間嗜好之研究》等重要論文探討美育和教育的問題。其中以針對當時國人嗜食鴉片的《去毒篇》尤為發人深省。作者認為「彼鴉片者，固遣日之一方法」，深究國人喜好的原因，實是因為「空虛之感，尤人生所難堪」。作者在追述了政治腐敗、教育落後等一系列國貧家弱的原因後，更進一步指出我國文學、藝術的不發達，也是造成國人精神空虛，無所慰藉的重要原因。所以，王國維認為：「故禁鴉片之根本之道，除修明政治、大興教育，以養成國民之知識及道德外，尤不可不於國民之感情加意焉。其道安

在？則宗教與美術二者是也。前者適於下流社會，後者適於上等社會。前者所以鼓國民之希望，後者所以供國民之慰藉。茲二者，尤我國今日所最缺乏，亦其所最需要者也。」〔註70〕不同於其時國人執著於「物質」層面的推進與「國民責任」層面的要求，王國維試圖深入「人的本質與內心」尋找解決問題的途徑，讓人在欽佩其哲學家式的深邃思慮與遠大目光的同時，更感動於他對「人生」的深切體味與悲憫。

　　正是因為肯定「美術」對「人生」的巨大價值，在《論教育之宗旨》這篇最初提及「美育」的文章中，王國維從一開始就將「音樂」拈出，作為「美育」的主要組成部分。而文章發表的 1903 年，近代國人對音樂的討論還非常零星，並且仍以「宣揚國魂，振刷末俗」〔註71〕為基調。所以可以說，王國維的思路為當時頗為偏狹的「樂歌」文化指出了一條全新的道路。

　　不過，令人遺憾的是，至少在音樂界，他的文章沒能引起很大反響。這就引發了他於 1907 年，特別針對近代的音樂問題，寫了一篇名為《論小學校唱歌科之材料》〔註72〕的文章。文章首先對其時教育界音樂研究勃興的情況表示了歡迎，但是他說：「然就唱歌集之材料觀之，則吾人不能不謂：提倡音樂、研究音樂者之大半，於此科之價值，實尚未盡曉也。」王國維所謂的「此科之價值」究竟是什麼呢？他首先拋開了音樂的形而上學意義，只「就小學校所以設此科之本意言之」，認為學校設音樂課應該有三個目的：一、調和其感情；二、陶冶其意志；三、練習聰明官及發生器。他認為：「一與三為唱歌科自己之事業，而二則為修身科與唱歌科公共之事業。故唱歌科之目的，自以前者為重。即就後者言之，則唱歌科之補助修身科，亦在形式而不在內容（歌詞）。雖有聲無詞之音樂，自有陶冶品性，使之高尚和平之力。」不過，鑒於當時國人西方音樂素養的低劣，王國維寫作這篇文章的真實意圖，其實不在音樂部分，而是在樂歌的歌詞部分，他指出「固不必用修身科之材料為唱歌科之材料也」，並且反對「以乾燥拙劣之辭，述道德上之教訓」為歌詞。翻看晚清的樂歌集，許多作品成為教授學堂禮儀、傳達孝道、頌揚國民精神的工具。這一方面是因為傳統「樂教」理念仍然深入人心，另一方面也是因為當時的音樂地位仍很低下，許多歌詞作者與樂歌的提倡者不得不借助他科

〔註70〕　《王國維文集》第 3 卷，姚淦銘，王燕編，北京：中國文史出版社，1997 年，
　　　　　23～25 頁。
〔註71〕　匪石：《中國音樂改良說》，載《浙江潮》第 6 期，1903 年 8 月 12 日。
〔註72〕　載《教育世界》第 148 號，1907 年 5 月。

來「助陣」。但是，正如王國維所言，音樂科自身的價值反而被忽略了。針對這種現象，王國維提出了自己的主張：

> 欲達第一目的，則於聲音之美外，自當益以歌詞之美。而就歌詞之美言之，則今日作者之自製曲，其不如古人之名作審矣。

從「美育」的角度出發，王國維得出了與李叔同等人相同的結論。甚至，從「美育」的角度得出的結論，對古代作品的推崇更為絕對。雖然，近代的樂歌不可能大量使用古代的作品為歌詞。但是，王國維的意義在於揭示出「音樂」的「獨立價值」——「音樂」是一種「美術」，用現在的話說，是一種「藝術」。「音樂」作為一種傳達「美」的載體，對人的感受與心靈具有不可替代的獨立價值。「藝術性」的強調，對近代樂歌語言提出了更高的要求。

與王國維「心有戚戚焉」的樂歌作者其實有很多。對「美」的表達自古便是「詩歌」的重要主題。生長於「詩的國度」的近代樂人許多便是詩詞名家。所以，他們對音樂「娛情」功能的認同，很早就已表現在樂歌中。只不過在一片「教育唱歌」的聲浪中，這些作品不太顯眼罷了。最早明確創作此類樂歌的近代樂人，除了前面提到的李叔同外，便要數王文君了。他曾編輯過兩冊《怡情唱歌集》。可惜，目前學界還未能找到「初集」，想必其「序言」會對作者編輯這樣一本樂歌的動機有所表述，那一定會是一篇非常重要的近代音樂的理論文獻。在目前見到的《怡情唱歌集》二集〔註 73〕中，以古代詩人的作品為樂歌歌詞的情況很多，如有以白居易的《長相思》（汴水流、泗水流）為歌詞的《別情詞》，以秦觀的《如夢令·春景》（鶯嘴啄花紅溜）為歌詞的《春景》，以蘇軾的《蝶戀花》（花褪殘紅青杏小）為歌詞的《春情詞》等。另外，作者自作的歌詞也頗「唯美」，如《桃花院》：

> 索落落楊柳風，佳氣蔥，名園遊賞樂。索落落桃花紅，倚牆東，含笑笑春風。橋影聚魚魚極樂，水聲潺潺回幽谷。美哉，溪流通，美哉，三徑綠蔭濃。嫵媚最迎眸，雲霞燦爛如堆錦，滿院萬紫與千紅。閣樓玲瓏五雲起，日高花落影重重。索落落桃花紅，三徑中，玩賞樂無窮。

文中兩個「美哉」點明歌曲的主旨，這實在是一首只為傳達「美」而創作的樂歌。

〔註 73〕 上海：育文學社（印刷所是益群印刷編譯局），光緒三十二年（1906）八月初版。

　　中國傳統詩歌除了承載「詩教」、「樂教」的功能外，對詩人情感的個性化表達也是非常重要的文化功能，這對個人來說尤爲重要。同唐末宋初的「詞」一樣，近代的「樂歌」也常常被近代文人視作一塊新闢的「修辭」領地。正如《東亞唱歌》的編者趙銘傳在《凡例》中所言：「《離騷經》、《清平調》、《古行軍歌》、《行路難》、《蝶戀花》等譜非教育之所需，附載篇末，特以供嗜古者之哦唱。」〔註74〕在《東亞唱歌》中，趙銘傳選用了李叔同《國學唱歌集》中的八首作品〔註75〕。除了用此行爲表達對李叔同音樂理念的深切認同外，趙銘傳自己作詞的一些樂歌，也是富有傳統詩詞格調的作品。如《秋月》：

　　　　　閒階嫋嫋爐煙紫，空氣入簾流。風裏何人吹玉笛，遠在白雲樓。

　　　一函池館桂花稠，明月正中秋。明月明月自知否，太古爾地球。

再如《留春住》：

　　　　　海棠天氣好，荼蘼花事了。曉日照闌干，香風飄芃蘭。莫作僣

　　　春詞，春光步步遲。

可以說，作者已經將樂歌「歌詞」當作新的「詞」來寫了。只不過，近代的「歌詞」創作更爲自由，沒有格律的限制罷了。

　　另外一位大量創作優美樂歌的作者是胡君復。根據蔣維喬的《新撰唱歌集初編‧序》〔註76〕，胡君復是其「總角時文字交也」，「君復氣尤盛，其爲詩文好作驚人之語，而辭采飈舉，雋美絕倫」。這樣一位喜爲「詞章之學」的歌詞作者，創作出的樂歌果然不同凡響。以其《新撰唱歌集》初集的第一首樂歌《春花》爲例：

　　　　　芬芳兮，茂美兮，顏色緋紅如笑兮。

　　　　　好鳥兮，上下兮，歡躍如盼佳果兮。

　　　　　和風兮，甘雨兮，一點萌芽滋養兮。

　　　　　方春兮，及時兮，試看花猶如此兮。

歌曲完全呈現出一派天然純美的韻致。再如《晴天》：

　　　　　晴天無片雲，若余之心。餘心淡淡，中正而和平。

　　　　　太空其不渾，若砥礪文。我思君了，坦白而無私。

〔註74〕上海時中書局，光緒三十三年（1907）十一月再版。

〔註75〕除了作者已經注明的《菩薩蠻》、《蝶戀花》、《柳葉兒》、《武陵花》、《山鬼》五首外，還有《無衣》、《古行路難》（李叔同作《行路難》）、《秋感》三首。

〔註76〕上海：商務印書館，光緒三十三年（1907）三月初版。

這首歌曲傳達出對「中正平和」的雙重追求。中國傳統所崇尚的「中正平和」，既是一種道德的理想境界，也是一種藝術的最高標準。胡君復的作品將兩者融合在一首樂歌之中，可以說兼顧了音樂的德育與美育功能。而對樂歌語言來說，正因為「美育」功能的要求，所以整首歌曲呈現出「文雅」的藝術品味。

「淺白」與「文雅」的歌詞創作是近代樂歌發展的兩條線索。前者以沈心工、曾志忞為代表，後者以李叔同為代表。發展到後來，沈曾的傳統直接導向了群眾歌詠運動，而李叔同建立的傳統則推演出後來的藝術歌曲創作。當然，兩條線索也有某種程度的互動。「質直如話」同時也需要「神味雋永」；「古義微言」也漸漸趨向「淺白」。尤其是「新文化運動」之後，以「白話」創作「藝術」作品更成為時代的新潮流。

縱觀近代的樂歌創作，讀者可以發現，表達一種國家的大的敘述，「質直如話」的樂歌語言出現的頻率要遠大於「古義微言」。這是「救亡」籠罩下的「啟蒙」所帶來的必然趨勢。反過來，對一種更為私人化的表述，如對文人趣味的表達，藝術美的表達，「古義微言」更可能是近代樂歌歌詞作者的首選。而且，「質直如話」的樂歌常常是更為「鏗鏘有力」，更為「積極」的。用今天一個非常流行的形容詞，是更為「陽光」的。而「古義微言」的作品傳達出的，常常更多的是一種「平靜淡遠」的韻味，甚至有些「沉鬱頓挫」。這一方面體現出，在近代文化大的時代背景下，對一個「少年中國」的憧憬與對一個「老大帝國」的哀歎交織在一起的文人心態。另一方面是否也預示著，在「現代社會」中，一種「公共話語」與「私人表述」之間巨大的分途？

近代樂歌創作在「教育」與「文學」，「工具」與「藝術」，「國家」與「私人」間不斷遊弋，與時代和傳統都產生了密不可分的聯繫。這種複雜的文化內涵顯露出來，則有歌詞語言「淺白」與「文雅」的不同呈現。身在其中的近代樂人受時代文化的影響，其作品也呈現出非常複雜的面相。除了同一部樂歌集中語言的豐富多彩是常有的情況外，歌詞作者在前後創作中也會呈現出種種變動。例如，即使如沈心工這樣以能創作出「通俗不俚」的樂歌著稱的歌詞作者，也不免「原則動搖」。在氏著《重編學校唱歌集》的「編輯大意」中，就有這樣的開脫之詞：「惟集中有若干首，稍染詞章氣息，恐學生不能完全領悟耳。但此等之歌，或志國恥，或寫形勝，或頌禮式，或慨時局，亦為唱歌中不可不備之作，故錄之。」〔註 77〕同時，一些音樂工作者對音樂「藝

〔註77〕上海文明書局，民國元年（1912）十月初版。

術美」的強調，也開始讓歌詞的寫作者探討歌詞的寫作藝術，如葉中泠就曾感到「作雅歌易，作俚歌難。俚歌須淺顯有味，既不倍（背？）乎心理，亦有契乎道德，所謂成如容易卻艱辛者」〔註 78〕。其實，正是這些樂歌呈現出的不同，正是這些作者的前後「遊弋」，才最能說明晚清文化的多元與豐富，最能說明那一代人的思考與顧忌。而一個眞實的晚清文化場域，正因爲有如此不同的呈現，才可能在我們面前顯露其豐富的魅力，爲我們帶來無盡的思考。

〔註78〕葉中泠：《女子新唱歌三集・例言》，上海：商務印書館，光緒三十四（1908）
　　　　年九月初版，宣統二年（1910）正月再版。

第五章　國歌的誕生 [註1] ——以民國
　　　　國歌《卿雲歌》為中心

　　1840 年以後，中國傳統的「一統垂裳」觀念已經被「列國並立」的現實打破。與外邦交往的頻繁發生，以及國家觀念的深入人心，使得對國家標誌的認識與需求在不斷增長。人們漸漸認識到，現代國家除了各種相應的政治制度外，還需要國旗、國徽、國歌這些代表國家的符號。

　　清末十年，「國家主義」的流行，催生出一大批愛國歌曲。這些樂歌不但培養起國人的愛國熱情，而且對宣傳西方的國家理念也具有推動作用。民國建立後，政府部門一直比較重視國歌的制定。不過，由於民初政治的動盪以及文化的多元，直到 1921 年，《卿雲歌》才被正式頒定為中華民國的國歌。

　　所謂「聲音之道，本與政通」。愛國歌曲以及國歌，作為音樂與政治共同作用下的產品，更能充分反映出其時社會政治與文化的狀況。因此，本章試圖通過梳理《卿雲歌》之前的愛國歌曲、《卿雲歌》的頒佈過程，以及《卿雲歌》引發的各種爭論，考察晚清到民國初期，中國從傳統社會向現代國家轉變過程中，「音樂」所扮演的角色，以及「音樂」與政治、文化的互動過程。

第一節　「國家主義」與晚清的愛國歌曲

　　早在 1897 年，梁啟超在《變法通議·論幼學》中就曾提倡創作「愛國歌」

〔註 1〕本章部分內容曾以《民國國歌〈卿雲歌〉的誕生與爭論》為題發表在《文藝研究》2007 年第 3 期，並被中國人民大學複印報刊資料《舞臺藝術》2007 年第 4 期全文轉載。

以教育幼童〔註2〕。不過，他並未就此展開論述。逃亡到日本後，梁氏開始在《清議報》上大力介紹「國家主義」，宣傳「愛國思想」。他發表了《愛國論》，並翻譯介紹伯倫知理的《國家論》以及加藤弘之的思想〔註3〕。在《愛國論》中，他具體討論了我國缺乏「愛國」思想的原因，認爲這主要是由於我國傳統缺乏國家觀念。他說：「中國自古一統，環列皆小蠻夷，無有文物，無有政體，不成其爲國。吾民亦不以平等之國視之。故吾國數千年來，常處於獨立之勢。吾民之稱禹域也，謂之爲天下，而不謂之爲國。既無國矣，何愛之可云？」然而甲午戰後，「見敗於他國，乃始自知其爲國也。」那麼，如何才能培養愛國之情呢？梁啓超曰：「海外之國，其民自束髮入學校，則誦愛國之詩歌，相語以愛國之故事。及稍長則講愛國之眞理。」〔註4〕梁氏在這裡對「愛國之詩歌」的提倡與《論幼學》一脈相承。

此後，《清議報》中的文章《中國積弱溯源論》（梁啓超，第77～84冊）、《國家思想變遷異同論》（任公，第94、95冊），以及《新民叢報》中的一系列文章《新民說·論國家思想》（中國之新民，第4號）、《國家思想變遷異同論》（中國之新民，第10號）、《國家倫理論》（春水，第53、54號）、《國家與道德論》（觀雲，第64、65號）、《國家原論》（〔日〕小野冢博士著，飲冰譯，第74、75號）、《國家主義教育》（光益，第94號）、《國家之政治的方面》（淵生，第93號）掀起了宣揚「國家主義」與「愛國主義」的高潮。各雜誌、報刊也開始跟風大力宣揚「國家主義」與「愛國主義」。國人通過這些言論，也逐漸培養起國家觀念。例如，《湖北學生界》就曾報導了「中國百姓掛俄國旗」的實事新聞，「營口自俄人入境後，凡商店住戶，家置一旗，遇俄國有喜慶等事及俄之大員進埠，即飭令懸掛，以示此地已歸俄國。日前俄水陸提督阿公復來營口，令大小各街巷，均懸俄國旗幟。」〔註5〕在外國的留學生對此就更爲注意。日本的成城學校就曾發生過因爲懸掛國旗，致使中國留學生與日本校方發生不快的事例：「三月二十九日，成城學校開春季運動會。會場高懸萬國旗章，而中國旗章獨無。成城學校留學生，向日人爭之。日人云：『凡

〔註2〕梁啓超：《變法通議·論幼學》，見《飲冰室合集》第1冊，文集1，北京：中華書局，1989年，53頁。

〔註3〕參見夏曉虹：《覺世與傳世》，中華書局，2006年，186～187頁。

〔註4〕《飲冰室合集》第1冊，文集3，65～77頁。

〔註5〕載《湖北學生界》第1期，1903年1月29日。類似的報導還有《中國白話報》第5期（1904年2月16日）的《牛莊中國的百姓掛俄國旗》。

世界獨立國，皆可於此地懸旗。中國已降爲各國保護國矣，安得懸旗與各國平等乎？』留學生聞之，開校友會，大聲痛哭，相約不與會。在外留學生有往觀者，皆即返。」〔註6〕這些事例都說明，國人對國家的認知在逐漸進步與完善。

為了宣傳「國家主義」，晚清的有識之士還在國人習慣於接受的「文學作品」中大量注入了「國家主義」的元素。《新民叢報》第2號上首先介紹了德國的愛國歌：「吁嗟美哉神聖國，萊江西橫東海碧。葡萄滿原郁相殖。有實如金爛其色。糾結恰是同氣脈，日耳曼兮我祖國。」編輯者對此有一段批語：「德意志未建國以前，諸邦散漫無所統一，爲強鄰所淩蹴。於是愛國之士特提倡日爾曼祖國以激勵其民。當時文豪以此意被之詩歌者最多。此亦其一篇也。」〔註7〕

在《新民叢報》的推動下，一時之間「愛國」成爲詩歌與樂歌的重要主題。例如，康有爲的《愛國短歌行》：

> 神州萬里風泱泱，崑崙東南海爲疆。
> 嶽嶺迴環江河長，中開天府萬寶藏。
> 地兼三帶寒暑藏，以花爲國絲爲裳。
> 百品雜陳飲饌良，地大物博冠萬方。
>
> 我祖黃帝傳百世，一姓四五垓兄弟。
> 族譜歷史五千載，大地文明無我逮。
> 全國語文同一致，武功一統垂文治。
> 四夷入貢懷感惠，用我文化服我制。
> 亞洲最尊主人位。
>
> 今爲萬國競爭時，惟我廣土眾民霸國資。
> 偏（遍？）鑒萬國無似之。我人齊心發奮可突飛。
> 速成學藝與汽機，民兵千萬選健兒，
> 大造鐵艦遊天池。舞破大地黃龍旗。〔註8〕

〔註6〕《成城學校留學生罷運動會》，載《湖北學生界》第4號，1903年4月27日。報導過此事的雜誌還有《浙江潮》第4期，1903年5月16日；《海外叢學錄》第1期，1904年9月29日。

〔註7〕〔德〕格拿活：《日耳曼祖國歌》，載《新民叢報》第2號，1902年2月22日。

〔註8〕載《不忍雜誌》第1冊，1913年2月20日。詩後的注釋說「此亦十年前作」，

再如：《民聲叢報》上刊登的帝召的組詩《愛之歌（念祖國也）》〔註9〕分別歌頌了我國的「崑崙山」、「黃河」、「揚子江」和「支那海」。每一首都以「我所愛兮在……」開頭，氣象恢宏，令人頓生國家榮譽感與愛國之情。

與此同時，以「愛國」爲主題的樂歌也大量出現。其中最有名的當屬梁啓超作詞的《愛國歌》：

> 泱泱哉我中華！最大洲中最大國，廿二行省爲一家。物產腴沃甲
> 大地，天府雄國言非誇。君不見英、日區區三島尚崛起，況乃堂譳
> 吾中華！結我團體，振我精神，二十世紀新世界，雄飛宇內疇與倫！
> 可愛哉我國民！可愛哉我國民！

此作曾被橫濱大同學校的學生演唱過，梁啓超自謂「其音雄以強」〔註10〕。王光祈曾將其詞、譜全部引錄於《各國國歌評述》中，並說：「十五年前，中國學校內所最流行的愛國歌要算是梁任公先生的『泱泱哉我中華』。……其中所含激刺國民感情的成分確不少。」〔註11〕

另外，還有一首作者存疑的《祖國歌》：

> 上下數千年一脈延，文明莫與肩。
>
> 縱橫數萬里膏腴地，獨享天然利。
>
> 國是世界最古國，民是亞洲大國民。
>
> 於呼（烏乎）大國民！於呼大國民（烏乎唯我大國民）！
>
> 惟我幸生珍世界（幸生珍世界），琳琅十倍增聲價。
>
> 我將騎獅越崑崙，駕鶴飛步（渡）太平洋。
>
> 誰與我仗劍揮刀，嗚呼大國民！
>
> 誰與我鼓吹慶昇平。

對這首歌曲的介紹，最初是在《亞雅音樂會之歷史》一文中。文中說，留日學生於甲辰年（1904 年）七月十七日，爲該年畢業的中國學生開送別會，會上曾演唱《國民歌》。據文後附錄記載的歌詞（歌詞中標題又爲「大國民」），

所以推測爲 1903 年前後的作品。

〔註 9〕 帝召：《愛之歌（念祖國也）》，載《民生叢報》第 1 年第 2 號，1910 年 6 月 7
日。

〔註10〕 梁啓超：《飲冰室詩話》（第 119 條），載《新民叢報》第 57 號，1904 年 11
月 21 日。

〔註11〕 王光祈：《各國國歌評述》，上海：中華書局，1926 年，4 頁。

《國民歌》即爲《祖國歌》〔註 12〕。此歌後來被豐子愷收錄在《李叔同歌曲集》中。但是據錢仁康先生的研究，這首樂歌應該不是李叔同的作品〔註 13〕。該作品於 1904 年被演唱時，「全座鵠立，雍容揄揚，有大國民氣度焉」。另據豐子愷的回憶：爲慶祝民國成立，學生們排著隊伍在街上遊行，「吹喇叭，敲銅鼓，大家挺起喉嚨唱著《祖國歌》（李叔同作）和勸用國貨歌曲」〔註 14〕。這些記載都說明了這首作品的受歡迎程度。

另外，亞雅音樂會上教唱的一首《國歌》也屬此類作品：

於萬斯年，亞東大帝國。山嶽崔巍獨立幟，江河泛樣（漾？）文明波。有民億兆，咸宜於物競天擇。揚我黃龍帝國徽，唱我帝國歌。〔註 15〕

辛漢創作的《國魂》〔註 16〕也是對「愛國主義」的有力宣揚：

自由之花已胎兮沃之以鐵血，自由之果已實兮飲之以愛河，惟文明之潮流兮逐浪而推波，終優勝而劣敗兮黃種將如何。

國家而爲肉體兮以愛爲精神，國家而爲軀殼兮以愛爲靈魂，嗟精神之疲薾兮肉體何以存，惟靈魂之不朽兮軀殼其永生。

惟黃帝之在天兮鑒茲其在茲，惟神名之苗裔兮威靈其未替，執干戈衛社稷兮以身爲犧牲，揚國光於海內兮吾民其熙熙。

彼日本之大和兮震耀於西東，況孔教之大同兮千古之儒宗，招國魂其來歸兮奮發以爲雄，嗟吾民其速起兮前途靡有窮。

1903 年，留日學生主辦的《浙江潮》上曾刊登過一篇社說《國魂篇》。文章認爲，人無魂，則不能稱其爲人，同樣「有土地，有人民，有政府，有法令，則謂之爲國矣乎？而識者曰：是非國也。傀儡也。何以故？曰：無魂故。是以戮之割之勿知醒」。所謂「國魂」，是指「民族而能立國於世界則必有一物焉，本之於特性，養之以歷史，鼓之舞之，以英雄播之於種種社會上，扶其無上之魔力。內之足以統一群力；外之足以吸入文明與異族抗。其力之膨脹

〔註 12〕《亞雅音樂會之歷史》，載《新民叢報》第 51 號（第 3 年第 3 號），1904 年 8 月 25 日。

〔註 13〕參見錢仁康：《學堂樂歌考源》，上海音樂出版社，2001 年，36～37 頁。

〔註 14〕豐子愷：《回憶兒時的唱歌》，載《人民音樂》，1958 年 5 月號。

〔註 15〕見趙銘傳編：《東亞唱歌》，上海時中書局，光緒三十三年（1907）十一月再版，歌曲後面注明「亞雅音樂會用」。

〔註 16〕辛漢編：《唱歌教科書》，上海普及書局，1906 年。

也，乃能轉懸世界而鼓鑄之。而不然者，則其族必亡。茲物也，吾無以名之，名之曰國魂」。作者認爲陶鑄國魂的方法有三事：「其一曰：查世界之大勢；其二曰：查世界今日之關係於中國者奚若；其三曰：查中國今日內部之大勢。」所以，於國家有大關係者二：一曰：統一力；二曰：愛國心。〔註 17〕這篇文章的作者於「國魂」的解釋可以說非常全面。他糾正了梁啓超在提倡「尚武」精神時，單純追求以「尚武」爲國魂的偏狹。而辛漢作詞的這首樂歌可以說是對這篇文章的很好注解。

另外，《繡像小說》上還出現了以「時調」「歎五更體」填詞的《愛國歌》：

一更裏，月初升，愛國的人兒心內明，錦繡江山須保穩，怕的是人家要瓜分。

二更裏，月輪高，愛國的人兒膽氣豪，從今結下大團體，四萬萬人兒是同胞。

三更裏，月中央，愛國的人兒把眉揚，爲牛爲馬都不願，一心心只想那中國強。

四更裏，月漸西，愛國的人兒把眉低，大聲呼喚喚不醒，睡夢中的人兒著了迷。

五更裏，月已殘，愛國的人兒不肯眠，胸前多少血和淚，心裏頭一似滾油煎。〔註18〕

通過對「時調」的運用，作者將對「愛國主義」的宣揚也散佈到中下層民眾中去，使現代國家的建設成爲全民參與的重大事件。

近代表達「愛國」精神的樂歌還有許多，單以「愛國」爲題的歌曲，據張靜蔚的初步統計就有 12 首之多〔註 19〕。

另外，通過歌頌祖國的大好河山，以啓發國人愛國之思、強國之念的樂歌也大量出現。如保三創作的《登山望湖》〔註20〕：

登彼高崗，迂迴路長。望彼大湖波不揚。

高山大水，氣象光昌。此是吾邑之金湯。

〔註17〕《國魂篇》，載《浙江潮》第 1 期，1903 年 2 月 17 日。

〔註18〕謳歌變俗人：《愛國歌（仿時調歎五更體）》，載《繡像小說》第 1 期，1903年 5 月 29 日。

〔註19〕參見張靜蔚：《搜索歷史》，上海音樂出版社，2004 年，334～335 頁。

〔註20〕保三：《樂歌一斑》，載《江蘇》第 11/12 期，1904 年 5 月 15 日。

歌詞描寫的景色雖爲一鄉一邑之物，但是正如《湖南蒙養院教課說略》中指出的，近代樂歌創作「應將本省名山大川、勝迹名區、鄉賢名宦、動植各物，製爲淺顯歌詞，譜出新腔，令學童歌唱，以樂和之。……名山大川，勝迹名區，地理所關；鄉賢名宦，歷史所關；動植各物，理課所關。本省地理、歷史、理科，是本省學童特性中事。先啓發其愛鄉之情，然後以言愛國。將來歌詞有忠孝節義等發揚蹈厲之事，則愛國之教也」〔註21〕。

在這些作品中，最著名的當屬楊度作詞，沈心工作曲的《黃河》〔註22〕：

> 黃河黃河，出自崑崙山，遠從蒙古地，流入長城關。古來聖賢，生此河干。獨立堤上，心思曠然。長城外，河套邊，黃沙白草無人煙。思得十萬兵，長驅西北邊。飲酒烏梁海，策馬烏拉山。誓不戰勝終不還。君作鐃吹，觀我凱旋。〔註23〕

楊度詞作一出，即受到追捧。首先是曾志忞爲其配曲，收入《教育唱歌集》中。梁啓超也在《飲冰室詩話》中加以引用，以爲歌詞創作的範本〔註24〕。不過，後來最受人推崇的還是沈心工自度曲的這首《黃河》。近代的樂歌創作多采用選曲填詞的模式，而且其時國人對西洋音樂的掌握也非常有限。但是沈心工的這首作品卻非常出色。黃自曾盛讚此歌：「我最愛《黃河》一首，這個調子非常的雄沈慷慨，恰切歌詞的精神。國人自製學校唱歌有此氣魄，實不多覯。」〔註25〕

類似的作品還有王引才作詞的《揚子江》：

> 長長長，亞洲第一大水揚子江。
> 源青海兮峽瞿塘，蜿蜒騰蛟蟒。
> 滾滾下荊揚，千里一瀉黃海黃。
> 潤我祖國，千秋萬歲歷史之榮光。
>
> 嗚嗚嗚，汽笛一聲飛出黃歇浦。
> 吳淞公共新商埠，江口開一鎖。
> 炮臺舊址無，江底空餘活沙鋪。

〔註21〕《湖南蒙養院教科說略》，載《大陸》第 3 年第 7 號，1905 年 5 月 28 日。

〔註22〕見汪毓和主編：《中國近現代音樂史教學參考資料》（上），世界圖書出版公司，2000 年，21 頁。

〔註23〕梁啓超：《飲冰室詩話》（第 97 條），載《新民叢報》第 46/47/48 號合本。

〔註24〕梁啓超：《飲冰室詩話》（第 97 條），載《新民叢報》第 46/47/48 號合本。

〔註25〕黃自：《心工唱歌集·序》，1937 年版。

西北轉舵，回看三十六里煙模糊。

長長長，揚子長壽揚子壽無疆。

人傑地靈相影響，幸福惟吾享。

訓練兼修養，轉瞬十年國自強。

黃河北向，珠江南望，兄弟莫相忘。〔註26〕

這首樂歌在《江蘇》上刊登時只有兩闋，曾志忞在歌詞的注釋中說：「此歌第一闋寫江之來源去脈，為吾國地理上重要部分；第二闋寫自上海駛入是江時途中感情；第三闋以下擬寫途中所見商埠名勝、民俗物產及地理上種種歷史，而以唱慰是江為結束。」〔註27〕揚子江不僅是「吾國地理上重要部分」，而且是近代國人複雜情感的孕育場。它既見證了近代屈辱的歷史，又是近代中國向新世界邁進的起點。所以歌詞中「炮臺舊址無，江底空餘活沙鋪」的感歎與「轉瞬十年國自強」的期許都孕育其中，可以說非常有近代色彩。

其次，通過講述漢族的歷史來宣傳愛國保種、知危爭強的樂歌也大量出現。如《漢族歷史歌》，共 10 段，分別講述了「崑崙始祖」、「黃帝建國」、「孔子攘夷」、「長城防胡」、「漢家拓地」、「五胡亂華」、「唐代聲威」、「沙陀猖獗」、「金人寇宋」、「白種東來」十個主題：

1，發迹崑崙

崑崙山，崑崙山，崑崙高高不可攀。論人種，分五種，黃白黑紅棕。

黃種中間有漢族，在此山旁處親屬。丁口多，可奈何，東徙沿黃河。

2，黃帝建國

我遠祖，我遠祖，軒轅黃帝創國度。造了城，練了兵，拼命與苗爭。

漢人優勝苗人敗，到今四千四百載。好榮光，好榮光，子孫安可忘。

〔註26〕 見沈慶鴻編：《學校唱歌初集》，1904 年初版。共十三段，此處抄錄第一、二、十三段。

〔註27〕 曾志忞：《唱歌之教授法及說明》，載《江蘇》第 7 期，1903 年 10 月 20 日。

10，白種東來

亞細亞，歐羅巴，東西相隔不同化。過大洋，求通商，租界連連讓。

甲午一戰國恥甚，瓜分瓜分各指定。命垂危，命垂危，我祖知不知。〔註28〕

這首樂歌對漢族歷史的描述以「夷夏」之爭爲中心，從祖宗創始於崑崙寫到白種東來，充滿了現實意味。而且這裡的「夷夏」之爭也不再是中國傳統文明中所強調的「文化」之爭，而是以「領土」爲核心的種族之爭了。類似的作品還有葉中泠作詞的《十八省地理歷史》。樂歌共十八段，分別描述了清政府十八個行省的歷史與現狀。歌詞談古論今，以現代國家中的「領土」觀念來激發國人的愛國護土意識，目的非常明顯。

正是愛國意識的加強，對國家標幟的重視與讚頌也隨之而來，如黃子繩作詞的《國旗》：

清風飄飄兮我國旗。青龍招搖在上兮。紅珠一點如日出。輝映龍鱗與龍鬚。堂皇哉我國龍旗。

其取義也倚乎天行。其取象也在飛騰。威靈震懾於天下。盛增國家之光榮。威武哉我國龍旗。

海軍置此兮海威揚。陸軍置此聲氣壯。家家同置賀朝儀。飄揚於上耀日光。地球上任我龍驤。

以「愛國」爲主題的詩詞與樂歌的大量出現，成爲國歌誕生的催化劑。同時，這些詩詞、歌曲中特別強調的「領土」觀念、「文化」傳承，以及近代以來的「愛國保種」意識也成爲以後國歌表述的重要主題。

第二節　民國國歌《卿雲歌》的誕生

民國肇造，隨著國旗、國徽、國慶日的先後確定，教育部也開始了制定國歌的程序。1912 年 2 月 5 日，教育部在《臨時政府公報》第 8 號上刊出了一份徵集國歌的廣告〔註29〕：

國歌所以代表國家之性質，發揚人民之精神，其關係至大。今

〔註28〕　見侯鴻鑒編：《唱歌集：單音第二》，上海文明書局，1907 年 3 月。
〔註29〕　《教育部徵集國歌廣告》，載《臨時政府公報》第 8 號，1912 年 2 月 5 日。

者民國成立，尚未有美善之國歌以供國民諷詠，良用慨焉。本部現擬徵集歌譜，俟取材較多，再敦請精於斯學者共同審定，頒行全國。

倘蒙海內音樂名家製作曲譜並附歌詞郵寄本部，不勝企盼之至。

到了 25 日，教育部首次刊出了一份應徵的稿件〔註30〕，由沈恩孚作歌、沈彭年填譜，歌詞為：

> 亞東開化中華早，揖美追歐，舊邦新造。飄揚五色旗，民國榮光，錦繡河山普照。吾同胞鼓舞，文明世界，和平永保。

不過，直到 7 月 25 日，教育部才第二次刊出應徵的稿件〔註31〕。這首樂歌由鄒華民填譜，沈慶鴻（心工）作歌，歌詞為：

> 偉哉！吾漢、滿、蒙、回、藏五大民族。共奮精神，共出氣力，共捐血肉；消除四千餘年專制政府之毒，建立億千萬年民主共和之國。而今而後，凡我華人，如手如足；勤勤懇懇，整整齊齊，和和睦睦。興我實業，修我武備，昌我教育；立願與全世界共享和平之福。

從後來的情況看，教育部的首次徵稿活動並不成功。雖然徵集國歌的廣告後來又被反覆刊登在《臨時政府公報》的第13～33號以及其他報刊雜誌上，發表出來的投稿目前卻只見這兩篇〔註32〕。

北平政府成立後，從 7 月 10 日起，教育部在蔡元培的主持下召開全國臨時教育會議。在 31 日的議事日程中有「國歌案」一項〔註33〕。不過，實際上直到 8 月 2 日，教育會議才有機會討論國歌一事。會上對備選的兩首國

〔註30〕《國歌擬稿》，載《臨時政府公報》第 22 號，1912 年 2 月 5 日。錢仁康在《舊國歌史料拾存（1941 年）》中稱，二沈的稿件為 9 月 20 日教育部第二次徵稿後的稿件，疑誤。又，蕭貴洞在《中國近代國歌史料摭要》（《黨史研究資料》1993 年第 4 期）中說，南京臨時政府曾經以這首歌曲為臨時政府國歌，不知何據。因為，在《臨時政府公報》第 22 號上，教育部公佈這首歌曲，以「國歌擬稿」標題之，且在旁邊附錄了一段啟事：「本部前登廣告徵集國歌。蒙海內音樂家陸續投稿，茲特擇登《公報》以待知音者之評論。俟意見書徵集較多，再當開會共同論定。大雅君子幸垂教焉。」所以，二沈的《國歌擬稿》應該只是眾多的應徵稿件中，教育部比較滿意從而選登的作品，應該未有成議。

〔註31〕《教育部致印鑄局函（國歌擬稿附後）》，載《政府公報》第 86 號，1912 年 7 月 25 日。該歌曲後來又由朱雲望填譜，被稱為《中華民國立國紀念歌》。

〔註32〕二沈的《國歌擬稿》後來還被刊登在《臨時政府公報》的第 25、28～33 號上。

〔註33〕《教育部七月三十一日星期三午前八鐘臨時教育會議第十三次議事日程》，載《政府公報》第 92 號，1912 年 7 月 31 日。

歌都不甚滿意，「第一歌爲章炳麟所選古歌，朱雲望爲之作曲，文詞不合於今日情事及普通社會。第二歌爲沈心工所作，原稱《中華民國立國紀念歌》，朱雲望作曲，曲調可聽，而歌詞尙有俟斟酌者」。所以，當時多數代表認爲國歌問題非議場所能討論之事，決議將原案交還教育部，由其委任專員特別辦理〔註34〕。

到了 9 月初，教育部頒佈了《學校儀式規程》八條。其中第二條「祝賀式」規定：「立國旗於禮堂，職員、學生以次向國旗正立，奏樂唱國歌，職員、學生行三鞠躬禮，校長致訓詞，復奏樂唱國歌畢退。」〔註35〕但那時國歌尙未制定出來。於是，20 日，教育部再次通告京外，第二次徵集國歌。由於考慮到「吾國文學博深之士，與音樂專家，往往不能以一身兼，分而求之，則事易集也」，所以此次徵集國歌，「歌詞宜先徵，選擇既定，乃求聲譜」（民國國歌《卿雲歌》的制定與頒行基本上就是按照這個步驟進行的）。而且，鑒於上次的失敗，這次教育部改以五百金公開懸賞。於是，「數月以來，投歌詞稿者，踵趾相接，計達三百餘篇」。然而，「體大思精，足以代表吾民國者，迄未獲睹」〔註36〕。改「徵集」爲「懸賞」，看來效果也不太理想。

到了 1913 年 2 月，教育部只好三寫《請撰國歌書》〔註37〕。此次，教育部「易廣徵爲專懇」。因爲首先要解決國歌的歌詞問題，所以「專懇」的對象都是當時的博學之士：王闓運（壬秋）、康有爲（南海）、章炳麟（太炎）、梁啓超（任公）、錢恂（念劬）、陳三立（伯嚴）、沈曾植（子培）、張謇（季直）、蔡元培（子民）、樊增祥（樊山）等〔註38〕。經過此次「專懇」，教育部收到了章太炎、張季直、錢念劬、汪榮寶（袞甫）四家的回覆。

章太炎的作品爲：

> 高高上蒼，華嶽挺中央；夏水千里，南流下漢陽。四千年文物化被蠻荒，蕩除帝制從民望。兵不血刃，樓船不震，青煙不揚，以復我土宇版章，復我土宇版章。吾知所樂，樂有法常。休矣王族，

〔註34〕《臨時教育會議日記》，載《教育雜誌（商務）》第 4 卷第 6 號。
〔註35〕《教育部部令三則》，載《政府公報》第 128 號，1912 年 9 月 5 日。
〔註36〕《請撰國歌書》，載《教育部編纂處月刊》第 1 卷第 2 冊，1913 年 3 月。
〔註37〕《請撰國歌書》。
〔註38〕《教育部徵求國歌》，載《教育雜誌（商務）》1913 年 3 月 10 日，第 4 卷第 12 號。

無有此界爾疆。萬壽千秋，與天地久長。〔註39〕

張季直的作品爲：

> 仰配天之高高兮，首崑崙祖峰。俯江河以經緯地輿兮，環四海
> 而會同。前萬國而開化兮，帝庖犧於黃農。巍巍兮堯舜，天下兮爲
> 公。貴胄兮君位，揖讓兮民從。嗚呼堯舜兮，天下爲公。
>
> 天下爲公兮，有而不與。堯唯舜求兮，舜唯禹。顧莫或迫之兮，
> 亦莫有惡。孔述所祖兮，孟稱尤著。重民兮輕君，世進兮民主。民
> 今合兮族五，合五族兮固吾圉。吾有圉兮國誰侮？嗚呼，合五族兮
> 固吾圉。
>
> 吾圉固，吾國昌，民氣大合兮敦農桑。民生厚兮勸工通商。堯
> 勳舜華兮，民變德章。牖民兮在昔，孔孟兮無忘。民庶幾兮有方。
> 崑崙有榮兮，江河有光。嗚呼，崑崙其有榮兮，江河其有光。〔註40〕

錢念劬的作品爲：

> 我軒轅之苗裔兮，宅中土而跨黃河。唐虞揖讓兮，周召共和。
> 史乘四千年，圓周九萬里，孰外我往復與平頗。迨孔聖出而師表萬
> 世兮，玉振金聲乃集大。祖堯舜，憲文武，律天時，襲水土，餘事
> 且分教於四科。磨不磷，涅不淄，聖矣哉無可無不可。道統傳奕祀，
> 和淑有孟軻。漢唐崇儒術，宋後亦靡佗。社稷可變置，吾道終不磨。
> 社稷可變置，吾道終不磨。〔註41〕

汪袞甫則以「述而不作」爲原則，推薦了《書‧大傳》中帝舜的《卿雲歌》。
他認爲國歌之作，一方面「必須有歷史上之根據」，才能「感發國民之心志」；
另一方面，則需要「高尚優美，涵蓋群言」。而《卿雲歌》爲帝舜之歌，有歷
史的根據，且「氣象高渾，超越萬流」，以之爲國歌頗爲適合。不過，《卿雲
歌》似乎太過簡短了，所以他「取當時持衡枕首之語，用相增益；或更複疊
其詞，以明詠歎」。因此，最終的成稿爲：

> 卿雲爛兮，糾縵縵兮，日月光華，旦復旦兮。時哉夫，天下非

〔註39〕《章炳麟擬國歌（函附）》，載《教育部編纂處月刊》第 1 卷第 3 冊，1913 年
4 月。

〔註40〕《張謇擬國歌（函附）》，載《教育部編纂處月刊》第 1 卷第 3 冊，1913 年 4
月。

〔註41〕《錢恂擬國歌（函附）》，載《教育部編纂處月刊》第 1 卷第 3 冊，1913 年 4
月。

一人之天下也。時哉夫，天下非一人之天下也。〔註42〕

　　教育部幾次徵求國歌，在較眞的顧鐵僧看來都非常不成功。他說：「吾民國肇造，舊邦維新。教育部急於定一國歌，尚未有以應全國教育界之渴望。去歲，臨時教育會議延誤不決，更懸賞五百金廣徵國歌。堂堂中國之國歌，價值之高，奚啻連城之璧，而教育部欲以五百金購得之，豈有此理哉！近復廣徵歌詞於全國大文學家章太炎鄭蘇戡輩。不知國歌非尋常之歌，斷非文學家即能作之，況某某輩且未有文學家之價值。教育部又何必黔驢技窮，遂竟出此乎！」他認爲教育部以「國歌」爲題，廣求作品，「與執舉子業者所爲何以異」？所以，「斯亦不可以已乎。」〔註43〕

　　不過，教育部已經無暇顧及程序的完備了。4月8日，國會舉行開院典禮，需要演奏國歌，教育部遂臨時聘請法國人歐士東（Jean Hautstont）爲《卿雲歌》製譜，以代國樂〔註44〕。

　　29日〔註45〕，教育部將四家作品提交國務院請國會公議。最後的結果是：「章之作近於鬱勃悱惻，汪之作近於秀麗靡綿。雖各有優點，殊少發揮我民族之榮譽，及國民品行。惟張季直氏之作，盛世和鳴，音韻適合，茲已經國務院定。」〔註46〕然而，張季直創作的國歌歌詞是否曾經確實被認定爲國歌，還有許多疑意。

　　雖然民國的許多報紙都曾報導過它被認定爲國歌的消息〔註47〕，但是當時也有一些不同的說法。例如，《大同報》1914年的第24期，就發表了一篇質疑文章：「自民國元年，教育部登報徵集國歌以來，瞬已兩載。所謂國歌之問題，早已付諸不論不議之列。即吾人亦不復注意及此矣。月前各報忽宣傳選定張謇所撰國歌之說，……其實非確，不過國務院之主張如此耳。以記者

〔註42〕　《衆議院議員汪榮寶送國歌函》，載《教育部編纂處月刊》第1卷第4冊，1913年5月。

〔註43〕　顧鐵僧：《國歌問題》，載《尚賢堂紀事》第4期第4冊，1913年4月。

〔註44〕　歐士東的曲譜現可見於《教育部編纂處月刊》1913年5月，第1卷第4冊上。

〔註45〕　《大同報》1914年第24號之《國歌》一文認爲教育部致函國務院的時間爲4月20日。

〔註46〕　《審定之國歌》，載《雲南教育雜誌》1914年6月15日，第3卷第6號。

〔註47〕　還可參見《宗聖彙志》第1卷第10號（1914年11月）之《藝林：新民國之新國歌》和《湖南教育雜誌》第3年第5期（1914年5月31日）的《紀錄：教育界略聞：內紀：新民國之新國歌》。

所聞，總統已將此四篇國歌，付諸女公子等，使先按歌製譜，然後奏以風琴，歌以諧之，以便選定其音律俱長者，定爲國歌。」文章雖然也肯定了國務院有此決定，但是總統似乎還未批准。按照當時的法律程序，總統沒有批准則不能成爲最終的定案。當時在位的總統是袁世凱，他未同意用張季直所撰之辭爲國歌，似乎另有深意。張季直所撰歌詞中明顯的民主共和意象，似乎讓已有復辟之心的袁世凱頗爲忌諱。當然這只是對當事人的猜測了。另外，1915年1月25日出版的《中華教育界》第4卷第1期上，張季直創作的國歌歌詞被配以曲譜發表了出來。曲作者是湖南私立進修女子師範學校的教員陳恪。這份材料顯示，陳恪爲國歌譜曲，似乎只是一種私人性質的嘗試，而非國歌最終的定稿。所以，即使張季直創作的國歌歌詞被國務院通過，但是應該沒能完成最後的定譜工作。因此，第三次的國歌制定工作，最後很可能是一個不了了之的結果。

1915年5月22日，袁世凱政府命令政事堂禮制館作「國樂樂譜」一種，爲《中國雄立宇宙間》，歌詞傳爲總統府高等顧問、滿洲正白旗人蔭昌所作，歌譜傳爲王露所作（或至少經過他的改定）〔註48〕。第二年撤銷帝制，此歌遂廢。

於是，民國5年（1916年）又有新訂國歌一說：

> 教育范總長，以國歌一項，可以發揚國民精神，茲擬重訂。即以汪君榮寶所撰之帝舜《卿雲歌》，爲民國國歌。歌云：「卿雲爛兮，糾縵縵兮，日月光華，旦復旦兮。」聞已擬具說明書，提交國務會議。〔註49〕

不久，護法戰爭爆發，民國國歌的制定遂由於政治的動盪再一次議而未決。

直到1919年11月24日，教育部才下定決心，呈請國務總理，延聘文學及音樂專家，專門組織了國歌研究會，以主持制定國歌一事。儘管反對的聲音很多，但是到了1920年4月，國歌研究會經過反覆討論，最終還是認爲：「撰擬新詞，不如仍用《尚書大傳》所載虞舜《卿雲歌》一章，繹義尋聲，填製新譜，庶全國人民易生尊敬、信仰之心，而推行無阻。且其所謂『卿雲

〔註48〕《舊國歌譜箋注》，載《音樂雜誌》（北京大學音樂研究會編）第2卷第5、6號合刊，1921年6月。

〔註49〕《新訂國歌》，載《教育周報（杭州）》第147期，1916年12月11日。

糾縵』，實與國旗色彩相符；『復旦光華』，並與國名政體隱合。」〔註50〕《卿雲歌》最終被確定爲國歌歌詞。接著，國歌研究會聘請王露（心葵）、吳梅（臞庵）、陳蒙（仲子）以及剛從德國留學歸國的蕭友梅四人爲其作曲，以備選擇。最後，經過國務會議的決議和總統的批准，由蕭友梅作曲的《卿雲歌》最終被確定爲國歌，並且定於民國 10 年 7 月 1 日通行全國。隨後，蕭友梅又創作了《卿雲歌軍樂譜》、《卿雲歌燕樂譜》〔註51〕和《卿雲歌四部合唱譜》〔註52〕，劉天華創作了《卿雲歌古琴譜》〔註53〕。

　　一首完整的國歌終於被確定下來。但是，以一首配以西洋曲風的古典詩歌作爲中華民國的國歌，似乎並不能讓任何一方滿意。《卿雲歌》是否適合作爲國歌，仍然是一個爭議極大的問題。

第三節　對中華民國的政治想像

　　近代頗爲流行的國家觀念曾對中華民國的立國產生過很大影響，並進而推進了人們對國歌的認識。民初，負責制定國歌的教育部就曾在《各國國歌譯意以及原文》一書中對我國音樂發達很早，卻一直沒有國歌表示遺憾。究其原因，他們認爲這是由於：

　　　　蓋吾國古時，不以國視國，而以天下視國。四境以外，無聲明
　　　　文物之大邦，與我相交接。於是吾國人之思想及學說，幾若吾國外
　　　　無他國焉。既無他國之觀念，則對於他國而表示己國之特質者，其
　　　　事自無由而發生。

所以，自唐虞以來，中國「幾至於無國號、無國徽、無國旗、無國歌」。因此，教育部在徵集國歌的過程中，一直都非常強調國歌對於一個國家的意義：「國

〔註50〕　《國務總理呈請頒佈國樂文暨大總統指令》，載《音樂雜誌》（北京大學音樂
　　　　　研究會編）第 2 卷，第 5/6 號合刊，1921 年 6 月。

〔註51〕　宴樂譜用公尺譜記錄。蕭友梅曾說：「宴樂譜是教育部某君所譯，我本來不贊
　　　　　成，因爲中國笛不能吹大調，譜內的凡字應該用下凡字才合。」（參見《〈卿
　　　　　雲歌〉軍樂總譜暨燕樂譜說明》，載《音樂雜誌》1921 年 6 月第 2 卷，第 5/6
　　　　　號合刊。）

〔註52〕　載《音樂雜誌》（北京大學音樂研究會編）第 2 卷第 5/6 號合刊，1921 年 6
　　　　　月。

〔註53〕　載《音樂雜誌》（北京大學音樂研究會編）第 2 卷第 9/10 號合刊，1921 年 12
　　　　　月。

歌者，國家精神之代表也。」〔註 54〕一個國家的國歌，「外以表示列邦」，內以「代表國家之性質，發揚人民之精神」，「關係於教育之精神者，尤爲密切」〔註 55〕。在應徵的稿件中，「五色旗」、「民國」、「同胞」等意象的出現正是國家觀念的產物。然而，由於處在「三千年未有之大變局」的過渡時代，對於中華民國究竟應該以何種精神立國 —— 究竟應該在國歌中表達什麼樣的立國精神，用什麼方式表達 —— 卻未有定論。爭議由此引發。

民國成立，孫中山大總統的《就職演說》即以「盡掃專制之流毒，確定共和」來標榜民國政治的巨大變革。從專制政體走出來的國民，最大的欣喜與最大的擔心同樣是來自民國的民主共和政體：「革命功成，民國建立，我數千年之專制國，一變而爲東方新進之共和國。而我四百兆之同胞，生際此時，得享共和之福，豈不幸哉！豈不快哉！雖然，今日之共和，第有其表而已。人民即無共和國民之常識，而於風俗習慣猶未改革。」〔註 56〕所以，民國初年許多樂歌都本著教育民眾的目的，表達了對國體的強調與讚頌。例如，1914年上海教育實進會出版的《新教育唱歌集》中就有一首名爲《中國國體》的樂歌，歌詞爲：

> 中華民國震亞東，創造共和氣象雄。永遠民主一統國，追蹤歐
> 美表雄風。〔註 57〕

因此，在國歌中突出強調中華民國的「民主共和」政體自是題中應有之意。汪袞甫推薦國歌歌詞採用《卿雲歌》正是出於這樣的考慮：

> 帝舜始於側陋，終於揖讓，爲平民政治之極則，遺制流傳，俾
> 吾人永遠誦習，藉以興起其景行慨慕之心，似於國民教育，大有裨
> 益。〔註 58〕

顧鐵僧將這種想法進一步明確：「夫舜起匹夫，不私天下，爲三千年前東方之華盛頓。在今後吾共和國歷史上之人物，足爲國民之矜式者，宜莫如舜。」〔註 59〕

〔註 54〕《世界各國國歌譯意及原文》，載《教育部編纂處月刊》1913 年 2 月，第 1
卷第 1 冊。

〔註 55〕《請撰國歌書》。

〔註 56〕《顧晟君意見書》，載《通俗教育研究錄》1912 年第 1 期。

〔註 57〕轉引自錢仁康：《學堂樂歌考源》，84 頁。另，據張靜蔚：《搜索歷史》之《附
錄：學堂樂歌曲目索引》中記載，該歌曲名爲「中華國體」，433 頁。

〔註 58〕《眾議院議員汪榮寶送國歌函》。

〔註 59〕顧鐵僧：《國歌問題》。

認爲堯舜禪讓是中國古代民主制的觀點在晚清非常流行。這是當時承認西洋制度優越，卻又希望可以求證於中國古代，所謂「禮失而求諸野」，以增加民族自信心，或爲引進外來制度尋求合法化的普遍做法。梁啓超就曾在《時務報》第 10 冊上發表過《古議院考》，試圖在中國古代的制度中尋找西方「議院」的雛形。但是，經過嚴復對此行爲的批駁後，梁啓超承認此爲塞責的遊戲之作，而自己生平最惡人以中國古事證西政，並認爲「附會」是中國虛驕之結習〔註60〕。所以，到了光緒 27 年（1901 年），梁啓超反而不惜以今日之我與昨日之我辯駁，特別寫作了一篇《堯舜爲中國中央君權濫觴考》的文章反對認爲堯舜禪讓是中國古代民主制的觀點。文章強調：「民主國者，其主權在國民，其舉某人爲民主，由於全國人之同意，絕非君主所得而禪讓也。禪讓者，私相授受之意也。凡人必其己所自有之物，然後能舉以授人。國家者，豈君主所有物乎？」〔註61〕不過，以古代先賢作爲榜樣，既符合中國人的傳統習慣，又可以傳達提倡民主政治的意蘊，使很多人贊成在國歌中使用「帝舜禪讓」的意象。如，張季直在給教育部的覆函中就說：「若云國體已標幟共和，而黨爭愈烈，古之堯舜，寧如是乎？以是不可不闡揚堯舜禪讓之眞美。」〔註62〕直到 1916 年，吳敬恒在文章中還是在替《卿雲歌》鼓吹：「舜實起自民，而授禹以後，還爲民。求諸支那古人，請爲民國作歌，恐無第二作者。」〔註63〕

然而，反對者也毫不相讓。他們一方面批評「『且復且』隱寓禪代之意。這眞是穿鑿無謂，很可鄙笑的陋說」〔註64〕，一方面延續梁啓超的觀點，指出：「堯禪舜，舜又禪禹，皆是皇帝私相禪讓，並非國民公行選舉總統。」所以，《卿雲歌》是「帝制時代的歌，不宜用於民國」。而且「禪讓」在中國歷史上也不都是那麼光彩：「要使民國效法堯舜，是要使民國步魏、晉、宋、齊、梁、陳的後塵了。魏、晉、宋、齊、梁、陳，何嘗不是效法堯舜，明稱禪讓，

〔註60〕 關於此段公案請參見村尾進：《萬木森森——《時務報》時期的梁啓超及其周圍的情況》，見〔日〕狹間直樹編：《梁啓超・明治日本・西方》（中譯本），社會科學文獻出版社，2001 年，38～45 頁。

〔註61〕 梁啓超：《堯舜爲中國中央君權濫觴考》，見《飲冰室合集》第 1 冊，文集 6，23 頁。

〔註62〕 《張謇擬國歌（函附）》。

〔註63〕 轉引自朱希祖：《論〈卿雲歌〉不宜爲國歌》，載《學藝》第 2 卷第 1 號，1920 年 4 月 30 日。

〔註64〕 研因：《國歌的研究》，載《雲南教育雜誌》第 8 卷第 9 號，1919 年 9 月 1 日。

暗行篡竊的嗎？」而後來袁世凱竊國稱帝的行為，也更加堅定了反對者的立場：「汪君榮寶提出《卿雲歌》為國歌，袁世凱就要效法堯舜，說：『清帝宣統是禪讓給他的。』於是竟將帝制恢復起來，鬧得民窮財盡，至今猶受他的遺毒。所以文字是斷不可假借的。」〔註65〕

章太炎也從另一個角度對「禪讓」意象發難：

> ……今之改革，非雍容拱揖而取之也。武昌倡義，金陵奠都，雖不過偏隅半壁之形，而創造民國之始基，實由於此，豈可視同芻狗，棄若弁髦，而以禪讓虛情盡掩前人之成績，拂違全國之本情耶！
> 〔註66〕

清帝被逼退位，但在禮儀上也是禪讓。直到清朝滅亡後許多年，梁漱溟的父親梁濟還是堅持「中華改為民主共和，係由清廷禪授而來」。清廷「因愛民而犧牲大位」，為「千古美談，自與前代亡國有異」〔註67〕。正式針對這種頗有市場的觀點，章太炎認為，這是「一二亡國丈夫，欲借禪讓以自掩飾」〔註68〕。這與章氏一貫的「排滿」立場有關。對於滿人佔據中國的領土和主權，章太炎一直名之為「侵略」，認為「排滿」是「以正義反抗之名」的「復仇」〔註69〕。在他看來，民國建立的合法性，恰恰來源於對滿清統治的推翻，所謂「清室失政，毒我丞民，凡有人心，皆思剿刃。其所以和平了事者，乃因外患逼迫使然。而外有南軍主持正義，內有彭家珍瘡陷腹心，彼清廷者，亦不得不俯首退讓」。現在有人想將民國總統比於帝舜，「是欲比獨夫於堯乎？則可謂邪說誣民矣」〔註70〕。

不過，辛亥革命成功後，「民族革命」的階段已經讓渡給「國家主義」的建設。所以，章太炎在創作國歌歌詞時也頗為躊躇──「偏主革政，未足宏

〔註65〕 朱希祖：《論〈卿雲歌〉不宜為國歌》。
〔註66〕 《章太炎先生擬定國歌及覆教育部書》，載《湖南教育雜誌》第2卷第9號，1913年5月31日。
〔註67〕 梁濟：《戊午敬告世人書》、《甲寅敬告世人書》，見《桂林梁先生（濟）遺書》，沈雲龍主編：《近代中國史料叢刊》（337），臺北：文海出版社，1969年，86～113頁。
〔註68〕 《章太炎先生擬定國歌及覆教育部書》。
〔註69〕 章太炎：《排滿平議》，見張枬、王忍之編：《辛亥革命前十年時論選集》第3卷，北京：三聯書店，1977年，49～50頁。
〔註70〕 《章太炎先生擬定國歌及覆教育部書》。

我漢京；專言光復，未足調和殊類」〔註71〕（當然，「殊類」的使用，還是有「不調」的嫌疑）。「光復」已經完成，但「救國」之路還很漫長。在「禦外」的要求下，新的國家要求統一而不是分裂。只有「五族共和」——團結國內所有的力量，才能組成一個強大的國家，而與外族相抗。這也正是張季直的國歌擬稿「民今合兮族五，合五族兮固吾圉，吾有圉兮國誰侮」所表達的含義。

其實，出於「禦外」的考慮，「不分滿漢」的倡議早在民國建立之前就已經出現：「意在合群，滿漢是大群，還分什麼滿和漢呀？意在保種，滿漢是同種，還分什麼滿和漢呀？群越大，勢越厚，志士且要合東亞大群，還分什麼滿和漢呀？種越強，力越厚，志士且要保全亞同種，還分什麼滿和漢呀？」〔註72〕。革命派雖然不能做到「不分滿漢」，但是仍然可以「仇一姓不仇一族」〔註73〕。爲「禦外」而「合群」，一直是晚清以來梁啓超等人提倡最力，也是最爲流行的救國良方：「千萬人群而成國」，「己群之敗，它群之利也」，「故欲滅人之家者，滅其家之群可矣，使之兄弟相鬩、父子相夷，雖素封之產可立敝矣；欲滅人之國者，滅其國之群可矣，使之上下不相通，彼此不相恤，雖天府之壤可立亡矣」〔註74〕。所以，泯滿漢之爭正是「合群」理念的首要訴求。爲傳達此意，趙銘傳特別寫作了一首樂歌《毋鬩鬥》：

　　　鷸蚌相爭漁人利，兄弟鬩牆外侮至。二虎相爭卞莊喜，國有亂釁強鄰伺。何況虎視日眈眈，外交籌策方困難。欲保生存免吞併，滿漢意見先夷芟。

　　　春秋吳越號蠻狄，後來變作文明域。東晉中原棲五胡，何況同居三百年。水乳交融無猜嫌，欲維國祚壯聲勢，滿漢意見先除湔。

〔註75〕

只有集合全國的力量與外族相抗，中國才能在國際民族之林存身。因此，「合

〔註71〕《章炳麟擬國歌（函附）》。
〔註72〕《中論學界報界開會追悼惠興女傑爲調和滿漢界限助動力》，載《順天時報》1906 年 2 月 9 日。轉引自夏師曉虹：《晚清女性與近代中國》，北京大學出版社，2004 年，246 頁。
〔註73〕關名：《仇一姓不仇一族論》，見《辛亥革命前十年時論選集》第 3 卷，41～44 頁。
〔註74〕梁啓超：《說群序》，見《飲冰室合集》第 1 冊，文集 2，4～6 頁。
〔註75〕趙銘傳編著：《東亞唱歌》，上海時中書局，1907 年 11 月。

五族」對當時剛剛成立的中華民國來說，是一個非常重要的政治基礎，也是對外「兵戰」與「商戰」的有力保障。

就在雙方圍繞「堯舜禪讓」對民國國歌中的政治表達爭論不休的時候，一個由「堯舜」引伸出來的更為重要的問題凸顯出來。那就是在國歌中祖述堯舜，更有為中華民國尋求歷史與文化上的合法性的意義。尤其是近代以來中西之間的衝突，除了「商戰」與「兵戰」之外，還是兩個不同的文化傳統之間的衝突。因此，中西之間還有一個更為尖銳的「學戰」。雖然「商戰」與「兵戰」已經基本處於「師夷長技以制夷」的狀態，雖然二者的失利，常常導致一些人產生「中學無用」的結論〔註76〕，但是由於中國擁有深厚的文化底蘊，一些人還是對傳統文明情有獨鍾，不肯輕易言敗。落實到民國國歌的問題上來——「國歌須本國性及歷史」〔註77〕。而「堯舜禹湯文武周公諸聖哲，實吾國道德之初祖，至孔子而始集大成。……而吾民數千年來，所賴以為建國定邦、安身立命之基者，實惟孔氏之道德是信是從，而亦即由乎堯舜文武周公諸哲之所留遺而習而行也」〔註78〕。因此，在國歌中「祖述堯舜」，不但為中華民國在「精神傳承」上確立了歷史的合法性，更是一種文化「自立」的象徵，表達了對繼承並發揚本民族傳統文化的信念。而這應該更為國人所看重，更需要在國歌中予以表達。

中華民國如果既可以在「兵戰」上「吾有圉兮國誰侮」，在「商戰」上「民氣大合兮敦農桑，民生厚兮勸工通商」，在「學戰」上「吾道終不磨」，那麼它「揖美追歐」、「和平永保」的願望必將實現，它在中國這片土地上的誕生也就具有了全面的合法意義。

第四節 國歌品性之爭：「右文」還是「尚武」

章太炎反對以《卿雲歌》為國歌，還有另外一個原因：

> 凡為國歌，蓋以發揚民氣，而非徒讚美政體之云云。民國承前
> 清餘烈，庶事百孔千瘡，加以外患頻仍，亟思經武。然則表影（彰？）

〔註76〕參見羅志田：《國家與學術：清季民初關於「國學」的思想論爭》，第一章《國不威則教不循：中學走向無用》，北京：三聯書店，2003年。

〔註77〕《張謇擬國歌（函附）》。

〔註78〕皮生（茹欲立）：《策國民之前途》，見《辛亥革命前十年時論選集》第3卷，403頁。

戡亂之功，提倡愛國之念，皆國歌所當言者。〔註79〕
聯繫他對自己所作國歌「高朗之音」的讚許，可見他比較贊成民國國歌應該直面當時的國際形勢，強調新的社會形態，強調競爭存亡，以「發揚民氣」、「亟思經武」爲主旋律。而《卿雲歌》卻立足於中國傳統的歷史與文化，其「品性」似乎過於「中正平和」了。

　　近代中國的音樂界乃至更大的文化環境中一直有一種「尙武」、「崇力」的傾向，這一點我們在第二章已經討論過了。章太炎從「尙武」的角度反對以《卿雲歌》爲國歌，與這條精神線索一脈相承。認爲「文弱」足以亡國，是晚清流行的觀點：「總古今亡國之原因，文弱其一大病根歟。」而中國歷史上常常被蠻族入主中原，究其原因，也是「由於中國之文弱而已」〔註80〕。再看當前，民國雖然成立，但是岌岌可危的國勢卻是有目共睹。所以，如果新民國的國歌可以以「尙武」精神來命題立意，則舉國必以「尙武」爲風向，而只有舉國「以尙武爲精神」，才能「雄長諸侯」〔註81〕。在這方面，德國常常被晚清人士看作是一個值得中國好好學習的榜樣。《進步雜誌》在「歐戰睹聞錄」中，特別報導的《四面國歌聲催英公使出德境》的時事新聞最能體現這種想法：

　　　　方英人郎君 R. C. Long 與英公使出境時，無處不聞國歌聲，乃紀其實曰：「余初時不信有戰事發生，但吾車停處，即聞朗朗國歌之聲，汽車抵海拿佛站，見有德國預備兵，……忽知車中有英公使在，乃其切齒仇國之代表。斯時預備兵及站中人役同聲高唱國歌，其聲雄壯，能刺人腦，歌詞其即《恪守來因河》之一闋也。此後每過一站，即不遇兵士，亦必有紅十字會之婦女同唱國歌。……余所經各處無不聞此歌聲者，心頗爲之不安，有寧受石擊不願再聞之想。至末一站，已近荷蘭邊界，其地荒涼不見人迹，惟有守衛兵一，站長一，幼童一。……余以爲此站或可不聞歌聲矣，旋見幼童挺胸立木刀一揚，口唱《恪守來因河》之歌。惟其聲稍低緩耳。此種國歌，即德國軍事上之教育，以振作軍國民之精神者。而余等遂被歌聲催

〔註79〕　《章太炎先生擬定國歌及覆教育部書》。
〔註80〕　觀雲：《文弱之亡國》，載《新民叢報》第 37 號，1903 年 9 月 5 日。
〔註81〕　梁啓超：《論教育當定宗旨》，載《新民叢報》第 1 年第 1 號，1902 年 2 月 8日。

送出境焉。嘻！」〔註82〕

在「尚武」風氣的影響下，晚清最為流行的外國國歌就是「歌興戰鬥」、「語多激怒」的法國國歌《馬賽曲》（又譯為《馬賽耶司》）〔註83〕。王韜在《普法戰紀》中，首次將其翻譯為中文。梁啟超在《飲冰室詩話》中認為該國國歌於其「立國精神大有關係」，而王韜的譯作「尚能傳其神韻」〔註84〕，於是將它完整地抄錄下來，並發表在《新民叢報》上：

> 法國榮光自民著，爰舉義旗宏建樹，母號妻啼家不完，淚盡詞窮何處訴。籲王虐政猛於虎，烏合爪牙廣招募。豈能復睹太平年，四出搜羅困奸蠹。奮勇興師一世豪，報仇寶劍已離鞘。進兵須結同心誓，不勝捐軀義並高。

> 維今暴風已四播，屠王相繼民悲吒。荒郊犬吠戰聲哀，田野蒼涼城闕破。惡物安能著眼中，募兵來往同相佐。禍流遠近惡貫盈，罪參在上何從赦。奮勇興師一世豪，報仇寶劍已離鞘。進兵須結同心誓，不勝捐軀義並高。

> 維王泰侈弗可說，貪婪不足為殘賊。攬權怙勢溪壑張，如納象軀入鼠穴。驅使我民若馬牛，瞻仰我王逾日月。維人含靈齒髮儔，詎可鞭笞日摧缺。奮勇興師一世豪，報仇寶劍已離鞘。進兵須結同心誓，不勝捐軀義並高。

> 我民秉政貴自主，相聯肢體結心膂。脫身束縛在斯時，舊發英靈振威武。天下久已厭亂離，詐偽相承徒自苦。自主刀鋒正犀利，安得智軀而術取。奮勇興師一世豪，報仇寶劍已離鞘。進兵須結同心誓，不勝捐軀義並高。〔註85〕

〔註82〕秋水：《四面國歌聲催英公使出德境》，載《進步雜誌》第 7 卷第 4 號，1915 年 2 月。

〔註83〕除了本書提到的期刊外，曾經介紹過法國國歌的期刊還有：《新新小說》第 1 年第 2 號（1904 年 10 月 26 日）上的《法蘭西革命歌琴譜：漢譯法蘭西大革命國歌第一章》，俠民譯詞；《民報》第 13 號（1907 年 5 月 5 日）的《佛蘭西革命歌》；《國民雜誌》第 3 號（1913 年 6 月 15 日）上的《法蘭西革命歌》；《音樂雜誌》（北京大學音樂研究會編）第 1 卷第 9/10 號合刊（1920 年 12 月）之《說法蘭西的國樂》等。

〔註84〕見張靜蔚編選、校點：《中國近代音樂史料彙編（1840～1919）》，人民音樂出版社，1998 年，100 頁。

〔註85〕梁啟超：《飲冰室詩話》（50 條），載《新民叢報》第 21 號，1902 年 11 月 30

中國自古無國歌，晚清以來的國歌是受西方國家觀念影響的產物。因此，在
民國制定國歌的過程中，對外國國歌的參考是必然的。民國教育部在兩次徵
求國歌不成的情況下，特意編寫了一部《各國國歌譯意以及原文》，發給他們
「專懇」的對象，以為參考。不過，他們已經認識到外國國歌的來歷各不相
同，所表達的國家旨趣也大相徑庭：「或頌禱其國家及君主，或推崇其國教，
或紀一國最重大之事實，或發揮國家所持政治之主義」，究其原因，「立國之
根本不同，歌詞遂因而大異，理宜然也」。因此，世界上的國歌「直謂之無公
例為可也」〔註86〕。既然沒有公例，民國的國歌應該以何為宗旨則眾說紛紜。
如果以《馬賽曲》為取法的對象，民國國歌自然應該以「亟思經武」為主旋
律。不過，梁啓超等人所推崇的以「武士道」精神立國的日本，其國歌《君
代歌》「維君受命，萬代斯衍。至於拳石積為磐，久久復生鮮」，卻毫無「尚
武」意味。其歌詞選自日本的《古今和歌集》（其地位近似於中國的《詩經》），
反而頗可以成為支持《卿雲歌》的理由。

　　同時，教育部也對崇尚武力的法國國歌不甚認同。在《各國國歌譯意以
及原文》中，教育部在《馬賽耶司》條下有一大段說明：

　　　　西方諸國，各有所謂國樂者。行大典、饗大賓，與禮儀之關乎
　　國家者，胥歌之。若英吉利，若德意志，其所製樂，大率呼籲蒼天，
　　祐人民，富工商，福土地，以為祝，不失為和平雅奏。即俄羅斯偏
　　重教旨，亦不失為祈禳愚忱。獨法蘭西歌興戰鬥，語多激怒。雖當
　　日世族尊妄過甚，奴隸齊民，久逼生變，致此困獸之鬥，然奈何用
　　其憤詞，重為典樂。睹民主之新局，慨久安之難恃，固西儒通論也。
　　舊例民主樂不得奏於君主國，為不敬也。

張季直在給教育部的覆函中也認為，法國這種風格的國歌不適於中國這樣的
國家：

　　　　法國新造之邦，其國歌意主尚武，然立國之道，寧有專以兵訓
　　國人者？宜歐人知治者之少之矣。施於我國，尤為不宜。〔註87〕

直到1920年，陳仲子發表文章，還是認為我國國民的特性是「淳厚博大」，「製

　　日。
〔註86〕原書未見，現根據《教育部編纂處月刊》第1卷第1冊，附錄欄中的《世界
　　各國國歌譯意》補出，1913年2月。
〔註87〕《張謇擬國歌（函附）》。

作國歌，當一本諸吾國故有之國粹」，因此「當取和平中正之音」〔註88〕。由此可見，雖然有「天演論」為「尚武」張本，但無論是受傳統「以暴易暴不知其非矣」的影響，還是受列強侵擾的衝擊，其時國人會對「武力」有一種極端的反感也是可以理解的。因此，仍然會有很多人以「右文」的傳統為念，反對在國歌中表達「尚武」的意思。

其實，國人早就對西方之「尚武」有所針砭。陳季同（1852～1907），一位清末的外交官，早就注意到中西方之間對「尚武」的不同看法。他曾用法文在法國出版了一本旨在向西方人介紹中國的書 ——《中國人自畫像》。書中就這一問題有過深刻思考。雖然陳氏此書意圖糾正西方人對中國的種種偏見，所以書中一些對西方的批評和對中國的讚美難免有過激之處。但是，作為一個對東西方文化都頗有造詣的人，陳季同對許多問題的看法常常深刻透闢，顯露出絲絲洞見。而且，此書出版於 1884 年，那時國人還不曾夢到會大敗於文化同源的日本，所以此時陳季同對中國的看法比較客觀、和緩。因此，筆者首先引入的是陳季同對「尚武」問題的看法：

> 西方文明的基本特徵就是具有侵略性。此事無需證明。
>
> 從前，野蠻的游牧部落也進行侵略，但並非為了傳播某種新思想的好處，而是為了劫掠和毀滅那些繁榮昌盛的國家。文明人的所做所為如出一轍，然而他們卻聲稱是為了建立人間的幸福。

陳季同不無諷刺地將西方的邏輯總結為「暴力是進步的起點」。但是作為一位中國人，他卻認為「這個方法並不完美」。他說：「唯一可實現的進步就是在維護和平和戰勝貧困方面的進步。」然後，他更加決絕地認為：「我們痛恨一切或遠或近威脅和平的東西，一切在遠非完善的人類心靈裏煽動尚武精神的東西。」他不無威脅地聯想到：「有一天，當我們的四萬萬臣民被槍支武裝起來後，這樣的願望又會將我們引向何種理想？」他不禁反問：「那就是進步的思想嗎？」最後，他總結說：

> 竊取民眾的財富，使之偏離理性的自然安排，並且由於使用和濫用武力，使之成為一切焦慮的源頭，在我看來，這就是自取滅亡和自甘墮落。我們永遠無法在窮兵黷武中看到任何文明的迹象，恰

〔註88〕《國歌與國民性》，載《音樂雜誌》（北京大學音樂研究會編）第 1 卷第 1 號，1920 年 3 月。

　　恰相反，我們認爲這是回到了野蠻時代！〔註89〕

西漢劉向在《說苑・指武》中說：「聖人之治天下也，先文德而後武力。凡武之興，爲不服也，文化不改，然後加誅。夫下愚不移，純德之所不能化，而後武力加焉。」崇尚中國傳統文明的人一直認爲只有「下愚不移，純德之所不能化」時，才有必要動用武力，而且一直都是以「夏」化「夷」。雖然，中國古代歷史中常常出現中原被蠻夷侵佔的情況，但是我們自身的「道統」是從未中絕過的。然而，當西方人攜其「堅船利炮」之現代文明在近代侵略中國時，他們是很可以拿劉向的話回贈給中國的。因爲，在他們看來，中國當時就是處於「下愚不移，純德之所不能化」之時。而國人對西方文明的逐漸認同，也使部分國人開始反思中國的傳統文明。這就是「尚武」思潮會流行一時的原因。

　　雖然甲午戰後，「尚武」的呼聲一浪高過一浪，但是仍然有反對者的聲音存在。1898 年嚴復在《駁英泰晤士報論德據膠澳事》一文中指出，德國侵佔膠州灣是「野蠻生番之道」，因爲「所謂開化之民，開化之國，必其有權而不以侮人，有力而不以奪人」也〔註90〕。針對奮翮生的文章，也有人指出「中國人最乏國家之觀念，故從無國魂之說。至留日學生見日本有以武士道爲國魂者，始反索乎中國；奮翮生索而不得，乃強欲以革命當之。夫此何足以爲中國魂也？匹夫篡奪，強有力者即貴爲天子、富有四海，此夷齊所謂以暴易爆、以盜賊代盜賊也。諸君欲求中國魂乎？捨正氣安屬焉？」〔註91〕中國傳統文明首重「夷夏之分」，「祛蠻野殘殺之習，進其民德，大啓文明，與夷狄他種之民，立於相反之途」〔註92〕。因此，以日本之武士道爲學習的對象，在推崇中國傳統文明的人看來，不啻爲文明的倒退。

　　鞠普也對以「軍國民主義」教育青年不能認同：「近世教育，有所謂軍國主義者，已成爲普通之義矣。夫此等教育，強權之教育耳。以天性未離之青年，而教以操刀殺人之事業，爲強權者計，則誠得矣，果爲世界計，又何取乎！」而且，「止戈爲武，此本義也。乃世以逞強爲武，好殺爲武，且鼓吹其

〔註89〕陳季同著，段映虹譯：《中國人自畫像》，廣西師範大學出版社，2006 年，69〜70 頁。
〔註90〕載《國聞報》光緒 23 年 11 月 1 日。
〔註91〕《中國國學保存論之一》（節錄《政法學報》），載《東方雜誌》第 1 年第 3 期，1904 年 3 月 25 日。
〔註92〕皮生（茹欲立）：《策國民之前途》。

說曰尙武精神，此何理也！豈慮強權之不張，而欲助其焰耶！夫除強者乃謂之武，凌弱者不得謂之武。以吾論之，則暗殺、罷工、抗稅等事，眞武德也。如軍人，如警吏，則鷹犬耳，奴隸耳。助強欺弱，何武之有！乃今之軍人武士，洋洋自得，使顧名思義，其武果何在耶？」〔註93〕雖然作者以「暗殺、罷工、抗稅」等事爲武，有其可以商榷的地方，但是他的話不能不令人反思。辛亥革命成功後，「共和政體」被一班「武夫」弄得支離破碎，「尙武」精神的提倡是否也應該爲此負擔一定的責任呢？

　　1908 年，魯迅發表《破惡聲論》。他從反駁晚清以自然界中「禽蟲」之生存法則爲立論基礎的「天演論」、「進化論」入手，反對以「尙武」作爲愛國、救國的道路。他指出：「嗜殺戮攻奪，思廓其國威於天下者，獸性之愛國也。人欲超禽蟲，則不當慕其思。」中國人民「樂耕稼，輕去其鄉，上而好遠功，在野者輒怨懟；凡所自詡，乃在文明之光華美大，而不借暴力以凌四夷，寶愛平和，天下鮮有。」因此，近代以來「晏安長久，防衛日弛，虎狼突來，民乃塗炭」的命運，「非吾民罪也」。我們不應該因此而自棄傳統，「頌美侵略，暴俄強德，嚮往之如慕樂園」，而「自反於獸性」〔註94〕也。對「頌強凌弱」，魯迅一直非常反感。在寫於 1926 年的《狗·貓·鼠》這篇文章中，他更是以比喻的手法重申自己的立場：「在動物界，……它們適性任情，對就對，錯就錯，不說一句分辨話。……鷙禽猛獸以較弱的動物爲餌，不妨說是兇殘的罷，但它們從來就沒有豎過『公理』、『正義』的旗子，使犧牲者直到被吃的時候爲止，還是一味佩服讚歎它們。」〔註95〕

　　更爲重要的是，對傳統文明的堅守與推崇，也是近代頗爲流行的「國家主義」的要求：

> 凡一國之能立於世界，必有其國民獨具之特質。上自道德法律，下至風俗習慣、文學美術，皆有一種獨立之精神。……我同胞能數千年立國於亞洲大陸，必其所具特質有宏大、高尚、完美，鰲然異於群族者，吾人所當保存之而勿失墮也。〔註96〕

> 國粹者，一國精神之所寄也。其爲學本之歷史，因乎政俗，齊

〔註93〕鞠普：《論習慣之礙進化》，見《辛亥革命前十年時論選集》第 3 卷，199 頁。
〔註94〕《魯迅全集》（8），北京：人民文學出版社，1982 年，32 頁。
〔註95〕魯迅：《朝花夕拾》，人民文學出版社，1973 年，4～5 頁。
〔註96〕梁啓超：《新民說》，載《新民叢報》第 1 號，1902 年 2 月 8 日。

乎人心之所同。而實爲立國之根本源泉也。是故，國粹存則其國存；
國粹亡則其國亡。〔註97〕

傳統文明是一個民族之所以成立的精神基礎。如果「吾國民決非立於異族勢
力之下而可以圖存」者，則「必且倡吾道德之觀念，溯吾歷史之遺傳，以利
用此現在之民氣，而從事於外攘內攻」〔註98〕。也就是說，以傳統文明來激
動種性，可以增進民族認同感，促進愛國情緒，「夫所謂愛國者，以己國有可
愛之實也」。反之，「學亡則一國之政教禮俗均亡；政教禮俗均亡，則邦國不
能獨峙」，因此，「欲謀保國，必先保學」〔註99〕。所以，在更深一層的意義
上，「右文」（對傳統的堅持）不僅僅是出於傳統強大的慣性，與「尚武」一
樣，它也是近代以來，面對列國並立的世界格局，一條中國必須堅守的「救
國之路」。

　　而且近代以來「世界主義」與「國家主義」之爭，也被暗暗隱含在「尚
武」與「右文」之爭之中。「有世界主義，有國家主義。世界主義者，無內外，
無上下，兼愛平等，合地球萬國。無論種族，無論教派，凡屬人類，視若同
胞。此天然高尚之理想，即禮運大同春秋太平世之說也。」而國家主義將世
界上的人劃分成各個種族與國家，「務求本種本國之優勝，以角立於天演競爭
之間」，必然會導致「今日各國民族帝國主義所由發生也」〔註100〕。「世界主
義」不僅暗合中國傳統禮運大同的理想，而且必將在未來超越「國家主義」
而成爲世界的終極潮流，也被一些晚清人士所認同。這與近現代中國文字改
革中，有些人主張直接使用「世界語」的觀點是相通的。因爲這樣可以使中
國超越世界諸國，從而站在更「先進」的位置上。這一點頗可以滿足當時國
人禦辱圖存的心理。

　　所以，在國歌的創作中排斥「尚武」的表達，提倡「右文」的傳統，也
有其強大的社會文化基礎。更何況，當中國已經通過「革命」完成了國內政
局變遷的時候，對「和平」的渴望使得民國初年彌漫著一股樂觀的情緒，很
多人都認爲國歌應該強調和平與文化。而中國歷史上，歷朝歷代在開國之初

〔註97〕　《論國粹無阻於歐化》，載《國粹學報》1905 年 8 月 20 日，第 7 期。
〔註98〕　皮生（茹欲立）：《策國民之前途》。
〔註99〕　《擬設國粹學堂啓》，見張枬、王忍之編：《辛亥革命前十年時論選集》第 2
　　　　　卷下冊，630～631 頁。
〔註100〕　《山西崞縣崞陽學堂課程綱領》，載《政藝通報》癸卯第 10 號，1903 年 6 月
　　　　　25 日。

制禮作樂的傳統，也都是以「鼓吹修明之世」，「以昭一代之盛」〔註101〕爲主要目的。顧鐵僧正是以此爲依據推薦了《卿雲歌》：「總而論之，卿雲之歌，喻意深遠，想見天地清寧，日月光華，暐暐太和之氣象，洋溢於言表。國歌代表一國之精神。共和國之精神不當如是耶？至於日月光華且復旦，本舜行禪讓，喻己與禹明明相代，今也斷章取義，以喻國勢之隆盛，有如日月光華之普照，且且無窮，亦奚不可？」〔註102〕《樂記》言：「治世之音，安以樂，其政和；亂世之音，怨以怒，其政乖；亡國之音，哀以思，其民困。聲音之道，與政通矣。」因此，以「右文」爲國歌的主導精神，也具有充分的理由。

是要「右文」懷遠於將來，還是要「尚武」振濟於目前，這一直是近代以來中國文化界集中爭論的焦點問題。「夫中國之歷史，綿延四千餘載，國之精華，焉敢云無」，「然當萬事以進化爲衡之世，是種種者當在淘汰之列。其補助於社會文明之功，已屬過去之陳迹」〔註103〕。傳統與現實，人們都無法忘卻，無法捨棄。「淬厲其所本有」與「採補其所本無」〔註104〕，都是在「現代化」的道路上，中國人應該努力完成的歷史使命，是成就現代中國的雙翼。國歌，作爲一個國家精神的代表，是現代文明建設中一個具體而微的問題。民國國歌應該如何在「傳統」與「現實」之間取捨、調和，實在是一個值得深思的問題。

第五節　歌詞之爭：「文言」還是「白話」

在第一章筆者已經指出，以「新民」理論爲出發點提倡音樂教育，與傳統的「樂教」觀念暗合。因此，晚清士人多曾提出「故移風易俗莫善於樂」的觀點。關係到「國民視聽之統一」〔註105〕的國歌，自然肩負著極爲重要的教育國民的使命。因此，國歌的歌詞不能太過古奧，要讓普通的國民明白易懂，這應該是國歌成立的基本條件之一。不過，正如筆者在第四章所分析的那樣，近代是中國語體改革的最初階段，樂歌的歌詞創作背負著中國歷史悠久的語言（文言文）和文化（古典詩詞）傳統。因此，創作「質直如話」而

〔註101〕《藝文雜纂：國歌》，載《大同報》1914年第24期。
〔註102〕顧鐵僧：《國歌問題》。
〔註103〕反：《國粹之處分》，見《辛亥革命前十年時論選集》第3卷，192頁。
〔註104〕梁啓超：《新民說》。
〔註105〕《請撰國歌書》。

又「韻味雋永」的歌詞還是非常困難的。而且，當問題涉及到國歌的時候，「通俗」與「文雅」的矛盾則更為突出。國歌雖然肩負著教育全國人民的重任，但是也承載著國家典制的光環，是與列邦晉接的顏面。因此，如何調和二者，在當時還是一個尚未解決的問題。

新文化運動發生後，白話文在中國的文化地位有了質的飛躍。「文言」被認定為「三千年前之死字」，「白話」卻是「二十世紀之活字」。以「進化論」為其張本，「白話文學」不僅被肯定為「中國文學之正宗」，「白話」還成為「將來文學必用之利器」〔註106〕。所以，這時再討論國歌問題，言論的傾向已發生改變。例如，吳研因在 1919 年發表《國歌的研究》一文就認為國歌應該是「有韻的白話歌！古曲文章是不行的」。不過，她說：

> 但是做國歌，要得群眾的贊成，是很不容易的。因為普通人的心理，最崇拜的是三種勢力。第一種是已死在歷史上的勢力，──例如古代相傳的歌兒。……第二種是現在政治上的勢力，──政事堂擬定的歌兒，不管他皇帝總統，總統皇帝，也容易教人家盲從。……第三種是名士虛聲上的勢力，──一樣一個歌兒，在章太炎、張季直做的，雖然沒有意思，人卻不敢非難。……這也是普通心理，天然的趨勢，無可如何的。

不過吳研因並不因此而氣餒。她認為現在的各種學問，「無論文章詩歌，都可用研究科學的法去研究。充分研究了，定下一個應該怎樣的標準，然後從此著手做去，或者也可以叫人家贊成」。而且，「現在還沒有誰是白話文的文學大家，白話歌又是普通的，平民的，也不許容易被名士壟斷去了」〔註107〕。

發表此論的吳研因，1885 年出生於江蘇江陰，幼年受私塾教育，1903 年赴上海，入師範講習所學習。畢業後，她一直從事教育工作，是晚清到民國、以至新中國成立後，比較活躍的女性教育者。吳研因對國歌的這番見解，明顯受到「五四」一代新文化人對「白話」定位的影響。

1918 年，錢玄同發表《嘗試集序》一文，認為中國語言和文字分離是由兩種勢力造成的：一種是「獨夫民賊」要自表異於平民，另一種是文壇中「文妖」的提倡。現在既然認定白話是文學的正宗，那就是表明文章是人人會作，

〔註106〕胡適：《文學改良芻議》，載《新青年》第 2 卷第 5 號，1917 年 1 月。
〔註107〕研因：《國歌的研究》，載《雲南教育雜誌》第 8 卷第 9 號，1919 年 9 月 1 日。

且人人可以作的〔註108〕。傅斯年《白話文學與心理的改革》一文，更是將白話文運動從形式層面的思考推進到思想層面的改造。他指出，「不用平民的精神去造民國，豈有不弄成政治昏亂，四方割據的呢？」思想革命要想成功，就「必須以新思想夾在新文學裏」〔註109〕。周作人因此而提出了「平民文學」的主張：「中國現在成了民國，大家都是公民」，所以要創造一種適合大眾的、平民的文學出來。「就形式上說，古文多是貴族的文學，白話多是平民的文學。」〔註110〕吳研因認為白話歌是「普通的，平民的，也不許容易被名士壟斷去了」，正是以此為理論基礎的。而且從她的論述中可以看出，對「白話文學」的提倡已經初步顯示了取消文言特權地位的效果，「白話文學」對「五四」時期民主思潮和平民化意識已經起到了推動的作用。

吳研因以一個「民間」發言者的身份，強調國歌應該從「民主」的角度出發來創作。蕭友梅作為一個「名士」，雖然被推薦為《卿雲歌》譜曲，但他對選用《卿雲歌》作國歌同樣很不以為然，「因為這首歌詞頭兩句的意思，太不明瞭。……把他念出來給小孩女僕聽聽，他們實在是莫名其妙」。因此，以《卿雲歌》為國歌，只可以算作是硬性推行，可以「決其必不能久用」。而他受命為《卿雲歌》譜曲，「不能當他做國歌，不過依照題目用聲音描寫歌詞的內容出來，以備國民的參考就完了」〔註111〕。

那麼，在蕭友梅心目中理想的國歌歌詞應該是什麼樣的呢？他立刻給出了答案。在《音樂雜誌》下一期（第 1 卷第 4 號）上有一首由蕭友梅譜曲的《華夏歌譜》，歌詞採用的是章太炎 1913 年回覆北平教育部的《國歌擬稿》。在雜誌的第 5 號上，他發表了《華夏歌名之由來》一文，解釋自己創作《華夏歌》的原因：「余本不贊成用《卿雲歌》詞為國歌，但對於教育部有作曲之義務，故為服務起見，勉強作成一曲。而對於太炎先生之作又深表同情。故又為之製譜以備海內音樂大家之指正。」然後，他轉錄了章太炎當年覆教育部函的原文——「泰雅則不能求婦孺解喻，過淺則無以增國家光榮」。最後蕭友梅說：「觀此太炎先生之意，固願王心葵先生為之製譜。予未識太炎先生，

〔註108〕見《中國新文學大系》第 1 冊《建設理論集》，臺灣：業強出版社，1990 年重印版，105～110 頁。
〔註109〕見《中國新文學大系》第 1 冊《建設理論集》，202～209 頁。
〔註110〕見《中國新文學大系》第 1 冊《建設理論集》，231～232 頁。
〔註111〕蕭友梅：《對於國歌用〈卿雲歌〉的意見及歌譜的說明》，載《音樂雜誌》（北京大學音樂研究會編）第 1 卷第 3 號，1920 年 5 月。

又未得同意遽為之製譜，誠未知其當否。唯望太炎先生有以正之。」相比於受命為《卿雲歌》製譜，蕭友梅這一自動請纓的行為透露出他對章太炎歌詞的推崇。章太炎的歌詞，明白易懂，又頗有韻味，似乎可以補《卿雲歌》古奧之失。

不過，正如蕭友梅所說，「歐美各國的國歌本來多是國民歌，歌詞都是很淺近的文學（並不是完全白話體）」〔註112〕，章太炎的歌詞也不是「白話文」，只能算作是「淺近的文言」。聯繫到後來，蕭友梅長期與擅長傳統詩詞的易韋齋合作創作樂歌，這似乎可以略略表明白話文創作中最難攻克的就是「韻文」的寫作。俞平伯在《社會上對於新詩的各種心理觀》一文中，概括了反對用白話做詩的各種觀點，並對之一一進行了反駁，但是他也坦白承認了自身所感覺到的「現今白話做詩的苦痛」，因為「從漢到清白話久已喪失製作文學的資格」，而且「新詩尚在萌芽，不是很完美的作品」〔註113〕。

即便如此，隨著新文化運動的蓬勃展開，以及新詩成績的不斷積累，對《卿雲歌》文詞古奧的反對之聲仍然不絕於耳。李榮壽在《音樂雜誌》第1卷第9、10號合刊上，借法蘭西國樂說法，隱含地表達了他對國歌用《卿雲歌》的不以為然。作者首先介紹了法蘭西國歌《馬賽曲》的產生過程，然後評論道：「可見制定國歌必須能表示本國特別之精神，又為全國人所歡迎，婦孺所易曉，乃為合格。若是不能代表國家特別之精神，故不足論。即能以表示一國的精神，但是文詞皮厚，樂譜繁難，婦人童子不能一聽就曉，乃文士的國歌，非全國普通人的國歌，我們研究音樂不可不知呀。」〔註114〕

直到1927年6月，王光祈發表《評〈卿雲歌〉》一文，仍然在批評《卿雲歌》「就文字而論」，「不是國歌材料」。他說，西洋人從兒童時代起就對國歌耳熟能詳。但是中國人唱國歌，則有如「跪讀祖宗家訓」那樣呆板吃力。作者認為國歌在文字方面「須使民眾易解」，其方法宜在文字淺顯上特別注意。而《卿雲歌》的文字，普通學生須查字典才能瞭解（譬如『糾縵縵兮』四字），「這種國歌若要使其普及，則中國國民教育的程度，至少非辦到四萬萬人皆變成博學鴻儒的章太炎不可！」〔註115〕

〔註112〕蕭友梅：《對於國歌用〈卿雲歌〉的意見及歌譜的說明》。
〔註113〕見《中國新文學大系》第1冊《建設理論集》，350～359頁。
〔註114〕《說法蘭西的國樂》，載《音樂雜誌》（北京大學音樂研究會編）第1卷第9/10號合刊，1920年12月。
〔註115〕載《中華教育界》第16卷第12期。

新文化運動發生之前，「白話」與「文言」在使用的範圍上仍然有等級之分：「白話」只是教育大眾的工具；「文言」仍然堅守著美文的地位〔註116〕。不過，新文化運動從根本上扭轉了這一偏見。「白話文」不僅是平民文學的代表，更是一種「活文字」，可以產生出「活的文學」，更可以成爲「國語的文學」〔註117〕。而以「國語」創作「國歌」，應該是最恰當的。因此，這時再討論民國國歌的歌詞問題，輿論的傾向就一邊倒了。

第六節　曲譜之爭：「中樂」還是「西樂」

晚清以來，在「西化」風潮的強勁鼓吹下，對西方音樂的推崇日甚一日。西洋文明的高度發達也被歸功於音樂教育的普及：

> 讀希臘文明史，音樂實爲教育界、學術界之要點，且以此定國民之等級。……今日歐西文明，多淵源於希臘羅馬，所謂精神教育莫不競競於音樂一科。〔註118〕

相比之下，我國樂教不昌的窘況則更加明顯：「嗟我中國自周衰政失，鄭衛繁興；秦漢以還，雅樂淪廢。弦誦之聲，餘焉已邈，陶淑之具，不其缺歟？」〔註119〕「雅樂淪廢」久已成爲學界的共識〔註120〕，而社會上流行的「鄭衛之音」又常常被認作「誨淫誨盜」，是導致民德不昌的原因。因此，早在1903年，匪石（陳世宜）就在《中國音樂改良說》〔註121〕一文中明確提出了向西洋音樂學習的主張：

> 故吾對於音樂改良問題，而不得不出一改弦更張之辭，則曰：

〔註116〕胡適：《五十年來中國之文學》，見《最近之五十年》，上海：申報館，1922年。

〔註117〕胡適：《建設的文學革命論》，載《新青年》第4卷第4號，1918年4月。

〔註118〕黃子繩、權國垣、蘇鍾正、汪翔：《教育唱歌·敍言》，見氏編：《教育唱歌》上編，湖北學務處，光緒三十一年（1905年）七月。

〔註119〕鍾正：《德育唱歌·序》，載《雲南教育雜誌》1913年第2卷第3號。

〔註120〕《癸卯學制》中明確談到：「中國古樂雅音，失傳已久」（《奏定學務章程·學務綱要》，湖北學務處本，轉引自舒新城編：《中國近代教育史資料》中冊，北京：人民教育出版社，1961年，209頁）。又如，鄭孝胥就曾經在與友人的談話中談到中國古樂已亡，參見黃慶澄：《東遊日記》，見張靜蔚：《中國近代音樂史料彙編（1840～1919）》，81頁。

〔註121〕載《浙江潮》1903年第6期。

> 西樂哉！西樂哉！西樂之爲用也，常能鼓吹國民進取之思想，而又
> 造國民合同一致之志意。

近代最早的音樂教育者之一的曾志忞在考慮了中國的音樂現狀後，也提出：
「今吾國所刻不待緩者，幼稚園（聞北京、上海、湖北均有是舉）及小學唱
歌也。既不能緩，又不能速，是非假用歐洲通用樂譜，而和以本國歌詞權以
應用，勢不能也（歌詞固不可不用本國文字，然曲譜當以五線譜爲完備）。」
〔註122〕1906 年，清朝的提學使黃紹箕等在考察了日本的教育後也認爲：「古
樂存者，僅十中之一二，欲復興之良非易易，故鄙意謂不如襲用外國音樂，
較爲便捷。」〔註123〕因此，晚清以來，逐漸被納入到現代國家教育體系中的
音樂教育，是以西方音樂爲主導的（參見第一章）。

　　不過，西樂的積極東傳，也帶動了對中國傳統音樂的重視。梁啓超就曾
希望：

> 今日欲爲中國製樂，似不必全用西譜。若能參酌吾國雅、劇、
> 俚三者而調和取裁之，以成祖國一種固有之樂聲，亦快事也。〔註124〕

隨著晚清到五四「國粹」運動的開展，對國樂的發掘整理工作也在逐步地進
行之中。所以，當中華民國國歌的製定走到譜曲這一階段的時候，問題開始
變得複雜，究竟是應該用傳統的民族曲調，還是用已經在中國大行其道的西
方音樂來譜曲，成爲民國國歌在譜製的過程中另一個焦點問題。

　　國歌研究會聘請爲《卿雲歌》製譜的四個人——王露、吳梅、陳仲子
和蕭友梅——是當時中西音樂方面的翹楚。四人中，王露與吳梅是國樂名
家。王露善古琴。1913 年，章太炎在爲教育部撰寫《國歌擬稿》的時候，曾
推薦王露爲國歌譜曲：「以不佞所聞，山東諸城王露（字心葵，年四十餘），
爲中國音樂家第一。自俗樂、胡琴、琵琶、俗歌、二簧、梆子，上至琴、瑟、
編鍾，古音雅奏，皆能爲之。嗣遊日本，專肄音樂，西方聲律，悉能辯（辨？）
及微芒，日本人同學者皆嚴重之。」〔註125〕北洋政府教育部接到章太炎的
信函後，立即徵王露入京，此爲王露與民國國歌結緣之始。1919 年，王露被

〔註122〕曾志忞：《教授音樂之初步・音樂》，載《江蘇》第 11/12 號合刊，1904 年 5
　　　　月 15 日。
〔註123〕《中國提學使東遊訪問紀略》，載《東方雜誌》1906 年第 3 卷第 12 號。
〔註124〕梁啓超：《飲冰室詩話》（78 條），載《新民叢報》第 40/41 號合本。
〔註125〕《章炳麟擬國歌（函附）》。

聘請爲北京大學音樂研究會導師，教授琵琶與古琴。在該會編輯出版的《音樂雜誌》上，王露發表的《音樂泛論》、《古琴之道德》和《中西音樂歸一說》〔註 126〕等文章，基本上都是對傳統樂教理論的闡述和發揮。吳梅是民初著名的學者、戲曲理論家，善製譜，以研究曲律聞名，曾出版《顧曲塵談》和《曲學通論》等著作，還曾爲北京大學譜製校歌〔註 127〕。他也是北京大學音樂研究會的導師，負責教授崑曲。

而蕭友梅與陳仲子二人，都曾遠赴歐洲接受過正規的西洋音樂學院教育。蕭友梅曾以論文《17 世紀以前中國管絃樂隊歷史的研究》獲德國萊比錫大學的博士學位。回國後，蔡元培聘任他爲北京大學國文學系音樂講師兼該校音樂研究會的導師。在《音樂雜誌》上，他發表了許多文章，其中比較重要的有：《什麼是音樂，外國的音樂教育機關；什麼是樂學，中國音樂教育不發達的原因》、《普通樂理》、《中西音樂的比較研究》、《和聲學綱要》〔註 128〕等。將蕭友梅在《什麼是音樂，外國的音樂教育機關；什麼是樂學，中國音樂教育不發達的原因》一文中「什麼是音樂」的部分與王露的《音樂泛論》相比較，就可以非常明顯地見出二人所受音樂教育背景的不同。

陳仲子曾入瑞士國立音樂學院學習鋼琴和作曲。他在北京大學音樂研究會中負責教授樂典和和聲，在《音樂雜誌》上曾發表《音樂與詩歌之關係》和《欲國樂之復興宜通西樂說》〔註 129〕等文章。不過，在國歌的問題上，陳仲子卻頗爲保守，他認爲：「製作國歌，當一本諸吾國故有之國粹，而無待於剿襲雷同也。」之所以如此，原因有二：一爲國民性不同。二爲我國音樂的性質異於西方。因此，「製作國歌，當取和平中正之音，似不必拘拘於藝術之美也」〔註 130〕。

王、吳、陳、蕭四人，分別擅長中樂與西樂。可以說，教育部的國歌研究會，在《卿雲歌》的製譜問題上，非常公正地給中樂、西樂以平等的競爭

〔註 126〕分見《音樂雜誌》（北京大學音樂研究會編）第 1 卷第 1、5～7、9～10 號，1920 年 3 月～1921 年 12 月。

〔註 127〕載《音樂雜誌》（北京大學音樂研究會編）第 1 卷第 1 號，1920 年 3 月。

〔註 128〕分見《音樂雜誌》（北京大學音樂研究會編）第 1 卷第 3～10 號，第 2 卷第 5～7 號。

〔註 129〕分見《音樂雜誌》（北京大學音樂研究會編）第 1 卷第 2、9～10 號，第 2 卷第 1 號。

〔註 130〕陳仲子：《國歌與國民性》，載《音樂雜誌》（北京大學音樂研究會編）第 1 卷第 1 號，1920 年 3 月。

機會。不過，經過國務會議的評選和總統的批准，最後還是由剛剛留學歸國的蕭友梅拔得頭籌，由他作曲的《卿雲歌》最終被確定爲國歌。教育部對《卿雲歌》的歌詞以及曲譜作了如下的評價：

> 卿雲見昭明美大之容，復旦同日進無疆之旨；言由古聖，理符今時。樂譜爲國歌研究會會員蕭友梅所製，用 E 調長旋法，當中國姑洗宮調。鳴盛大於先，申詠歎於後，依義成譜，克協前詞。〔註 131〕

然而，經過幾年的實踐，《卿雲歌》的流行程度似乎並不理想，許多人對國樂取西方曲調不能認同。1924 年，羅伯夔在《論教育部公佈之〈卿雲歌〉》一文中明確反對《卿雲歌》用西方音調。他說：「變、清等音襲用西方音調，早已惹起一般人之批評，謂爲無成立之必要，以致今日學校機關，有用有不用者。」他認爲譜製國歌「務合國情」〔註 132〕。1925 年 7 月，《中華教育界》出版了《國家主義教育專號》。其中刊有淩純聲所寫的《國家主義與中國的音樂教育》一文。文中對中國音樂教育的嚴重洋化現狀表示不滿，提出今後的音樂教育應發揚民族美德，喚醒國民的國家意識，而且應該適合民族的文化程度，以雅俗共賞爲宜。言詞之間，對《卿雲歌》這樣以古文詞配以西洋音樂的國樂，甚爲不滿。8 月，羅廷光在《國家主義與中國小學課程問題》一文中，再次批評在現行音樂課程標準中找不到一句有關國家的內容，認爲這是一門「忘國」的課程。作者建議一面整理古樂，一面採集民歌童謠，再以西洋音樂科學方法，創製出能代表中華民族特性的歌曲來教學生。王光祈更是在《評〈卿雲歌〉》〔註 133〕一文中指出，「音樂科學」含有「國際性」，而「音樂作品」則含有「民族性」。因爲前者是「理智」的產物，後者卻是「感情」的結晶。而《卿雲歌》作爲一首只有 24 個字的歌曲，其曲譜中竟然有 8 次「半音」〔註 134〕── 這就過於西化，不符合中國人的口味了。

民國 12 年，吳研因再發文章《國歌談》，將她不滿意於《卿雲歌》的地方作了一個總結：「一則意思太抽象，好像和中華民國，沒有什麼關係。一則文字太古奧，不是一般平民所能瞭解。一則所配的曲譜，咿咿啞啞，也不是全國多數人所能脫口而出的。」她仍然堅持自己的平民主義立場，認爲之所以有這樣的國歌誕生，「是在不外乎偶像兩個字。《卿雲歌》是古典，章太炎

〔註 131〕《卿雲歌樂譜》，載《東方雜誌》第 17 卷第 24 號，1920 年 12 月 25 日。
〔註 132〕羅伯夔：《論教育部公佈之〈卿雲歌〉》，載《音樂季刊》1924 年 9 月第 4 期。
〔註 133〕王光祈：《評〈卿雲歌〉》，載《中華教育界》第 16 卷第 12 期，1927 年 6 月。
〔註 134〕根據筆者的計算，蕭友梅的《卿運歌》中只有「7」次半音。

是古典派學者，教育部是崇拜古典和古典派學者的代表。因此一唱一隨，毓成了這個不合民眾心理，缺少平民精神的歌曲。」因此，她斷言：「這《卿雲歌》的命運，照我看，當然不過如此，雖有皇皇的部令，也決不能普及於民眾了。」〔註135〕果然，北伐戰爭以後，全國再次統一，《卿雲歌》被廢除。1929年1月10日，以孫中山在黃埔軍官學校開學典禮中的訓詞爲歌詞，程懋筠譜曲的《國民黨黨歌》頒行全國。爲貫徹國民黨「以黨治國」的方針，1930年3月24日，行政院命令全國在國歌未制定之前，以黨歌代國歌。此後，教育部再次組織「國歌編製研究委員會」，再次徵求國歌，然而一直沒有合適的作品出現。直到1943年，幾經決議，民國政府明令正式以國民黨黨歌爲國歌。

古所謂「審樂以知政」。民國國歌《卿雲歌》的誕生幾經波折，引發諸多爭論，不但有政治方面的原因，更因爲就一首歌曲而言，「樂」與「詞」這兩部分，在當時的文化變革中都面臨著不同的價值判斷：在中國傳統音樂式微的情況下，究竟是應該尊重傳統，還是應該順應潮流 —— 西樂東漸？白話文是否可以成爲美文，是否可以創作出代表中國文明的作品？曲調的選擇，究竟是應該追求傳統的「中正平和」，還是要面對現實提倡「高亢尙武」？就一首代表國家的歌曲而言，國歌應該表達什麼樣的立國精神，應該用國歌培養什麼樣的國民情感，表達什麼樣的期許？這些都是當時的社會文化正在探索的問題，也是我們今天仍然沒有完全解決的問題。

〔註135〕吳研因：《國歌談》，載《音樂界》1923年10月第10期。

第六章　樂歌中的新女性 [註1]

　　對現代中國的建構，必然包括對「新國民」的塑造，而占國民總數一半的女性，則成爲近代啓蒙運動宣傳、教育的焦點。在「救亡」的大背景下，從「寄食」的「分利之人」到承擔國家興亡的「新國民」，近代國人對女性的身份認知發生了巨大的變化。其中，近代的音樂文化對女性形象的重新塑造起到了非常重要的推動作用，這包括「身心的活潑」、「人格的勇毅」，以及「氣質的嫻雅」等諸多方面。而這個時代的「新女性」，首先要具備的就是「身體的健康」。

第一節　「練得身體強，活潑精神誰能尚」

　　「身體健康」是近代國人廣泛關注的話題之一（參見第二章第四節）。作爲「組成今日之國家而爲對外競爭之單位」的「個人」[註2]，其身體的健康與否，不僅關係著個人生活的幸福程度，更關係著國家的興盛與衰敗。正是在這樣的歷史氛圍中，占國民總數一半，且爲「國民之母」的女性，其身體的健康程度就關係著國家的存亡。她們是否可以通過身體的改造加入到「救亡」的隊列中，是否可以產育出身體強健的新國民，成爲廣受近代國人關注的話題。

〔註 1〕　本章節曾以「嫻雅勇健——近代歌樂文化對『新女性』的塑造」爲題發表於《文藝研究》2011 年第 3 期，並被人民大學複印資料《文化研究》全文轉載，2011 年第 9 期。
〔註 2〕　日人建部氏著，定生譯：《尚武論》，載《牖報》第 1 號，1907 年 4 月 13 日。

　　近代的有識之士首先對傳統的纏足陋習進行了批判。從近代「救亡」的角度出發，女子一旦纏足就會成為「寄食」的「分利之人」（許多晚清的啓蒙人士認為一個國家「生利之人」與「分利之人」的多寡會決定該國的富裕程度）。作為「國民之母」的女性，體弱也不能孕產健康魁梧之新國民。另外，纏足的女子只能幽閉於深閨，這會影響她們求學的能力與見聞的廣博，最終會削弱她們教育子女的能力，導致「民智」的低弱。因此，「纏足」一直是近代被反對最力的陋習，所謂「裙邊蓮瓣纖纖落，腳下山河寸寸零」〔註3〕。黃遵憲於光緒二十四年（1898）發佈的《禁止纏足告示》就一口氣列舉了「纏足」所具有的「廢天理」、「傷人倫」、「削人權」、「害家事」、「損生命」、「敗風俗」、「戕種族」七種壞處〔註4〕。「天地寄廬主人」（李伯元）創作的俗曲《戒纏足歌（仿紅繡鞋十二月）》中，更是對纏足的危害作了生動的描述：

　　　　七雙紅繡鞋，噯呀，七月裏牽牛花兒開，噯噯呀，反亂臨頭跑也跑不上來，哼噯呀，白送命呀，我的那個小乖乖。

　　　　八雙紅繡鞋，噯呀，八月裏桂花兒開，噯噯呀，張獻忠還願小腳砍下來，哼噯呀，點天燭呀，我的那個小乖乖。

　　　　九雙紅繡鞋，噯呀，九月裏菊花兒開，噯噯呀，潘妃步步上了金蓮臺，哼噯呀，亡國貨呀，我的那個小乖乖。〔註5〕

從「白送命」到「點天燭」，再到「亡國貨」，情形一句比一句嚴重。從「個人」的安危到「國家」的存亡都與「一鈎新月」緊密地聯繫在了一起。

　　為了勸誡纏足，近代的有識之士想出各種辦法，利用各種媒介宣傳纏足的壞處與天足的好處。其中，利用樂歌進行宣傳，作用巨大。除上文提到的，晚清著名小說家李伯元利用民間俗曲「紅繡鞋十二月」創作的《戒纏足歌》外，晚晴最為著名的戒纏足歌曲要數「學堂樂歌之父」沈心工創作的樂歌《纏腳歌》：

　　　　纏腳的苦，最苦惱，從小那苦起苦到老。未曾開步身先嬝。不作孽，不作惡，暗暗裏一世上腳鐐。

　　　　想初起，你年還小，聽見那纏腳你就要逃。都謝旁人來討好。倒說道，腳大了，你將來攀親無人要。

〔註3〕《放足樂（梳粧檯調）》，載《婦女時報》第 11 期，1913 年 10 月 20 日。
〔註4〕見《黃遵憲全集》上冊，北京：中華書局，2005 年，530～652 頁。
〔註5〕載《繡像小說》第 3 號，1903 年。

你怕痛，叫親娘，叫殺那親娘像聲聲。親娘到底親身養。強做
作，硬心腸，你看他眼睛也淚汪汪。

眉頭皺，眼淚流，咬緊那牙關把雞眼修。怕他乾痛怕他臭。撒
礬灰，榻菜油，貼好了棉花再緊緊的收。

假小腳，真罪過，裝到那高底要緞帶多。還怕冷眼來看破。沒
奈何，只好把，那繡花的褲腳地上拖。〔註6〕

沈心工的《纏腳歌》最初發表在《女子世界》第 11 期（1905 年）上。《女子
世界》是近代女權運動的重鎮，對「纏足」問題的聲討，一直是該刊的重要
主題。這首樂歌拋棄了戒纏足歌曲常用的代擬口吻，從旁觀的視角出發，用
一種控訴的語氣對纏足的痛苦進行了客觀地描寫，整首樂歌充滿著對傳統陋
俗的無情揭露與厭惡。

經過對纏足問題的廣泛討論與宣傳，「放足的名譽兒早早滿天涯。想當
初，創此舉，不過四五輩，又誰料，聞風起，何止萬千家。我勸你，你勸他，
通國的姊妹們脫了鎖和枷」〔註7〕。到民國初年，「天足」已經成為被大部分
受過新式教育，擁有新思想的人所接受的身體形態。而此時，同題材的樂歌
也呈現出「氣質」上的極大改變。如發表於 1913 年的《放足樂（梳粧檯調）》
就是一首由女性作者創作的宣傳「天足之樂」的歌曲：

正月裏春色到梅邊，好一班有志的放足女青年。每日間約定了
幾個同窗友，手挽手，大踏步，走到學堂前。黃昏候，落日鮮，一
隊隊下了課，依舊把家旋。看他們來和往，身體多自在，豈似那薄
命人，苦苦地裏金蓮。

原來的「戒纏足」作品多從「纏足之苦」說起，而這首歌曲卻從「放足之樂」
入手，在正面提倡天足好處的同時，也印證了時代風氣的轉變。唱詞主體段
落的描寫是隨著「天足」所到之處逐漸擴展的：

二月裏雨滴杏花稍，好一座秋韆架，更比畫樓高。姊妹們打起
來，個個輕如燕，全仗著橡皮鞋，踏得十分牢。上操場，學兵操，
喊一聲，開步走，橐橐履聲驕。說什麼花木蘭，古今無二，從今後，
國家擔兒，要男女一齊挑。

〔註6〕 載《女子世界》第 11 期，1905 年。
〔註7〕 《放足樂（梳粧檯調）》，載《婦女時報》第 11 期，1913 年 10 月 20 日。

　　三月裏水代碧桃流，消遣者，暮春天，最好結清遊。著一雙小皮靴，登山又臨水，一不用七香車，二不用木蘭舟，芳草長，柳絲柔，放一回風箏兒，踢一回皮球。最可歎，裹足的那些紅樓女，被束縛，都只爲一對小銀鈎。

　　四月裏滿架發荼蘼，放足的女孩兒畢竟比人奇。到四方求學問，那管千萬里，並不作寒酸態，臨別涕交頤。小革囊，手自提，薄薄的行禮兒，幾件單布衣。試問那纏足的，可能如此？恐怕他才出中門，便不識路東西。

原來因纏足而產生的各種問題也一一得到解決：「天足女嫁了人，育麟誰與儔。人人誇，寧馨兒，長得多壯健，卻只爲懷胎時運動得自由」；「姊妹們立下了登高約，便是那最高峰也要去攀躋。廣胸襟，開眼界，何等快樂。到如今，才知道，天足討便宜」；「十月裏芙蓉朵朵鮮，表一表那一般熱心女教員。雖然是，叫學問，時時還演說。說到了，放足事，情意更纏綿」。「放足」所帶來的婦女家庭地位的提升與社會價值的體現，使歌曲洋溢著一種天足女性由衷的自豪感。「放足」所帶來的自由與健康，又帶給歌曲一種天然、活潑的情致，正如歌中所唱的「纏足的好比那泥污藕，放足的卻好比綠葉出清波」。這讓讀者不能不替她們感到脫卻了枷鎖的自由與欣喜。

　　與前面兩首戒纏足歌曲不同的是，這首歌曲的作者不再是男性代言人，而是時代的新女性。作者曾言：「在下本來是個纏足女子，如今卻已放了。回想從前未放的時候，眞如在牢獄一般。何幸一日得以自由，心內實在快活。閒暇無事，編成小曲一首，數出十二月的花名，無非喚醒癡愚，共登覺岸。」從「被動」解放，到「自求解放」，新女性正在逐步完成社會角色的轉變。最後，整首歌曲以「回頭來，試看看，不是舊中華」結尾〔註8〕，表達出一種「恢復江山勞素手」（秋瑾：《勉女權》）的巾幗豪氣。與舊時代的女性相比，新女性的眼界與境界已經不可同日而語。

　　「纏足」集中體現了中國近代女子的受壓迫地位與所遭受的非人待遇。在近代的文化氛圍中，「放足」，無論從隱喻的角度還是現實功效上都顯示出無可替代的解放意義。

　　在集中聲討並部分解決了「纏足」的問題後，近代女性解放的腳步並沒

〔註8〕《放足樂（梳粧檯調)》，載《婦女時報》第 11 期，1913 年 10 月 20 日。

有停滯下來，對女性體育鍛鍊的重視，成爲繼之而起的新話題。爲配合宣傳女子進行體育鍛鍊，近代產生出大量的女性體育歌曲。如沈心工特別爲女學生創作的樂歌《體操（女子用）》：

> 嬌嬌，這個好名詞，決計吾們不要。吾既要吾學問好，吾又要吾身體好。操操。二十世紀中，吾輩也是英豪！
>
> 嬌嬌，這個好名詞，決計吾們不要。弗怕白人那樣高，弗憂黃人這樣小。操操。二十世紀中，吾輩也是英豪。
>
> 嬌嬌，這個好名詞，決計吾們不要。吾頭頂天天起高，吾腳立地地不搖。操操。二十世紀中，吾輩也是英豪。〔註9〕

這首樂歌對女子解放運動影響甚大。1911 年出版的《二十世紀女界文明燈彈詞》就描寫了在一次「女權運動」組織的「天足會」上，眾人以風琴伴奏，高唱《女學歌》（即《體操（女子用）》）的情節：「擊掌完時琴韻高，一曲清歌聲宛轉，原來是振興女權訓兒曹，心工沈氏傳佳製，淑性陶情要算第一挑。」樂歌傳唱的情形進入到彈詞作品中，可見這首樂歌的流行程度〔註10〕。

雖然這是一首以女子體操爲主要內容的作品，但是卻清晰地展示出一種評價女性的全新標準。歌詞以代擬的口吻表達了新時代女性對「嬌嬌」的否定，取而代之的是「頂天」、「立地」這些常常用來形容男子的詞彙。這些詞彙構成了對女性新的想像與期望，並使得「吾輩也是英豪」的「自誇」言之有據、豪邁奔放。此後，對女性屛弱的批評，就成爲常被沿襲的樂歌主題。如胡君復編輯的《女子新唱歌·二集》中的《鸚哥》就是一首批評女性「嬌怯」的樂歌作品：

> 生來太嬌怯，縱使聰明，聰明未足誇。禁不起那風狂雨斜，只好飲啄由人罷。學成幾句口頭話，大家憐愛他。憐他愛他，客來慣呼茶。〔註11〕

雖然這首樂歌不如沈氏作品新鮮明快，但是「禁不起那風狂雨斜」還是比較明顯地暗示出樂歌創作的時代背景。歌詞中對「嬌怯」的批評，與沈氏作品一起，宣揚著那個時代嶄新的生命態度。同時也清楚地表明，「國家」、「民族」、

〔註 9〕　見沈心工：《學校唱歌初集》，1904 年。

〔註10〕　轉引自陳聆群：《中國近現代音樂史研究在 20 世紀——陳聆群音樂文集》，上海音樂學院出版社，2004 年，109 頁。

〔註11〕　見胡君復編：《女子新唱歌·二集》，商務印書館，1907 年 8 月初版。

「時代」這些宏大敘事正以一種全新的標準對傳統的「女性定位」進行著徹底顛覆與重新塑造。直至今日，是否「嬌氣」仍然是主流話語中評價女性的重要標準。

隨著女子教育的日益完善，近代女性的體育運動不再只局限於體操，拍球、秋韆、平衡木、單槓、弔環……年輕的女學生在體育運動中鍛鍊著自己的體魄，同時也為心靈的解放打開了窗口。如《女學唱歌》中的《拍球》：

> 操場雨後草青青，空氣又清新。姊姊妹妹一同行，個個多高興。
> 手拿皮球圓混混，又小又輕輕。拍來拍去不肯停，眼快手更靈。東
> 西飛舞如流星，看看真得神。學堂歸去見雙親，窗前月已明。〔註12〕

再如《女子世界》上刊登的《運動場》：

> 齊隊出課堂，大家同到運動場。開步快快行，飛身一躍秋韆
> 上。姊走浪木妹盤槓，我把雙環蕩。練得身體強，活潑精神誰能尚。
> 〔註13〕

近代女性在身體獲得解放與鍛鍊的同時，也在逐漸培養著「活潑」的精神與心靈。在此過程中，「音樂」作為一種極為有效的宣傳形式，對「活潑人格」的提倡與培養確有不可磨滅的功績。以唱歌來開解抑鬱、活潑精神，是近代音樂文化的重要結果，也是學堂樂歌在近代中國大行其道的心理原因。尤其是近代音樂與體育的結盟，放大了體育鍛鍊在身心層面的雙重效果。所以，近代大量的女性體育歌曲的重要性，不僅在於宣傳了體育運動對女性身心解放的重要意義，還在於音樂藝術形式本身對女性身心的全面疏解與釋放。所以，前引樂歌《運動場》中「活潑精神誰能尚」的自豪應該是體育與音樂共同作用的結果。

傳統的女性教育以「貞、淑、嫻、靜」為尚。然而，拯救「老大帝國」，開創出新局面，卻需要氣魄雄健、生力彌滿的新人格。從「解放纏足」，到「鍛鍊身體」，再到「活潑精神」，近代的音樂文化全面參與了近代女性從「身體」到「心靈」的全方位的解放。而正是因為身心都得到了解放，一種適合建設「少年中國」的新人格才能真正培養出來，一個「少年中國」的理想才能夠真正實現。

〔註12〕見吳江倪覺民編輯：《女學唱歌》（再版改良），光緒三十二年（1906）六月十
　　　　五日。
〔註13〕載第2年第6期，1907年7月。

第二節　「挽回中國責無旁貸」

　　對女性身體的關注與鍛鍊，對近代國人來說有極為現實的目的。近代「救亡」的要求迫切需要占國民總數一半的女性成為「振興國家」的力量，所謂「無國家思想者，人類之野蠻也；無愛國精神者，人群之禽獸也」〔註 14〕。因此，對近代新女性第二層面的塑造就在於使其成為和男子一樣可以負擔國家責任的新國民。在此背景下興盛起來的近代女子解放運動，也借助樂歌表達著對「新女性」的期許與讚美。

　　近代樂歌除了發表於報刊、雜誌外，大部分都結集出版。翻看這些樂歌集，從「擬想讀者」的角度進行分析，可以看出大部分的歌集編撰者對女性與男性懷有同等的期待。因為這些樂歌集大多進入教育系統，成為教學用書，所以這種「同等期待」必將對施教人員以及教育對象產生影響。以沈心工編輯的《學校唱歌初集》為例。該書出版於 1904 年，是目前所見近代最早的樂歌集之一。該歌集以其發軔之功，以及編輯者「學堂樂歌之父」的地位，對後來的歌集編撰產生了很大影響。沈心工曾在《凡例》中特別指出：「女子之音調較男子為高，而歌詞則區別甚少。」這條引文表明，沈心工編輯這本樂歌集是希望男女學生可以共用。檢視歌集中的作品，從勸學的《早起》，到附以「遊戲法」的《賽船》、《雞》，從培養私德的《花園》，到喚起公德的晚清著名的「警醒」作品《何日醒》，無不體現出「歌詞則區別甚少」的創作原則，顯示出作者對男女學生共同的心理期待。

　　當然，近代塑造「新女傑」的阻力與塑造「新男兒」的阻力不可同日而語。而「女性解放」自身也有其獨具的話語邏輯與相關指涉。所以，單為「女子用」的樂歌集也應運而生，其中最為著名的當屬吳江倪覺民編輯的《女學唱歌》。《女學唱歌》前後有兩個版本，初版的《女學唱歌》以倪覺民自作詞的《纏足苦》為領起。而再版本中，初版本第三首黃韌之作詞的《女權》改題為《復權》變為再版本的首篇。對於這種變動，筆者偶然在《月月小說》上發現的該書再版本的出版廣告，也許能提供一些解釋：

　　　　吾國女界黑暗如地獄，故近年海內外之士均以振興女學為唯一
　　　之宗旨。而唱歌一科尤與修身相統合。此編前列樂典舉要二十二則，
　　　刪繁撮要，最便初學。後編樂譜均採自東西名人唱歌集中，如《女

〔註 14〕天縱子：《法蘭西愛國女子若安傳》，載《政藝通報》癸卯第 6 號，1903 年 4 月 27 日。

軍人》、《自由結婚》、《平權》、《女國民》諸什，尤足提倡平等，鼓
吹自由，爲女界一洗數千年之惡習。誠二萬萬女同胞志士不可不讀
之書也。〔註15〕

該廣告指出，「唱歌一科尤與修身相統合」，但是這裡的「修身」已經不再是傳
統意義上的「婦德」，而是以「提倡平等，鼓吹自由，爲女界一洗數千年之惡習」
爲「修身」之目的。這顯示出再版本濃厚的革命色彩，試看這首《復權》：

沉沉女界暗千年，全無尺寸權。無權何以故，無識無知實貽誤。
少小不讀書，爭道無才福有餘。知識不如人，低心下首復何恨。須
知獨立自尊，第一學問是根本。二萬萬同胞，大家努力追程進。

古來第一事不平，男尊女子輕。三從實可恥，從父從夫又從子。
從父猶可言，家庭教育受醫年。夫婦實朋友，母從子命尤荒謬。須
知男女平等，尊卑貴賤復何有。二萬萬同胞，好爭權利完天受。

樂歌第一段指出，女性「失權」是因爲知識的缺乏，所以第一段以「勵學」
爲主旨。第二段進一步指出傳統倫理中「男尊女子輕」的荒謬，是傳統女子
未能向學的根本原因。歌曲標題從初版本的「女權」改爲再版本的「復權」，
一方面更切合歌詞內容，另一方面，也將近代的女性解放從「爭取女性權利」
的表述，變爲「爭取恢複本應屬於女性的權利」，即歌詞中的「完天受」。這
不但顯示出更爲高妙的政治智慧，還應和了來自於西方的「天賦人權」的現
代倫理。

出版廣告中提到的另一首樂歌《女國民》則指出了近代女性解放除了「完
天受」之外的實際推動力：

女國民，女國民，大哉女國民！二十世紀誰敢再說，男尊女子
輕。願我姊妹早日講求，道德與學問。將來作個頂天立地，大哉女
國民。

女國民，女國民，大哉女國民。挽回中國責無旁貸，全在女子
身。願我姊妹早日講求，道德與學問。將來作個超前絕後，大哉女
國民。

可見，對「復權」的追求，對「道德與學問」的追求，最後都要歸總於「挽
回中國責無旁貸」之上。而「女國民」的標題更是點明，近代國家觀念的普

〔註15〕《上海科學書局書目廣告・再版改良〈女學唱歌集〉》，載《月月小説》第 6
　　　　號，1907 年 3 月 28 日。

及對一種全新的女性定位的重要意義。

作爲宣傳「女性與救亡」的集大成之作，秋瑾創作的樂歌《勉女權》可以爲這部分論述作一總結：

> 我輩愛自由，勉勵自由一杯酒。男女平權天賦就，豈甘居牛後。
> 願奮然自拔，一洗從前羞恥垢。若安作同儔，恢復江山勞素手。
>
> 舊習最堪羞，女子竟同牛馬偶。曙光新放文明候，獨立占頭籌。願奴隸根除，智識學問歷練就。責任上肩頭，國民女傑期無負。
>
> 〔註16〕

近代樂歌配合著近代社會思想的宣傳，爲時代的「新女性」確立了重振國家的宏遠目標，那麼落實到具體的行動上，「新女性」能做什麼呢？

爲了進一步培養女性的國民意識，當近代國人大力宣傳「尙武」精神的時候，鼓勵女性從軍的樂歌作品大量出現。如發表於《女子世界》，提倡「婦人從軍」的樂歌就有《娘子軍》、《女軍人》、《女傑花木蘭歌》、《女傑秦良玉歌》、《女傑梁紅玉歌》等。以《女軍人》爲例：

> 蠻靴繡甲桃花馬，龍旗耀日明。紅玉、木蘭、秦良玉，都是女軍人。同仇敵愾，流血喪元，爲國之干城。奮我巾幗，不讓男兒，樹一軍。〔註17〕

再如胡君復編《女子新唱歌·二集》中的《赤十字會》就是一首鼓勵婦女擔任看護工作的樂歌：

> 臨行揮手莫絮語，儂也從軍去。縱使瘡痍藥餌需，儂做看護婦。
> 料理藥餌慰汝痛，汝意解得無？大旗十字血樣書，那怕血腥污。
>
> 血腥產出文明花，花香滿世界。中原父老望太平，鐵血是代價。
> 我思女傑瑪尼他，從來不戀家。木蘭嬌小尚未嫁，擐甲代爺爺。
>
> 小兒小女弗戀乳，汝媽從軍去。提劍出門肯讓渠，汝爺好辛苦。
> 喬家姊妹看兵書，也曾入畫圖。畫圖省識美無度，夫婿龍與虎。
>
> 龍兮虎兮戰鬥酣，大旗揚天半。戰線以外縱安全，細心仗大膽。本來嬌怯不濟事，恥作鳳與鸞。共安樂者同患難，責任大家擔。
>
> 〔註18〕

〔註16〕 載《中國女報》第 2 期。引自《秋瑾集》，上海古籍出版社，1991 年，121 頁。
〔註17〕 《女軍人》，載《女子世界》第 2 年第 6 期，1907 年 7 月。
〔註18〕 胡君復編：《女子新唱歌·二集》，商務印書館，1907 年 8 月。

「救亡」的歷史使命為近代的女性解放提供了依據，也指明了方向。正是這種使命感，讓近代富於新思想、新精神的女性自然地生發出「恢復江山勞素手」、「國民女傑期無負」、「挽回中國責無旁貸」的自豪情感。而「樂歌」的參與，為塑造一種「勇毅」的新人格，提供了潛移默化的力量。

第三節　「優美高尚之國風」

西方文明以及西人的生活方式、娛樂方式在近代積累了巨大的文化勢能，對國人反思並改變自身的生活形態起到了極為重要的示範作用。

在國人接觸西方音樂的過程中，西方女性一直扮演著極為重要的角色。早期教會學校中，擔任音樂教育的大多是傳教士夫人。如，1872 年，英國新教耶穌聖會女傳教士狄就烈（Mateer, J.B.）就曾輔助他的傳教士丈夫狄考文，在山東登州蒙養學堂開設音樂課，並編著了《樂法啟蒙》出版〔註19〕。在近代國人的海外遊記中，關於西方音樂的記述，也大都有西方女性參與其間，「聽命婦戈登奏樂」，「亥正席散，聽其友翁爾馬克爾彈琴，其妹愛力薩拜次歌詩良久」，「申初，至教堂聽閨秀蔡理薩必尼奏風琴樂六章」〔註20〕。雖然初出國門的外交使節對西方女性的生活方式不能認同，但是，她們活潑生動的言行，自如地周旋於賓客之間的身影，以及以「音樂」娛賓時的高雅自信，還是給近代國人留下了深刻印象：「凡法西（西班牙）二國之婦，出而與人酬酢周旋，進退皆極為活潑，且無不通音律善歌曲者。當筵度曲，引吭高歌，視為常事，不足為異。」〔註21〕與此同時，西方女性音樂家來華演出也頗引人注目。如同治十三年（1874）二月廿一日的《申報》對「英國著名女樂至上海演戲」的報導就提到：「上海有新至英國當今彈琴上最著名之婦女稱為亞拉白拉可大者，其來中國蓋為繞歷世界、藉廣遊覽起見，於所歷之外，偶施其技，輒嫌所得不及英國百中之一，聊以貲補遊費而已。」可見，英國的一位女士憑藉其音樂成就，不但可以獲得價值不菲的收入，以資自養，還可

〔註19〕劉再生：《我國近代早期的「學堂」與「樂歌」——登州〈文會館志〉和「文會館唱歌選抄」之史料初探》，載《音樂研究》（季刊），2006 年第 3 期。

〔註20〕參見曾紀澤：《出使英法俄國日記》，嶽麓書社，1985 年版，220、278、695 頁。

〔註21〕周桂生：《言情》，載《月月小說》第 2 號，1906 年 11 月。

以遊歷世界！這對那些已經接受了新式教育的女性來說，是一個更爲大膽的誘惑。

在西樂東漸的過程中，西方女性的參與不但使西洋音樂顯得更加迷人，而且其本身的示範作用，也使得近代中國一些比較開明的人士開始重視女子的教育問題，並認爲西方音樂知識應該是一個女子必備的修養。

近代中國的女子接受西方音樂教育，最初是在教會學校中開始的。1860年，美國基督教長老會傳教士范約翰（J.M.W. Farnbham）在上海創辦了清心書院男校，次年增設清心書院女校，「其所設課程除與男校悉同者外，另設音樂一科，且甚爲重視。數年後，該校學生音樂水平和才能在上海有一定的知名度和社會影響」。另外還有創辦於 1892 年的上海中西女塾，主要招收高貴的華人女子。學校中的音樂教育以鋼琴爲主，以聲樂、弦樂爲輔，並且規定學琴時間一般不少於 12 年，可見規格之高。該校爲展示平時的教學成果，特設各種音樂會，「有間周一次向音樂科公開的小型音樂會，每月一次向全校公開的中型音樂會，半年一次向家長彙報的大型音樂會，還有畢業生向社會公開的個人音樂會」等各種形式〔註22〕。日本學者榎本泰子曾評論道：「對此人們一定感到很震驚吧，因爲良家女子在外人面前又彈又唱的，這在過去實在是難以想像。」〔註23〕

正是在這樣的文化氛圍中，一些感覺敏銳的人士已經意識到音樂藝術對女性生活的重要意義。1902 年，當務本女塾開設音樂課時，對於「唱歌要旨，在使諳習歌譜，以養溫和之德性，高潔之情操」〔註24〕的教學目的已有明確說明。1904 年，常熟公立校發起音樂科，丁初我特別撰文指出：「樂歌者，所以平心，所以移性者也……以成吾國優美高尚之國風者，……女子之感情，獨多於男子。女子腦筋之靈敏，心思之靜細，突過於男子。吾國中之舊美術，女子猶得占其一部分。苟於閨閣拘禁之中，而一試其易性移情之用，則雖入學無權利，出入不自由，而一唱百和，感情相深，其結果之良，即爲女子音樂會之影響，其關於家庭教育者又何如。」〔註25〕1907 年，《直隸教育雜誌》

〔註22〕　參見孫繼南：《中國近現代（1840～2000）音樂教育史紀年》（增訂本），山東教育出版社，2004 年版，9～10 頁。
〔註23〕　參見氏著：《樂人之都——上海》，上海音樂出版社，2003 年版，6 頁。
〔註24〕　參見孫繼南：《中國近現代（1840～2000）音樂教育史紀年》（增訂本），山東教育出版社，2004 年版，15 頁。
〔註25〕　初我：《記常熟公立校發起音樂科事》，載《女子世界》第 8 期，1904 年 8 月。

第 8 期上，更是刊登了一篇由北洋高等女學堂學生王佩芸撰寫的文章《論女子性質爲天然之美術家》：「凡世界有氣血之生物，智愚不等，皆視其心理的作用如何耳。若建造、雕刻、圖畫、詩歌、音樂種種，而人獨能之，蓋富有天然之美術思想也。而女子偏鍾靈秀，其理想之高尚、感情之優美，尤非男子之可及。」文章刊出時，標題爲《學堂成績選粹》，這表明音樂藝術正逐漸成爲女性教育與生活的重要組成部分。

在理論的探討之外，實際的音樂教育不久就已經產生出良好的結果。1904 年，亞雅音樂會爲送別甲辰年的卒業生舉行了一場音樂會。會上出現的女性表演者令人「驚豔」！畢業於日本清國女子師範工藝速成科的陳彥安女士在音樂會上演出了風琴獨奏。另外參加演出的女性還有潘英女士和曾志忞的夫人曹汝錦。曹氏爲我國最早留日學習小提琴的女性。當時對這次音樂會進行報導的記者曾這樣評價這些女士的演出，「幽閒勇健，如入歐洲音樂界」〔註 26〕。在那次音樂會上露面的三位女性只是冰山一角，但是從「幽閒勇健」的頌辭中還是可以見出音樂教育對中國女性氣質的重新塑造。

而接受了這種教育的近代女性，也開始通過各種渠道對近代的女子教育施加影響。以近代音樂工作者胡君復的妻子岳曼如爲例，「曼如肄業務本女塾，明敏好學，於音樂所造尤優。會有疾居里中數年，夫婦二人益研究音樂，往往君復作歌，曼如按譜，積久成帙。……而君復之能深造，其獲益於曼如蓋不少也。」他們的朋友蔣維喬希望，胡君復能「益極深研幾之，融貫古今中外之樂律，以成我國之音樂家」，並特別強調，「雖然，君復之能成爲音樂家與否，則又曼如之責也。」胡君復曾編輯出版過《女子新唱歌·二集》，蔣維喬稱「即其夫婦賡和之作」〔註 27〕。可見，在胡君復的創作成果中，岳曼如有極大貢獻。

不過，岳曼如工作的意義還不止於此。試對比葉中泠編輯的《女子新唱歌·初集》〔註 28〕。在《初集》的《例言》中（該書無序言，故只得於《例言》中考索作者的編輯原則），編者提到的樂歌品種首先是「破除迷信」的樂歌，其次是「《中國女傑小樂府》，分女儀、婦範、母型三綱」，再次是「算學

〔註 26〕《亞雅音樂會之歷史》，載《新民叢報》第 3 年第 3 號，1904 年 8 月 25 日。
〔註 27〕蔣維喬：《新撰唱歌集初編·序》，見胡君復編：《新撰唱歌集》初編，上海：商務印書館，1909 年。
〔註 28〕上海：商務印書館，光緒三十三年（1907）三月初版。

遊戲曲」，最後才是「詞藻有絕佳者」的作品，而且這種作品的存在還是基於「非云藉存國粹，蓋學程固應爾也」的考慮。可見，在近代本就不多的單為女子編輯的樂歌書裏〔註29〕，出自男子之手的「女子唱歌」常常更多地傳達出男性的眼光與政治的考量。這充分反映出以男性為主導的近代女子教育（包括女子音樂教育）與女性解放所帶有的強烈的男性思維、政治色彩與實用主義。

　　然而，緊隨其後的，胡君復與岳曼如共同編輯的《女子新唱歌・二集》卻在《序言》中強調「本女子教育上、心理上之關係，選譜以美妙雋快為主，歌辭以風發韻流不失溫厚為主」〔註30〕，表現出非常不同的編輯原則。岳曼如的參與，大大轉變了女性歌集的「男性視角」，大大增加了對音樂作為一種藝術的美感訴求。也許是受到《二集》的影響，當葉中泠編輯《女子新唱歌・三集》時，編輯原則已經改為「選曲務取優美，遣詞亦宜雅俗」了。尤其是「金陵為六朝名勝區域，尤宜歌詠。故特選景十二譜入」等樂歌的出現，表明編者已經開始注意到女子唱歌中的「美感教育」〔註31〕。

　　岳曼如的例子並非孤證。筆者曾於《月月小說》第 13 號上看到一本未被研究者著錄的《女學生唱歌集》的廣告。

〔註29〕 據筆者統計，此類歌集至少有越社的《最新婦孺唱歌書》、倪覺民的《女學唱歌》、許則華的《女學生唱歌集》、葉中泠的《女子新唱歌・初集》和《女子新唱歌・三集》，以及胡君復夫婦的《女子新唱歌・二集》。

〔註30〕 胡君復：《女子新唱歌二集・序》，上海：商務印書館，光緒三十三年八月初版。

〔註31〕 葉中泠：《女子新唱歌三集・例言》，上海：商務印書館，光緒三十四（1908）年九月初版，宣統二年（1910）正月再版。

　　廣告爲徐仙兒女士所撰，首句即爲：「美術爲吾輩女子獨具之天性，而於音樂爲尤。」然後作者敘述了自己「受音樂於許則華先生，得先生自撰有關於吾輩女學生之歌詞數十闋」，因此「姊妹行謀公諸世」。廣告在「編撰者許則華君」之後，特別用同等字體標明「代表徐仙兒女士」。因此，筆者推知，這本專爲女學生使用的樂歌集，其編輯動力即出自徐仙兒等女學生。最後，

作者再次重申前言，「音樂爲吾輩女子獨擅其長也」〔註32〕。可見，近代女性對音樂的學習，反過來也在促進她們對近代女子教育的參與。這種參與的功績不僅在於這是對建設一個文明的新中國的承擔，也在於她們從女性的立場、視角、好惡出發，對由男性主持的女性解放和女性教育進行了修正。

到二十世紀 20、30 年代，女子的音樂教育已經非常普及。此時，女性對音樂教育的意義有了更爲充分的認識。發表於《音樂雜誌》第 2 卷第 7 號上童益君女士的文章《女子與音樂》，在談到「近代女子之自覺與音樂」的關係時指出，音樂對女性的意義在於，一、教育幼兒，二、調和（男子的）生活競爭，「且以高尙之娛樂，以融化男子暴戾之氣，這是我國女子最當學的地方」。最後，作者跳出通常的思路談到：「若與其做一個不三不四的鋼琴家（Pianist）或獨唱家，到各音樂會去假出風頭，不如切切實實研究人生之眞意味。所以，與其作一眞女流音樂家，不如作一略通音樂之賢母良妻，爲家庭造幸福」，「所以，我衷心切盼我國女同胞都作眞正的平凡人，細味人生的眞象，及早自覺，求造家庭幸福，而欲造家庭幸福，莫若先普及音樂，這就是我做這篇文字的眞意。」〔註33〕表面看來，童益君女士的論點頗爲保守，可以將之歸入晚清以來「賢母良妻」教育論的脈絡之中，其強調的音樂作用也回歸到傳統的陶冶德性的樂教。但是，正是這種「回歸」，銜接了近代中國與傳統中國的文化血脈，接續了中國傳統樂教對「安頓人心」問題的關注。這對以「救亡」爲主要訴求的近代教育起到了極爲重要的糾偏作用。

近代以「救亡」爲主要目的的音樂文化，大多通過激發各種「情感」促成國人對各種政治主張的認同。但是，人心的「躁動」與「不安」，價值標準的混亂與無序，成爲這劑良藥的副作用，是近代文化帶給國人的不良後果。對「人心」的「安撫」與「安頓」一直是中國轉型過程中非常重要但常被忽略的主題。因此，當近代女性開始思考如何以音樂「陶淑德性」的功能「融化男子暴戾之氣」的時候，女性對音樂藝術之美的追求，就豐富了現代中國的文化思考，超越了「救亡」的歷史語境，承繼了「爲生民立命、爲天地立心」的永恒主題。

近代音樂文化對「新女性」的塑造是多方面的，本章僅從「活潑之身心」、「勇毅之人格」，與「嫺雅之氣質」三個方面進行了探討。近代以「救亡」爲

〔註32〕載《月月小說》第 13 號，1908 年 2 月 8 日。
〔註33〕載《音樂雜誌》第 2 卷第 7 號，1921 年 9 月。

主要目的的社會文化，制約著近代大部分音樂工作者的思考與實踐，近代音樂文化對女性的關注也大多由此出發，對女性身體的鍛鍊、對女性國民責任的強調，都服務於「救亡」這一巨大的歷史主題。然而，作爲兩大文明傳統的重要組成部分，中西方的「音樂文化」在近代中國的交匯產生了巨大的能量，這種能量不但幫助女性完成了從身體到心靈的解放，並爲她們提供了超越那個時代，並反思那個時代的力量。

第七章　音樂中的「文明生活」

　　隨著中國門戶的逐漸開放，隨著近代音樂改良與音樂教育的逐漸展開與深入，西方音樂，或以西方音樂形式爲載體的音樂，得到了廣泛地普及和使用。這使得「音樂」作爲一個參與建設現代中國的重要角色，受到越來越多的關注。在「音樂」得到巨大發展的同時，新音樂與國人的生活關係越來越密切，並逐漸被當作構成一種「文明的」生活方式的必要組成部分〔註1〕。最終，音樂逐漸成長爲一種改良社會風氣、促進社會轉變的力量。

第一節　音樂作爲一種「健康的」生活方式

　　「健康」與「衛生」是近代文化的重要主題，這是因爲「衛生一道，與國民有至大之關係。而我國人素不留意，以致人種日弱，寢成隱患，良堪浩歎」〔註2〕。由於唱歌是一種關乎身體的運動，所以近代音樂在傳播的過程中，「健康」一直是近代音樂文化的重要主題之一。

　　本書第二章在討論「尚武」的歌曲，以及第三章、第六章對勸誡鴉片與纏足樂歌的介紹曾從不同的側面對「音樂與健康」這個主題進行了探討。近代體育歌曲的大量出現，曾廣泛地激起民眾參與體育鍛鍊，實現強國保種的熱情。而針對傳統生活陋習的樂歌，則爲推廣一種「健康的」、「文明的」生

〔註1〕　《江蘇》是近代刊載學堂樂歌最早的雜誌。在 1903 年出版的第七號上有一則廣告，廣告中稱「上海曾志忞編輯」的《音樂：唱歌及教授法》爲「文明國寶」。

〔註2〕　《衛生瑣語》，載《大陸》1904 年第 7 號。

活方式做出了突出的貢獻。但這還不是問題的全部。當西方生理學在近代廣泛傳播的時候，音樂作爲一種有關「呼吸」的「身體活動」得到了更深一步的體認與宣傳：

> 人之發聲，在於喉頭之聲帶，故聲帶謂之發生機。
>
> 人欲發聲，不能不有振動聲帶之物體。此振動聲帶之物體，即爲空氣。
>
> 吾人吸空氣於肺中，徐徐排出其分量，而喉頭之聲帶，被排出之空氣所振動而發聲，此之謂人聲。
>
> 人聲有高有低，即聲帶緊張之時發高音，聲帶迂緩之時發低音。
>
> 發聲既須空氣，則不能無吸氣之法。唱歌在樂譜之休止符上，及歌詞之斷句處，必須吸一大口，在每小節之（亦？）然，可以吸一小口，在長音符之先，尤當十分吸足，以保持永久之聲於不竭。
>
> 唱歌當依兒童發聲之音域。兒童有長幼，即音域有差異，教師不於此注意，則有妨害於兒童之發生機。〔註3〕

索樹白在《樂歌基本練習》的開篇也明確地說：「唱歌一科與生理學有密切之關係。故研究唱歌者，當先正其姿勢，使肺臟完全發達無絲毫妨礙爲主要。」他在提到「呼吸練習」時又指出：「唱歌時氣宜舒暢，亦易氣竭。氣竭而欲爲完美之歌詠則甚難。故呼吸練習爲唱歌之必要事項。」

　　由於「音樂」、「唱歌」與「呼吸」、「身體」密切相關，所以國人開始關注通過「音樂」來建立一種「健康的」生活方式。1905 年，在行銷頗廣的《東方雜誌》上曾刊出過一篇《唱歌去病》的文章：

> 西國博士巴脫氏云：唱歌乃一種呼吸法，若應弦合節，則能感換肺氣，而增血液中只酸素以減炭酸，使胸中鬱悶徐消，胸柱壁直，又能減其血壓，使心臟動作較易，助新陳代謝之力。凡患萎黃病，及氣加答兒慢性肺病、慢性心臟病等症，苟唱歌合節，必可漸愈。蓋唱歌亦一種體操術，足以維持健康，最有效驗，且女子亦易行之，洵衛生之簡便妙法也。〔註4〕

這種觀點在近代頗爲流行，後來還被正式譜寫到樂歌中，如王德昌、毛廣勇、

〔註 3〕 江蘇師範生編：《(江蘇師範講義)音樂·體操》，江蘇寧屬、蘇屬學務處，1906年版，38～40頁。
〔註 4〕 載《東方雜誌》第 2 年第 3 期，1905 年 4 月 29 日。

趙驪所編之《中華唱歌集・第二冊》中有一首樂歌《唱歌》，其最後一句歌詞即爲：「正喉音，增肺量，唱歌原來益處多。」

在「身體」功能之外，「音樂」、「唱歌」與「心理健康」的關係也日益受到國人的關注。1904 年 1 月，《女子世界》第一期出版，在《文苑・學校唱歌》之前，編者便首先寫道：「聲音之道，足以和洽性情，宣解鬱抑。」1906 年，在《東方雜誌》上，又有人更爲詳細地分析了音樂的「心理治療功能」：

> 蓋音樂之功用，亦可助以治病也。考神經與鬱氣諸病之原，若
> 以音樂與藥石同投，則功效頗大。……蓋音樂不獨能平和委婉，感
> 動精神，即稍有虛火發燒，或細胞受戰，一聞音樂，勝於和緩多矣。
> 而於疲勞衰弱之神經，其效更大。……病人或坐或睡，必致心悶，
> 惟音樂足以開豁其心，而病自漸愈……〔註5〕

《東方雜誌》上的兩篇文章，一個是從生理學的角度，一個是從心理學的角度出發，都對音樂的「健康功能」作出了科學的分析。後來，這兩篇文章曾多次被其他報刊轉載，可見廣大讀者對這個問題的關注與贊同。

其實很早以前，梁啓超就在《變法通議・論幼學》（1896 年）中對這個問題有過涉及：「必習音樂，使無厭苦，且和其血氣也。」〔註6〕在此後對學堂教育的討論中，尤其是在音樂教材的編寫中，近代的音樂工作者已經非常強

〔註 5〕　《音樂治病》，載《東方雜誌》第 3 年第 8 期，1906 年 9 月 13 日。
〔註 6〕　見《飲冰室合集》第 1 冊，文集 1，北京：中華書局，1898 年，45 頁。

調音樂對學童身、心健康的重要意義。如保三（侯鴻鑒）就曾在《樂歌一斑》（1904 年）中強調：「學校中唱歌一科，每排於艱困學科之後，以舒兒童之腦力，以起兒童之快心，此又可引起兒童之愉快心。之數端者，於兒童心理學上，有密切之關係，爲研究教育之人，所不可不知也。」〔註 7〕後來，「唱歌遊戲」（即唱歌時參以遊戲）的流行，更是加強了音樂的「健康」功能。例如，出版於 1907 年的《表情唱歌法》（又名《唱歌遊戲》）就曾明確表示：「唱歌本至良之體操法也。表情體操則不獨可練習呼吸而增加肺量，藉四肢之動作，並能使身體平均發育、精神活潑、意志強固。」〔註 8〕

唱歌除了對「身」、「心」兩個方面都有「健康」的益處外，作爲一種「健康」的娛樂方式，音樂生活也被大力提倡。

近代國人與西洋音樂的接觸很早就已經開始〔註 9〕。其時，西方人的傳教活動、國人的海外遊歷，以及在華西人的音樂娛樂活動，成爲近代西樂東漸的主要途徑（參見第一章）。

在這三種主要途徑中，與國人接觸最多的西方人基本可以劃分爲三類：被選派來的傳教士、政府和軍方官員，以及商人。應該說，這些人大多屬於該國的精英階層。在與他們的交往中，大部分西方人整潔、健康的生活方式，彬彬有禮的舉止行爲，在國人去除了種族偏見和文化偏見後，一定給他們留下了最初的深刻印象。再加上，近代中國在政治、軍事上的一系列挫敗，西方文明以及西方的生活方式逐漸形成了一種文化勢能，起到了巨大的示範作用。在這些西方人的生活中，音樂常常佔有重要地位。而對西方人生活「獵奇」式的關注，也使得「洋」樂非常頻繁地進入國人眼中〔註 10〕。正是在這

〔註 7〕 保三：《樂歌一斑》，載《江蘇》第 11/12 號合本，1904 年 5 月 15 日。

〔註 8〕 徐紹曾、孫揆編：《表情體操法》（又名《唱歌遊戲》），上海：科學書局，1907 年 5 月。

〔註 9〕 最早將與西洋音樂的接觸訴諸文字的近代國人是林鍼（字景周）。1847 年春，林鍼受聘於美國，任翻譯，曾在美工作了一年多，1849 年初夏回國後不久，開始寫作《西海紀遊草》（陶亞兵認爲這是近代最早成書的海外遊記）。他在《自序》中提到：「蠻女雖工諸藝，予獨取其風琴。手彈足按，音韻鏗鏘，神致飄然。」（參見陶亞兵：《明清間的中西音樂交流》，東方出版社，2001 年版，第 155～156 頁。）對這一時期中西間音樂傳播的研究，參見陶亞兵的《明清間的中西音樂交流》。另外，張靜蔚在《中國近代音樂史料彙編》中對洋務運動後有關外國音樂的部分資料也有收集。

〔註 10〕 陶亞兵在《明清間的中西音樂交流》（第 162～164 頁）中，曾總結過《申報》創辦之初，對西方人活動的報導裏有關音樂的新聞。本節所引《申報》資料

種文化傳播的背景下,「西方音樂」逐漸在國人的生活中受到重視,並成爲一種塑造「文明的」生活方式的重要力量。

最初,近代國人總是習慣在自身文明的框架中理解西方音樂。如張德彝就曾十分關注「西樂無樂可化民之說」。他還曾在《航海述奇》中這樣記述自己觀看西洋音樂演奏的情形:「一女所彈之洋琴若勺形,長有五尺,約數弦,輕撥慢撫,聲音錯雜可聽,後則抹而復挑,大弦嘈嘈,小弦切切,雅有《潯陽琵琶》之趣。」〔註11〕再如,於咸豐九年(1859 年)八月至翌年三月遊歷歐洲的中國天主教徒郭連城,就用「高山流水」描寫聆聽「洋琴」的感受〔註12〕。

但是,與西方音樂日漸廣泛的接觸,還是爲洋樂在近代中國的普及開闢了道路,並逐步培養了一批能夠欣賞西方音樂,並認同西洋生活方式的受眾。如光緒二年(1876)正月三十日的《申報》有一篇《記觀西戲》的文章。作者爲一個不懂外語的國人,經過詢問西人,才得知劇情爲「賴婚控官故事也」。作者對「外國戲」的描寫雖然只限於一些「將案卷扯碎,投之於地,與陪審亦時說時唱」的舞臺動作,但在文章結束時,作者仍然能夠以一種平和的心態寫到:「余既不諳其語,但覺西人觀者拍手頓足互相笑樂,當必有可取者矣。」而同年九月八日的《申報》則報導了水師提督邀請英國阿達蘭船上的水手在工部花園作樂,「俾得共聆妙音」的新聞。可見,在晚清官吏中,也有西方音樂的「知音」。更爲重要的是,西洋音樂已經逐漸進入到國人的日常生活中。如光緒元年(1875)十月八日的《申報》有「英女士奏技」的報導,記者最後指出:「華人之好樂者,當此良宵,赴院品校,亦未始非一時消遣之計也。」又如光緒二年(1876)七月五日的《申報》,有《徐家匯設音樂會》的廣告。廣告說明:「此會特爲華客及家眷所設。」可見,此時西方音樂已經成爲部分華人的娛樂方式之一。

之所以說「部分」,是因爲筆者注意到,參與這樣的音樂會所費不菲。徐家匯的音樂會「每位進園及點心費在內取銀一元」。上面提到的「英女士奏技」

多由該書提供線索,特此致謝!

〔註11〕 見張靜蔚:《中國近代音樂史料彙編》(1840~1919),第 1~2、40 頁。借用白居易的《琵琶行》是常見的描述西方音樂的方式。如徐珂曾在《清稗類鈔》中收錄了一首王習之的詩《聽花旗國海牙犀女子彈風琴歌》。這首寫於咸豐時期的詩歌作品,就帶有明顯的模仿痕迹(參見陶亞兵:《明清間的中西音樂交流》,第 161~162 頁)。

〔註12〕 參見陶亞兵:《明清間的中西音樂交流》,第 156~157 頁。

的票價更貴，「計每位聽戲者在樓下者二元，第二層樓上者一元」。根據張仲
禮的估算，19世紀80年代中期（以1887年爲代表年份），中國國民生產總值
約爲28億兩〔註13〕。劉佛丁據此推算出，該年的全部國民收入爲3,213,973,000
兩，其中最富有的紳士階層收入爲 674,934,330 兩， 普通階層收入爲
2,539,038,670 兩〔註14〕。以當時常常提到的「四萬萬」國民計算，1887年平
均每個國人全年收入爲 8 兩左右。根據張仲禮書中採用的銀兩與銀元的兌換
率──1兩＝1.4686元，則平均每位國民的年收入在11元上下。描寫晚清工
商業的小說《市聲》也可以印證這個推測。一個名爲「小興」的男子，以一
弔大錢一月的收入在蘇州學徒，平時生活節省，一年下來積攢了七塊洋錢回
家，就把母親歡喜得眉開眼笑。可見當時一元、甚至二元的票價已經是非常
昂貴了。所以，當時國人中能夠「享用」西洋音樂的應該都是以官紳爲主體
的有錢人。他們雖然人數較少，對社會的影響卻很大，其生活中「西方」因
素的加入，進一步加強了西方「文明的」生活方式所挾持的「勢能」，普通人
常常是以一種「歆羨」的眼光來看待這一切。當近代音樂教育和音樂改良逐
漸將西洋音樂「普及」到更爲廣闊的受眾中時〔註15〕，這種「勢能」因爲獲

〔註13〕 張仲禮：《19世紀80年代中國國民生產總值的粗略估計》，載《南開經濟研究
所季刊》1987年增刊，第1集。

〔註14〕 劉佛丁、王玉茹、於建瑋：《近代中國的經濟發展》，山東人民出版社，1997
年版，第94頁。

〔註15〕 近代國人在新式學堂中接受音樂教育，最早是從教會學校開始的。1842年，
馬禮遜學堂由澳門遷至香港，並增設音樂課。孫繼南認爲：「此爲現知國人最
早在新式學校中接受音樂教育的學堂」。緊接著，1845年，美國基督教會在寧
波創辦崇信義塾（Ningpo Boys school），也開設了音樂課。此後，教會學校越
辦越多，而音樂課也成爲普遍開設的教學科目。受西方文明的衝擊，近代國
人也開始留意音樂教育。1898年廣州的時敏學堂、上海的經正女塾，1899年
由杭州知府林啓創辦的養正書塾，以及1900年煙臺的毓璜頂幼稚園都開設了
音樂課。等到國人大批留學日本，受明治維新後音樂教育的啓發，才正式開
始了近代中國的音樂改良實踐（參見第一章）。而國內的音樂教育則有民間力
量勃興與政府教育政策指導兩條線索。1902年，晚清政府頒佈的《欽定小學
堂章程》與《欽定蒙學堂章程》中並沒有提到音樂。而1904年頒佈的《奏定
學堂章程》雖然提及音樂，卻認爲「中國古樂雅音失傳已久，此時學堂音樂
一門，只可暫從緩設」。直到1907年，清政府才把「音樂」列爲女子小學堂
隨意科及女子師範學堂的必修科。1909年，「樂歌」成爲初小的隨意科，1910
年才成爲高小的隨意科。（參見孫繼南：《中國近現代（1840～2000）音樂教
育史紀年》（增訂本），第3～40頁）。因爲研究者對近代音樂教育發展的過程
多有研究，故此處只在注釋中作簡單描述。

得了宣泄的渠道，迅速在近代中國發散。「西方音樂」作為一種生活方式，逐漸對近代國人產生了巨大而深遠的影響。

吐納之術，一直是中國非常講究的養生之道。而近代國人注意並提倡唱歌這種與呼吸密切相關的身體活動，卻更多是西學傳播的結果。以唱歌來開解抑鬱，古人雖也偶有論及，但是與「精神活潑」相連，卻是注重學童心理，普及科學教育的結果。而以音樂作為一種健康的娛樂方式，更是受到了西方社會文化的影響。因此，近代音樂的「健康」功能是近代西學東漸的產物，是以知識更新、文化更新、社會轉型為基礎的近代生活觀念中的新因素。

第二節　近代音樂帶來的禮儀變化

「禮儀」是生活中的重要角色。中國自古就被稱為「禮儀之邦」。對「禮儀」的學習與修養，是由孔子奠定的儒家思想的重要組成部分。近代中國與西方的遭遇與衝突，在禮儀上也表現得至為明顯。康熙年間，羅馬教皇與中國教民尊孔祭祖禮儀的衝突造成了康熙對羅馬天主教傳教士的驅逐；乾隆與英國馬戈爾尼使團之間最大的衝突也是因為朝見禮節而起。鴉片戰爭之後，隨著中西方接觸交往的日益增多，禮儀之間的誤會與衝突越來越多。為此，廣學會〔註 16〕的華立熙（W·Gilbert Walshe）特意為西方人編寫了《神秘莫測的中國禮儀》，作為他們的行動指南。不過，中西方之間的接觸也推動了中西文化在「禮儀」上的交流。在這種交流中，音樂曾起到了重要的推動作用。

翻看近代國人的海外遊記，音樂常常出現在旅行、待客、結婚、宗教生活、休閒、宴飲等各項活動中，如「鐵甲兵船復聲炮十五，作軍樂相款接。法國兵船亦作樂以和之」〔註 17〕。尤其是在與外國人的交往中，音樂是重要的相互溝通的情感工具。讀者可以看到許多國人與外國友人音樂唱和的記載，如「二月十四日，抵西貢，……當晚停泊。客人在船散步……法人鼓琴而歌，明等亦吹弄笛簫，彼此唱和暢甚」；「六月二十九日……往德善家，其父母姐妹，治酒相待。其母囑明等歌中國曲。明等告曰：『先主而後賓，禮也。』其母遂歌一曲，聲調嬌娜。其父與其妹亦各歌一曲，明等一一和之。眾皆擊

〔註 16〕 1891 年，英國傳教士李提摩太將成立於 1884 年，由英國長老會傳教士韋廉臣在上海創立的同文書會改名為廣學會。

〔註 17〕 郭嵩燾《使西紀程》，見《郭嵩燾等使西記六種》，北京：三聯書店，1998 年版，第 4 頁。

掌而笑。其姐問及音樂之工尺，歌曲之緣起，昆弋之腔調，明等一一答之，眾愈稱羨不已」〔註18〕。也許這些記述中有作者的故意誇大，或者是西方人出於禮貌的讚美。但無論如何，從這些記述中，讀者仍然可以感受到「音樂」在溝通中西方人對彼此文明的相互理解中所起到的重要作用。尤其是當晚清政府在外交上一敗再敗的時候，藉由「音樂」，出使外國的晚清官吏不但開拓了局面，而且還可以與西方人平等、自如且和諧的交往，這不得不歸功於「音樂」的巨大親和力。

在與西方人士的接觸中，對西方禮儀的介紹也多了起來，如張德彝記錄的西方人看戲的「園規：凡看戲者，無茶酒，戒吸煙與喧嘩。若唱時，有彼此聚談，則別者作『思思』之聲以止之。樓之四面高懸煤氣燈，中一燈，一杆百枝，燈頭千盞，緣泰西戲皆夜演也。通宵只演一事，分四、五、六齣。每出將終垂簾少歇……演戲者男優扮男，女優扮女。看戲者男女咸集，皆手執千里眼，有戲看戲，止戲時則以四面看人……少選猛聽靜鞭數下，眾皆悄然，已捲簾開戲矣。……演至妙處，則眾皆擊掌歎賞，曰『卜拉臥，卜拉臥』，法言『卜拉臥』即華言『妙』也。若優人下場，眾皆愛之，可再擊掌喚回，其人則免冠鞠躬，再謝而去。」〔註19〕在這段對西方觀戲禮儀的記述中有兩個要點：1，西方式的夜生活；2，西方人對「藝術」的尊重，這包括看戲時的安靜，以及對優人的禮遇。而《申報》對「亞拉白拉可大」來華演出的報導，也提及音樂從業人員在中西方的不同地位：「泰西戲場之事，與中國迥異。蓋從事於是業，雖非上等之人，然其班內著名之人，外人相待亦皆禮貌有加。非如中國賣技者流，群以江湖目之也。」〔註20〕對音樂會禮儀的重視也在很多文章中有過討論，如蕭友梅發表在《音樂雜誌》上的《說音樂會》就認為，音樂堂應該設在安靜的地方，會場內要保持秩序，一曲未終之時不應該許人出入，更不應在會場內賣物。他的對比對象是「德國音樂會場更整齊，連帽子外套都不許帶進去，另設一處，專替人看管衣帽」。最後他認為，座位要分第幾行第幾號，免至人爭座位。〔註21〕所有這一切的設計，都是為了創建一

〔註18〕張德彝：《航海述奇（摘錄）》（1866年），見張靜蔚：《中國近代音樂史料彙編》，第1頁。
〔註19〕張德彝：《航海述奇（摘錄）》（1866年），見張靜蔚：《中國近代音樂史料彙編》，第2～3頁。
〔註20〕同治甲戌二月廿一日（1874年4月7日）。
〔註21〕載《音樂雜誌》第1卷第5/6號合刊，民國9年8月。

種「文明的」看戲禮儀。這種規劃以外國的禮儀爲摹本，針對的是傳統國人的觀戲習俗。

　　考索「音樂」爲近代禮儀帶來的變化，還有另一條學堂樂歌的線索。

　　國人開始主動參與音樂教育的時候，就非常注重音樂的儀式功能。如沈心工在《學校唱歌初集》中，就將樂歌分爲甲乙丙三種。甲乙之分爲深淺難易之區別，而「丙種爲禮式上特用之歌，故別之」〔註22〕。丙種部分收樂歌四首〔註23〕：《始業式》（夏頌萊詞，首句「兼旬休養氣從容」）、《祝幼稚生》、《休業式》（夏頌萊詞，首句「歲月去如流」）、《畢業式》（沈心工詞，首句「佳氣兮蔥蔥，春風廣塵中」）。《始業式》、《休業式》、《畢業式》三首樂歌在時間的表述上已經涵蓋了學校學習的整個過程。而標題均以「式」結尾——特別是《畢業式》在《女子世界》第1期刊出時，標題爲「放假時之歌」，後來收入書中，才改爲現在的標題——表現出編者已經注意到音樂在儀式上的重要作用。

　　沈心工對音樂儀式功能的認識很快就得到了實踐的機會。《女子世界》第8期曾報導過沈心工任課的務本女塾爲師範科畢業生舉行典禮的情況，其程序如下：一、全校學生合唱《樂群歌》；二、經理人報告該校創辦以來之歷史，及此次畢業生之學業；三、來賓演說；四、給憑；五、同學致頌詞；六、同學祝歌；七、畢業生致答詞；八、合唱《畢業歌》〔註24〕。大會的開幕與結束均是樂歌演唱。可見，樂歌的儀式作用已經得到相當的肯定。

　　後來，《新民叢報》上曾出現過梁啓超作詞的《終業式》（首句「國旗赫赫懸當中」，收錄在趙銘傳編輯的《東亞唱歌》〔註25〕中），無錫城南公學堂編《學校唱歌集》〔註26〕中也有《畢業式》（徐承治詞，首句「長長長學期，考試冠軍意飛揚」）、《休業式》（俞粲詞，首句「光陰忽忽暑假兮」），王德昌、毛廣勇、趙驤合編的《中華唱歌三集》〔註27〕中也有《始業式》（首句「學堂今朝開校」）。近代教育家、音樂工作者侯鴻鑒（字保三）創辦的無錫競志女

〔註22〕　《凡例》，1904年5月。

〔註23〕　此處按照現代人以一個完整的歌曲爲「一首」的觀念統計，而不是按照近代樂歌集以一段爲一首的習慣。

〔註24〕　1904年8月11日。

〔註25〕　趙銘傳編著：《東亞唱歌》，上海時中書局，1907年11月

〔註26〕　無錫城南公學堂編：《學校唱歌集》，上海文明書局，1906年9月。

〔註27〕　王德昌、毛廣勇、趙驤合編：《中華唱歌集》三集，上海中華書局，1912年11月。

學校，在開學時舉行始業式，在放假前舉行休業式時，學生都要合唱相應的《始業歌》和《休業歌》：

始業歌

涼風拂袖，暑氣漸消，已是新秋到。幾多同學，聯袂偕來，握手殷勤道。姊乎妹乎，振刷精神，莫使光陰草草。欲令吾進步勝故吾，還是讀書好。

休業歌

忽忽韶華，眼底雲霞，一曲和琴奏。此間修業，學期已周，自問進步否？暫時休假暫時離，歲月不可留。願同學姊妹，來月開校毋落後。〔註28〕

這兩首樂歌也被收錄在侯鴻鑒編輯的《單音第一唱歌集》中。這麼多同標題樂歌的出現可以說明，「儀式」已經成為學校教育的重要組成部分，而「音樂」在「儀式」中也開始佔有重要地位。

除了這些專門為典禮、儀式準備的歌曲外，有些樂歌作品也會成為集會、儀式上的重要角色。

1904 年 7 月 22 日下午，接受了沈心工先生主持的「速成樂歌講習會」培訓的蔣維喬在家鄉常州舉行了一場演說會。受到沈先生的啟發，這次大會的程序也採用了新的儀式規程：先合唱《開會歌》，中間是三個人不同主題的演講，最後散會時以大家同唱《合群歌》為結束〔註29〕。所謂《合群歌》即為收錄在《學校唱歌初集》中的樂歌《樂群》（首句「合群之樂樂如何」）。這首樂歌因為表達了近代非常重要的「合群」理念而受到大眾的追捧，在許多集會上都被演唱過。

類似的歌曲還有《勉學》（見《學校唱歌初集》）。這首樂歌以「黑奴紅種相繼盡，惟我黃人鼾未醒」開篇，表達了在「亞東大陸將沉沒」的危局下，「少年努力咸自愛」，「人生為學須及時」的時代呼聲。因此，這首樂歌也成為在

〔註28〕《自治設會》、《女學消息》，《女子世界》2 年 2、3 期（14、15 期），1905 年 9 月、1906 年 1 月。二歌均收入侯鴻鑒編《單音第一唱歌集》（1906 年），題為《暑假休業歌》與《暑假始業歌》（見張靜蔚編《學堂樂歌曲目索引》，《搜索歷史——中國近現代音樂文論選編》400 頁。另，競志女學校的開校時間據《學校近聞》與《記競志女學校要事》（《女子世界》12 期、2 年 1 期，1905 年 5、6 月）。

〔註29〕《甲辰年暑假記事》，載《女子世界》第 8 期，1904 年 8 月。

集會上被演唱最多，並常常作爲結束曲目的樂歌作品之一。例如，1904 年 7 月 24 日，江蘇嘉定縣的南翔學會，爲從上海務本女學堂師範科畢業的黃守淵與黃守藥倆姊妹舉行了歡迎會。這次大會「先由糾儀員宣告會堂公禮，次唱《合群歌》」，中經若干程序，最後就是以合唱《勉學歌》爲結束的〔註30〕。

1905 年 11 月 11 日，務本女校舉行運動大會，沈心工創作的樂歌《運動會》在開幕時承擔起了整隊入場的重任，「全校同學乃皆集於小學課堂，列隊入場，齊唱《運動會歌》。歌畢，肅然退至原所。既而每班依次運動……下午四時，全校學生合唱《校歌》，即行閉會。」〔註31〕可見，在運動會上，樂歌的演唱也成爲推動程序進行的有力工具。

1917 年，劉訒在《教育周報（杭州）》上連載《小學唱歌教材之研究》。他在文中強調，樂歌之感化力，比道德書爲尤大。故應與修身聯絡，以涵養學生完全之德性，及指導道德之實踐。然後他開列了唱歌教材與修身科相聯絡的甲、乙、丙、丁、戊、己六類緊要歌題。其中列於首位的甲類即爲「儀式方面」的樂歌。作者認爲，這類作品應包括國歌與校歌，除此之外，還應該有：

> 1，聖誕歌；2，共和紀念歌；3，國慶歌；4，元旦歌；5，端午歌；6，中秋歌；7，冬至歌；8 始業式歌；9，終業式歌；10，畢業式歌；11，送別歌；12，留別歌；13，開校紀念日歌；14，學藝會歌；15，遠足會歌；16，展覽會歌；17，懇親會歌；18，運動會歌；19，歡迎會歌。〔註32〕

劉訒的文章具有總結意味。可以說，近代樂歌在儀式方面的指導範圍，幾乎涵蓋了學生生活的各個方面，各個時段。在近代新的文化、新的生活方式逐漸確立的過程中，樂歌的「儀式」功能得到了近代國人的肯定。在演說會、歡迎會、運動會上，在開學、放假、畢業等學校儀式上，後來甚至是在新式的婚禮、葬禮上，都飄蕩著學堂樂歌的旋律。這些歌曲的加入，清晰地推動了儀式的進行，恰切地傳達出集會的主題，極大地鼓動了與會者的熱情，成爲近代社會新的生活方式，新的思想觀念，新的道德情操的有力表達！

另外，近代「音樂」爲禮儀帶來的變化，還體現在樂歌「唱和酬答」功

〔註30〕 《歡迎師範》，載《女子世界》第 9 期，1904 年 9 月。
〔註31〕 屈蘊輝：《務本運動會記事》，載《女子世界》第 2 年第 6 期，1907 年 7 月。
〔註32〕 載《教育周報（杭州）》第 181 期，1917 年 11 月 11 日。

能的凸顯。

中國古代，承擔「唱答」功能最多的是詩歌。這種情況在近代仍然持續著。一些在音樂上沒有特別修養的近代國人，常常以「吟詩」來應對外國友人「唱歌」的邀請。如王韜在《漫遊隨錄》中就曾記載自己以「吟詩」作答的故事〔註33〕。不過，當接受新式教育的人越來越多的時候，這種窘境不但

〔註33〕見張靜蔚：《中國近代音樂史料彙編》，第58頁。

另，中國有深厚的「吟誦」傳統，以吟誦詩歌代替唱歌，在近代中國並不是只有王韜一人會想到的辦法。由張之洞主持制定的《奏定學堂章程》（史稱「癸卯學制」）儘管認為，「惟中國古樂雅音，失傳已久，此時學堂音樂一門，只可暫從緩設」，但為了使音樂課不致有所缺失，古典文化修養深厚的張之洞還是想出了替代的辦法，那就是在中國文學這門功課內，「兼令誦讀有益德性風化之古詩歌，以代外國學堂之唱歌音樂」。具體的「中小學堂讀古詩歌法」如下：「外國中小學堂，皆有唱歌音樂一門功課，本古人絃歌學道之意；惟中國雅樂久微，勢難仿照。然考王文成《訓蒙教約》，以歌詩為涵養之方，學中每日輪班歌詩。呂新吾《社學要略》，每日遇童子倦息之時，歌詩一章，擇淺近能感發者令歌之。今師其意，以讀有益風化之古詩列入功課。……皆有合於古人詩言志，律和聲之旨，即可通於外國學堂唱歌作樂，和性忘勞之用。」（《中國近代教育史資料》中冊，人民教育出版社，1981年版，第420～677頁）以閱讀古代詩歌替代唱歌課，在當時音樂人才、教材極其缺乏的情況下，不失為一條可取的解決方法。汪樸先生認為，章程雖然對音樂課的重要性有所認識，但卻作出「音樂一科暫從緩設」的決定，一方面是「囿於封建守舊的音樂觀」，另一方面則是因為章程制定者不希望在「思想內容必須符合傳統的封建綱常倫理道德」的教材編訂出來之前，某些已經在當時學堂裏傳唱的「具有反封建色彩的宣傳民主自由思想的」樂歌作品，得以借音樂課取得合法地位而廣泛傳播（見氏著：《清末民初樂歌課之興起確立經過》，載《中國音樂學》（季刊），1997年第1期）。據目前所見史料，《奏定學堂章程》頒佈於1904年1月13日，章程的規劃與成文也需要時間。所以，雖然近代音樂教育早已開始，但是在1904年章程公佈之前，近代的音樂教育大部分集中在教會學校中，教員也以西方人和日本教師為主。國人從事音樂教育者，當時只有1903年初回國的沈心工在南洋公學附屬小學、務本女塾、龍門師範等校任教唱歌。雖然當時已經有人「求學滬上」，但是直到1904年4月17日，由沈氏舉辦的「速成樂歌講習會」才第一次開幕。1903年，在日本的留學生中間，曾志忞及大同學校等人員機構已經有一些音樂活動，但也仍然是處於起步階段。尤其是根據目前所見資料，1904年以前出現的國人編輯的音樂教科書，只有上海文明書局編輯出版的《蒙學科學全書》中的《唱歌》一本。後來對近代的學堂樂歌創作產生了巨大影響的兩本唱歌集，曾志忞的《教育唱歌集》（1904年4月15日初版）和沈心工的《學校唱歌集》（1904年5月出版），均出版於「癸卯學制」頒佈之後。所以，綜合以上材料可以看出，當時的音樂人才以及音樂教材的確還無法勝任在全國範圍舉辦音樂教育的需求。所以，癸卯學制對音樂教育「暫從緩設」的決定雖然也有一些政治層面的考慮，但實際情況不

可以避免，而且「音樂」「唱答」功能的凸現還有漸漸侵佔「詩歌」領地的趨勢。

　　1904 年，伴隨著沈心工儀式歌曲的出現與運用，《中國白話報（半月刊）》第 21/22/23/24 合刊〔註34〕上，「歌謠」欄刊載的一系列樂歌作品，就已經表現出樂歌「酬答」的功能。它們分別是《勵志學校開校歌》、《勵志學校歌》、《南匯學堂祝歌》、《新場知新學校祝歌》、《坦校祝歌》、《同仁學堂祝歌》、《吳淞學堂教習李君祝歌》，以及最後的《勵志答各學堂歌》。這些歌曲都與「學堂」有關，是在勵志學校開學時使用的一系列樂歌。從本校的《開校歌》、《校歌》，到兄弟學校一系列的《祝歌》，再到原校的《答歌》，可見「樂歌」已經開始成為酬答往復的載體。

　　黃子繩、權國垣、蘇鍾正、汪翔合編的《教育唱歌・下》中收錄的一首《歡迎之歌》也是此類作品：

　　　　　樂復樂兮，樂莫樂於新相知；恨復恨兮，恨莫恨於相見其太遲。
　　曾別時之幾許，復惠然而肯來。兒童卜於燈下，喜鵲噪乎晨枝。乍
　　開懷以道故，咸歡笑而神怡。今日良宴會，美酒千鍾莫遲留。為君
　　歌一曲，與爾同消萬古愁。〔註35〕

允許也是實情。

詩歌與音樂緊密相聯的關係被晚清政府的學部一直堅持到 1909 年。這一年五月，學部頒定的「中學堂文科（和實科）一類應習之學科程度授課時刻表」中，對「樂歌課」的特別注明仍然是：「樂歌乃古人弦誦之遺，各國皆有此科，應列為隨意科目，擇五七言古詩歌詞旨雅正、音樂諧和、足以發抒志氣、涵養性情、篇幅不甚長者，於一星期內酌加一、二小時教之。」（《學部奏定中學堂文科一類應習之學科程度授課時刻表》和《中學堂實科一類應習之學科程度授課時刻表》，載《直隸教育官報》，己酉第七期，1909 年 5 月 19 日）此時，國內的音樂教育工作，尤其是民間的音樂教育早已展開，但是樂歌中大量的民族、國家、自由、民主的內容的確已經開始令晚清的統治者生畏（夏曉虹曾發現過一條材料，《大公報》1907 年 4 月 19 日曾發佈《提學司示諭》，查禁倪壽齡編輯的《女學唱歌》，官方舉示其間「有傷女教」之作，首罪在《自由結婚》，並特別摘錄其「記當初指環交換，揀著平生最敬愛的學堂知己」，以及「可笑那舊社會，全憑媒妁通情」數句歌詞，以為「與中國之千年相傳禮教及本部《奏定女學章程》均屬違悖」），故抱殘守缺，一仍前例。不過，晚清政府已經大大失去了對社會的控制力。「音樂」教育在國內的勃興已經不是任何人可以阻擋的了。

〔註34〕1904 年 10 月 8 日。
〔註35〕黃子繩、權國垣、蘇鍾正、汪翔編：《教育唱歌》下編，湖北學務處，光緒三十一年（1905）七月十五日初版。

廈門深滬匡濟初等小學堂教員吳福臨發表於《教育雜誌》上的文章《小學唱歌之實驗》，對樂歌的「酬答」功能作了直接的說明：「若夫通用之《體操歌》、《歡迎歌》、《紀念歌》、《放假歌》等，則仍使和唱。而於酬應或特別聚會時，則擇音調最優者八名爲唱歌選手，以爲全體之表率云。」〔註36〕可見，在學校中以「樂歌」作爲酬唱應答的方式已經非常普遍了。

　　「樂歌」作爲「應酬」的載體還逐漸走出了學校的大門，成爲近代人際交往中常見的現象。如《二十世紀大舞臺》第 2 號（1904 年）上，就刊登了「學生一分子胡作虞」創作的《祝大舞臺》歌，對雜誌的創辦表示祝賀：

祝大舞臺

C 調　4/4

```
1 1 3 3 | 2 1 2 3 | 5 5 5 6 | 5- ·0 |
二 十 世 紀　大 舞 臺，　　漢 族 藉 汝　恢。
3 3 3 3 | 5 5 3 2 | 1 2 3 2 | 1- ·0 |
嗚 呼 歐 與　美，　到 此　也 難 免 禍　災。
1 1 1 3 | 2 1 6 6 | 5 5 6 6 | 5- ·0 |
東 胡 賤 族　盡 成 灰，　吾 黨 其 快　哉。
3 3 5 5 | 3 2 1 1 | 2 2 3 2 | 1- ·0 |
三 百 年 來　黑 暗 網 羅，一 旦 忽 洞　開。
2 2 1 2 | 3 3 5 5 | 6 6 1 6 | 5- ·0 |
平 地 一 聲　雷，　鵬 程　萬 里 去 不　回。
6 6 6 6 | 5 5 6 5 | 1 2 3 2 | 1- ·0 |
祝 汝 萬 歲，頌 汝 萬 歲，崇 拜 大 舞　臺。
```

《月月小說》第 11 號〔註37〕上也刊登了中國春陽社社員趙英文華爲《月月小說》創作的《頌詞》：

〔註36〕第 3 年第 7 期，1911 年 9 月 2 日。
〔註37〕1907 年 12 月 19 日。

頌 辭

　　《月月小說》第 21 號上的週年紀念大增刊中還有「蛟西顛書生」創作的「仿秋之夜譜」的《月月小說報週年紀念祝辭》：

月月小說報週年紀念祝詞

C調　仿秋之夜譜　2/4

週年紀典大增刊・祝詞

蛟西顛書生

1月	3弓	2蟬	2̄1̄聯	2 2 賡	3 3 續	2 3 已 週	5·年 0
6橫	6̄5̄濱	1̇1̇6̇6̇新小說	5 5 嗣響	5 2 正無	2·忝 0
1溯	1周	1吳	2 2 5 5 發起著作	3 3 覘覘	5 5 編譯	6·兼 0
1̇去	1̇秋	2̇幾	2̇中	6 5 輟光	5 復	6 6 賴有	6 2·許沈	1̇·賢 0
1̇誰	1̇謂	1̇正	1̇史	2 貴	1̇6̇法語	5 5 莊言	3 1 領悟	2·艱 0
3誰	3謂	2稗	1官	3 5 5 陋冷嘲	6 6 熱罵	6 1̇灌輸	5·便 0
1̇祝	1̇將	1̇來	6 6 5 5 改良社會	3 3 歡迎	2 3 詢謀	5·僉 0
2̇年	2̇年	2̇今	1̇日	6 6 紀念	5̄3̄鑄	2 2 風行	3 2 遍大	1·千 0

　　《秋之夜》是沈心工編《學校唱歌初集》中一首由吳畹九〔註38〕作詞（此作後署沈心工作，收入《心工唱歌集》，推測為沈心工作曲）的樂歌。這首樂歌早在收入書中之前，就曾在《女子世界》上刊出過歌詞。「蛟西顛書生」以之為本，填寫祝詞，一方面體現了近代樂歌的流行程度，另一方面也體現出

〔註38〕又名吳馨，筆名「懷疚」，1897年入上海南洋公學師範學堂讀書，與沈心工為同學。1901年畢業後創辦務本女塾。1902年秋，聘日本女教師河原操子來校開設唱歌課。但不久河原氏應蒙古喀喇沁王之聘離開。到1903年沈心工回國後，才聘其任教該校，教授樂歌。1904年，以「務本女塾」為會所，支持沈心工開辦對近代音樂教育影響甚為深遠的「速成樂歌講習會」。

給「祝辭」配上樂譜似乎是一件頗爲時髦的事情。傳統稱文人之間的詩詞酬答爲「唱和」，但其實在大部分情況下，那只是筆墨字詞的往來。但近代樂歌的流行，使「唱和」眞的可以「唱和」起來了。

除了高興的事情有樂歌的參與外，就連國人最爲重視的「祭儀」也出現了西化的樂歌身影。

1905 年，李叔同之母王太夫人去世，爲了改變傳統繁文縟節的喪儀，李叔同特別與同人商酌，「據東西各國追悼會之例，略爲變通」，制定了一份「新喪儀」，並將追悼會之儀式安排以及兩首哀歌刊登在《大公報》〔註39〕上。「新喪儀」規定不收任何銀錢物品，「行鞠躬禮」。除此之外，追悼會儀式之第二項爲「家人歌哀詞」。這份「哀詞」即爲刊載在旁邊的歌曲《追悼李節母之哀辭》。其中的歌詞部分爲：「松柏兮翠蕤，涼風生德闈。母胡棄兒輩，長逝竟不歸。兒寒復誰恤，兒饑復誰思。哀哀復哀哀，魂兮歸來乎。」可見，李叔同是計劃在追悼會上演唱這首樂歌的。在這首歌曲之下，還有一首《上海義務小學學生追悼李節母歌》〔註40〕。雖然在所列儀式中並未見到來賓演唱此歌的安排，但是這首歌曲刊載於此，也已經說明其對這次新式喪儀的參與。

另外，黃子繩曾作過一首《國祭》，用於祭祀古代賢人〔註41〕。等到 1913 年，《神州女報》上刊出「默君」（張默君）作詞的《神州女界協濟社追悼宋遁初先生歌》，更是展示了近代樂歌在公眾祭悼儀式中的運用：

邦國殄瘁兮，斯人云亡。風雲黯淡，寰宇悽惶。福星殞東方，和平奚望？哀苦海眾生，遽失慈航。名垂千古兮，偉業文章。丹心炳日兮，碧血寧口，吁嗟乎彼鴟梟，思殺翺翔千仞之鸞鳳。維人道、誅公敵，元兇無恙，此恨太茫茫。

生爲奇傑兮，死爲神明。浩然之氣，天地充盈。吾儕宜繼志，以慰精靈。昌平民政治，願做犧牲。惟痛絕暮春，殲滅我天民。申江鳴咽，承作不平鳴。內訌亟，外侮生，憤奸賊敢壞民國長城。億

〔註39〕見《大公報》光緒三十一年六月廿二日，1905 年 7 月 24 日。

〔註40〕歌詞中有「賢哉節母！遺命以助吾學堂」之句。據郭長海先生的考證，此指李叔同的母親將節省下的醫藥費 250 元捐爲辦學經費的義舉（見郭長海、郭君兮編：《李叔同集·前言》，第 7～8 頁。可惜，郭氏並未注明資料出處）。

〔註41〕黃子繩、權國垣、蘇鍾正、汪翔編：《教育唱歌》下編，湖北學務處，光緒三十一年（1905）七月十五日初版。

萬人血淚傾，一堂渾不辨歌聲哭聲。〔註42〕

如果不是看到配備的樂譜，只讀文字，眞會誤以爲這是一首哀婉沉痛的悼詩呢！

隨著國人音樂素養的提升，他們開始使用更高的音樂形式用於祭悼。1916年 10 月 31 日和 11 月 8 日，黃興、蔡鍔兩位革命先烈相繼謝世。其時遠在德國留學的蕭友梅特別創作了一首洋琴軍樂隊及大樂隊用的《哀悼引》以寄託哀思。在《哀悼引·序》中，蕭先生說：「吾國古禮，凡遇喪事，例應撤樂。殊不知音樂乃表示感情最有效力之物，固可藉以助興，亦可藉以增悲。……茲借留德同學諸君有追悼黃、蔡二公之舉，特仿 Beethoven（貝多芬）之 Trauermarsch（《葬禮進行曲》）體作成一曲，名曰《哀悼引》，二公有靈其鑒吾志。」〔註43〕1925 年，孫中山先生逝世時，蕭友梅又將此曲改編爲適合銅管樂隊演奏的《哀悼進行曲（悼孫中山先生）》，並在孫先生的葬禮上進行了演奏。

從上文所舉各例中不難看出，「唱和酬答」這種中國傳統的人際交往形式，到了近代，已經在載體上有所調整。在「詩歌」傳統漸漸衰落的今天，「音樂」已經承擔起大部分「唱答」的需求。如果說在二十世紀八十年代還有人爲心上人寫一首情詩表達愛慕之意，那麼在二十一世紀的今天，更多的年輕人會選擇彈著吉他〔註44〕在愛人的窗下唱一首情歌。不管我們會抱著什麼樣的心態看待這種轉變，以「西方式音樂」爲主導的「歌曲」成爲國人表達情感的主要方式之一，如此深刻地嵌入我們生活的肌理，已經是不容迴避的事實。而其肇端即在近代這裡。

以上，筆者通過對「音樂作爲一種『健康的』生活方式」，以及「近代音樂帶來的禮儀變化」兩個問題的探討，試圖將近代音樂參與塑造一種現代生活方式的過程描述出來。當然這種描述是不全面的。近代音樂究竟在哪些方面，在哪種層次上參與了現代生活方式的塑造？其中有什麼問題或缺陷麼？

〔註42〕載《神州女報》第 2 號，1913 年 4 月。

〔註43〕轉引自黃旭東、汪樸編著：《蕭友梅編年記事稿》，中央音樂學院出版社，2007 年，98～99 頁。

〔註44〕寫到此處，筆者不禁想到，如果將「吉他」換成中國傳統的樂器，如「二胡」、「笛子」或「簫」，是否也可以呢？不幸的是，筆者基於目前實際的生活狀態，得出了否定的答案。其中的原因似乎頗爲複雜，筆者特意指出，以待學者探討。

如果有，該如何彌補？這些都是值得深入思考的問題。筆者也將在後面的文章中，從其它方面繼續討論這個問題。

第八章　樂歌中的「少年中國」

1910 年 6 月 5 日，一位署名「癡季」的作者，在《大公報》上發表了一組以「望江南・仿吳梅村江南好體得長安樂十七闋」爲題的詞作。最後一首爲：「長安樂，西向笑呵呵。極樂競誇新世界，多愁獨對舊山河，慷慨發悲歌。」〔註1〕其中「新世界」與「舊山河」對舉，體現出詩人的心理觀照。而「樂」與「新世界」相連，「愁」與「舊山河」相關，則更進一步表明作者面對時局複雜的內心情感。其實，近代每一個有良知的國人無不是處在「極樂競誇新世界，多愁獨對舊山河」的雙重體驗之中。一方面是對「舊山河」深深的眷戀與哀歎，另一方面則是對「新世界」無限的憧憬與讚美。而且，兩者還有互相加強的趨勢：正是因爲看到「舊山河」的衰敗，才嚮往「新世界」的美好；正是以「新世界」爲參照，「舊山河」才更顯落魄。一種「過渡時代」特有的文化氛圍就這樣呈現在讀者眼前。

對近代中國的「衰世」之感一直是近代文學集中表述的主題。從龔白珍開始，詩人們就在不斷詠歎著一個「暮色沉沉」的中國：「憑君且莫登高望，忽忽中原暮靄生」〔註2〕，「華亭鶴唳感神州，舉目河山處處愁」〔註3〕。在經歷了一系列內憂外患之後，晚清社會的崩潰已經表面化。這一切都使得對「衰世」的體悟不再是一兩個「先知」的「先覺」，而是對「老大」帝國潰爛與衰亡的普遍感受了。這成爲近代藝術創作中「亂世之音怨以怒，亡國之音哀以

〔註1〕　本小節所引《大公報》上的詩歌均由郭道平提供線索，在此一併致謝！下同。
〔註2〕　龔自珍：《雜詩・己卯自春徂夏》，見《龔自珍全集》，上海古籍出版社，1999年版。
〔註3〕　古黃乾齋氏稿：《杭州秋興四首》其二，見《大公報》1910 年 10 月 12 日。

思」(《禮記・樂記》) 的主要來源。

　　然而，也正是在這一片「衰世」的悲歡中，拯世濟溺的儒學傳統推興起「經世致用」的潮流，使面臨「三千年未有之大變局」的近代中國爆發出一股建設「少年中國」的激情。這種激情落實到具體的社會變革中，則有一系列「改良」甚至「革命」舉措的出臺與實施。而藝術領域的「詩界革命」、「文界革命」、「小說界革命」、「戲曲改良」以及「音樂改良」，亦爲配合社會領域的變革而搖旗吶喊。其中，「音樂改良」以其獨特的魅力爲實現一個「少年中國」的理想作出了突出貢獻。

第一節　近代樂歌對新事物的宣傳

　　一個「少年中國」的實現必然需要以「知識」更新、「思想」更新、「道德」更新爲基礎。除了近代新式教育中各種科目對新知識、新思想和新道德的傳授外，近代「樂歌」以其極大的包容性，也成爲統合一切新知識、新思想和新道德的陣地。

　　近代樂歌這種巨大的包容性可以說是近代樂人自主的選擇。在許多歌集的序言或編著大意中，讀者常常可以見到這樣的表述：「蓋學校之有唱歌，凡歷史、地理、修身、理科、體操等各科目，無不寓於其中。」〔註4〕無錫城南公學堂的音樂教員認爲當時的樂歌集「於學堂內之各科目，則尙略而不備，未始非樂歌上之缺點也」，所以特別編寫了《學校唱歌集》(目錄處署名爲「學校應用唱歌集」)，其中樂歌「均爲學堂內必須之科目，最屬普通。凡每上一科，即可令學生歌詠一遍，以鼓舞其興會，開展其胸襟，俾不致有萎靡不振之態」〔註5〕。劍虹（李燮義）也在文章中指出，「音樂一科，與小學教育，有絕大之關係者四」，其中第一條即爲「以音樂輸入科學也」，理由是「嬉戲娛樂，兒童天性。今以其性所最近者，唱歌之中，即輸入以各種科學，兒童常常復習，瞭解自易」〔註6〕。吳福臨通過教學實踐，也堅持「間有取材修身者，必詳加講解，務使饒有興趣，且切實用。俟其程度漸高，然後編以淺文，多取材於格致科之飛潛動植類，而另繪圖以明之。蓋敝校之二、三年生，以

〔註 4〕　保三：《樂歌一斑》，載《江蘇》第 11/12 期合刊，1904 年 5 月 11 日。
〔註 5〕　《編著大意》，見無錫城南公學堂編：《學校唱歌集》，光緒三十二年（1906）九月初版，發行者：無錫城南公學堂，總髮行：上海文明書局。
〔註 6〕　劍虹：《音樂於教育界之功用》，載《雲南》第 2 號，1906 年 11 月 30 日。

格致附入唱歌科既省時間，而較能記憶，蓋亦兩便之法也」〔註7〕。「唱歌」能兼容「修身」與「格致科之飛潛動植類」，其包容性眞是驚人！直到 1915年，當黃炎培爲沈心工的《重編學校唱歌集》寫序時，仍然認爲小學校教授唱歌，如「選取歌詞未能與他科聯絡」〔註8〕，就會成爲一種弊病。這些論者均以樂歌應切合學童心理爲出發點，希望可以用「音樂」承載他們對學童教育的全部希冀與訴求。

這樣的主張，落實到樂歌創作中，就使得近代樂歌成爲容量極爲豐富的「博物館」。雖然，近代樂人的思想立場各有不同，但是就總體趨勢來說，近代樂歌仍然以讚頌新事物，傳播新知識、新思想、新道德爲主流。

人類對世界和自我的理解都來自於其知識系統的塑造。因此，當中國要實現從一種傳統文明形態向現代文明形態轉變時，其知識譜系的更新就成爲國人必須經歷的陣痛。在這種變革中，樂歌以其巨大的包容性，以及非凡的宣傳能力，緩解了國人接受新知識譜系的疑懼與痛苦，成爲促進現代知識體系更新的重要力量。

對近代國人來說，一個首要的知識與視野的更新即爲「地理之大發現」——傳統「一統垂裳」的「天下」觀念被「列國並立」的現實打破。因此，這一時期地理知識的傳播都具有重新塑造國人知識結構與世界（政治）視野的意義。

亞洲（權國垣詞）

> 五大洲，稱膏腴，惟我亞細亞。烏拉山，地中海，西界歐羅巴。太平洋，通北美，可以一航駕。西南端，隔紅海，即阿非利加。
>
> 〔註9〕

原來自居於「天下」和文明核心的傳統國人，忽然發現自己不過是處身於一個「渾渾圓球萬國分」（樂歌《各國都城》）〔註10〕、「地球團團大洲五」（樂歌《勵志》）〔註11〕的世界。而對這樣一個世界的體認，更多的是爲了可以喚

〔註7〕 廈門深滬匡濟初等小學堂教員吳福臨：《小學唱歌之實驗》，載《教育雜誌（商務）》第 3 午第 7 期，1911 年 9 月 2 日。

〔註8〕 沈心工編：《重編學校唱歌集》，中華民國元年（1912 年）十月初版，四年四月再版，上海文明書局印行，上海沈心工著作兼發行。

〔註9〕 黃子繩、權國垣、蘇鍾正、汪翔編：《教育唱歌》下編，湖北學務處，光緒三十一年（1905）七月十五日初版。

〔註10〕 權國垣詞，同上。

〔註11〕 見田北湖、鄒華民合編：《修身唱歌書》，文明書局，1905 年版。

醒國人爭強的意識——「五大洲,強權強。祝我國,熾而昌,躍登二十世紀大舞場!⋯⋯況今帝國主義新膨脹,文明鮮花愈發皇。祝我國,鞏金湯,陸軍海軍盛且強。駕歐美,雄東陽」(樂歌《祝國歌》)〔註12〕。雖然在這首樂歌中,仍然有一種「中心主義」,但是「亞細亞」已經取代「中國」成爲被讚美的對象,而對毗鄰諸大洲的表述,更是烘托出一種世界相連且息息相關的現代世界的氛圍。

　　中國要想爭雄於宇內,實現現代轉化,還是要依靠國人在知識與技術上的進步。這樣,對新知識的紹介就成爲近代學堂樂歌的另一大主題。如無錫城南公學堂編輯的《學校唱歌集》中就對許多新興學科做了解說:

數術 (顧大賚詞)

　　加減乘除端始基,九數立通例。點線面體窮精義,思想入非非。天元代數種種難題,演草明眞理。中西算術日新奇,製出精良器。

英文 (顧大賚詞)

　　泰西文字列專科,學術同研究。字分八類條理多,文法莫差訛。有音無音廿六字母,聲韻宜合度。願諸君博覽西書,殫精相切磋。

格致 (俞粲詞)

　　茫茫大塊骨董品,離離奇奇眞富盈。非天之磨盪無以生,非地之蘊蓄無以存。動植礦物遍地紛綸,距離算術考察精。聲光化電尤研究,標本儀器辨分明。各國賽會資歷練,眼界豁如意象增。縱云歐美新學問,格致發明推聖經。願吾青年,酌古又準今,他日博學乃成名。

學好「數術」可以「製出精良器」;學好「英文」可以「博覽西書」;學好「格致」可以討論「歐美新學問」⋯⋯樂歌的作者通過音樂的形式向學生普及了對傳統國人甚爲陌生的數學、英語、物理、地理、天文等來自西方的知識譜系。這種貼合人情的宣傳方式一方面削弱了新知識所帶來的「陌生」感,另一方面因其對西方科學精神的頌揚,也同時推動了中國傳統學問的科學化發展,如樂歌《文法》所展示的:

文法 (俞粲詞)

　　文法終古鮮捷徑,《帝典》推先聲。積字成句,積句成文,詞

〔註12〕汪翔詞,見黃子繩、權國垣、蘇鍾正、汪翔編:《教育唱歌》下編,湖北學務處,光緒三十一年(1905)七月十五日初版。

> 暢更意精。如何不失造句義，虛實辨分明。如何不害設辭志，文野
> 推闡深。九類目，馬氏分，纂成書籍資後生。名動靜伏代介聯，附
> 以助歎集大成。還分篇章段落，著手得門徑。

漢語之文法，古來講求者甚少。馬建忠（1844～1900）先生認為漢語文法之難阻礙了國人智識的增長，所以他效法拉丁文之文法研究漢文經籍的語言結構，著成了我國第一部較系統的語法著作，以求國人能與「達道明理之西人相角逐焉」〔註13〕。而這首樂歌就是對這一嶄新的研究成果的頌揚。

除了新知識的傳播，各種新奇事物的出現也在不斷改變著國人的視野與思維。因此，除了讚頌新知識外，學堂樂歌中還有許多以新事物為題的歌曲，例如「愛自由者」（金松岑）作詞的《汽車》，沈心工作詞的《陽曆》，汪翔作詞的《新聞報》等：

汽　車

f調 2/4

1	1	2		3	3	2	1		6	6	1	6		5	5	5	
龍	吟	虎	嘯	-	聲	鳴	鳴	，	駕	山	海	，	騰	雲	霧	。	
黑	煙	如	縷	-	挂	林	梢	，	問	首	站	，	盧	溝	橋	。	

6	6	1		2	2	1	2		3		3	5	3		2	2	2	
陸	行	非	橇	-	非	舳	艫	，	駿	馬	注	，	千	丈	坡	。	
黃	河	如	帶	-	跨	堂	坳	，	漢	口	鎮	，	南	北	交	。	

5	5	3		5	5	3	3		2	2	3	2		1	1	1	
鋼	軌	滿	地	-	蛛	網	鋪	，	萬	人	來	，	蟻	群	附	。	
東	吳	西	蜀	-	路	非	遙	，	願	環	球	，	更	一	遭	。	

5	5	1		3	3	2	1		2	2	2	3	2		1	0	
鳴	鳴	，	火	車	才	到	-	，	轉	軌	向	前	途	。		
遊	遨	，	路	權	安	屬	-	，	莽	莽	國	旗	飄	。		

〔註14〕

根據內容推測，這首樂歌的標題「汽車」應該是日語，也就是中文的「火車」。雖然樂譜很不規範，但是這首樂歌所表現的內容還是非常有價值的。「火

〔註13〕　《馬氏文通‧後序》，北京：商務印書館，1983 年版。
〔註14〕　載《二十世紀大舞臺》1904 年第 2 期。

車」這種新事物所代表的現代技術改變了整個世界的格局──「東吳西蜀路非遙,願環球,更一遭」,而最後一句「路權安屬」與「莽莽國旗飄」則更爲清晰地顯露出中外路權爭奪的近代色彩。

再看樂歌《陽曆》:

> 陽曆便,三百六十五日,當一年。高處大月低處小,拳上好分辨。四個月三十日,七個月三十一。惟有二月二十八日,四年加一天。〔註15〕

對時間的度量和記錄與文化傳統密切相關。中國古代用干支紀年,表達了一種「天下大事,分久必合,合久必分」的循環宇宙觀、歷史觀。而陽曆是一種以耶穌誕辰爲歷史元年的紀年法,尤其是近代以來進化論的傳播,這種紀年法更代表了一種現代的進步的歷史觀。國人對陽曆的使用標誌著傳統中國正一步步走入一種以現代西方價值觀爲主導的世界之中。

再看《新聞報》:

> 新聞報,一張紙,海內寄耳目,見聞實賴此。新聞事,報不已,交通利益誠無比。朝野上下是與非,或褒或貶嚴如史。新聞報,上街賣,清晨早早起,先睹實爲快。新聞報,非奇怪,言者無罪聞者戒。
>
> 新聞報,報新聞,中外廣搜羅,天下皆同文。新聞報,日日新,學界愈進報愈增。據事直書公且信,文言雅可道俗情。新聞報,一紙刊,國民公議論,報紙極大觀。新聞報,快快看,勝讀野史與稗官。〔註16〕

現代報紙通過對一種民族語言的使用,以及將一些「非關己身」的事件強行拉入讀者的視野與思維之中,爲一個「國家共同體」的想像與建構作出了貢獻〔註17〕。而「朝野上下是與非,或褒或貶嚴如史」,「據事直書公且信」,則描述出現代新聞媒體對輿論自由的貢獻。這種「自由度」的拓展是以「國民公議論」──這種「負責任」的「現代國民」的出現爲基礎的。而「言者無罪聞者戒」一句則凸出體現了這種「現代文明」的產物對一種「專制」政體的衝擊。

〔註15〕見沈心工:《重編學校唱歌集·三集》,1912年。

〔註16〕黃子繩、權國垣、蘇鍾正、汪翔編:《教育唱歌》下編,湖北學務處,光緒三十一年(1905)七月十五日初版。

〔註17〕參見〔美〕安德森:《想像的共同體》,上海人民出版社,2005年。

　　源自於西方的新知識、新事物的普及以及以此為基礎之新式教育體系的建立是中國近代史上最為重要的大事，樂歌《勵學》對此做出過描述：「教育今改良，文明發達百學昌。電化與聲光，探索造化通陰陽。陸軍海軍宜擴張，最重是國防。實業先講農工商，血脈通路礦。」近代國人借助於西學「練吾腦筋」、開拓視野、更新知識，努力修養成為一種可以融入於世界的「現代人」。而此種「開民智」的努力，其實與「鼓民力」一樣指向了「期與歐美相頡頏，保我中華邦」〔註18〕的共同目標。

　　與「身體」（參見第二章）和「知識」的更新同時，源自於西方的現代德性也在逐漸成為塑造「少年中國」的重要力量。

　　1898年，嚴復將赫胥黎（Huxley, Thomas Henry 1825～1895）的《進化論與倫理學》譯成《天演論》出版，在中國掀起了席捲全國的進化論熱潮。胡適對此的描述是：「《天演論》出版之後，不上幾年，便風行到全國……在中國屢次戰敗之後，在庚子辛丑大恥辱之後，這個『優勝劣敗，適者生存』的公式確是一種當頭棒喝，給了無數人一種絕大的刺激。幾年之中，這種思想像野火一樣，燃燒著許多少年人的心和血。『天演』、『物競』、『淘汰』、『天擇』等等術語都漸漸成了報紙文章的熟語。」〔註19〕受此影響，國人對傳統文明的信念開始動搖，傳統儒學的「崇古」風氣逐漸被現代的「趨新」觀念所取代，「天演進化」、「競爭」、「優勝劣敗」，逐漸成為衡量一切、解釋一切的原則。受此時代風氣的感染，近代的學堂樂歌也積極地參與到這種思想的更新中來，利用其「移風易俗易」（《禮記‧樂記》）的宣傳優勢，推動了現代思想的傳播，如權國垣作詞的《競爭》：

　　　　爭爭爭！於今世界，人類漸充盈。事事物物圖進步，罔不由競爭。論進化，優勝劣敗，天演公理平。幾人曾努力，乃臻今日之文明。

　　　　爭爭爭！完吾天職，納稅與充兵。強者兼弱眾暴寡，人人圖生存。眾弟昆，勵吾學行，努力齊前進。前進前進同力爭，四海慶昇平。〔註20〕

〔註18〕 黃子繩、權國垣、蘇鍾正、汪翔編：《教育唱歌》下編，湖北學務處，光緒三十一年（1905）七月十五日初版。

〔註19〕 胡適：《四十自述》，臺北：遠流出版事業公司，1986年，99～100頁。

〔註20〕 見黃子繩、權國垣、蘇鍾正、汪翔編：《教育唱歌》上編，湖北學務處，光緒三十一年（1905）七月十五日。

歌詞從「於今世界，人類漸充盈」起步，指出這種現象的後果是「罔不由競爭」。正因爲「競爭」的興起，所以催生出「進化」、「優勝劣敗」以及「天演公理」等理論。在國人急切地宣傳這些理論的背後，是對一個「強大」且「文明」的國家的嚮往與肯定。隨後，歌詞從對一種世界文明格局的總體表述進入「吾」國。通過對「納稅」、「充兵」與「勵學」的強調，作者指出了在「救亡」語境下最爲重要的三個主題 ──「富」、「強」與「教育」。

再如《勵志》（田北湖詞）：

> 人民國家命脈連，休戚應相念。改良社會從實際，人格須完全。
> 競爭場上著先鞭，吾曹幼稚年。強弱淘汰雖曰天演，人盡人事神無權。〔註21〕

除了「天演」、「競爭」等字眼，近代西方啓蒙思想中特別推崇的「自由」與「平等」觀念也成爲樂歌大量讚頌的主題。如前文提到的倪覺民在編輯《女學唱歌集》時，就特別強調其中的樂歌「如《女軍人》、《自由結婚》、《平權》、《女國民》諸什，尤足提倡平等，鼓吹自由，爲女界一洗數千年之惡習，誠二萬萬女同胞志士不可不讀之書也」〔註22〕（參見第六章）。由於對傳統「三綱五常」的抨擊可謂「革命」氣味十足，所以該書剛一出版就成爲清廷的禁書。筆者有幸於光緒三十三年三月初七日（1907年4月19日）的《大公報》（第1712號）之「提學司示諭」一欄見到了該書的查禁警示：

> 出示嚴禁事　案奉學部箚，開查文明書局所改《女學唱歌集》，內有「自由結婚」歌云「記當初指環交換，著平生最敬愛的學堂知己」，又云「可笑那舊社會，全憑媒妁通情」等語，與中國之千年相傳禮教及本部《奏定女學堂章程》均屬違悖。且查法國之制，男子二十五歲以上（下？），女子二十一歲以下結婚者，不能不經父母。即男子二十五歲以上，女子二十一歲以上者，亦須請命於父母，或請命於尊長。法國久尚自由，然於婚姻之道猶復周詳慎重如此。茲如該局此書所言，實屬有傷女教之課本。新書應即分別禁止，以維風化。

〔註21〕樂歌《勵志》，見田北湖、鄒華民編《修身唱歌集》，上海文明書局，1907年版。

〔註22〕《〈女學唱歌集〉再版改良廣告》，載《月月小說》第6號，1907年3月28日。

學堂樂歌因其受眾爲莘莘學子，且以其影響力大，因此成爲新舊思想爭奪的陣地。學堂樂歌作爲現代文明的重要傳播手段，於此可見一斑。

不過，在古今中西思想交融的時代，每個人的取捨都是不同的。尤其是對於平等與自由的太過強調，從而導致的社會德性的敗壞，也成爲近代樂人不斷憂心的主題，所以許多樂歌在提倡現代德性的同時，不忘以傳統之儒學要義加以糾正：

公德養成（田北湖詞）

公德公德不可忘，國民細思量。自由平等有紀律，切勿逞荒唐。

孔子之道忠與恕，聖教宜遵仰。愛眾親仁謹而信，孝悌重倫常。讀

書識字明大義，莫逞強權強。文明野蠻非空談，慎哉勉爲良。〔註23〕

在中國進行現代轉型的過程中，在現代公民的養成過程中，如何處理中國古代的思想資源與西方的現代德性之間的關係，一直是近代以來國人不斷思考的問題。近代參與到樂歌創作中的人，很少是以音樂爲職業的專業人士，他們更多的是當時思想界及文化界的有識之士，因爲意識到樂歌的巨大宣傳鼓動作用而利用樂歌以達到傳佈思想的目的。因此，這些樂歌不但緊跟時代的脈搏，亦呈現出多種面相。這種歷史的豐富性，不但完善了我們對近代的理解與想像，更豐富了我們的思考。

雖然，這種包容各科，包容各種新事物、新思想、新道德的努力是出於時人提高音樂地位的良好願望，但它也在很大程度上損害了音樂的藝術性。不過，也只有在近代音樂還不成熟的情況下，近代「樂歌」才可能具有如此廣博的包容性。這些歌曲通過對新事物的讚頌，暗含了一種對新的生活方式、新的知識結構、新的文化觀點，以及建立於其上的新的國家的渴望。它們通過自身傳播迅速、影響廣泛的特點，爲現代中國的社會文化轉型做出了突出的貢獻。因此，對近代大部分樂歌來說，其意義本來就不應以一種後設的眼光，以「藝術」標準進行衡量。它與那個時代的同聲相應，同氣相求，才是其眞正的價值與意義。

第二節　近代樂歌對新人格的塑造

宗白華先生曾言：「在文藝上擺脫兩千年來傳統形式的束縛，不顧譏笑責

〔註23〕見田北湖、鄒華民編《修身唱歌集》，上海文明書局，1907年版。

難，開始一個新的早晨，這需要氣魄雄健，生力彌滿，感覺新鮮的詩人人格。」〔註24〕此言雖然是針對「新文學」而發，但是對「新鮮人格」的培養在晚清就已經開始。

一、愛國之責任

本書第五章曾對近代愛國思想的流佈，以及愛國歌曲的創作，從「政治」的視角予以介紹和考察。其實，近代對「愛國」主題的開掘，對培養國人的「公共人格」，以及激發其「私人情感」，都具有極為重要的意義。近代樂歌中的「愛國」、「救亡」主題，對塑造一個「少年中國」的理想，以及對推動這一理想得以實現的擁有「新人格」的「少年中國之少年」的塑造，曾起到過極為重要的作用。

對「少年中國」理想的塑造，以及對「少年中國之少年」的培養，是以對「國勢危殆」的深刻警醒為基礎的。正如一些樂歌所唱：

> 來來汝小生，汝所踐土是何國？身毒淪亡猶太滅，天父悲啼佛
> 祖默。四千餘歲國僅存，蓋地舊圖愁改色。於戲我小生，胸中日芥
> 蒂，芒芒此禹域。（黃遵憲：《學生相和歌》之《愛國》）〔註25〕

> 東亞風雲，大陸沉沉，鷹瞬虎視夢魂驚。夢魂醒，夢魂醒，拼
> 灑盡同胞鐵血，組織文明。（保三：《東亞風雲》）〔註26〕

作為現代國民，首先要有「國家」觀念。國家既然已經「大陸沉沉，鷹瞬虎視」，國人則需明「愛國」之「天職」，承擔起「救亡圖存」之「責任」，正如樂歌《醒世歌》所唱到的：

> 吾民的中華國，因何半滅亡。都為四百兆人種，放棄國民權。
> 眼看環球強，國民氣象何輝榮。世界中天演競爭，優勝乃公例。思
> 量吾身親愛的，那如吾家邦。惟願我同胞人種，為國自爭強。〔註27〕

對大廈將傾的警醒總是與激勵「同胞」奮起相連。而在眾多的「同胞」當中，最有激情、最有膽色來承擔此重任的，常常是「初生牛犢不怕虎」的年輕人。所以，眾人的期望也很自然地落在年輕人身上：

〔註24〕宗白華：《藝境》，北京大學出版社，1987年版，第142頁。
〔註25〕見阿英：《晚清文學叢鈔》之《說唱文學卷》上，北京：中華書局，1960年，9～10頁。「身毒」即印度，時為英國屬地。
〔註26〕載《江蘇》第11/12期，1904年5月15日。
〔註27〕《學校唱歌》，載晚清報刊《女子世界》第1期，1904年1月17日。

少年聽，聽我唱，聽我唱個少年歌。青春好，易蹉跎，莫使春
光等閒過。人人説我帝國老，如此江山喚奈何。喚奈何，莫蹉跎，
吾輩青年責任多。（石更：《少年》）〔註28〕

趁少年抖擻精神，保護我同種。（《春季勵志》）〔註29〕

胸前一塊明瑞玉，姓氏驚鄰國。腰間一把昆吾（侖？）刀，片
馬秋風遙。新世界中新男兒，肝膽千秋披，個人義務國家事，重任
雙肩寄。（趙銘傳：《男兒志》）〔註30〕

因此，以「愛國」的激情塑造出的新人格有一個非常集中的意象，那就是近
代對「男兒」（或「少年」）的讚美與歌頌：

大風起兮雲飄揚，天地色蒼黃。沙飛石走看模糊，洪波怒濤相
鼓蕩。大舟小舟齊繫纜，吾獨一葦航。

男兒立志要雄壯。風波莫阻喪。快乘長風來破浪。挽此既倒瀾
之狂。古來英雄立事業，險阻均備嘗。

這是一首黃子繩創作的樂歌《大風渡江》〔註31〕。「風起雲湧」、「驚濤拍岸」
是中國傳統文學中常被用來襯托英雄出場的用詞。漢高祖劉邦的《大風歌》
以之起興，蘇軾的《赤壁懷古》以之寫景抒情。就連通俗小説《封神演義》
中也以「白浪滔天，一望無際……那龍舟只在浪裏，或上，或下」來暗喻武
王伐紂過程的兇險。雖然這種對「男兒」「風雲際會」的描寫古已有之，但是
在一片「老朽」、「衰亡」的歷史語境中，「男兒」在「救亡」的危機時刻挺身
而出，就更加凸顯了一種「舍我其誰」的慷慨氣概。而且，與以往不同的是，
近代對「男兒」的歌頌直指一個「少年中國」的理想，這就使近代「男兒」
這種「生力彌滿」的形象具有了全新的文化內涵與歷史意義。

二、活潑之精神

對老年人因循守舊，為改革之阻力的批評自晚清龔自珍的作品中就已經
開始：

〔註28〕見辛漢編著：《唱歌教科書》，上海普及書局，1906年2月初版。
〔註29〕見江蘇師範生編：《音樂・體操》，江蘇寧屬、蘇屬學務處發行，光緒三十二
　　　　年（1906）四月一日。
〔註30〕趙銘傳編：《東亞唱歌》，上海時中書局，1907年11月再版。
〔註31〕見黃子繩、權國垣、蘇鍾正、汪翔編：《教育唱歌》上編。

> 今之士進身之日，或年二十至四十不等，依中計之，以三十爲
> 斷。翰林至榮之選也，然自庶吉士至尚書，大抵須三十年或三十五
> 年；至大學士又十年而弱。非翰林出身，例不得至大學士。而凡滿
> 洲、漢人之仕宦者，大抵由其始宦之日，凡三十五年而至一品，急
> 速亦三十年。賢智者終不得越，而愚不肖者亦得以馴而到。此今日
> 用人論資格之大略也。夫自三十進身，以至於爲宰輔、爲一品大臣，
> 其齒髮固已老矣，精神固已憊矣，雖有耆壽之德，老成之典型，亦
> 足以示新進；然而因閱歷而審顧，因審顧而退葸，因退葸而屍玩，
> 仕久而戀其籍，年高而顧其子孫，儳然終日，不肯自請去。或有故
> 而去矣，而英奇未盡之士，亦卒不得起而相代。〔註32〕

龔自珍認爲晚清官場「累日以爲勞，計歲以爲階」的陞遷制度，造成了朝廷中爲宰輔、爲一品大臣的都是齒髮已老、精神已憊的人。這些人或留戀官位，或顧其子孫，因而形成了審顧、退葸、因循屍玩的官場風氣，造成了晚清政治的混亂與腐敗。

梁啓超承繼了龔自珍的看法，他在《中國積弱溯源論》中指出：「乃今世之持論者，……曰安靜也，曰持重也，曰老成也，皆譽人之詞也。曰喜事也，曰輕進也，曰紛更也，皆貶人之詞也。舉之莫敢廢，廢之莫敢舉。一則曰依成法，再則曰查舊例，務使全國之人，如木偶，如枯骨，入於隤然不動之域，然後已！」〔註33〕梁啓超認爲，這種對「老成持重」的推崇，是造成「老大帝國」的主要原因。

除了梁啓超帶有主觀色彩的表述外，掌教「同文館」二十五年的第一任總教習丁韙良〔註34〕曾對當時同文館裏的學生有過一段比較客觀的記述：「同文館中的生活還有一份重要的，就是禮貌。……禮制之作爲統治的工具，已暢行於中國的整個社會。……學校裏面所研究的有一本包括三千條禮儀的書，學生學成以後，一切舉措自然動定咸宜了。……三千條禮儀中的第一條是：容貌態度應該是嚴肅沉著；第二條是：舉步要穩重端正。因此，同文館的學生便不願意習體育，認爲有失尊嚴，他們只能慢慢地踱方步。中國學生是沒有粗野的遊戲

〔註32〕 龔自珍：《明良論三》，見《龔自珍全集》，上海古籍出版社，1999年版。
〔註33〕 梁啓超：《中國積弱溯源論》，見《飲冰室合集》第1冊，文集5，26頁。
〔註34〕 丁韙良在同文館任職共三十二年（1863～1894），經赫德介紹，1869年任同文館總教習。

如足球棒球等類的。」他更是舉了一個例子，說有一名學者，「素日是以舉止端肅自豪的」，但是有一次因為遇到急雨，所以「跳澗奔避」，恰巧被一個孩童所見，於是便花錢賄賂，叫小孩子不要聲張〔註35〕。可見，「舉止穩重」曾經是社會上對受教育者的普遍的要求。同樣的記述也發生在福州船政學堂的學生中。一位名叫「壽爾」的西方人在訪問福州船政局後，記錄了他和該學堂的西方教習對學堂學生的看法：「從智力來說，他們和西方的學生不相上下，不過在其他各方面則遠不如後者，他們是虛弱孱小的角色，一點精神或雄心也沒有，在某種程度上有些巾幗氣味。這自然是由撫育的方式所造成的。下完課，他們只是各處走走發呆，或是做他們的功課，從來不運動，而且不懂得娛樂。大體來說，在佛龕裏呆著，要比在海上作警戒工作更適合他們的脾胃。」〔註36〕中國學生缺乏活力是西方教習的普遍看法。壽爾對這些學生的記述更多的來自該學堂的西方教習嘉樂爾（Garroll）的介紹。正因為這樣，西方人的印象是，他們應該不適合將要從事的工作，也即保衛自己的祖國。同樣出於壽爾的記錄還有對1871～1876 年海軍教練艦上學員的觀感：「海軍士官候補生要進行很正規的學習，但是這些年青紳士實際上是否真正可以成為良好的水手，是另一個問題。我知道他們不喜歡體力勞動，因為怕弄髒手指。這些海軍志願者的服裝並非航海樣式，而是和其他國人完全相同，甚至連醜陋的絨鞋也相同。有時候他們奉命爬上桅頂，體態難看得可憐。操演時有一些人守在桅上，但是他們看來是不快樂的，是不稱職的。」〔註37〕另外，當李鴻章設立上海廣方言館時，對「學生」的選擇「以年十四歲以下，資稟穎悟，根器端靜之文童充選」〔註38〕為要求。其中，品性中的「靜」非常重要。

　　由此可見，在近代教育興起的最初時刻，對學生品性的要求仍以「舉止穩重」、「根器端靜」為標準。但是，在近代「救亡」的時代背景下，對「老成持重」的推崇常常成為被詬病的對象。因此，對一種以「少年人」的「活

〔註35〕 丁韙良：《同文館記》，見朱有瓛主編：《中國近代學制史料》第一輯上冊，華東師範大學出版社，1983 年版，第 186～187 頁。

〔註36〕 《壽爾記船政學堂的學生》，見朱有瓛王編：《中國近代學制史料》第一輯上冊，華東師範大學出版社，1983 年版，第 388～389 頁。

〔註37〕 見朱有瓛主編：《中國近代學制史料》第一輯上冊，華東師範大學出版社，1983 年版，第 449 頁。

〔註38〕 《上海初次設立學習外國語言文學同文館試辦章程十二條》，見朱有瓛主編：《中國近代學制史料》第一輯上冊，華東師範大學出版社，1983 年版，第 216 頁。

潑」天性爲基調的「新的國民人格」的呼喚與讚美，就成爲近代中國挽救危亡的主要文化訴求之一。

在《少年中國說》這篇文章中，通過「老年人」與「少年人」的對比，更加明確地將「青年一輩」推向了歷史舞臺：

> 老年人常思既往，少年人常思將來。惟思既往也，故生留戀心；惟思將來也，故生希望心。惟留戀也，故保守；惟希望也，故進取。惟保守也，故永舊；惟進取也，故日新。惟思既往也，事事皆其所已經者，故惟知照例；惟思將來也，事事皆其所未經者，故常敢破格。老年人常多憂慮，少年人常好行樂。惟多憂也，故灰心；惟行樂也，故盛氣。惟灰心也，故怯懦；惟盛氣也，故豪壯。惟怯懦也，故苟且；惟豪壯也，故冒險。惟苟且也，故能滅世界；惟冒險也，故能造世界。

正因爲這種「製出將來之少年中國者，則中國少年之責任也」的使命感，促成了梁啓超對「中國少年」的極大期許：

> 故今日之責任，不在他人，而全在我少年。少年智則國智，少年富則國富，少年強則國強，少年獨立則國獨立，少年自由則國自由，少年進步則國進步，少年勝於歐洲，則國勝於歐洲，少年雄於地球，則國雄於地球。紅日初升，其道大光；河出伏流，一瀉汪洋；潛龍騰淵，鱗爪飛揚；乳虎嘯谷，百獸震惶；鷹隼試翼，風塵吸張；奇花初胎，矞矞皇皇；干將發硎，有作其芒；天戴其蒼，地履其黃；縱有千古，橫有八荒；前途似海，來日方長。美哉，我少年中國，與天不老！壯哉，我中國少年，與國無疆！

梁啓超在寫完這篇文章後，於文末自記曰：「自今以往，棄『哀時客』之名，更自名曰『少年中國之少年』。」〔註39〕一個「少年中國」的理想，讓國人跳出了面對老大帝國時的絕望與哀怨，煥發出如「少年」般的「過渡時代」「舍我其誰」的激情，並加入到建設「少年中國」的行動隊列中。可見，一個「少年中國」理想的出現對「人心」的巨大改變。

隨著梁啓超這篇文章的流傳，對「少年」的鞭策與讚美，成爲近代文藝作品中常見的主題。如《新民叢報》曾先後刊登過《日本少年歌》、《日爾曼少年歌》、楊度的《湖南少年歌》等詩作。再如《女子世界》第二期上曾刊登

〔註39〕以上引文見《飲冰室合集》第 1 冊，文集 5，北京：中華書局，1989 年。

署名「仁和女士丁志先」的《少年歌》：

> 我爲中國人，要曉中國事。強鄰今四逼，國亡可立俟。嗟我中
> 國四百兆人眞可憐，同在夢中顚倒顚。今日時勢有何望，惟望少年
> 中國之少年。少年中國之少年，賴爾立身保種解倒懸。爲英雄兮亦
> 少年，爲奴隸兮亦少年。英雄、奴隸，一任自擇而爲焉。我雖年幼
> 無所知，聞說將爲奴隸清夜憤不眠。奴隸兮奴隸，我願捨死脫此惡
> 孽之糾纏。〔註40〕

再如《雲南》雜誌上署名「迤南少年」的《雲南少年歌》：「我本雲南少年人，
因作雲南少年歌。雲南正待少年起，少年將奈雲南何？」在介紹了雲南的地
理、人口、歷史、現狀等情況後，作者不禁感慨：「嗟嗟我少年，今日當如何？
明日當如何？自愛當如何？愛人當如何？光陰如箭日月梭，人生由我不由
他。君亦云南少年人，請君同唱雲南少年歌。」〔註41〕與此詩作相呼應，在
《雲南》雜誌的第6號上就刊出了一首署名「伯林」的樂歌《雲南男兒》：

> 勉哉勉哉男兒，雲南男兒！汽笛一聲，金碧變色，大好河山誰
> 是主？倒挽狂瀾，中流砥柱。好男兒，磨礪以須，興亡責，共相負。

> 勉哉勉哉男兒，雲南男兒！歐風美雨，劇烈爭競，民乏學術何
> 以興？兵農工賈，力求日新。好男兒，振發奮屬，駕歐美，軼東瀛。

〔註42〕

與《雲南少年歌》相比，由於「抒情」成份的減退、「教育」主旨的明確，所
以樂歌主題的表達反而更加鮮明、集中。

　　近代的學堂樂歌對「男兒」的讚頌可謂是竭盡全力。這類樂歌的代表作
應該是《中國男兒》：

> 中國男兒，中國男兒，要將隻手撐天空。睡獅千年，睡獅千年，
> 一夫振臂萬夫雄。長江大河，亞洲之東，峨峨崑崙，翼翼長城，天
> 府之國，取多用宏，皇帝之冑神明種。風虎雲龍，萬國來同，天之
> 驕子吾縱橫。

> 中國男兒，中國男兒，要將隻手撐天空。我有寶刀，慷慨從戎，
> 擊楫中流，泱泱大風，決勝疆場，氣貫長虹，古今多少奇丈夫，碎

〔註40〕載《女子世界》第2期，1904年2月16日。
〔註41〕載第2號，1906年11月30日。
〔註42〕載《雲南》第6號，1907年6月18日。

首黃塵，燕然勒功，至今熱血猶殷紅。〔註43〕

關於這首樂歌的詞作者，有兩種說法，一說爲石更作，一說爲楊度作。不論是誰的作品，歌詞以鏗鏘的韻律、俠豪的語言，充分表達出近代國人對「男兒」的無限期許。

對「男兒」的讚頌在中國近現代的樂歌傳統中一直沒有中斷過，如一些30年代傳唱的救亡歌曲中仍然延續著這一主題：「男兒志氣薄雲霄，熱血湧如潮。失地不復仇不報，心中恨怎消！鍛鍊體魄，來學兵操，好爲民族爭光耀。」〔註44〕

近代對「活潑之新人格」的追求含有鍛鍊「活潑之體格」與培養「活潑之精神」兩重涵義。「活潑之體格」中含有「強身強國」的政治意圖；「活潑之精神」中又蘊含著培養「新時代的新國民」的文化意義。總括起來，就是希望可以培養出「活潑的新人格」、「活潑的新國民」，進而造就一個「新的中國」！爲達此目的，近代許多有識之士都參與了這項宏偉工程。其中，近代音樂工作者，利用「唱歌遊戲」這種音樂教育形式，發揮了重要作用。

配合以遊戲的樂歌是近代音樂文化的重要組成部分。1904出版的沈心工編輯的《學校唱歌初集》就曾特別開闢專章，對利用「樂歌」做「遊戲」進行指導：「遊戲一事，我國講求者少。是編於遊戲法，說明特詳，間附以圖。」〔註45〕在《遊戲總則》中，沈心工開列出「相地勢」、「定路線」、「分部」、「步伐」四項，對一邊唱歌一邊做遊戲所應注意的各種基本常識一一詳加介紹。尤其是「步伐」部分，「進行時，當齊步伐。唱強聲下左足；唱弱聲下右足。但幼稚者，往往左右莫辨。教師但宜徐徐糾正，不可急切求合，而妨其活潑」，顯示出編者借助「唱歌遊戲」意在培養學童「活潑精神」的主旨。

在目前所見的兩冊《學校唱歌集》中，可以同時輔以遊戲的樂歌有《賽船》、《體操（男子用）》、《雁字》、《雞》、《花園》（以上見《初集》）、《小兵隊》、《耕牛》、《賣花》、《鏡》（以上見《二集》）等樂歌。爲配合「活潑之體格」與「活潑之精神」這兩個指向，沈心工在設計遊戲動作時，也主要有「體操動作」和「遊戲形式」兩種方式。下面僅各具一例，以說明之。

《體操（男子用）》（後來改名爲《男兒第一志氣高》）是沈心工先生最著

〔註43〕辛漢編著：《唱歌教科書》，上海普及書局，1906年2月初版。
〔註44〕《男兒志氣》，轉引自錢仁康《學堂樂歌考源》第137頁。
〔註45〕沈心工：《學校唱歌初集・凡例》，1904年。

名的作品。在《學校唱歌初集》中，作者爲這首歌曲設計了遊戲動作，這是目前所有的研究者都沒有提及的地方。仔細研讀這些動作設計，可以更好地理解這首歌曲的時代背景與創作意圖。

沈心工爲這首歌曲設計的遊戲動作主要是「體操」的形式，如第一、二句（歌詞爲「男兒第一志氣高，年紀不妨小」）的動作是：「第一句，左右插腰，右手挺出，稍向右面之上方，目光直注拇指（四指皆拳）。第二句，就勢引回右手於胸前，出小指，目直視前方。」這些動作雖然是以鍛鍊身體爲目的，但是有些動作的設計卻很好地詮釋了歌詞的時代背景與文化意義，如第六句的歌詞是「小兵放槍炮」，而相應的動作是「作放槍狀（左手直出托槍，右手屈臂按機，右目稍閉，左目取準）」。再如第十、十一句的動作是：「第十句：雙手插腰，挺胸、瞪目，以示身體強健之意。第十一句：左手依舊插腰，右手握拳，屈向前方，頭稍右轉，怒目而視，巍巍如紀功之銅像然。」與這兩句歌詞相比──「操到身體好」和「將來打仗立功勞」，遊戲動作的提示，顯然更形象地表達了作者的創作意旨。「打仗立功」離兒童的生活頗爲遙遠，而「志氣高」的期許對幼稚兒童來說也似乎太過抽象，但是「挺胸、瞪目」、「握拳」、「頭稍右轉，怒目而視」、「巍巍如紀功之銅像」等動作，卻可以用具體而形象的方式強化兒童對這些歌詞內在精神旨趣的理解。先生對「男兒」的期許，當以「救國」爲第一要義。面對著一個又一個的戰敗，一個又一個屈辱的條約，如果新時代的「男兒」能在平時強健體魄，並培養出對軍事的興趣，未來能在戰場上護國立功，那麼這首樂歌的宣傳教育目的就算達到了。

《體操（男子用）》這首樂歌的遊戲部分體現了作者「強身強國」的創作意圖，而《學校唱歌二集》中的《賣花》則體現了作者培養「活潑精神」的用意。《賣花》的歌詞部分爲：

（一）清早起，清早起，到園裏，採幾朵花來做小生意。生意得利糴飯米，要想吃飯靠自己。人與己，都弗欺，眞弗欺，花朵朵新鮮價又便宜。

（二）賣花的，賣花的，好心地，我要買鮮花你米這裏。你不說誑吾歡喜，多買幾朵也願意。賣花的，有志氣，好志氣，吾保你朝朝有好生意。

沈心工爲這首樂歌設計的動作主要是「遊戲」的形式：

此歌係問答體，可分學生爲二部輪唱之。

若欲參以遊戲，則教師預備小籃一，或手巾一，盛以各種花朵，或各種色紙。唱歌時任指一生為賣花者，命其攜之，遊行於他生之前。賣花者唱前一首，其餘各生接唱後一首。一遍唱畢，視賣花者行至某生之前，則此生即為買花者。起立向賣花者索買某花，賣花者即以某花，或相當之色紙授之。繼行之前遊戲。苟所授不當，則買花者指明其誤，而代其賣花。否則鄰生指明其誤而代之。此時，前之賣花者，即退歸本位。

遊戲部分頗能體貼歌曲的內容。在嚴肅的教學過程中，讓兒童互動遊戲，不但在唱歌之外增加了生活常識的學習，而且還可以疏解兒童在課堂紀律中被壓抑的天性。胡君復曾在《唱歌遊戲·緒言》中說：「我國舊儒，夙守師嚴道尊之說，以束縛其生徒者。為之生徒者，徒苦拘攣，不見學校之可樂。今則反之。試一臨學校之運動場，見其生徒之動作進退，皆具活潑愉快之精神，抑何與向者相去之遠耶？」〔註46〕可見，「唱歌遊戲」這種教育形式，對兒童「活潑之天性」的提倡與保養，是一種多麼重要的手段。

沈心工對「唱歌遊戲」的提倡，很快就在社會上引起了很大的反響，「頃歲以來，小學遊戲之法，流入我國，遠近仿傚。內地之人，求師資於滬上，歸以教其鄉里者踵相接，可謂盛矣。」〔註47〕此後，專門的「唱歌遊戲」作品集不斷出現。1906 年，由王季梁、胡君復編譯的《唱歌遊戲》在商務印書館出版（到 1924 年，該書已經出到第十三版）。1907 年，上海科學書局也發行了一本由上海徐紹曾、陽湖孫揆編撰的《表情體操法》（又名《唱歌遊戲》）。1918 年，商務印書館又出版發行了《（小學適用）修身遊技唱歌聯絡教材》（到 1924 年，該書已經印到了第 10 版）。1920～1930 年間，又有《國恥唱歌遊戲》和上海開文書局出版發行的《最新遊戲唱歌集》等。這些遊戲樂歌對於「涵養兒童之德性，鼓舞活潑精神，喚起國民之思想」〔註48〕起到了巨大的推動作用。

其實，除了那些可以輔助遊戲的樂歌外，整個近代的音樂教育都以「精

〔註46〕 王季梁、胡君復編譯：《唱歌遊戲·緒言》，上海：商務印書館，1906 年 10 月。
〔註47〕 王季梁、胡君復編譯：《唱歌遊戲·緒言》，上海：商務印書館，1906 年 10 月。
〔註48〕 徐紹曾、孫揆編：《表情體操法》（又名《唱歌遊戲》），上海：科學書局，1907 年 5 月。

神活潑」爲主要旨趣。如曾志忞在《唱歌教授法》中就提到，教授唱歌時，
應該「儀容嚴肅」、「精神活潑」〔註49〕。《教育唱歌》之《凡例》也提到：「是
編所用曲譜悉就平日教師所講授，旁採各國流行之歌曲，擇其活潑壯快，適
用於幼稚園、中小學堂，及男女師範學堂諸教科上者，廣爲搜集。」在該書
《唱歌概說》中，編者更是指出，「唱歌之際，其容貌須有爽快活潑氣象」〔註
50〕。因此，近代許多樂歌都會帶有「活潑精神」的使命。如沈心工創作的《運
動會》：

> 來來來來，快快快快，快來運動會。草地一碧旗五彩，日暖微
> 風吹。軍樂洋洋歌慷慨，精神添百倍。請合大家同一賽，快來快來
> 快快來。〔註51〕

其中所述「精神添百倍」，應該是「請合大家同一賽」以及「軍樂洋洋歌慷慨」
共同作用的結果。

　　總之，近代音樂教育的確有提倡「活潑」之功效。一首名爲《唱歌》的
樂歌就表述了學校裏開展音樂教育的積極意義：

> 讀書兼唱歌，唱歌眞正好快樂。先生不鞭撲，教我同唱好新歌。
> 唱的好新歌，滿堂學生笑呵呵。學生笑呵呵，樂莫樂兮讀書樂。
> 我今唱新歌，爺爺娘娘且聽著。明朝上學去，再唱新歌多多多。
> 新歌多多多，大家一唱還一和。讀書兼唱歌，唱歌眞正好快樂。
> 〔註52〕

在體育與音樂的雙重影響下，近代的青年學子在實際生活中也的確呈現出不
同的精神風貌：

> 江南教育出品展覽會，業於日前假城北之韜園開幕一節。聞學
> 務公所函致學界，自初七日至十五日爲各學堂展覽之期。故各學子
> 莅會參觀者，紛紛於途。寧屬師範諸君，以隨意行動，既無紀律且
> 無精神，故排隊而往，歸時已三句鐘餘矣。是日天氣異常和暖，而

〔註49〕曾志忞：《唱歌教授法》，發行者：上海曾志忞，光緒三十一年（1906）三月
　　　初一日發行。
〔註50〕黃子繩、權國垣、蘇鍾正、汪翔編：《教育唱歌》，湖北學務處，1905 年 7 月
　　　初版。
〔註51〕沈心工編：《學校唱歌初集》，1904 年。
〔註52〕黃子繩、權國垣、蘇鍾正、汪翔編：《教育唱歌》上編，湖北學務處，光緒三
　　　十一年（1905）七月。

隊伍之前，導以龍旗，和以軍樂，紀律之嚴明，精神之活潑，途人均嘖嘖稱羨。至步法之整齊，服裝之清潔，殆非萎靡不振，柔弱無能之學生，所可望其項背。說者謂師範生而具有尚武之精神者，良不誣也。〔註53〕

時代變了，對「活潑」人格的渴望在近代凸現出來。這一方面是因為受到了西方生活方式的影響，「西人以喜動而霸五大洲」〔註54〕。另一方面也是中國傳統文化為適應新的時代訴求所作出的調整。其實，針對佛老以及宋明理學中「主靜」的傾向，以張載和王夫之為代表，在傳統文化中歷來有一脈以「主動」為核心的生命哲學：「至誠無息，況天地乎？維天之命，於穆不已，何靜之有？」〔註55〕這與傳統儒家思想中「君子自強不息」，以及「上下求索」的入世精神非常合拍。尤其是近代以來，「致用」精神成為時代的主導精神也推生出對人格「活潑」的渴望。而近代的樂歌創作，一方面通過對體育活動的扶持與提倡，另一方面通過自身的藝術表達，正在改變著傳統國人以「穩重」為尚的文化特點。而且，這種「活潑」的人格成為實現「少年中國」的「國民」質素，因而變得分外重要，正如樂歌《回國》所唱：

活潑有為壯男子，天職豈容辭。煉爾精神勞爾力，展爾經綸志。大旱久矣雲雨至，仗爾應斯世。〔註56〕

第三節　新人眼中的新世界

曾志忞曾在《告詩人》一文中表達了對傳統詩人一些習性的批評：

日戀，日窮，日狂，日怨，四者古今詩人之特性，捨此乃不足以成詩人。其為詩也，非寒燈暮雨，即血淚冰心；求其和平爽美，勃勃有春氣者，鮮不可得。

曾志忞此語雖然過於絕對，然而「詩窮而後工」的現象在傳統詩壇還是相當普遍。為了打破這種「戀、窮、狂、怨」的調子，曾志忞「身先士卒」，最早將一批「和平爽美，勃勃有春氣」的樂歌刊登在《江蘇》上。如《遊春》：

〔註53〕《師範生之尚武精神》，載《直隸教育官報》庚戌年第 4 期，1910 年 4 月 24 日。

〔註54〕譚嗣同：《報貝元徵書》，見《譚嗣同全集》，三聯書店，1954 年。

〔註55〕張西堂：《王船山學譜》，長沙：商務印書館，1938 年，55 頁。

〔註56〕見趙銘傳編：《東亞唱歌》，上海時中書局，1907 年再版。

遊　春

　　何時好，春風一到，世界便繁華。楊柳嫩綠草青青，紅杏碧桃花。少年好，齊齊整整，格外有精神。精神活潑潑，人人不負好光陰。

　　學堂裏，歌聲琴聲，一片錦繡場。草地四圍一樣平，體操個個強。放春假，大隊旅行，紮得都整齊。青水綠，景致新，地理更分明。〔註57〕

歌詞以一問句「何時好」開篇，接著的回答如行雲流水般湧出：「春風一到，世界便繁華。楊柳嫩綠草青青，紅杏碧桃花。」音韻節奏掌握得恰到好處，寥寥幾句，就把一個生機勃勃的春天呈現在讀者眼前。正是在這樣的時節，「少年好，齊齊整整，格外有精神」。「少年」形象的出現，像「點睛」一樣，成為春天裏一道最亮麗的風景。而「人人不負好光陰」一句，卻將「少年」的形象從春天的「附屬」地位拉出，成為一個「主動者」，站在春天的「背景」之前。下段即以「少年」為主人公，描寫出他們的「唱歌」、「體操」、「旅行」等一系列活動。所以，最後一句「青水綠，景致新，地理更分明」已經是從「少年」視角出發，對春天的描寫了。如果歌曲中沒有「少年」與「春天」的互動，恐怕這只是一首普通的「寫景」之作，任何國家、任何民族、任何時代都會有。但是，正因為「少年」形象的出現，使歌詞末句的景色描寫超出了首句普世化的層面，具有了鮮明的時代色彩與豐富的人文意義。

　　《遊春》作為近代最早的樂歌之一，具有示範意義。「春天」、「少年」、「活潑」是這首樂歌的三個關鍵詞。以後，以「春」為起興的樂歌成為近代音樂文化的常見主題，而這三個關鍵詞也常常現身其中，成為這些樂歌的精神指向。據筆者初步統計，單以「遊春」為題材的樂歌就有：

　　　　吳懷疚作詞的《春遊》（又名《旅行歌》，《學校唱歌初集》）

　　　　權國垣作詞的《春遊》（《教育唱歌》上）

　　　　倩朔作詞的《遠足》（《小學唱歌初集》）

　　　　趙銘傳作詞的《春日遊》（《東亞唱歌》）

　　　　沈心工作詞的《四時樂遊》（《女子新唱歌》第三集）

　　　　李叔同作詞的《春遊》（雜誌《白陽》）

〔註57〕 曾志忞：《唱歌之教授法及說明》，載《江蘇》第 7 期，1903 年 10 月 20 日。

　　佚名作詞的《四時遠足》(《重訂共和國民唱歌集》)

　　佚名作詞的《春遊》(《中華唱歌集》三集)

　　佚名作詞的《旅行》(《中華唱歌集》四集)

這些樂歌常常為讀者勾勒出「春風一到，世界便繁華」,「主人（吾輩青年，同志是主人）恰好與春光，一樣有精神」(沈心工作詞《春光好》)的美妙畫卷。而其「畫外音」便是對現實「勵志圖存」的承擔與對未來「春光明媚」的憧憬：

春季勵志

　　春水兮溶溶，春花遍地紅。男兒豪邁氣，足以振頹風。趁少年抖擻精神，保護我同種。考求中外勢，歐西各國盡稱雄。誰非神明胄，淬勵壯志定亞東；誰無國民責，空談經濟有何用？要當與俾士麥、哥倫普相伯仲，將來學界盡開通，名並山斗重。〔註58〕

在擺脫了「傷春」的情緒後，「悲秋」的樂歌已不多見。如刊載在《江蘇》上的《秋蟲》：

秋　蟲

　　離離芳草夜氣清，一陣香風月正明。金鐘兒紡績娘吟吟。唧吟吟吟，唧吟吟唧吟吟，唧吟。

　　高高山上夜色明，一陣清風過園亭。油胡盧青合蜢吟吟。唧吟吟吟，唧吟吟唧吟吟，唧吟。〔註59〕

雖然對春、秋兩季的讚美在中國古代詩作中也有很多，但是春光的易逝、落花秋葉的凋零、秋蟲的哀鳴都更易寄寓詩人的身世之感、家國之思。以對「秋蟲」的描寫為例，秋天的蟲子命不久長，而且還有一聲聲的悲鳴，與秋天蕭瑟的風景呼應，自然更容易借之抒發一種淒涼的情感。如唐朝詩人王建的「夜久葉露滴，秋蟲入戶飛。臥多骨髓冷，起覆舊綿衣」(《秋夜》)，莊南傑的「九泉寂寞葬秋蟲，濕雲荒草啼秋思」(《相和歌辭·雁門太守行》)，宋代毛滂的「苦吟正在郊寒處，露草秋蟲亦共悲」(《許子遇示二絕句見索亂道因次韻奉酬·其一》)等。尤其是在近代社會大的「衰亡」背景下，詩人更易通過對「隋堤衰柳」、「杜鵑啼血」與「暮鴉啼徹」等意象表達對「剩水殘山」、「破碎河山」的深切哀痛。

〔註58〕江蘇師範生編：《(江蘇師範講義) 音樂·體操》，江蘇寧屬、蘇屬學務處，1906年版，48、49頁。

〔註59〕曾志忞：《唱歌之教授法及說明》，載《江蘇》第7期，1903年10月20日。

所以，近代以「落花」、「秋色」爲題詠對象的詩作舉不勝舉。

　　然而，也許是因爲考慮到大部分近代樂歌預想的對象是青年學子，更爲重要的是在這些青年學子身上寄予著一個「少年中國」的理想，所以，近代樂人都有意用他們筆下的音樂塑造一種「氣魄雄健、生力彌滿」的新人格。同時，近代樂人作爲最早的啓蒙者，其內心也湧動著建設「少年中國」的激情。可以說，他們自身在某種程度上就已經具備了這種「新人格」的力量。所以，無論是出於一種「擬想」的表述，還是出於自身眞正的改變，他們看世界的眼光變了，他們對世界的表達也變了。因此，他們創作出的樂歌呈現出一個不同的世界。這個世界，不再滿目「瘡痍」、「暮色」與「衰柳」，而是「和平爽美」與「生機勃勃」。如：

春之夜

　　春日固然好，誰知春夜也好。不暖不寒，論節候也不遲不早。無風少雨，不愁花落多少。縱然風雨瀟瀟，有時還助花開，有時更催綠池塘草。倘夜來，星月皎，莫貪耍笑。只恐怕春眠不覺曉。到自修完了，要晚莫遲眠起得早。早早早早，幸喜我曹，大家年少。年少年少，精神休養，及時努力，預備明朝。〔註60〕

喜　晴

　　前幾日，雨飄飄，今日天氣好。聽樹林裏好鳥先來報：「天晴了！天晴了！」鳥聲如笑。天晴了，天晴了，鳥知道。

　　遠出（處？）山，青天高，日光加倍好。看花園裏好花也來報：「天晴了！天晴了！」花容如笑。天晴了，天晴了，花知道。〔註61〕

秋　月

　　聞階嫋嫋爐煙紫，空氣入簾流。風裏何人吹玉笛，遠在白雲樓。一函池館桂花稠，明月正中秋。明月明月自知否，太古爾地球。〔註62〕

蝶與燕

　　飛飛飛，蝶兒飛，蝶兒飛。好豔陽天，芳草地，粉花衣。趁東風圍著落紅歸，飛飛飛。

〔註60〕胡君復編：《新撰唱歌集》三編，商務印書館，宣統元年（1909）潤二月初版。
〔註61〕沈心工編：《學校唱歌二集》。
〔註62〕趙銘傳編：《東亞唱歌》。

飛飛飛，燕兒飛，燕兒飛。問何處是，烏衣巷，舊烏衣。聽杜
鵑聲裏不如歸，飛飛飛。〔註63〕

近代許多樂歌展現的世界都格外欣喜可人：春天「佳氣兮蔥蔥，春風廣座中」
（《畢業式》），「雲淡風輕，微雨初晴，假期恰遇良辰」（《春遊》），「雲霞燦爛
如堆錦，桃李兼紅杏」（《春之花》）；秋天「暑氣全消，雲淡青天高。課餘無
所事，閒步且逍遙」（《秋之夜》），「涼秋九月塞草黃，見獵雄心壯」（《遊獵》），
「秋高霜晴，健兒好放鷹」（《放鷹》）。似乎一年四季，做歌的人和唱歌的人
都懷著一種快樂的心情：

四時樂

春色最移人。楊柳深青，桃杏娉婷。湖光山色，未免有情。圖
畫天開，淡妝濃抹多佳境。如雲勝友，修禊會蘭亭。

首夏猶清和。陰濃庭樹，香滿池荷。讀書之樂，其樂如何。暑
假期臨，納涼五湖眞活潑。同撐小艇，高唱採蓮歌。

秋氣自清明。小池暑退，高樹涼生。洞庭秋月，蕩漾湖心。賞
菊東籬，淺斟細酌添吟興。縱橫雁影，幾陣過疏林。

冬嶺尚青青。孤松挺秀，老柏森森。不有歲寒，誰識眞心？獨
佔花魁，數點臘梅傳風信。詩成天雪，並作十分春。〔註64〕

青年學子們在春天裏「旅行」、「賽跑」，在秋天裏「遊獵」、「放鷹」……
正是因爲有了「生力彌滿」的新人格，所以他們對自然景色的觀察，對生活
的描寫，才有了這種「活潑」、「健康」的新氣象。而正是這種「新人格」、「新
眼光」，扭轉了「老大帝國」的「衰世」氛圍，對一個「少年中國」作出了歷
史的呼喚：

新

新新新，新新新，四萬萬國民！願我四萬萬國民，日日如臨陣。
廿世紀，放光明，曉日昇天眼界清。新新新，新新新，四萬萬國民！

新新新，新新新，四萬萬方里！願我四萬萬方里，變做黃金地。
人既眾，心要齊，家家高萬（懸？）黃龍旗。新新新，新新新，四

〔註63〕李雁行、李英倬編：《中小學唱歌教科書》上卷，1913年。
〔註64〕盧保衡、王漸逵、樊耀南、王良弼編：《新編唱歌集》，1906年4月25日初
版。

萬萬方里！

　　新新新，新新新，新黨出奇謀！願我新黨出奇謀，榮光照五洲。
〔興我？〕種，復我仇，殺盡豺狼方罷休。新新新，新新新，新黨
出奇謀！

　　新新新，新新新，新民其聽聽！願我新民其聽聽，智識要長進。
富我國，練我兵，五洲萬國做主人。新新新，新新新，新民其聽聽！
〔註65〕

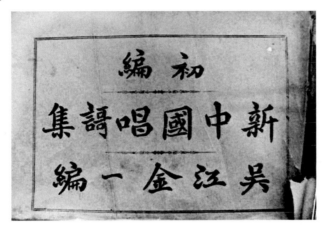

吳江金一編：《新中國唱歌集》初編，1906 年

　　梁啓超等人提出的欲新一國、必先新一國之民的主張在近代廣泛流行。
近代教育制度的建立，對傳播新知識、塑造新國民起到了不可替代的作用。
而作為近代學校教育一部分的學堂樂歌，由於其特殊的藝術感染力，在宣傳
新事物、新思想、新道德，培養新人格，勾勒新世界等方面，更是作出了突
出的、不可替代的貢獻。

　　近代許多國人對新中國的想像有一個非常集中的意象，就是「少年中
國」。以「少年人」的激情、方式來拯救中國，建設中國，在那個時代極具號
召力。然而，「少年人」的魯莽與「少不更事」的草率，也為一個複雜而艱巨
的建設「新中國」的任務留下了許多隱患。

〔註65〕曾志忞：《唱歌之教授法及說明》，載《江蘇》第 7 期，1903 年 10 月 20 日。

結　語

　　近代的西樂東傳是近代東西文化交流的有機組成部分。西方音樂進入中
國分爲雅俗兩個線索：一條是走上層路線，是精英的，政治的，救國的，文
化的；另一條是走大眾路線，是娛樂的，習俗的、風尚的西洋化傾向。由西
樂東傳推動的近代的音樂文化也有兩條路線：一條是西洋音樂傳統的建立；
另一條是本國音樂傳統的繼承、甄別與發展。近代音樂文化是在近代大的「救
亡」、「啓蒙」背景下產生的時代音符。它的出現是在繼承中國傳統「樂教」
理念的基礎上，向現代「政」、「教」體系的歸附，它全面回應並參與著近代
中國的各種思潮與改變。在前面幾章，筆者描述並分析了由西方音樂東傳所
推動的中國近代音樂改良的幾個方面，將近代的音樂活動與軍事、教育、語
言、文學、政治，以及社會生活等諸多方面聯繫起來進行分析，試圖揭示近
代音樂對建設一個現代中國，以及推動社會轉型所作出的重要貢獻。

　　總體說來，近代音樂對近代中國的深入參與，是基於當時「致用」的歷
史思潮。在「救亡」的語境下，以「富」、「強」爲總目標，一切事物的價值
都在這個天平上被稱量。是否對「富」、「強」有「用」，成爲橫絕一時的標準，
正如嚴復在《救亡決論》中所說：「非今日救弱救貧之切用」，「皆宜且束高閣
也。」〔註1〕近代音樂文化受此影響，也深入參與到「救亡」、「啓蒙」的「致
用」之途。到五四前後，國人仍然在堅持音樂「有用論」，認爲音樂對「宣揚
國魂、振刷末俗」具有強大的功用：

　　　　方德國之勵精圖治也，務以崇實爲主義，以文藝音樂爲文明之
　　虛飾，無用之長物，而一律摒棄之。顧其結果大出意想之外，人民

────────────

〔註1〕嚴復：《救亡決論》，見《嚴復集》第 1 冊，北京：中華書局，1986 年，44
　　　頁。

日趨於殺伐放蕩浮奢淫逸，非唯國力充實骨成夢想，且有傾覆之懼矣。於是才醒悟音樂之有關於治平，翻然變計而獎勵音樂。於淫猥之俗樂撲滅禁過不遺餘力，而質實剛健之音樂，則百計振興之。而其國力亦不期而日臻隆盛。〔註2〕

應該說，追求「有用」，在一定程度上破壞了近代音樂的藝術性，使大部分樂歌作品不具有傳世的價值。另外，從音樂形式上說，近代的學堂樂歌大量借用了東西方現成的音樂曲調，所謂「取彼國之善本，易以我國之歌詞」〔註3〕，在沒有深刻理解其中文化內涵的基礎上，被倉促填上了反映新興思想的歌詞。因此，近代的學堂樂歌常常被目爲「二手貨」。但是，研究者也必須看到，正是因爲追求「有用」，近代音樂才可能如此「生機勃勃」，如此「豐富多彩」。近代的個人表述與國家訴求、傳統脈動與現代生機、中國思考與西方模式無不孕育其中。近代音樂正因其「不成熟」才可能如此深度地參與近代中國的文化建設，並爲今天的讀者呈現出如此巨大的歷史容量。如果單從一種「後設」的歷史眼光，或一種「壁壘森嚴的專業視角」來考量近代的音樂，研究者就會與最爲豐富的歷史擦肩而過，從而無法體驗其中的精神內核，並以之作爲思考現實問題的基點。

當然，這種過度的「致用」傾向也對中國一貫的「樂教」理念造成了一種傷害。對「救亡」的強調，常常會壓倒對人的生命、生活本身的尊重。當近代音樂努力改變國人「戀、窮、狂、怨」的詩人心態時，對「少年中國」的想像與讚頌也暗中推動了一種「躁動」與「躁進」的傾向。當近代樂歌集中於對「愛國」激情的渲染，對「救危亡」的緊迫感的揭示，近代音樂文化也導致了對個體感情的極度「誘發」。傳統「樂教」所推崇的「中正平和」，「聲無哀樂」，以及傳統詩教所倡導的「溫柔敦厚」都無法落實，音樂對人心的「安頓」功能也被擱置一邊。因此，無論是近代音樂文化在中西文明交鋒背景下的「功能論」，還是已經萌芽的「藝術論」，都未能繼承中國傳統「樂教」理念的核心價值。所謂「興於詩，立於禮，成於樂」，仍然是我們需要不斷努力的方向。

〔註2〕 天民：《唱歌教授之新潮流》，載《教育雜誌（商務）》第 10 卷第 4 號，1918 年 4 月 20 日。
〔註3〕 王季梁、胡君復《唱歌遊戲》之「緒言」，上海：商務印書館，1906 年。

附錄　1901～1918 年樂歌集存目

李　靜

　　近代樂歌，尤其是學堂樂歌是近代音樂文化的主要組成部分。結集出版的樂歌作品，常常成爲近代國人宣傳思想的有力武器，也常常被用作近代學校教育的課本，因而是最爲研究者重視的文獻資料。然而，對近代樂歌集的整理工作才剛剛起步，缺憾甚多。筆者特據一些前輩的研究工作，以及自己的目力所見，整理出這份近代樂歌集的彙錄，以期能爲今後的整理、研究工作做出一點微末的貢獻。

　　本目錄主要以編年的形式將 1901～1918 年間曾出版或計劃出版的樂歌集收錄於此（宗教歌集未收），總計 123 本（冊）。曾經有記錄存世的樂歌集注明「存」。

1902 年

1.《唱歌》

　　上海文明書局編《蒙學科學全書》一套，二十四種，其中包括《唱歌》一種，然編者及內容待查。（據孫繼南：《中國近現代（1840～2000）音樂教育史紀年》（增訂本），山東教育出版社，2004 年版，第 16 頁）

1904 年

2.《教育唱歌集》（存）

　　曾志忞編，1904 年 4 月 15 日初版。序言《告詩人》，27 首［註 1］樂歌。

〔註 1〕此處按照現代人以一個完整的歌曲爲「一首」的觀念統計，而不是按照近代

3. 《學校唱歌初集》（存）

　　沈慶鴻編，1904 年初版。目錄爲 23 首樂歌，實際爲 24 首〔註2〕。

4. 《最新婦孺唱歌書》（存）

　　光緒三十年五月初版。越社編。

5. 《軍歌》（存）

　　張之洞作，無譜，線裝、刻本，光緒三十年十月。

6. 《學堂歌》（存）

　　張之洞作，無譜，線裝、刻本，光緒三十年十月。

7. 《娘子軍》（存）

　　《女子世界》第 10 期（原刊未標出版日期，疑爲 1904 年）封底廣告：「金一編撰書女子唱歌《娘子軍》定價三角。」

8. 《小學新唱歌》

　　阿英《晚清文學從鈔・說唱文學卷》載有此書，並且選錄了其中的歌曲 —— 黃遵憲的《軍歌》二十四首、《學生相和歌》和《幼稚園上學歌》、《何日醒》、《上學》（即沈慶鴻編《學校唱歌初集》中的《始業式》）、曾志忞《螞蟻》、《黃河》、《練兵》、《老鴉歌》、《揚子江》、松琴（岑？）的《女學生入學歌》（曾在《女子世界》刊出過）《習業歌》（首句「問吾將來習何業」）。

9. 《軍魂集》

　　《女子世界》第 8 期（1904 年 8 月 11 日）封底廣告：「學校唱歌《軍魂集》：裒錄漢唐迄今激越雄壯之從軍詩三百首，使蒙小學生唱之，亦足以振起尚武精神。《欽定學堂章程》於唱歌一門，以吟詩當之。若此集者，非吾國民

　　樂歌集以一段爲一首的習慣。據向延生：《爲中國造一新音樂 —— 啓蒙音樂家曾志忞》（見氏編：《中國近現代音樂家傳》，春風文藝出版社，1994 年，49 頁）說，《教育唱歌集》收錄樂歌 26 首，其中署名「志忞」的有 16 首。

〔註2〕學界常以「上海文明書局」爲二書的出版者。但是筆者參閱了原書的版權頁後發現，上海文明書局只是二書的「寄售處」。同時列名「寄售處」的還有「上海開明書店」以及「各大書坊」。在「發行者」處署名的是「上海沈慶鴻」。根據近代出版的常規，這樣的標注一般說明版權屬於「上海沈慶鴻」所有。他只是託書局印刷和發行而已。這種情況一般說明，沈氏不願書局分其利潤。（關於近代出版的情況，曾請教北京大學中文系的潘建國老師，特此致謝！）

之好模哉。定價三角。寄售處小說林鏡今書局。」疑爲金一所編。

10. 《學生歌》

《新民叢報》第 56 號（1904 年 11 月 7 日）:《本社寄售各種新書價目》:
《樂典教科書》1 元,《樂典大意》2 角,《唱歌教授法》2 角,《學生歌》1 角。

另據《月月小說》第 2 號（1906 年 11 月 30 日）刊末有「上海（棋盤街中）科學會社發行」的書刊廣告,其中有《學生歌》一書,價 1 角。

1905 年

11. 《國學唱歌集》（存）

李叔同編,1905 年 5 月初版,上海中新書局國學會發行。21 首。

1905 年 6 月 6 日,《時報》之《國學唱歌集》廣告:「李叔同氏之新作——
《國學唱歌集》（初編）。滬學會樂歌研究科教本,李叔同編,區類爲五:曰《揚葩》、曰《翼騷》、曰《修詩》、曰《摛詞》、曰《登昆》。攄懷舊之蓄念,振大漢之天聲。誠師範學校、中學校最善之教本。初編已出版,價洋二角。」〔註3〕

12. 《教育唱歌》上編（存）

黃子繩、權國垣、汪翔、蘇鍾正編,1905 年 7 月初版。40 首。

13. 〔註4〕《教育唱歌》下編（存）

黃子繩、權國垣、汪翔、蘇鍾正編,1905 年 7 月初版。44 首。

14. 《修身唱歌書》（存）

俞復、田北湖、鄒華民合編,1905 年 10 月。28 首。

據《中國音樂書譜志》〔（先秦——一九四九音樂書籍全目）（增訂本）,
人民音樂出版社,1994 年第二版〕記載爲《小學修身唱歌書》1907 年版。

另據俞復《初版編輯大意》「是編爲幼年唱歌之用,故不復列入樂譜記號」,「是編就修身範本之雜目,演爲簡淺短歌,隨口成誦」可知,該書初版時爲俞復獨立作詞,沒有曲譜。到 1907 年,才有鄒華民爲其譜曲。

15. 《小學唱歌教科書初集》（存）

金匱華振編,1905 年,上海商務印書館,簡譜。據《中國音樂書譜志》,

〔註 3〕見《時報》1905 年 6 月 6 日。
〔註 4〕爲正確顯示近代樂歌集編輯情況,以每一單冊爲一個計量單位。

上圖藏。後來和新編的二集、三集，於 1908 年前後再次出版（詳後）。

16. 《女學唱歌》（存）

倪覺民編，1905 年 10 月初版。24 首。

17. 《國民唱歌集》

曾志忞編。

光緒三十二年（1906）五月初一日三版的曾志忞編《唱歌教授法》書後廣告《上海曾志忞編音樂書目》中載：《國民唱歌集》已經印製三版，簡裝二角五分。據此廣告，應該有一本曾志忞編輯的《國民唱歌集》。

18. 《國民唱歌集》

金松岑（金一）編。1905 年正月（？），40 餘首（？）。

《二十世紀大舞臺》1904 年第 2 期曾刊有《本社廣告・國民唱歌》：「著者最重尚武精神及愛國思想。通計各題如，《祝自由神》、《汽球》、《汽車》、《航海》、《自由車》、《賽船》、《賽馬》、《招國魂》、《國旗》、《哀印度》、《弔埃及奴》、《痛亡國》、《從軍樂》、《殺敵快》、《海軍》、《陸軍》、《娘子軍》、《國民大紀念》、《日俄大海戰》、《法國革命》、《美國獨立》、《思祖國》等歌，計譜四十餘，歌百餘首。音節雄壯，半得之東西舊譜，半爲自製。誠中國唱歌中空前絕後之作也（明年正月出版）。」同期刊出樂歌《汽車》，署「愛自由者」著。而「愛自由者」是近代著名作家金松岑的筆名。

另據《月月小說》第 4 號（1907 年 1 月 28 日）上廣告第 4 頁，有《小說林宏文館發行之書目表》，其中有「《新中國唱歌初集》（原名《國民唱歌》），二角半；《新中國唱歌二集》，二角半；《新中國唱歌三集》，一角半」。而《新中國唱歌集》確爲吳江金一編，常熟初我校閱，1906 年 8 月上海小說林社發行。

1906 年

19. 《學校唱歌二集》（存）

沈慶鴻編，1906 年。樂歌 14 首，還有一首進行曲。

20. 《新編唱歌集》（存）

盧保衡、王漸逵、樊耀南、王良弼編，1906 年 4 月 25 日初版。40 首。

21. 《唱歌教科書》（存）

辛漢編著，〔日〕鈴木米次郎序，上海普及書局，1906 年 2 月初版。33
首。

郭延禮《中國近代文學發展史》第 810 頁，曾記錄了一本《改良唱歌教
科書》，光緒三十三年初版，不知是不是此書的改良版。

22. 《小學唱歌教科書》（後來改名爲《小學唱歌》）（存）

丹徒葉中泠編，光緒三十二年（1906 年）五月商務印書館出版。21 首。

大概 1907 年改名爲《小學唱歌初集》出版。

23. 《怡情唱歌集》初集（或一集）

王文君編，1906 年 8 月（同時或以前？）

《新民叢報》第 96 號（1907 年 11 月 20 日）廣告：《本社發售各種書目》
中有。

24. 《怡情唱歌集》二集（存）

王文君編，1906 年 8 月初版。32 首。

25. 《新中國唱歌集》初編（集？〔註5〕）（存）

編輯者：吳江金一。校閱者：常熟初我。發行所：小說林社。光緒三十
二年八月初版。

據金本中：《百年同川舊事》（見《一代宗師金松岑》，吳江市教育工會，
2002 年，65～67 頁）：「初編共收歌三十八首，其中注明由金一作詞譜曲的十
三首，另一首（《國民大紀念》）由金一增潤。」其中的樂歌包括《物理圖》、
《電燈》、《汽車》、《輕氣球》、《終軍請纓》、《祈戰死》、《凱旋》、《歡迎征兵》、
黃遵憲的《出軍歌》、《易水餞荆卿》。

26. 《新中國唱歌二集》（存）

40 首，金一作詞譜曲者 15 首。集中樂歌包括：《亡國恨》、《招國魂》、《哀
祖國》、《太平洋》、《哀印度》、《哀埃及》、《法蘭西馬賽革命歌》，以及楊度的
《黃河》等。

27. 《新中國唱歌三集》

〔註5〕　《月月小說》第 4 號（1907 年 1 月 28 日）上廣告「小說林宏文館發行之書目
　　　　表」中有《《新中國唱歌初集》（原名《國民唱歌》）」字樣。推測應爲「初集」
　　　　而非「初編」，這樣應該更與下面「二集」、「三集」對應。

28. 《唱歌集：單音第一》（或稱爲《單音第一唱歌集》）（存）

　　侯鴻鑑編，1906 年 9 月。24 首。

29. 《學校唱歌集》（存）

　　無錫城南公學堂編，1906 年 9 月，上海文明書局出版。24 首。

30. 《唱歌遊戲》（存）

　　王季梁、胡君復塡詞，原書作者爲〔日〕山田源一郎、高橋忠次郎。序言曰：「取彼國之善本，易以我國之歌詞」。1906 年 10 月。21 首。

31. 《中學唱歌集》（存）

　　辛漢編，1906 年 11 月。30 首。

32. 《手風琴唱歌》（存）

　　葉中泠編，上海：商務印書館，1906 年 12 月初版，1914 年 10 版。

33. 《音樂‧體操》（存）

　　江蘇師範生編，1906 年出版，由日本並木活版所印刷。12 首。

34. 《（改良再版）女學唱歌學》（存）

　　1906 年，倪壽齡編譯、文明書局發行。

　　《月月小說》第 6 號（1907 年 3 月 28 日）上有再版廣告：「吾國女界黑暗如地獄，故近年海內外志士，均以振興女學爲唯一之宗旨。而唱歌一科尤與修身相統合。此編前列樂典舉要二十二則，刪繁撮要最便初學。後編樂譜，均採自東西名人唱歌集中，如《女軍人》、《自由結婚》、《平權》、《女國民》諸什，尤足提倡平等，鼓吹自由，爲女界一洗數千年之惡習，誠二萬萬女同胞志士不可不讀之書也。」

35. 《初等女子唱歌教科書》

　　何琪編輯，上海：會文學社。

36. 《唱歌新教科書》

　　上海樂群圖書編譯局，1906 年？

　　據《月月小說》第 2 號（1906 年 11 月 30 日）上「上海樂群圖書編譯局編輯教科各書」的廣告，其中有《唱歌新教科書》全一冊，洋二角，與《修身新教科書》、《國文新教科書》、《心算新教科書》、《歷史新教科書》、《中國

地理新教科書》、《格致新教科書》等書並列。

37. 《中學唱歌教科書》一集

汪亞存、朱恢明編，何頌花公旦序。

據《月月小說》第 5 號（1907 年 2 月 27 日），「附錄」欄，頁背廣告，《中學唱歌教科書》初集，上海樂群書局出售，廣告中登載了該書的《緒言》：

> 司馬遷言曰：音以補樂之不足，樂以補教之不足。陳思暉言曰：智者能以聲牖人，其然。吾父母之邦，古之樂若是乎炎炎也。相者不作宮徵，頹廢俯視，傾楹淫於南鄭，良可悁悁悲也。比者余同學汪君亞存、朱君恢明，欲持枵楔以震汗閭之耳，編《中學唱歌》一集，將貢獻於新國民。欲余語以弁其集。余則曰：秦庭瓦缶觥觥，西來之音，扼吭而歌，吾祖自戚，曾不解繞吾梁者，非復九宮三律；移吾席者，乃在裂俗衡韶。則二君於斯編之繼，當有所挽正之，亦公旦希望中事。況乎今之吾國民，非皆如文侯之假寐不覺者，至今三月肉味尤甘，耳熱酒酣、漠然不動黃帝之子孫，其果能補（木岡）鼓之曲否耶。余目日拭矣。光緒丙午九月九日杭州何頌花公旦氏譔於數理化專修學校。

1907 年

38. 《單音第二唱歌集》（存）

侯鴻鑑編，1907 年 3 月。27 首。

39. 《小學唱歌》初集（參見《小學唱歌教科書》）（存）

葉中泠編，1907 年商務印書館出版。

40. 《小學唱歌》二集（存）

葉中泠編，1907 年。40 首。

41. 《小學唱歌》三集（存）

葉中泠編，1907 年。21 首。

42. 《女子新唱歌》第一集（存）

葉中泠編，1907 年 3 月初版。24 首。

43. 《女子新唱歌》第二集（存）

胡君復編，1907 年 8 月初版。26 首。

44. 《東亞唱歌》（存）

趙銘傳編，上海時中書局，1907 年 11 月。72 首。

45. 《小學唱歌教科書初集》

46. 《小學唱歌教科書二集〔註6〕》（存）

據《中國音樂書譜志》13 頁：「《小學唱歌教科書二集》，陳俊等譯著，光緒 33 年（1907），上海商務」。不知是否與上書爲同一系列。

47. 《中學唱歌》第一集（存）

1907 年，華振編（錢仁康《學堂樂歌考源》，上海音樂出版社，2001 年版，第 44 頁著錄）。

48. 《初等小學樂歌教科書》第一冊（存）

學部編譯圖書局編，1907 年，石印本。（據《中國音樂書譜志》）

據《學部官報》第 88 期（宣統元年第 12 冊），1909 年 5 月 29 日，「附錄」欄，《學部圖書局售書處發賣書籍第六次廣告》。其中有：《初等小學樂歌教科書》第一冊、《詩經古譜》、《樂典》、《五線樂譜》。

49. 《學校唱歌三集》

沈心工編。

50. 《教育唱歌教科書》

據《新民叢報》第 96 號（1907 年 11 月 20 日）廣告：《本社發售各種書目》著錄，2 角。

51. 《修身唱歌教科書》

同上，2 角。不知是否是田北湖所編《修身唱歌書》（見第 14 條）。

52. 《繪圖蒙學唱歌實在易》官話講義

二冊，2 角 4 分，《新民叢報》第 96 號（1907 年 11 月 20 日）廣告：《本社發售各種書目》。另據《月月小說》第 13 號（1908 年 2 月 8 日）：上海彪蒙

〔註 6〕 近代樂歌集中名爲「小學唱歌教科書」者頗多。據筆者統計，分別有「華振」（見第 15 條）、「葉中泠」（見第 22、39 條）、「陳俊」（見第 45、46 條）編等三種。

書室蒙小學堂各種教科書目廣告中有一套「繪圖蒙學××××實在易」，且標註「宜講官話」，共 17 種，其中有此書，每部二冊二角四分。

53.　《文明唱歌》

據《月月小說》第 9 號（1907 年 10 月 7 日）廣告《上海時中書局發行出版各種唱歌書》：「再版・校正《東亞唱歌》・價洋・四角二分、《學校唱歌》一、二、三冊、《文明唱歌》、《張宮保唱歌集》、《學生唱歌》、《國學唱歌》、《學校唱歌集》、六版《教育唱歌集》、三版《國民唱歌集》、《強國唱歌集》、《新編實用唱歌教科書草案》、《單音樂歌》、《樂典大意》、《唱歌教授法》、《風琴習練法》、《遊戲教科書》、再版《簡易進行曲》、《五線音譜》、《五線譜》。」

54.　《張宮保唱歌集》（存）

同上。另據錢仁康《學堂樂歌考源》109 頁著錄，美國加州斯坦福大學的「胡佛戰爭、革命與和平圖書館」藏有一本《鄂督張宮保新制學堂唱歌》，江夏路黎元譜曲，李寶巽序。包括《愛國》、《慈壽》等 5 首樂歌。筆者猜想該書應該是《張宮保唱歌集》的異名歌集。

55.　《學生唱歌》

同上。

56.　《強國唱歌集》

同上。

57.　《（新編實用）唱歌教科書草案》

同上。

58.　《單音樂歌》

同上。有可能是侯鴻鑑編的《單音第一唱歌集》和《單音第二唱歌集》。

59.　《女學生唱歌集》

據《月月小說》第 13 號（1908 年 2 月 8 日）廣告：編撰者為許則華君（鴛鴦蝴蝶派作家許嘯天），代表徐仙兒女士，廣告語為「美術為吾輩女子獨具之天性，而於音樂為尤……」洋裝一冊大洋四角五分。在《女子世界》第 11 期上有許則華作的《放腳歌》

1908 年

60. 《女子新唱歌》第三集（存）

　　葉中泠編，1908 年 9 月初版。23 首。

61. 《小學唱歌二集》（存）

　　華振編（錢仁康《學堂樂歌考源》第 120、284 頁著錄，有樂歌《青蛙》、《從軍》等）。

62. 《小學唱歌三集》（存）

　　華振編（錢仁康《學堂樂歌考源》第 284 頁著錄，有樂歌《鏡》等）。

1909 年

63. 《軍樂稿》（存）

　　李映庚作，四卷，石印。

64. 《新撰唱歌集》初編（存）

　　胡君復編，蔣維喬序，1909 年。35 首。

65. 《新撰唱歌集》二編（存）

　　胡君復編，1909 年，音研所。16 首。

66. 《新撰唱歌集》三編（存）

　　胡君復編，1909 年。42 首。

　　劉訒曾在《小學唱歌教材之研究》（載《教育周報（杭州）》第 184 期（1917年））中提到俞粲編《新撰唱歌集》第二冊的樂歌有「《樵夫》、《大哉國民》、《國家安》」；第三冊樂歌有「《越王臺》、《竹》、《桑》、《四季月》、《荷花》」。與現存樂歌集比較，其中第二冊沒有《大哉國民》歌，第三冊沒有《桑》，而且這兩首樂歌也不見於其他樂歌集。不知道是否有別的版本，或者是劉訒出錯。但是連著兩次出錯的情況並不多見。

67. 《初等樂歌教授書》

　　據《教育雜誌（商務）》第 5 期（1909 年 6 月 12 日）之《教育法令·謹將初等小學完全科暨三四年簡易科所設隨意科程度授課時刻清單恭呈御覽》。其中對樂歌課的安排是：學部已經頒發了《初等樂歌教授書》，每星期一小時，五年相同。

1910 年

68. 《新唱歌》（存）

　　警世社會小曲，俠廠編，1910 年，上海普新書店石印，簡譜。

1912 年

69. 《共和國民唱歌集》（存）

　　華航琛編，商務印書館 1912 年 6 月版。31 首。

70. 《重訂共和國民唱歌集》（存）

　　華航琛編，29 首。出版時間未詳。

71. 《重編學校唱歌集》一集（存）

　　沈心工編，1912 年 10 月，黃炎培序。16 首。

72. 《重編學校唱歌集》二集（存）

　　沈心工編，1912 年 10 月。16 首。

73. 《重編學校唱歌集》三集（存）

　　沈心工編，1912 年 10 月。15 首。

74. 《重編學校唱歌集》四集（存）

　　沈心工編，1912 年 10 月。14 首。

75. 《重編學校唱歌集》五集（存）

　　沈心工編，1912 年 10 月。15 首。

76. 《重編學校唱歌集》六集（存）

　　沈心工編，1912 年 10 月。14 首。

77. 《中華唱歌集》初集（或「一集」）

　　王德昌等編，1912 年 11 月之前或同時。

78. 《中華唱歌集》二集（存）

　　王德昌、毛廣勇、趙驤合編，上海中華書局出版，1912 年 11 月。20 首。

79. 《中華唱歌集》三集（存）

　　王德昌、毛廣勇、趙驤合編，上海中華書局出版，1912 年 11 月。20 首。

80. 《中華唱歌集》四集（存）

王德昌、毛廣勇、趙驤合編，上海中華書局出版，1912 年 11 月。20 首。

81. 《新編唱歌教科書》（存）

馮梁（小舟）編，1912 年，廣州樹德堂刻版印刷（據錢仁康《學堂樂歌考源》第 67、90 頁）。

另據石磊《中國近代軍歌初探》（北京：解放軍文藝出版社，1986 年）著錄有《新編唱歌教科書》一本，說明出版於 1913 年，但未說明編著者，疑為馮梁所編。另據馮梁《軍國民教育唱歌集》（1913 年版）書後廣告《馮梁編著書目》「《三版新編唱歌教科書第一編》，四角；《新選進行曲》，一角五分；《尊孔樂歌譜》，三角；《新式簫譜》，一角；《口琴易解》，一角；《最新笛譜》，一角；《手風琴指南》，一角；《照像術》，二角五分；《鐵啞鈴體操圖解》，二角；《軍國民教育唱歌初集》，四角；《新編唱歌教科書第二編》，近刊」可知，1913 年時，該書已經出至三版。所以推斷初版時間為 1912 年似更為確切。

樂歌包括：《從軍樂》（春風十里杏花香，17 頁）、《好大陸》（四千萬里好大陸）、《決死赴戰》（我有寶刀真利市）、《陸軍》（國要強）、《今從軍》（白人恃力紛相斫）、《尚武》（手持干戈願從戎）、《練兵》（操場十里鬧盈盈）、《軍歌》（大哉惟我軍人）、《陸戰》（戰呀戰呀）、《殺敵歌》（戰場之花已開）。

82. 《新編唱歌教科書》第二編

見上。

83. 《尊孔樂歌譜》

見上。

84. 《國歌類編》（存？）

夏紹笙編，上海廣益書局，1912 年（據陳建華、陳潔編《民國音樂史年譜》，上海音樂出版社，2005 年版，6 頁著錄）。

1913 年

85. 《民國唱歌集》一集（存）

沈心工編，1913 年 1 月，音研所。31 首。

86. 《民國唱歌集》二集（存）

沈心工編，1913 年 1 月，音研所。19 首。

87. **《民國唱歌集》三集**（存）

沈心工編，1913 年 1 月，音研所。21 首。

88. **《民國唱歌集》四集**（存）

沈心工編，1913 年 1 月，音研所。21 首。

89. **《軍國民教育唱歌初集》**（存）

馮梁編，廣州音樂教育社發行，1913 年 6 月，音研所。101 首。

90. **《（共和國教科書）新唱歌》初集**

胡君復編，1913 年之前或同時。又名《初等小學新唱歌》。

據《教育雜誌（商務）》第 5 卷 1914 年第 3 號上《廣告・中華民國二年五月商務印書館出版新書（一）》，其中著錄了「春秋季通用」《新唱歌》第一、二集，每冊二角，對折一角。另有廣告語爲：「胡君復編。是編共分四冊，供初等小學四年之用。今先出一二兩冊，歌譜由淺而深，由簡而繁，教授兒童易生興會。」因此推測，胡君復編《（共和國教科書）新唱歌》共四集，「供初等小學四年之用」。

劉訒曾在《小學唱歌教材之研究》（載《教育周報（杭州）》第 183 期，1917 年 11 月 25 日）中批評胡君復所編《初等小學新唱歌》第一冊之《營火》、《讀書》、《雞聲》、《數目歌》音程難度過高等問題。後來胡君復又曾編輯《高等小學新唱歌》，所以推測此處之《新唱歌》實爲後來之《初等小學新唱歌》。

91. **《（共和國教科書）新唱歌》二集**

胡君復編，1913 年之前或同時。

又，劉訒曾在《小學唱歌教材之研究》（載《教育周報（杭州）》第 184 期）中批評胡君復所編《初等小學新唱歌》第二冊之《衛生》，使用日本俗樂，不適合學生教育的問題。

92. **《（共和國教科書）新唱歌》三集**（存）

胡君復編，1913 年。15 首。

93. **《（共和國教科書）新唱歌》四集**

胡君復編，1913 年之前或同時。

又，劉訒曾在《小學唱歌教材之研究》（載《教育周報（杭州）》第 184

期）中批評胡君復所編《初等小學新唱歌》第四冊之《孔夫子》、《鷯鴣》使
用日本俗樂，不適合學生教育的問題。

94.《兒童唱歌》（存）

余沅編，1913 年 8 月五版。17 首〔註7〕。初版時間未詳。

95.《最新中等音樂教科書》（存）

張秀山編，北京琉璃廠宣元閣印行，1913 年 11 月 1 日，1913 年 12 月。
61 首。

96.《中小學唱歌教科書》上卷（存）

李雁行（李賓秋）、李德鴻編著，1913 年，音研所。112 首。

97.《中小學唱歌教科書》下卷（存）

李雁行（李賓秋）、李德鴻編著，1913 年，音研所。110 首。

98.《中小學音樂教科書》上卷

99.《中小學音樂教科書》下卷

據《中小學唱歌教科書》上鍾倬榮的序言講：「及今見李君德鴻與李君賓
秋，聯同」，該書共四冊。又，在《中小學唱歌教科書》的三篇序言後，有大
字標出的「中小學音樂教科書」，其後又有黃炳照和湯介士兩篇序言。據黃炳
照的序言，《中小學音樂教科書》應該也是有歌詞的。

100.《民國歌集》（存）

1913 年（據錢仁康《學堂樂歌考源》第 86 頁）。

101.《幼稚唱歌》第一編

胡君復編。

載《教育雜誌（商務）》第 5 卷第 3 號，1913 年 6 月 10 日。《廣告·暑假
獎品》其中有「五彩」《幼稚唱歌》第一、二編，每編一角。「兒童知識甫起，
貴用淺妙之歌訣，以陶淑其性情。是編歌詞活潑，純乎天籟，導引入勝，裨
益良多。」

〔註 7〕 未見此書，數字根據張靜蔚統計。但是錢仁康在《學堂樂歌考源》第 115～116
頁，記錄了一首名為《小鳥》的樂歌，說出自此書，但張書中未見，可能遺
漏。

另，劉訏曾在《小學唱歌教材之研究》（載《教育周報（杭州）》第 183
期，1917 年 11 月 25 日）中批評胡君復所編《幼稚唱歌》，其樂曲之音域，超
越於幼稚生發音範圍之外。其第一編之《童戲》、《烏鵲》、《看花》音程難度
過高等問題。所以推測此樂歌集爲胡君復所編。

102.《幼稚唱歌》第二編

同上。

103.《德育唱歌》

鍾正編。

《雲南教育雜誌》1913 年第三號載有鍾正寫的《序》。

1914 年

104.《（共和國教科書）高小新唱歌》第一集（存）

劉訏曾在《小學唱歌教材之研究》（載《教育周報（杭州）》第 184 期（1917
年））中批評俞粲編《高等小學新唱歌》第一冊之樂歌《鏡》適用日本俗樂，
不適合中國學生教育。

105.《（共和國教科書）高小新唱歌》第二集（存）

據錢仁康《學堂樂歌考源》199、285 頁著錄，有《畢業別師友》、《從軍》
等樂歌

106.《（共和國教科書）高小新唱歌》第三集（存）

胡君復編。此爲 1913 年胡君復爲初小音樂教育編輯《共和國教科書新唱
歌》之後的又一套音樂課本。

據錢仁康《學堂樂歌考源》107、180 頁著錄，包括樂歌

《親恩》：「身體從何來，生我之恩報者誰？受盡了栽培，一歲一歲長大
來。親年少，兒年小，小時哪裏會知道。兒年長，親年老，親恩何日方能報。」

《尊孔》：「猗歟孔子，吾國儒宗，含蓄精蘊無窮。仁者見仁，智者見智，
道無始而無終。既稱天縱，亦曰時中，洶廣大而和融。肇始撥亂，希望大同，
民國萬年向風。」和

《一年好景》：「一年好景，春日爲多，吾儕切莫錯過。繁花如錦，碧草
如油，春水一江似酒。無數鳥聲，宛轉輕鬆，好似跳舞唱歌。吾儕當此，何

能長久,日日東風吹過。」

107. 《新教育唱歌集》初編（存）

　　華航琛編,上海教育實進會出版,1914 年 4 月。48 首。

1915 年

108. 《國樂譜》（存）

　　政事堂禮制館編,徐世昌編,石印本（據陳建華、陳潔編《民國音樂史年譜》,20 頁）。

109. 《幼稚園與初等小學詩歌》（兒童詩歌）（存）

　　斯特里編,上海美華書館,線譜版（據陳建華、陳潔編《民國音樂史年譜》,20 頁）。

1916 年

110. 馮亞雄所編唱歌集

　　據《（杭州）教育周報》1917 年 1 月 29 日,第 150 期,《音樂新書出版》「江蘇馮君亞雄,近以各地通行之音樂教科書,多不完善。渠乃本其早歲留學外洋研究最有心得之各種音樂,編著成書。內容極爲精細。現已呈請教育部,審查立案,以供學校教授之用云。」

　　馮亞雄曾參與曾志忞的上海貧兒院的工作。

1917 年

111. 《高等小學新體唱歌集》第一冊

112. 《高等小學新體唱歌集》第二冊

113. 《高等小學新體唱歌集》第三冊

114. 《國民學校新體唱歌集》第一冊

115. 《國民學校新體唱歌集》第二冊

116. 《國民學校新體唱歌集》第三冊

　　俞粲編,出版時間至晚在 1917 年（？）。

劉訏曾在《小學唱歌教材之研究（續）》（載《（杭州）教育周報》第 184 期，1917 年 12 月 2 日）中舉例「俞粲《高等小學新體唱歌集》第三冊之《智仁勇》、《九思》、《嘉禾》」曲調採用中國小調，不合適。但是在下文中又舉例「俞粲編《國民學校新體唱歌集》第三冊之《少年》」採用日本俗樂爲曲調，也不適合。所以，推測該文中提到了俞粲編輯的兩套樂歌集。該文在第 183 期連載時，劉訏提到的俞粲所編《國民學校新體唱歌集》第二冊的樂歌有《進行》、《唱歌》等，皆用五度，六度音程，音程難度過高不適合學生學習等問題。

1918 年

117. 《樂歌基本練習》（存）

索樹白編，1918 年，音研所。3 首。

118. 《（審定小學適用）修身遊技唱歌聯絡教材》（存）

嚴樹森編輯，商務印書館，1924 年已經第 10 版。

《進行舞蹈曲萃》（1919 年 3 月，上海商務印書館初版）封底有該書廣告：「兒童智力腦力，均甚簡單。能將各科聯絡教授，最易獲益。修身興趣較少，能與遊技、唱歌相聯絡，既可實踐，並免遺忘。是書將三種教材治爲一爐，誠爲國民學校一年生最適用之本。」

119. 《（小學適用）修身遊技唱歌聯絡教材》第二冊（存）

嘉定呂雲彪，宜興傅球，宜興蔣千編纂，商務印書館，1918 年 8 月初版。

不確定年份

120. 學校教科書委員會（後改名「益智書會」）所編初等學校用音樂教科書

121. 學校教科書委員會（後改名「益智書會」）所編高等學校用音樂教科書

孫繼南《中國近現代（1840～2000）音樂教育史紀年》第 7 頁著錄，應該有適合初、高兩等學校所用的兩套音樂教科書。分聲樂、器樂等科目。

122. 《最新醒世歌謠》（存）

據阿英《說唱文學集》

123. 《中外學校唱歌集》（存）

錢仁康《學堂樂歌考源》195 頁著錄。民國初年，商務印書館出版，有樂歌《愛我中華》。

124. 《非教育的唱歌集》

學界從未著錄過這一樂歌集。蔣維喬曾在《新撰唱歌集初編·序》中說：「君復所著甚多其已刊行者有非教育的唱歌集即其夫婦賡和之作有唱歌遊戲有女子新唱歌。」因為原文沒有句讀，所以張靜蔚老師在《中國近代音樂史料彙編》中認為這句話中提及的樂歌集只有《唱歌遊戲》和《女子新唱歌》。但是筆者留意到胡君復編輯的《女子新唱歌二集》的《序》中曾提到：「外間已經刊行者不錄或已見拙著之唱歌遊戲小學唱歌及非教育的唱歌集者亦不錄。」經過仔細閱讀與推測，筆者認為近代應該曾有一本以「非教育的唱歌集」為名的樂歌集，編者為胡君復。

125. 《樂歌選粹》（存）

出版於 1919 年〔註8〕年後（錢仁康《考源》33 頁著錄）。

〔註 8〕 因為是「選粹」的形式，所以反映了近代音樂的情況，故收錄。

主要參考文獻

一、基本書獻

（一）近代的報刊雜誌

1. 《安徽白話報》
2. 《安徽教育雜誌》
3. 《安徽俗話報》
4. 《白話》
5. 《北洋學報》
6. 《大公報》
7. 《大陸報》
8. 《大同報（上海）》
9. 《東方雜誌》
10. 《東京留學界紀實》
11. 《東浙雜誌》
12. 《二十世紀大舞臺》
13. 《法政學報（北京法政學校)》
14. 《復報》
15. 《婦女時報》
16. 《婦女雜誌（商務)》
17. 《國風報》
18. 《國民雜誌》
19. 《海外叢學錄》

20. 《杭州白話報》

21. 《湖南教育雜誌》

22. 《湖南通俗演說報》

23. 《湖州白話報》

24. 《環球》

25. 《寰球中國學生報》

26. 《集成報》

27. 《江蘇》

28. 《江蘇白話報》

29. 《教會新報》

30. 《教育部編纂處月刊》

31. 《教育世界》

32. 《教育研究》

33. 《教育雜誌（商務）》

34. 《教育周報（杭州）》

35. 《進步雜誌》

36. 《競業旬報》

37. 《孔聖會旬報》

38. 《臨時政府公報》

39. 《民生報》

40. 《南社》

41. 《寧波白話報》

42. 《女報（上海女報社）》

43. 《女界燈學報》

44. 《女子世界》

45. 《普通學報》

46. 《青年雜誌》

47. 《清華學報》

48. 《清華周刊》

49. 《勸業會旬報》

50. 《上海教育周刊》

51. 《尚賢堂紀事》

52. 《紹興教育雜誌》

53. 《紹興縣教育會月刊》

54. 《申報》

55. 《神州女報（上海神州女報社）》

56. 《蘇州白話報》

57. 《天鐸》

58. 《天義》

59. 《通俗周報》

60. 《童子世界》

61. 《萬國公報（上海）》

62. 《吳郡白話報》

63. 《新民叢報》

64. 《新小說》

65. 《新新小說》

66. 《醒獅》

67. 《繡像小說》

68. 《學報》

69. 《學部官報》

70. 《揚子江》

71. 《揚子江白話報》

72. 《音樂小雜誌》

73. 《音樂雜誌》

74. 《永安月刊》

75. 《雲南》

76. 《雲南教育雜誌》

77. 《浙江兵事雜誌》

78. 《浙江潮》

79. 《浙江教育官報》

80. 《浙源彙報》

81. 《振華五日大事記》

82. 《政府公報》

83. 《政藝通報》

84. 《知新報》

85. 《直隸白話報》

86. 《直隸教育官報》

87. 《直隸教育雜誌》

88. 《智群白話報》

89. 《中國白話報（半月刊）》

90. 《中國女報》

91. 《中國新女界》

92. 《中華婦女界》

93. 《中華教育界》

94. 《中外小說林》

95. 《中西教會報》

96. 《中西聞見錄》

（二）音樂文獻

1. 狄就烈：《聖詩譜》，1892 年。

2. 馮梁編：《軍國民教育唱歌初集》，廣州音樂教育社（簡譜版），1913 年。

3. 高壽田：《和聲學》，1914 年。

4. 胡君復：《新撰唱歌集》，第 1～3 集，1909 年。

5. 胡君復：《（共和國教科書）新唱歌》第三集，1913 年。

6. 華航琛編：《共和國民唱歌集》，商務印書館（簡譜版），1912 年。

7. 黃炎培：《重編學校唱歌集》，1915 年。

8. 黃子繩等：《教育唱歌》，上、下，1905 年。

9. 侯鴻鑑：《單音第二唱歌集》，1907 年。

10. 江蘇師範生編：《音樂·體操》，江蘇寧屬、蘇屬學務處發行，1906 年。

11. 〔日〕近森出來治：《清國俗樂集》，中國新書局，1907 年。

12. 李叔同：《國學唱歌集》，1905 年。

13. 李叔同，豐子愷編：《李叔同歌曲集》，北京：音樂出版社，1958 年。

14. 李提摩泰：《小詩譜》，1883 年。

15. 李雁行、李英倬：《中小學唱歌教科書》上、下卷，1913 年。

16. 李映庚原著、桑海波譯譜：《〈軍樂稿〉譯注》，中央音樂學院出版社，2005 年。

17. 呂雲彪等編：《（小學適用）修身遊技唱歌聯絡教材》第二冊，商務印書館，

1918 年。

18. 倪壽齡：《（改良再版）女學唱歌集》，文明書局，1906 年。

19. 沈心工：《學校唱歌集》第 1、2 集，1904～1906 年。

20. 沈心工：《重編學校唱歌集》第 1～6 集，1911 年。

21. 沈心工：《民國唱歌集》第 1～4 集，1913 年。

22. 沈心工：《心工唱歌集》，1939 年。

23. 沈心工：《小學唱歌教授法》（翻譯），1905 年。

24. 索樹白，《樂歌基本練習》，商務印書館，1918 年。

25. 王光祈：《德國國民學校與唱歌》，中華書局，1925 年。

26. 王季梁、胡君復：《唱歌遊戲》，商務印書館，1906 年。

27. 王文君：《怡情唱歌集》，1906。

28. 無錫城南公學堂編：《學校唱歌集》，1906 年。

29. 辛漢：《唱歌教科書》，1906 年。

30. 辛漢：《中學唱歌集》，上海普及書局，1906 年。

31. 辛漢：《風琴教科書》（翻譯），1911 年。

32. 辛漢：《樂典大意》（翻譯），1906 年。

33. 徐紹曾、孫掞：《表情體操法》（又名《表情體操教科書》、《唱歌遊戲》），上海科學書局，1907 年。

34. 徐世昌：《國樂譜》，政事堂禮制館編，石印本，1915 年。

35. 葉中泠：《女子新唱歌》1～3 集，1907 年。

36. 葉中泠：《小學唱歌》1～3 集，1907 年。

37. 越社編：《最新婦孺唱歌書》，1904 年。

38. 曾志忞：《樂理大意》，1903 年。

39. 曾志忞：《樂典教科書》（翻譯），1904 年。

40. 曾志忞：《教授音樂初步》（翻譯），1904 年。

41. 曾志忞：《教育唱歌集》，1904 年。

42. 曾志忞：《音樂教育論》，1904 年。

43. 曾志忞：《和聲略意》，1905 年。

44. 曾志忞：《簡易進行曲》，1905 年。

45. 曾志忞：《唱歌教授法》，1905 年。

46. 曾志忞：《風琴習練法》，1905 年。

47. 張秀山編，《最新中等音樂教科書》，北京琉璃廠宣元閣印行，1913 年。

48. 張之洞：《軍歌》，1904 年。

49. 張之洞：《學堂歌》，1904 年。

50. 趙銘傳：《東亞唱歌》，1907 年。

51. 趙元任：《新詩歌集》，上海：商務印書館，1928 年。

52. 鄭覲文：《雅樂新編》，1918 年。

53. 鍾正：《德育唱歌》， 1913 年。

54. 《二十世紀中國音樂美學文獻卷》（1900～1949），王寧一、楊和平主編，現代出版社，2000 年。

55. 《各國國歌述評》，中華書局，1926 年。

56. 《歐洲音樂進化論》，上海中華書局，1924 年。

57. 《日本的歌曲（下）學生歌曲·軍歌曲·宗教歌曲篇》，金田一春彥、安西愛子編，講談社文庫，昭和五十七年。

58. 《搜索歷史 —— 中國近現代音樂文論選編》，張靜蔚編，上海音樂出版社，2004 年。

59. 《西洋音樂與詩歌》，上海中華書局，1924 年。

60. 《中國古代音樂史料集》，修海林編著，世界圖書出版公司，2000 年。

61. 《中國近代音樂史料彙編》（1840～1919），張靜蔚編選校點，人民音樂出版社，1998 年。

62. 《中國近代音樂書目 1940～1949》，中國音樂研究所編，油印本，1960 年。

63. 《中國近代音樂作品音響目錄》，中國音樂研究所編，油印本，1960 年。

64. 《中國近現代學校音樂教育文選（1840～1949)》，俞玉滋、張援編，上海教育出版社，2000 年。

65. 《中國近現代音樂史教學參考資料》，汪毓和編，世界圖書出版西安公司，2000 年。

66. 《中國音樂史》，上卷，葉伯和，成都昌福公司，1922 年。

67. 《中國音樂史》，下卷，葉伯和，《新四川日刊副刊》合訂本，1929 年。

68. 《中國音樂史》，鄭覲文，上海望平印刷所，1928 年。

69. 《中國音樂史》上、下冊，王光祈，上海中華書局，1934 年。

70. 《中國音樂史話》，繆天瑞，上海良友圖書印刷公司，1933 年。

71. 《中國音樂文學史》，朱謙之，上海商務印書館，1935 年。

72. 《中國音樂小史》，許之衡，上海商務印書館，1931 年。

73. 《中華民國國歌》（附音釋），教育部編，上海中華書局，1921 年。

74. 《中樂尋源》，童斐，上海商務印書館，1926 年。

（三）其它文獻

1. 《蔡元培教育論著選》，高平叔編，人民教育出版社，1991 年。

2. 《蔡元培美學文選》，文藝美學叢書編輯委員會編，北京大學出版社，1983 年。

3. 《釵影樓回憶錄》，包天笑，香港大華出版社，1971 年。

4. 《嘗試集》，胡適，人民文學出版社，1984 年。

5. 《出使英法俄國日記》，曾紀澤，嶽麓書社，1985 年。

6. 《東行日記》，李圭清，1891 年。

7. 《郭嵩燾等使西記六種》，北京：三聯書店，1998 年。

8. 《黃遵憲全集》，陳錚編，北京：中華書局，2005 年。

9. 《近代中國史料叢刊續輯》，沈雲龍主編，臺灣文海出版社影印。

10. 《科學與人生觀》，張君勱，上海亞東圖書館，1923 年。

11. 《李叔同集》，郭長海、郭君兮編，天津人民出版社，2006 年。

12. 《劉天華全集》，劉育和編，人民音樂出版社，1997 年。

13. 《魯迅全集》，魯迅，北京：人民文學出版社，1982 年。

14. 《清朝續文獻通考》，劉錦藻，浙江古籍出版社，2000 年。

15. 《秋瑾集》，上海古籍出版社，1991 年。

16. 《使西日記》，曾紀澤，長沙：湖南人民出版社，1981 年。

17. 《譚嗣同全集》，三聯書店，1954 年。

18. 《晚清文學叢鈔》，阿英，北京：中華書局，1960 年。

19. 《王光祈音樂論著選集》，馮文慈、俞玉滋選注，人民音樂出版社，1993 年。

20. 《王國維文集》，姚淦銘，王燕編，北京：中國文史出版社，1997 年。

21. 《西方哲學家、文學家、音樂家論音樂》，何乾三選編，人民音樂出版社，1983 年。

22. 《蕭友梅編年記事稿》，黃旭東、汪樸編著，中央音樂學院出版社，2007 年。

23. 《蕭友梅音樂文集》，陳聆群、齊毓怡等編，上海音樂出版社，1990 年。

24. 《辛亥革命前十年間時論選集》（共五冊），北京：三聯書店，1960～1977 年。

25. 《嚴復集》，北京：中華書局，1986 年。

26. 《飲冰室合集》，梁啟超，北京：中華書局，1989 年。

27. 《〈飲冰室合集〉集外文》上、中、下，夏曉虹輯，北京大學出版社，2005 年。

28. 《章太炎全集》，上海人民出版社編，上海人民出版社，1982～1986 年。

29. 《張之洞全集》，石家莊：河北人民出版社，1998 年。

30. 《趙元任音樂論文集》，趙元任，北京：中國文聯出版公司，1994 年。

31. 《中國近代教育史資料》上、中、下，舒新城編，北京：人民教育出版社，1961 年。

32. 《中國近代教育文選》，陳學恂主編，人民教育出版社，1983 年。

33. 《中國近代期刊篇目彙錄》，上海圖書館編，1965 年。

34. 《中國近代學堂樂歌》（油印本），張靜蔚編，音樂研究所，

35. 《中國近代學制史料》，朱有瓛編，華東師範大學出版社，1987 年。

36. 《中國近現代美育論文選（1840～1949）》，俞玉滋、張援編，上海教育出版社，1999 年。

37. 《中國近現代藝術教育法規彙編》，章咸、張援編，教育科學出版社，1997 年。

38. 《中國近現代音樂教育史紀年（1840～2000）》，孫繼南編，山東教育出版社，2004 年。

39. 《中國人自畫像》，陳季同著，段映虹譯，廣西師範大學出版社，2006 年版。

40. 《中國新文學大系》之《建設理論集》、《文學論爭集》，臺北：業強出版社，1990 年。

41. 《最近之五十年》，申報館編，上海，1923 年版。

二、研究論著

1. 〔美〕安德森：《想像的共同體》，上海人民出版社，2005 年。

2. 〔美〕鮑威爾：《中國軍事力量的興起 1895—1912 年》，中國社會科學出版社，1979 年。

3. 〔美〕本傑明·史華茲：《尋求富強：嚴復與西方》，江蘇人民出版社，1996 年。

4. 陳建華、陳潔編：《民國音樂史年譜》，上海音樂出版社，2005 年。

5. 陳淨野：《李叔同學堂樂歌研究》，中華書局，2007 年。

6. 陳聆群：《中國近現代音樂史研究在 20 世紀》，上海音樂學院出版社，2004 年。

7. 陳平原：《千古文人俠客夢》第一章，新世界出版社，2002 年。

8. 陳啓天：《近代中國教育史》，臺北：中華書局，1979 年。

9. 馮文慈：《中外音樂交流史》，湖南教育出版社，1998 年。

10. 顧長聲：《傳教士與近代中國》，上海人民出版社，1991 年。

11. 郭長海：《中國近代文學史證──郭長海學術文集》上、下，吉林人民出版社，2005 年。

12. 郭延禮：《中國近代文學發展史》，山東教育出版社，1991 年。

13. 〔美〕郭穎頤著，雷頤譯：《中國現代思想中的唯科學主義（1900～1950）》，江蘇人民出版社，1995 年。

14. 〔德〕哈貝馬斯：《公共領域的結構轉型》，學林出版社，1999。

15. 〔日〕榎本泰子：《樂人之都──上海》，上海音樂出版社，2003 年。

16. 金耀基：《從傳統到現代》，臺北：時報文化出版企業有限公司，1995 年。

17. 金耀基：《中國現代化與知識分子》，臺北：時報出版公司，1988 年。

18. 金耀基：《中國社會與文化》，香港：牛津大學出版社（中國）有限公司，1993 年。

19. 孔德：《外族音樂流傳中國史》，上海：商務印書館，1934 年。

20. 李細珠：《張之洞與清末新政研究》，上海書店出版社，2003 年。

21. 李孝悌：《清末的下層社會啓蒙運動》，河北教育出版社，2001 年。

22. 李澤厚：《中國近代思想史論》，北京：人民出版社，1979 年。

23. 李志剛：《基督教早期在華傳教史》，臺灣：商務印書館，1985 年。

24. 劉佛丁、王玉茹、於建瑋：《近代中國的經濟發展》，山東人民出版社，1997 年。

25. 劉靖之：《中國新音樂史論》，耀文事業有限公司，1998 年。

26. 劉小楓主編：《人類困境中的審美精神》，上海：上海知識出版社，1994 年。

27. 劉小楓：《現代性社會理論緒論》，上海三聯書店，1998 年。

28. 羅金聲：《東方教會史》，上海廣學會，1941 年。

29. 羅志田：《國家與學術：清季民初關於「國學」的思想論爭》，北京三聯書店，2003 年。

30. 羅志田：《權勢轉移：近代中國的思想、社會與學術》

31. 呂驥：《新音樂運動論文集》，新中國書局，1949 年。

32. 明言：《20 世紀中國音樂批評導論》，人民音樂出版社，2002 年。

33. 錢仁康：《錢仁康音樂文選》，上海音樂出版社，1997 年。

34. 錢仁康：《學堂樂歌考源》，上海音樂出版社，2001 年。

35. 喬素玲：《教育與女性》，天津古籍出版社，2005 年。

36. 秋山龍英編著：《日本的洋樂百年史》，第一法規出版，昭和四十一年。

37. 桑兵：《晚清學堂學生與社會變遷》，學林出版社，1995 年。

38. 〔日〕山根銀二著，豐子愷譯：《日本的音樂》，音樂出版社，1961 年。

39. 沈灌群：《從鴉片戰爭到五四運動時期的教育》，教育科學出版社，1984年。

40. 石磊：《中國近代軍歌初探》，北京：解放軍文藝出版社，1986 年。

41. 陶亞兵：《中西音樂交流史稿》，中國大百科全書出版社，1994 年。

42. 陶亞兵：《明清間的中西音樂交流》，東方出版社，2001 年。

43. 汪暉：《現代中國思想的興起》，北京：三聯書店，2004 年。

44. 汪毓和：《中國近現代音樂家評傳》，北京：文化藝術出版社，1992 年。

45. 汪毓和：《中國近現代音樂史》，人民音樂出版社，1984 年。

46. 王炳照：《中國近代教育史》，臺北：五南出版社，1994 年。

47. 王爾敏：《中國近代思想史論》，社會科學文獻出版社，2003 年。

48. 王爾敏：《中國近代思想史論續集》，社會科學文獻出版社，2005 年。

49. 吳江市教育工會編，《一代宗師金松岑》，2002 年。

50. 伍雍誼：《中國近現代學校音樂教育》，上海教育出版社，1999 年。

51. 〔日〕狹間直樹主編：《梁啓超·明治日本·西方》，社會科學文獻出版社，2001 年。

52. 夏曉虹：《晚清文人婦女觀》，北京：作家出版社，1995 年。

53. 夏曉虹：《晚清女性與近代中國》，北京大學出版社，2004 年。

54. 夏曉虹：《覺世與傳世》，中華書局，2006 年。

55. 夏曉虹：《閱讀梁啓超》，北京：三聯書店，2006 年。

56. 夏灩洲：《中國近現代音樂史簡編》，上海音樂出版社，2004 年。

57. 向延生主編：《中國近現代音樂家傳》，春風文藝出版社，1994 年

58. 許常惠：《中國新音樂史話》，百科文化事業公司，1982 年。

59. 〔日〕伊庭孝著，郎櫻譯：《日本音樂史》，人民音樂出版社，1982 年。

60. 易啓年：《教會音樂事工》，香港證道出版社，1985 年。

61. 余甲方：《中國近代音樂史》，上海人民出版社，2006 年。

62. 張灝：《梁啓超與中國思想的過渡》，南京：江蘇人民出版社，1997 年。

63. 張灝：《危機中的中國知識分子》，新星出版社，2006 年。

64. 張靜蔚：《論學堂樂歌》，《（中國藝術研究院）碩士學位論文集》音樂卷，文化藝術出版社，1987 年。

65. 張前：《中日音樂交流史》，人民音樂出版社，1999 年。

66. 趙敏俐等：《中國古代歌詩研究 —— 從〈詩經〉到元曲的藝術生產史》，

北京大學出版社，2005 年。

67. 宗白華：《藝境》，北京大學出版社，1987 年。

三、文　章

1. 豐子愷：《回憶兒時的唱歌》，載《人民音樂》，1958 年第 5 期。

2. 宮宏宇：《基督教傳教士與中國學校音樂教育之開創》（上、下），載《音樂研究》（季刊），2007 年第 1、2 期。

3. 韓國鐄：《中國的第一個西洋管絃樂隊——北京赫德樂隊》，《音樂研究》1990 年第 2 期。

4. 韓小燕：《早期中西音樂教會中的西方傳教士與教會——近代中國音樂關係探源之一》，上海音樂學院論文。

5. 黃翔鵬：《清末的「詩界革命」和「學堂樂歌」》，《詞刊》1983 年第 3 期。

6. 黃興濤：《晚清民初現代「文明」和「文化」概念的形成及其歷史實踐》，載《近代史研究》2006 年第 6 期。

7. 姜萌：《試析 1903～1911 年間中國的尚武思潮》，載《東嶽論叢》，2004 年第 2 期。

8. 羅傳開：《中國日本近現代音樂史上的平行現象》，《音樂研究》1987 年第 3 期。

9. 沈洽：《沈心工年譜》，載《中央音樂學院學報》，1987 年第 4 期。

10. 孫繼南：《我國近代早期「樂歌」的重要發現——山東登州《文會館志》「文會館唱歌選抄」的發現經過》，載《音樂研究》（季刊），2006 年第 2 期。

11. 汪樸：《清末民初樂歌課之興起確立經過》，《中國音樂學》1997 年第 1 期。

12. 王神茵：《中國讚美詩發展概述》（上、下），《基督教叢刊》第 26、27 期。

13. 吳相湘：《西洋音樂東傳紀略》，天津上海大公報史地周刊 1937 年 2 月 19 日。

14. 西槇偉：《中國新文化運動的源流——李叔同的〈音樂小雜誌〉與明治日本》，《比較文學》第三十八卷，1995 年。

15. 夏曉虹：《近代外交官廖恩燾詩歌考論》，載《中國文化》第 23 期，2006 年 12 月。

16. 夏曉虹：《晚清女報上的樂歌》，載《中山大學學報》2008 年第 2 期。

17. 〔日〕陰山雅博：《清末教育的近代化過程與日本教習》，《外國中國近代史研究》第 10 輯。

18. 惲文捷：《復古與革新——蕭友梅在北大的音樂活動與中國近代音樂思想的轉變》，北京大學中文系論文。

19. 張靜蔚：《論學堂樂歌》，《（中國藝術研究院）碩士學位論文集》音樂卷，文化藝術出版社，1987 年版。

20. 張靜蔚：《近代中國音樂思潮》，《音樂研究》，1985 年第 4 期。

21. 張有剛：《我國清末民初的音樂教育》，《中央音樂學院學報》，1989 年第 4 期。

22. 張仲禮：《19 世紀 80 年代中國國民生產總值的粗略估計》，載《南開經濟研究所季刊》1987 年增刊，第 1 集。

後　記

本書是以我的博士論文爲基礎完成的。

從 1993 年到 2009 年，除了中間的 4 年，我的生活、我的青春就一直與北大相連。如今，博士論文能夠得以出版，也算是給這份青春一個交代。

在北大求學的這些年，尤其是在博士論文寫作的過程中，承蒙北京大學中文系的張鳴老師、劉勇強老師、潘建國老師、王風老師、陳泳超老師，中國社會科學院的王颯老師、李長莉老師、劉寧老師，以及首都師範大學的趙敏俐老師等諸位老師參與構思、開題、答辯等工作，提出了許多建設性的修改意見，在此對各位老師付出的辛勞表示由衷的感謝！論文的寫作，還受惠於朱振宇、張治、林分份、欒偉平、張麗華、干鴻莉、郭道平等眾多學友的幫助，在此也一併致謝！關於論文中的諸多問題，我還曾多次求教於中國音樂學院的張靜蔚先生，先生不以我爲愚頑，悉心教誨，使我感佩於心！

我尤其要特別感謝夏曉虹、陳平原兩位恩師這幾年來的教誨！我是一個心智愚鈍、羞於言辭、於人情也頗爲木訥的學生。但是兩位恩師仍然以慈愛的態度、嚴謹的要求時時督促我、鼓勵我。我的些許進步都與兩位恩師的付出不可分割。我在充分享受從遊之樂的同時，也在逐漸領悟爲學的眞正意義。

我還要特別感謝我的家人，他們爲我分擔了許多！

本書得以在臺灣出版，還要特別感謝北京師範大學文學院的李怡教授的鼎力推薦！

最後，我將論文獻給我的女兒！就在她悄悄藏到我溫暖的堡壘中的時候，我正式開始了論文的寫作。懷孕四個月，我完成了論文第五章的主要部分，並通過了資格考試。之後，她同我一起泡圖書館、找資料、寫文章，每

每在我感覺疲憊的時候給我以安慰！在她出生之前，我的資料基本收集齊備。女兒剛過百天，我完成了第二章和論文的主體構思，並通過了開題。之後，爲了安心寫作，我每每在她伸出小手要求抱抱的時候，轉身離去。當她在身後爆發出驚天哭聲的時候，我才體會了何謂心如刀絞！所以，我將論文獻給我的女兒，希望可以聊慰一個母親的愧疚之心！可以說，我的女兒與我的論文是一起成長的。我爲女兒取名「聞韶」，與我寫作這篇論文的最終追求也是一致的，如果韶樂可以再次流佈人間，那麼躬逢盛世將不再遙遠！

2009 年 5 月 22 日，完成於北大
2014 年 2 月 7 日，修訂於北大燕東園